JN437632

HUEBOOKs

체코·슬로바키아사

초판 인쇄 2015년 3월 13일
초판 발행 2015년 3월 20일

지 은 이 ▪ 권 재 일
발 행 인 ▪ 김 인 철
발 행 처 ▪ 한국외국어대학교 지식출판원
130-791 서울시 동대문구 이문로 107
전화 (02)2173-2495~7
팩스 (02)2173-3363
홈페이지 http://press.hufs.ac.kr
전자우편 press@hufs.ac.kr
출판등록 ▪ 제6-6호(1969. 4. 30)
디 자 인 ▪ (주)이환디앤비 02)2254-4301
인쇄·제본 ▪ 현문자현 031)902-1424

ISBN 978-89-7464-980-7 93920 정가 20,000원

* 잘못된 책은 교환하여 드립니다.

HUEBOOKS는 한국외국어대학교 지식출판원의 인문학도서 Sub Brand이다. 한국외대의 영문명인 HUFS, 사람을 위하는 Humanism, 교육의 Education, 색조의 Hue의 다의적인 뜻으로 해석할 수 있으며, 인문학도서 출판에 대한 의지가 담겨있다.

체코와 슬로바키아는 유럽의 정 중앙에 위치하는 유럽의 지리적인 심장이요 핵이다. 남과 북이 만나고 동과 서가 마주치는 이 땅은 그래서 수많은 전쟁들이 할퀴고 지나갔으며, 예부터 보헤미아, 즉 체코 땅을 지배하는 자가 유럽을 지배한다는 말이 생길 정도로 이 땅은 지정학적인 요충지였다. 기원전에는 켈트 인들이 이 땅을 지나갔고, 그 후에는 게르만 인들이 북상하는 로마 군인들과 이곳에서 대치하였으며, 기원 후 6세기에서 8세기에 이르는 기간에는 프랑크 제국이 아바르 족을 상대로 격전을 벌였고, 9세기에는 대(大)모라비아 제국을 사이에 두고 동로마 제국과 서로마 제국이 서로 패권을 다투었으며, 10세기에는 마자르 족의 헝가리가 침입해 들어왔고, 13세기에는 타타르 족이, 16세기에는 오스만 터키가 국토를 유린하였으며, 15세기의 후스주의 전쟁과 17세기의 30년 전쟁이 국토를 황폐화시켰고, 18세기와 19세기의 오스트리아-프러시아 전쟁, 19세기 초의 나폴레옹 전쟁, 20세기의 양차 세계 대전이 이 땅을 무대로 하였거나 이 땅에서 시작되었다.

이와 같은 전쟁의 결과로 슬로바키아 민족은 1918년 오스트리아-헝가리 제국의 붕괴로 체코슬로바키아가 탄생할 때까지 10세기 초부터 무려 1천년 동안 헝가리의 지배를 받아야 했고, 체코 민족은 1620년 빌라호라 전투에서의 패배 이후 3백년간 오스트리아의 지배를 받아야만 했다. 그러나 이들 두 민족은 용하게도 역경을 잘 견뎌내고 살아남았다. 이를 두고 역사의 기적이라고 말할 수도 있겠지만 역사에 우연이란 없다는 말을 상기해 본다면 이는 어디까지나 이들 두 민족의 불굴의 정신과 참다운 지혜의 결과일 따름이다.

유럽의 한가운데에 위치하면서 열강들로 둘러싸인 작은 나라인 이들 두 민족의 생존 전략은 무력이 아니라 굳건한 정신력과 상대적인 도덕적 우월성에 의지하는 것이었다. 큰 나라를 이기는 것은 칼이 아니라 펜이라는 점을 강조해 온 민족 지도자들은 교육을 장려하고, 인류 보편의 가치인 자유와 평등을 사랑하며, 인본주의를 추구하고 민주주의를 숭상하도록 가르쳤다. 그리하여 14세기 자신들의 역사의 황금기에 알프스 이북에서는 최초로 프라하에 대학을 설립하였고, 이 대학의 총장인 후스와 그의 추종자인 헬치츠키는 15세기 초 유럽 최초의 본격적인 프로테스탄트 혁명을 주도하고 계승하였으며, 17 세기의 코멘스키는 근대 교육의 토대를 구축하였고, 19세기의 도브로프스키와 같은 민족 부흥 운동가들은 프라하를 슬라브 학의 중심지로 만들었으며, 팔라츠키는 범슬라브주의 운동의 지도자가 되었고, 20세기 철학자 대통령인 마사리크는 동유럽과 중부 유럽에서는 처음으로 서유럽의 그것에 뒤지지 않는 민주주의 국가를 건설하였으며, 물심양면으로 프라하 언어학 서클의 활동을 지원하였다. 인본주의와 민주주의를 숭상하는 체코와 슬로바키아 인들의 정신은 '인간의 얼굴을 한 사회주의'라는 슬로건을 내걸고 공산주의를 개혁해 보려 하였던 1968년의 프라하의 봄의 개혁 운동을 통해서도 드러났으며, 이러한 전통은 인간에 대한 예의를 고창하면서 깨끗하고 아름다운 정치를 표방한 극작가 대통령인 하벨에 이르기까지 면면히 이어져 내려오고 있다.

1620년의 빌라호라 전투에서의 패배로 체코가 독립을 잃고 난 후, 약 2세기에 걸친 암울한 역사의 고난을 딛고 일어서기 시작하는 19세기의 체코 민족 부흥 운동의 지도자들이 한결같이 강조하는 바가 교육이었는데, '교육에 구원이 있다', '우리가 가질 수 있는 단 두 개의 무기는 책과 교육이다.' 라는 것이 이들의 구호였다. 이처럼 교육을 통한 민족의 회복과 부흥을 부르짖은 민족 지도자들의 노력에 힘입어 19세기 말에 이르러 체코는 유럽에서 문맹률이 가장 낮고 읽고 쓰는 능력이 가장 높은 교육 선진국이 될 수 있었고, 선진된 교육을 바탕으로 경제 건설에 박차를 가하여 20세기 초 체코슬로바키아라는 신생 국가로 탄생하였을 때, 이 나라는 이미 발전된 기계 공업을 바탕으로 많은 부문에서 세계 10대 공업국에 진입해 있었다.

체코 인들은 매우 현실적이고 실용적이며 도덕적이고 종교적인 민족이다. 하지만 이들은 익살과 유머를 즐기고 해학과 풍자가 대단히 풍부한 민족이기도 하다. 우리나라에서도 많은 독자들을 확보하고 있는 쿤데라 문학의 본질도 우스꽝스러운 웃음이지만 역시 웃음에 바탕을 두고 있으며, 카프카 문학과 더불어 세계적 고전이 된 하셰크의 소설『착한 병사 슈베이크의 세계 대전 중의 모험』은 유머와 풍자의 바이블로 불리기도 하는데, 체코 문학의 이러한 전통은 멀리 중세 시대의 익살극에까지 거슬러 올라간다.

체코 인들은 어느 누구보다도 음악적인 민족이다. '그가 체코 인이면 그는 음악가이다.'라는 말이 벌써 16세기 말부터 회자되기 시작하였고, 18세기 말에 이르러서는 체코 땅은 '유럽의 콘서바토리'로 불릴 정도였으며, 19세기 말과 20세기 초를 전후하여 유럽을 풍미하게 되는 서커스단에 체코 인 연주가가 한 사람 끼지 않으면 행세를 할 수 없다는 말이 나올 정도로 체코 인들의 음악적 재능과 열정은 대단한 것이었다. 스메타나, 드보르자크, 야나체크와 같은 세계적인 음악가들이 이 나라에서 배출된 것은 결코 우연이 아니다.

수많은 전쟁을 겪었음에도 불구하고 체코와 슬로바키아 땅의 문화적 유산은 놀라울 정도이다. 지방 곳곳에 유서 깊은 성곽, 건축, 조각물들이 산재해 있고, 로마네스크, 고딕, 르네상스, 바로크, 고전주의, 아르누보, 모더니즘 양식의 예술을 한 눈에 볼 수 있는 수도 프라하는 '유럽의 미술관'이라고 불릴 정도로 시내 전체가 문화 유적들로 가득 차 있다. 어느 도시보다도 인간의 손길이 다듬어 낸 고색창연한 건축 조각물들과 자연의 선물인 숲과 꽃이 조화를 잘 이루고 있다는 '황금의 도시' 프라하의 봄은 스메타나와 모차르트의 음악과 더불어 환상적인 분위기를 창출해 내면서 수많은 예술가들과 방문객들의 발길을 머물게 한다.

열강들의 틈바구니에서 고난의 역사를 살아온 체코 인들은 자신들이 속한 유럽의 여러 나라들로부터 무엇을 얼마나 받고 자신들은 얼마를 주었느냐는 산술적인 물음에 대해 받은 것보다는 준 것이 더 많았노라고 자신 있게 대답한다. 자신들의 문화적 유산에 대한 이러한 긍지는 결국 자신들만의 고유한 가치와 더불어 인류 공동의 가치를 동시에 추구함으로써 도덕적인 우월성을 확보하고 영토와 인구 면에서의 작은 나라의 한계를 극복하면서 세계 공동체에 이바지할 수 있다는 자신감의 표시로서 비슷한 여건의 우리에게도 시사하는 바가 크다 하겠다.

체코와 슬로바키아는 큰 나라가 아니다. 1993년 1월 1일자로 이전의 체코슬로바키아에서 두 나라로 분리가 된 이 나라는 체코가 약 1천 50만, 슬로바키아가 약 5백 50만의 인구를 가지며, 두 나라의 합한 면적이 약 12만 8천km^2에 불과하다. 물론 유럽 수준에서 보면 중간 규모의 나라지만 세계 기준으로 보면 작은 나라이다. 따라서 자국어로 되었건 영어나 독일어와 같은 외국어로 써졌건 이 나라에 관한 역사서들은 그리 많지 않으며, 역사의 초기에서 끝까지를 다룬 본격적인 역사서는 더욱 많지 않다. 그리고 20세기 후반 공산 정권의 체코슬로바키아에서 나온 역사서들은 대부분 마르크스주의 사관이 배어 있기에 자료로서의 가치를 떨어뜨리고 있다. 따라서 본서는 1989년 민주화 혁명 후 때맞춰 출판된 1991년의 마레크(Marek, J.) 외 공저의 『체코와 체코슬로바키아사 I, II(*České a československé dějiny* I., II.)』와 1992년의 초르네이(Čornej, P.)와 벨리나(Bělina, P.) 외 공저의 『체코 왕국사 I, II(*Dějiny zemí koruny české* I., II.)』에 크게 의지하였다.

본서는 고대부터 현대까지를 시대별로 열두 장으로 나누고 각 장마다 많게는 여섯 개, 적게는 두 개의 절을 둘 뿐 그 이하의 소목들로 세분하지 않았으며, 각 장은 문화 부분을 포함토록 하였다. 개별적인 역사적 사건들도 중요하지만 문화를 통해서 우리는 그 나라의 본질과 정수에 보다

가까이 접근할 수 있을 것이라는 믿음 때문이다.

끝으로 졸저의 출판을 지원해 주신 한국외국어대학교 김인철 총장님과 한국외국어대학교 지식출판원 여러분들께 깊은 감사를 표하며, 졸저가 나오기까지 자료 수집에서 타이핑에 이르기까지 많은 도움과 격려를 아끼지 않은 한국외국어대학교 체코·슬로바키아 어과 여러분들과 체코 어 및 슬로바키아 어 교정에 도움을 주신 가브리엘라 마툴로바(Gabriela Matulova) 교수님께도 깊은 감사를 드린다.

2015년 3월

지은이

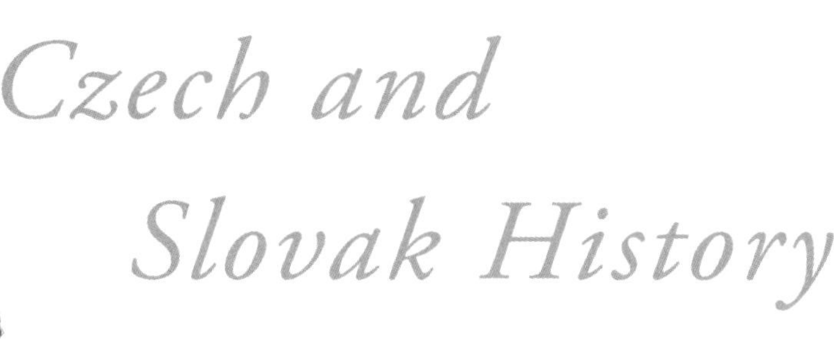
Czech and
Slovak History

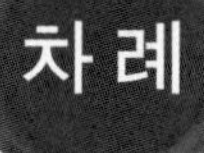

차 례

3 후스주의 시대(1400~1485년)

4 귀족 군주제하의 체코(1485~1620년)

5 절대주의와 계몽주의(1620~1790년)

6 고대 및 중세 슬로바키아(10~18세기)

11 제2차 세계 대전(1939~1945년)

12 전후(戰後)의 체코슬로바키아 (1945~1992년)

부록

Czech and Slovak History

Czech and
Slovak History

원시 사회와 고대 체코 국가의 형성 (기원전 ~ 12세기)

Czech and
Slovak History

원시 사회와 고대 체코 국가의 형성 (기원전 ~ 12세기)

제1장

1.1. 역사의 시작과 슬라브 인들의 도래

유럽의 한 중앙에 위치하면서 동서로 길게 뻗은 체코와 슬로바키아는 1993년의 분리 이전에는 체코슬로바키아(Československo; Czechoslovakia)로 하나의 국가를 형성하였다. 서쪽의 체코(Česko; Czechia)에는 체코 어를 사용하는 체코 인(Čech; Czech)들이 살고 동쪽의 슬로바키아(Slovensko; Slovakia)에는 슬로바키아 어를 사용하는 슬로바키아 인(Slovák; Slovak)들이 살고 있는데, 이들의 언어는 같은 서슬라브 어로서 매우 유사하여 상호간의 의사소통에 별다른 지장이 없이 통용되고 있으며, 이들 두 민족은 아득히 먼 역사의 태동기로부터 하나의 나라를 이루기도 하고, 또한 분리를 맞기도 하면서 운명을 같이해 왔다.

체코와 슬로바키아 땅에서 원시인들이 거주한 가장 오랜 흔적은 프라하 서남쪽 베로운(Beroun)에서 발굴된 약 187만 년 전으로 추정되는 인류 최초의 직립 원인(Homo habilis)의 흔적이며, 이후 전기 구석기 시대에 속하는 100~30만 년 전의 프라하 근교의 프르제즐레티체(Přezletice), 모스트 인근의 베초프(Bečov), 브르노 근교의 스트란스카스칼라(Stránská skála) 등지에서의 유적이 체코 땅에서의 사냥과 수렵으로 생활한 직립 원인(Homo erectus)의 존재를 말해 준다. 이후 중기 구석기 시대인 30~4만 년 전의 모라비아의 시프카(Šipka) 동굴과 쿨나(Kůlna) 동굴, 슬로바키아의 포프라트 근교의 가노프체(Gánovce) 등지에서 발견된 유물들은 체코와 슬로바키아 땅에서의 네안데르탈 인(Homo sapiens neanderthalensis)의 존재를, 4만~8천년 전의 후기 구석기 시대의 남부 모라비아의 파블로프(Pavlov)와 돌니베스토니체(Dolní Věstonice), 동부 모라비아의 프르제로프 근교의 프르제드모스티(Předmostí) 등지의 대규모 유적은 이 땅에서의 이미 생물학적으로 현대인에 속하는 신인, 즉 호모 사피엔스 사피엔스(Homo sapiens sapiens)의 존재를 말해 주고 있다.

서 남 북의 삼면이 산으로 둘러싸여 있으면서 동쪽으로 비옥한 다뉴브 강 연안으로 뻗어 있는 서쪽의 보헤미아(Čechy; Bohemia)와 동쪽의 모라비아(Morava; Moravia)의 체코 땅(České země; Czech Lands)은 사냥을 주업으로 한 원시인들에게는 매우 이상적인 땅으로서 중부 유럽에서는 가장 넓은 주거지를 형성하였다. 특히 모라비아는 후기 구석기 시대(B.C. 40,000~ 8,000년)의 전형적인 주거지를 제공하였는데, 가령 중부 유럽에서 가장 큰 후기 구석기 주거지로 유명한 프르제드모스티 주거지가 바로 여기에 있다.

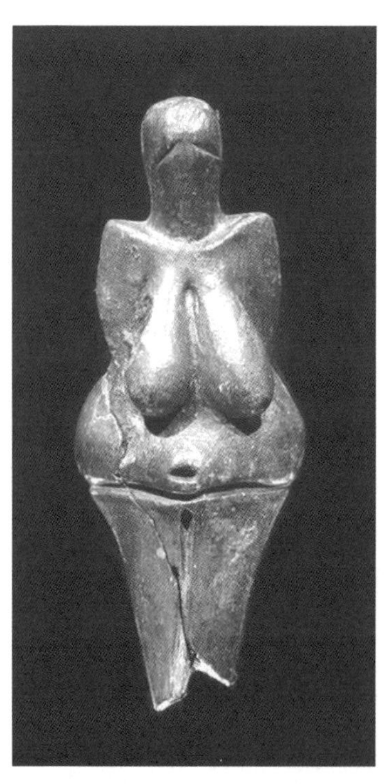
[그림 1] 베스토니체 비너스(약 27,000년 전)

구석기인들은 매우 숙련된 사냥꾼들로서 매머드와 같은 거대한 동물들을 사냥의 대상으로 삼았으며, 제법 정교하게 조각된 소상들을 남기고 있는데, 그 중 남부 모라비아의 돌니베스토니체에서 발굴된 베스토니체 비너스(Věstonická venuše, 약 27,000년 전)라는 여인 소상이 유명하며, 이 소상은 사냥을 위한 주술적 힘과 여성의 생산성에 대한 숭배를 상징하는 것으로 추정된다. 슬로바키아 지역에서는 모라바니나트바홈(Moravany nad Vahom)의 모라바니 비너스(Moravianská venuša)가 유명하다.

빙하의 최종적인 퇴각과 함께 매머드와 코뿔소 같은 전형적인 동물 군들이 사라지자 이곳의 원시인들은 목축과 농업으로 전환하게 되었고, 이러한 생활 방식의 변경은 중석기 시대(B.C. 8,000~5,500년)와 신석기 시대(B.C. 5,500~3,800년)를 열게 되었다. 농업 문명의 발전과 더불어 이 지역의 원시인들은 이 지역 특유의 농경 사회를 이루면서 드네프르-비스와 강 지역의 채색 토기와 중부 유럽의 소용돌이 모양 토기로 특징 지워지는 이른바 '다뉴브 인들(Danubian people)'의 거대한 군집을 형성하였다. 이들 다뉴브 인들은 집단을 이루면서 가장 비옥한 땅을 주거지로 삼고 있었으며, 직사각형의 거대한 목조 가옥을 소유하고 있었고, 여성 숭배의 모계 사회를 이루고 있었다. 이들의 농업은 기본적인 곡물은 모두 포괄하고 있었으며, 목축 외에도 요업과 원시적인 형태의 옷 만들기가 이루어지고 있었다. 그리고 신석기 후기의 유럽의 가장 큰 매장지의 하나인 체코 서부의 호무토프 근교의 비클레티체(Vikletice) 고분은 현재까지 160여 기의 무덤이 발굴되었는데, 이들의 스트링 모양의 토기(šňůrová keramika) 문화는 체코 땅에서의 인도 유럽 인의 최초의 흔적을 말해주는 것으로 간주되고 있다.

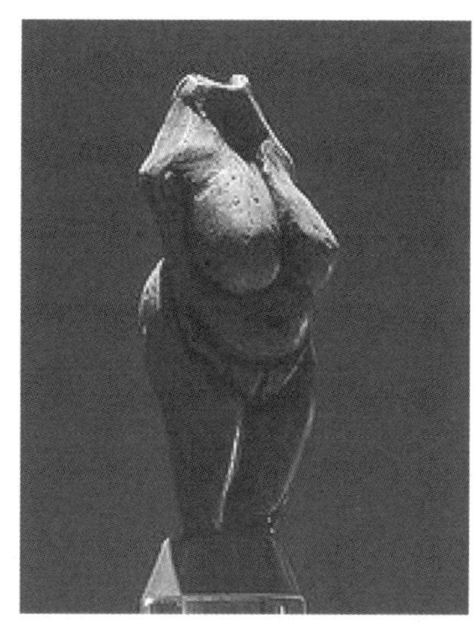

[그림 2] 모라바니 비너스 (약 22,800년 전)

오늘날 독일과 국경을 이루고 있는 체코의 서부 국경 지역의 크루슈네호리(Krušné hory)에서의 풍부한 주석광의 발견은 체코 땅을 유럽 청동기 시대(B.C. 2,100~700년)의 가장 선진된 지역 중의 하나로 만드는데 크게 기여하였다. 이 시기의 원시인들은 크루슈네호리에서 나는 주석뿐만 아니라, 멀리 에게 해 지역과 이집트와 중앙아시아로부터 구리들을 들여와 많은 청동제 도구들을 생산함으로써 농업과 원시적인 수공업의 발전을 촉진하였다.

청동기 시대의 체코와 슬로바키아 땅은 대체적으로 세 개의 보다 큰 문화의 지배를 받고 있었다. 다량의 청동 기구들의 출토로 확인된 프라하 북쪽의 우녜티체 문화(únětická kultura), 봉분을 만들어 매장한 분묘 문화(mohylová kultura), 신비에 싸인 루사티아 문화(lužická kultura)가 그들이다. 크루슈네호리의 원광을 토대로 중부 유럽의 초기 청동기 문화 발전에 결정적인 공헌을 제공한 우녜티체 문화는 다음에 오는 중기 청동기의 분묘 문화의 등장으로 주도권을 상실하였다. 한편 사체를 화장하여 그 재를 항아리에 보존하였다 하여 '납골묘 인'으로 불리기도 하는 청동기 후기의 루사티아 인들의 기원에 대해서는 확실하게 알 수 없으나 슬라브 인들의 발원지와 중복되는 드네프르 강과 비스와 강 사이의 스텝 지대에서 발원한 것으로 추정하고 있으며, 일부 학자들은 이들이 후에 등장하는 슬라브 인들의 직접적인 조상이라는 주장을 펴기도 하나 확실한 것은 아니다. 하여튼 체코 땅의 북부와 폴란드의 남부와 독일의 북동부에 걸쳐 분포되어 있는 루사티아 문화는 농업을 주업으로 하고 있었던 데 비해, 체코 땅의 남부에서 시작한 분묘 문화는 목축업을 주업으로 하고 있었다는 점이 서로 달랐다.

이들 여러 종족들은 서로 세력 다툼을 벌이면서 통합을 하기도 하고, 통합을 당하기도 하는 과정을 거치게 되는데, 이러한 이합집산의 과정이 절정에 이르는 시기가 철기 시대(B.C. 700~A.D. 초기)이다. 체코 땅의 풍부한 철광석을 바탕으로 하는 철기 문명은 많은 철제 기구와 무기들의 생산을 가능하게 하면서 농업과 수공업의 발전을 한층 더 촉진시켰다. 그리고 중부 유럽의 철기 문화를 스위스의 라텐(La Tène) 마을의 이름을 따서 라텐 문화(laténská kultura)라고도 부르는데, 이 라텐 문화는 켈트 인(Kelt)들과 관련이 있는 문화였다. 그런데 켈트 인들은 라인 강의 상류와 다뉴브 강 유역에 이르는 광대한 지역을 지배하면서 소아시아에까지 원정을 다녔다. 그리하여 오늘날의 체코와 슬로바키아를 비롯한 중부 유럽을 지배하고 있던 이들 켈트 인들은 자신들의 영토 확장 과정에서 소아시아와 그리스 고전학자들의 주목을 받게 되고, 그 결과 이들은 오늘날의 체코 땅에 거주하면서 역사적인 문헌에 오른 최초의 종족이 되었다.

그리스의 고대 역사가들은 이들 켈트 인들 중 가장 강력한 종족인 보이(Bój; Boii) 족의 이름을 따서 이들이 사는 지역을 보이의 땅, 즉 보헤미아(Boiohaemum; Bohemia)라 부르게 되었고, 이 보헤미아라는 이름은 나중에 이 땅에 도래한 체코 인들이 이 땅을 자신들의 조상인 체흐(Čech; Czech)의 이름을 따서 체흐의 땅, 즉 체히(Čechy)라고 명명하였음에도 불구하고 체코 이외의 외국인들은 계속해서 보헤미아를 사용하여 오늘날에까지 내려오고 있다.

어떻든 이들 켈트 인들은 기원전 4세기 중반 이전에 보헤미아와 모라비아의 가장 비옥한 지역들을 수중에 넣었으며, 농업과 목축으로 경제적 번영을 누렸다. 켈트 인들은 철을 다루는 빼어난 장인들로서 귀금속을 가공하고, 금을 세공하며, 체코 땅에서의 최초의 동전을 주조하였다. 이들은 유리와 에메랄드를 알고 있었고, 도기를 만듦에 있어서 녹로를 사용하였으며, 그들이 사용한 일련의 기구들은 오늘날까지도 그 맵시를 유지하고 있다. B.C. 2세기 말경에 건설하기 시작한 이른바 켈트 인들의 성채는 그들의 경제적, 정치적 중심지로 사용되었는데, 베로운 근처의 스트라도니체(Stradonice) 성채, 프라하 근교의 즈브라슬라프(Zbraslav) 성채, 슬로바키아의 브라티슬라바(Bratislava) 성채가 유명하였다. 그리하여 이 시기를 체코 상고 시대의 황금기로 부를 정도로 체코 땅에서의 켈트 문화는 번성하였다.

그러나 체코를 포함한 중부 유럽을 장악하고 있던 켈트 인들은 B.C. 1세기 말경에 북쪽으로부터 들어온 마르코만(Markoman)과 콰드(Kvád) 족 게르만 인들의 침입으로 쫓겨나고 말았다. 새로 침입해 온 게르만 인들은 당시 북진해 오던 로마 제국의 군인들과 잦은 충돌을 빚었는데, A.D. 9~10년 마르코만 족의 왕자 마로부트(Marobud)가 로마 군을 상대로 벌인 전투는 성공을 거두지 못하였다. A.D. 1세기 말경에 이르면 로마 군인들이 이미 다뉴브 강을 따라 전진 기지를 건설하기 시작하였고 선발대는 체코 땅에까지 침투하였다. 그리하여 남부 모라비아의 무쇼프(Mušov)에 로마 군 기지가 건설되었고, 브라티슬라바 근교에도 여러 곳에 로마 군 기지가 건설되었다. 그 후 A.D. 166~180년의 마르코만 전쟁 중 북 이탈리아에까지 침투해 간 게르만 인들을 로마 군이 격퇴하였고, 4세기 발렌티니안(Valentinian) 황제 치세기에 로마 군인들이 다시 슬로바키아에까지 진격해 오지만, 375년 황제의 죽음으로 로마 제국 자체가 급속하게 무너지고 만다. 바로 이 시기에 흑해 연안으로부터 훈 족의 이동으로 촉발된 민족의 대이동이 유럽은 물론이고 체코와 슬로바키아 땅에서도 종족의 구성을 근본적으로 바꾸어 놓았다.

4세기 말부터 시작된 민족의 대이동으로 자신들의 원거주지인 드네프르 강과 비스와 강 사이의 스텝 지역을 떠나 서쪽으로 이동하던 일련의 슬라브 인들은 6세기에 접어들어 오늘날의 체코와 슬로바키아 땅에 집단적으로 정착하면서 이 지역의 게르만 인들을 몰아내기 시작하였다. 비잔틴의 역사가 프로코피우스(Prokopius)가 이미 512년경에 체코 땅에서의 슬라브 인들의 존재를 언급하고 있는 사실에 비추어볼 때, 오늘날 체코와 슬로바키아 땅에서의 체코와 슬로바키아 인들의 정착이 훨씬 이전에 이루어지고 있었음을 짐작할 수 있다. 하여간 먼저 온 게르만 인들과 후에 온 슬라브 인들은 상당 기간 동안 이 땅에서 평화를 유지하면서 함께 공존하고 있었으나, 6세기 중반부터 시작된 아바르(Avar) 족의 침입으로 이러한 평화는 곧 깨지고 만다. 서쪽의 프랑크 제국을 압박하고 동쪽의 비잔틴 제국을 공격할 정도로 강력한 아바르 족의 세력에 눌린 게르만 인들은 차츰 체코 땅을 떠났고, 일부 남은 세력은 이곳의 슬라브 인들에 동화하였다.

[그림 3] 사모 (?~658?년)

게르만 인들이 떠난 이 지역의 슬라브 인들과 아바르 인들은 서로 근본적으로 다른 생활방식으로 인해 화합을 이루며 살 수가 없었다. 슬라브 인들이 농업을 주업으로 삼으면서 정착 생활을 영위하는 데 비해, 아바르 인들은 유목 생활을 하면서 정복을 일삼았다. 호전적인 아바르 인들의 공격과 지배에 시달려 온 슬라브 인들은 마침내 620년경 함께 힘을 합쳐 봉기에 나섰고, 623~624

년에는 커다란 전과를 올렸다. 이러한 슬라브 인들을 선두에서 지휘한 사람은 프랑스 중부 지방 출신으로 전해지고 있는 프랑크 상인 사모(Sámo, ?~658?)였다. 그는 아바르 인들이 격퇴된 후, 이 지역 슬라브 인들에 의해 우두머리로 추대되었으며, 보헤미아, 모라비아, 슬로바키아 일부와 바바리아에 이르는 광대한 지역을 포괄하는 이른바 사모 제국(Sámova říše)의 주인공이 되었다. 그런데 서슬라브 인들의 최초의 국가가 된 사모 제국은 엄격한 의미에서의 국가라기보다는 서슬라브 여러 종족들의 연맹체적 성격이 강했다. 제국의 수도는 당시의 성곽과 성지가 발견되는 남부 모라비아의 모라바 강 유역의 평야 지대가 확실한데, 특히 631년 프랑크 왕 다고베르트(Dagobert)를 북부 보헤미아 지방으로 추정되는 보가스티스부르크(Bogastisburg)에서 패퇴시킨 전투가 유명하였다. 그러나 658~659년으로 추정되는 사모의 죽음과 함께 사모 제국은 일시에 무너지고 만다.

1.2. 대(大)모라비아 제국

사모 제국의 붕괴 이후 약 1세기 반 동안 체코와 슬로바키아 땅에 대한 역사적 기록은 침묵한다. 그러다가 8세기 말경에 이르러서야 이 지역에 대한 샤를마뉴(Charlemagne, ?~814) 대제의 원정이 언급되고 있다. 수차례에 걸친 대제의 원정은 체코 땅과 중부 유럽에서의 아바르 족의 위협을 제거해 주었고, 이로써 이 지역 슬라브 인들의 국가 탄생으로의 길을 열어 주었다. 이러한 상황에서 먼저 주도권을 쥐고 국가 형성을 주도한 슬라브 종족이 중부 다뉴브 강의 한 지류인 모라바 강 유역에 정착하고 있던 모라비아 인들이었으며, 이들이 만든 나라를 후세 사가(史家)들은 대(大)모라비아 제국(Velkomoravská říše)이라고 불렀다.

대모라비아 제국의 알려진 첫 군주는 모이미르 1세(Mojmír I., 830년 이전~846년)로서 치세 초기인 831년에 벌써 바바리아의 파사우로부터 기독교를 들여왔고, 교회들을 건설하여 바바리아, 북부 이탈리아, 비잔틴

[그림 4] 로스티슬라프 (작가 미상, 슬로바키아 민족 박물관)

제국의 달마티아에서 신부들을 불러들였다. 그리고 833~836년 모이미르는 서부 슬로바키아의 니트라(Nitra)를 거점으로 하고 있는 자신의 강력한 경쟁자인 프리비나(Pribina)공을 몰아내는 데에도 성공하였다. 물론 이곳에도 벌써 잘츠부르크를 통해 들어 온 교회가 활동하고 있었다.

이처럼 대모라비아 제국이 부상하자 프랑크 제국은 위협을 느껴 샤를마뉴 대제의 손자인 루이(Louis)왕이 대모라비아 제국에 대한 원정길에 나서 모이미르를 퇴위시키고 대신 로스티슬라프(Rostislav, 846~870)를 왕좌에 앉혔다. 그러나 로스티슬라프는 곧 프랑크 제국의 영향권으로부터 벗어남과 동시에 보헤미아와 루사티아에까지 세력을 넓혀 갔으며, 861년에는 프랑크 제국의 세력을 견제하기 위해 교황청으로부터의 직접적인 사도 파견을 요청하였고, 동시에 콘스탄티노플에 있는 비잔틴 제국의 황제에게도 사도 파견을 요청하였다. 이리하여 863년 비잔틴 제국으로부터 콘스탄틴[Konstantin; 후에 시릴(Cyril)이라는 수도사 명을 얻음]과 메토데이(Methoděj) 형제가 모라비아에 도착하여 비잔틴 제국과 모라비아 제국 간의 종교적, 정치적 동맹 관계가 형성되자 루이 왕의 동프랑크 제국은 불가리아 왕국과 동맹을 맺어 이에 맞섰다.

로스티슬라프의 비잔틴에 대한 외교는 프랑크 제국에 대한 견제적인 수단으로 사용되었지만, 동시에 자국의 기독교를 재빨리 정착시켜 제국의 토대를 공고히 하려는 목적도 있었다. 한편 시릴과 메토데이는 살로니카 출신의 그리스 인들이지만 이 지역의 남슬라브 인들이 사용하는 슬라브어에 통달하고 있었기 때문에 이를 토대로 하여 슬라브 인들의 최초의 문어(文語)인 고대 교회 슬라브 어(staroslověnština)를 만들었으며, 슬라브

[그림 5] 로마에서의 시릴과 메토데이 (작가 미상, 11세기프레스코화, 로마의 성 클레멘트 바실리카)

인들의 최초의 문자인 글라골 문자(hlaholice; Glagolitic)를 창제하였다. 그리고 두 사람은 이를 이용하여 많은 종교 서적들을 번역하였는데, 이것이 바로 슬라브 어로 된 최초의 문헌들이 탄생되는 역사적인 순간이었다.

로스티슬라프의 다음 군주인 스바토플루크(Svatopluk, 870?~894)의 치세에 와서 대모라비아 제국의 번영이 절정에 달하는데, 그의 치세하의 대모라비아 제국은 모라비아와 슬로바키아의 중심 지역 이외에도 보헤미아와 크라쿠프를 중심으로 하는 남부 폴란드를 장악하고 있었으며, 루사티아와 오늘날의 헝가리 땅인 파노니아(Panonia)에까지 세력을 펼치는 명실상부한 제국으로 발전해 있었다. 제국의 수도는 모라바 강 유역의 우헤르스케흐라디슈톄(Uherské Hradiště)와 미쿨치체(Mikulčice)로 추정되고 있으며, 니트라 또한 제국의 중요한 중심지였다. 그리고 우헤르스케흐라디슈톄 근교의 벨레흐라트(Velehrad)에는 대주교좌가 설립되었고, 880년 초대 대주교로 메토데이가 임명되었다. 이로써 슬라브 교회 의식이 교황에 의해 공식적인 승인을 얻게 되었다.

그러나 독일계 승려들이 슬라브 교회 의식에 반대하고 대주교의 비잔틴 교회에 대한 옹호를 비난하고 나서자 스바토플루크는 외교 노선을 바꾸어 당시 동프랑크 제국과 좋지 않은 관계에 있던 로마 교황청의 지지를 얻기 위한 방편으로, 로마 교황청이 비잔틴 제국의 정치적 야망의 표현으로 간주하여 위험시 하던 슬라브 교회 의식을 폐지하고 대신 라틴 교회 의식을 도입하였다. 또한 885년 메토데이가 죽자 그의 제자들을 모라비아로부터 추방하였다. 하지만 메토데이는 자신의 생전에 보헤미아의 군주인 보르지보이(Bořivoj) 공과 그의 부인 루드밀라(Ludmila)를 세례시킨 바 있었기 때문에 메토데이의 제자들의 일부는 보헤미아로 건너가 거기서 11세기 말까지 슬라브 교회 의식을 유지하였으며, 일부는 달마티아로 내려가 그곳을 기점으로 세르비아와 크로아티아 등의 구(舊)유고슬라비아, 불가리아, 러시아에까지 슬라브 교회 의식을 전파하여 오늘날에까지 이르고 있다. 또한 시릴과 메토데이의 제자들은 이전의 글라골 문자를 개량하여 새로운 문자인 시릴 문자(cyrilice; Cyrillic)를 창안하였는데, 이 문자는 세르비아, 마케도니아, 불가리아 등의 남슬라브 인들, 그리고 러시아, 우크라이나, 벨라루시의 동슬라브 인들의 문자로 채택되어 오늘날까지 사용되고 있다.

그러나 번성하던 대모라비아 제국도 스바토플루크의 죽음으로 급격하

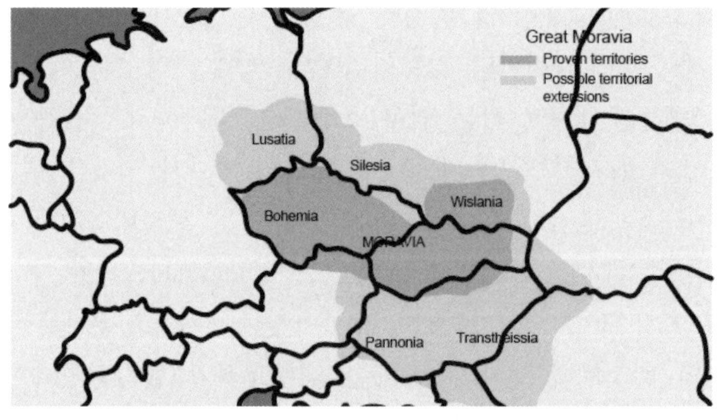

[그림 6] 스바토플루크 통치하의 대모라비아 제국 영토

게 몰락하기 시작하였다. 그의 뒤를 이어 모이미르 2세(Mojmír II., 894~906)가 승계하였지만 벌써 보헤미아와 루사티아가 이탈하면서 내리막길을 걷고 있던 제국은 10세기 초 아시아로부터 이동해 온 유목민족인 헝가리 인들의 침입으로 붕괴되고 말았다. 서기 907년의 일이었다.

대모라비아 제국은 보헤미아, 모라비아, 슬로바키아, 루사티아, 소르비아, 소(小)폴란드의 슬라브 인들을 망라하는 최초의 서슬라브 국가 혹은 국가 연합을 건설하였다는 점에서, 그리고 오늘날의 헝가리 땅인 파노니아의 슬라브 인들을 통해 구유고슬라비아의 남슬라브 인들과의 접촉을 유지해 주었다는 점에서, 그리고 무엇보다도 서쪽의 체코 인들과 동쪽의 슬로바키아 인들이 한 국가 속에서 공동체적 생활을 영위할 수 있게 하였다는 점에서 역사적으로 의미가 크다. 그리고 대모라비아 제국 치하에서 최초의 슬라브 문어와 최초의 슬라브 문자가 탄생되었으며, 이를 통해 성서와 비잔틴 문학이 번역되기 시작하였고, 짧은 기간이지만 라틴어나 그리스 어와 어깨를 나란히 하면서 슬라브 어로 교회 의식이 행해졌다는 점 또한 대모라비아 제국의 공적에 속하였다.

그러나 제국의 멸망으로 체코 땅에서의 고대 교회 슬라브 어와 슬라브 교회 의식은 차츰 라틴 어와 라틴 교회 의식으로 대체되었으며, 헝가리가 북쪽의 서슬라브 인들과 남쪽의 남슬라브 인들 사이의 영토를 차지함으로써 양쪽 지역 슬라브 인들의 교류가 차단되고 말았다. 그리고 슬로바키아가 헝가리의 수중에 들어감으로써 이후 1천년 동안 체코 인들과 슬로바키아 인들은 서로 다른 역사의 길을 걷게 되는데, 두 민족의 1천년이라는 장구한 세월의 분리와 이산은 실로 그 기간이 너무나 길고 그 골이 너무나 깊은 것이었다.

1.3. 체코 국가의 탄생과 프르제미슬 왕조

체코 국가의 탄생은 프르제미슬 왕조(Přemyslovská dynastie)의 최초의 역사적 인물인 보르지보이 1세(Bořivoj I., 867/868~888?)의 통치와 더불어 시작되었다. 전설적인 농부 프르제미슬(Přemysl)과 예언자 리부셰(Libuše) 공주에 그 기원을 두고 있는 프로제미슬 왕조의 보르지보이는 883년경 대모라비아 제국의 메토데이 대주교로부터 세례를 받았으며, 프라하 북쪽 레비흐라데츠(Levý Hradec)를 도읍지로 삼고 거기에 체코 최초의 교회가 되는 성 클리멘트 교회를 건설하였다. 그러나 그는 곧 블타바(Vltava) 강 연안의 프라하(Praha)로 도읍지를 옮기게 되는데, 이후 프라하는 오늘날까지 1천년 이상 체코의 수도가 되었다.

체코 땅에서의 자신의 확고한 위치에도 불구하고 보르지보이는 죽을 때 까지 대모라비아 제국에 충성을 바쳤고 그의 사후에는 통치권이 일시적으로 대모라비아의 스바토플루크에게로 넘어가기도 하였지만, 그의 아들인 스피티흐네프 1세(Spytihněv I., 894~915)에 와서는 사정이 달랐다. 그는 동쪽의 대모라비아 제국의 영향권에서 벗어나면서 서쪽의 동프랑크 제국의 바바리아로 방향을 바꾸었다. 그의 이러한 방향 전환은 향후 체코가 서쪽의 라틴 문화에 영구적으로 편입되는 결과를 가져오게 되는데, 체코의 지정학적인 위치로 볼 때 이는 피할 수 없는 선택이었다. 물론 이러한 편입이 즉각적이고 일방적인 것은 아니어서 적어도 11세기 말까지는 체코 땅에서 서방의 라틴 문화와 점차적으로 사라져가는 동방의 고대 교회 슬라브 문화가 공존하는 상태를 유지하였다.

브라티슬라프 1세(Vratislav I., 915~921)와 바츨라프 1세(Václav I.,

[그림 7] 보르지보이 1세의 세례식 (벨리슬라프 성서, 14세기)

922~935)의 제임 중 체코 땅은 국가 조직을 갖춘 프르제미슬 공국(Přemyslovské knížectví)이 장악하고 있었지만, 공국에 종속되면서도 아직 완전한 기독교화가 이루어지지 않은 다른 공국들과의 사이에서 분쟁과 갈등이 상존하고 있었다.

그런데 이 시기의 프르제미슬 공국은 동프랑크 제국이 붕괴된 이후 그 계승자인 바바리아에 의존하고 있었는데, 바바리아는 또 다른 계승자인 색스니와의 세력 다툼에서 밀리면서 색스니의 왕자를 자신들의 왕으로 인정하기에 이르렀다. 한편 브라티슬라프 I세의 사후, 어린 바츨라프 공을 대신하여 섭정을 하고 있던 그의 어머니 드라호미라(Drahomíra)는 바바리아의 대(對)색스니 정책의 변화와 그에 따른 체코 쪽의 입장 정리를 둘러싸고 시어머니인 루드밀라(Ludmila)와 충돌을 일으켜 921년 프라하 근교의 테틴(Tetín)에서 그녀를 살해하였다. 루드밀라는 곧 체코 최초의 성인으로 추대되었고, 그녀의 성채는 브라티슬라프 I세에 의해 건설된 성 이르지(sv. Jiří) 교회에 안치되었다. 그리고 그녀의 동상은 오늘날 바츨라프 광장에 우뚝 선 성 바츨라프 동상의 측면 조각의 동상으로 자신의 손자인 성 바츨라프와 더불어 체코를 수호하는 수호성인으로 추앙받게 되었다.

브라티슬라프 1세와 바츨라프 1세의 통치는 매우 성공적이었다. 당시로서는 보기 드물게 교육을 받은 바츨라프는 프르제미슬 가의 팽창주의 정책을 추진해 나가면서 대외 정책의 노선도 기존의 바바리아에서 급부상하는 색스니로 방향을 바꾸었다. 이러한 그의 정책은 성 비트(sv. Vít; St. Vitus) 성당의 건설에서도 엿볼 수 있는데, 이 성당은 후에 거대한 고딕 성당으로 발전하여 오늘날 프라하 성에 우뚝 선 모습으로 그 위용을 자랑하고 있다.

[그림 8] 성 비트 대성당 성 바츨라프 예배당의 성 바츨라프 상 (인드르지흐 파를레르시, 14세기 중반)

그러나 바츨라프는 대내외적으로 보다 더 급진적인 팽창주의 정책을 지지하는 자신의 동생인 볼레슬라프(Boleslav)와 알력을 빚게 되고, 마침내 935년 동생의 스타라 볼레슬라프(Stará Boleslav) 성에서 살해되었다. 체코 국가의 탄생 과정에서 일어난 프르제미슬 가문의 두 번째 비극이었다.

바츨라프는 곧 성 바츨라프(svatý Václav; Saint Wenceslas)로 추대되면서 체코의 기독교와 체코 국가의 상징으로서, 그리고 체코 인들의 이상적인 구원의 통치자로서 체코 땅의 수호 성자가 되었다. 그 후 성 바츨라프에 대한 전설은 유럽 전역으로 전파되었으며, 대표적인 것이 바츨라프의 영국식 이름인 웬세슬라스 왕을 칭송하는 '어진 임금 웬세슬라스(*Good King Wenceslas*)'라는 영국의 크리스마스 캐럴 송이다. 또한, 덴마크, 폴란드, 독일, 이탈리아 등지의 교회들도 바츨라프 성인을 봉헌하였고, 스페인, 포르투갈, 아르헨티나와 남미 여러 나라에까지 그의 이름이 세례명으로 사용되었다. 그리고 바츨라프 성인의 초상은 중세 시대부터 체코 국가의 표상, 문장, 주화, 군기에 사용되었고, 그를 기리는 찬송가는 체코 민족이 고난을 만날 때마다 불려졌다. 중세, 후스주의 운동기, 바로크 시대, 근대, 현대에 이르기까지 바츨라프 성인에 대한 체코 인들의 숭배와 의지는 절대적인 것이었다. 오늘날 프라하 시 한가운데 있는 바츨라프 광장에 우뚝 솟은 그의 동상이 이를 대변한다.

볼레슬라프 1세(Boleslav I., 935~972)의 통치는 비극으로 출발하였지만, 그의 치세하에서 체코 국가는 확고한 기반을 확립하였다. 독일 제국의 강력한 오토 1세(Otto I.)에 대항해서 14년간에 걸친 어려운 전쟁을 수행하였고, 955년에는 오토 1세의 연합군의 일원으로서 대(對)헝가리 전을 승리로 이끌어 모라비아를 해방시켰고, 바흐(Váh)강을 지나 폴란드의 크라쿠프에까지 진격하여 세력을 확장하였다. 그의 아들인 볼레슬라프 2세(Boleslav II., 972~999) 또한 선왕의 팽창주의 정책을 그대로 이어 받았다. 그리하여 10세기 후반의 체코 영토는 대모라비아 제국의 그것에 이미 육박하고 있었다.

볼레슬라프 1세는 프라하에 주교청을 설립하여 바바리아의 레겐스부르크 주교청으로부터의 독립을 시도하였는데, 이러한 그의 노력은 973년 자신의 아들인 볼레슬라프 2세에 의해 성취되었고, 초대 주교로 색스니의 티트마르(Thietmar)가 취임하여 마인츠(Mainz)의 대주교청에 소속되었다. 주교청의 신설은 프라하의 입지를 상당히 강화시켜 주었다.

볼레슬라프 1세와 볼레슬라프 2세의 통치기는 초기 체코 국가의 전성기로서, 동으로 키예프 공국과의 교류와 선린을 통해 10세기 초 헝가리의 침입으로 두절되었던 동슬라브 권과의 연대를 도모하였고, 볼레슬라프 1세의 딸인 두브라프카(Dubravka)를 폴란드의 미에스코 1세(Mieszko I.)와 결혼시켜 신생 폴란드에 기독교를 전파함과 동시에 체코와 폴란드 간의 연대를 도모하였다.

볼레슬라프 부자의 팽창주의 정책은 경제적인 힘을 바탕으로 하지 않고는 불가능한 일로서, 당시 발트 해 연안과의 무역을 위해 대량으로 주조된 체코 은화인 디나르(denár; dinar)의 존재가 당시 체코 경제의 융성을 뒷받침하였다. 동방과의 무역도 활발하여 각지의 상인들이 프라하로 몰려들었으며, 10세기 중반 프라하를 방문한 아랍인 여행가 야콥(Jacob, I. I.)은 '하얀 성의 프라하'가 있는 보헤미아가 북부의 여러 나라들 중에서 가장 부유한 나라라고 증언하였다.

이 시기의 교회는 세속 군주의 위상에 미치지 못하였는데, 프라하의 제2대 주교인 보이톄흐(Vojtěch; Adalbert)는 교회의 지위를 강화하고 기독교의 전파를 확산해 나가는 과정에서 볼레슬라프 2세와 마찰을 빚었다. 두 사람의 압력은 보이톄흐 주교가 프르제미슬 왕가에 적대적인 슬라브니크(Slavník)가문이라는 이유로 더욱 증폭되었다. 결국 슬라브니크 가문은 전멸되었지만, 보이톄흐 주교는 해외에서 선교 활동을 계속하다가 997년 발트 해 연안의 프로이센에서 순교하였다.

이에 독일 제국의 오토 3세 (Otto III.)는 999년 보이톄흐 주교를 성인으로 추대하고, 1,000년에는 보이톄흐의 유해가 안치된 폴란드의 그니에즈노(Gniezno)에서 폴란드의 볼레슬라프 흐라브리(Boleslav Chrabrý) 왕에 대한 대관식을 거행함과 동시에 여기에 대주교청의 설립을 승인하여 보이톄흐의 동생을 대주교좌에 앉혔다,

같은 시기에 오토 3세는 헝가리의 이슈트반 1세(István I.; Stephen I)에 대하여도 대관식을 거행함과 아울러 여기에도 대주교청을 설립하여 보이

테흐 성인의 동료를 취임시켰다. 이리하여 중부 유럽을 강력한 기독교 국가로 전환시키려 하였던 보이테흐 성인의 유지대로 폴란드와 헝가리에 대주교좌가 설립되고, 두 나라가 왕국으로서의 인정도 받았으나, 정작 체코는 왕국으로서의 승인도 1세기를 더 기다려야 했고, 프라하 대주교청의 설립은 2세기를 더 기다려야 했다. 체코는 출발은 빨랐지만 독일 제국의 견제로 인해 오히려 폴란드와 헝가리에 뒤지게 된 것이다.

한편 생전에 체코 땅에서 별로 공감을 불러일으키지 못하였던 보이테흐 성인은 사후에 체코 인들의 추앙을 얻게 되었고, 성 루드밀라, 성 바츨라프와 더불어 자리를 나란히 할 수 있었다. 그리고 얼마 후 당시 체코 내에서 유일하게 동방의 슬라브 교회 의식을 유지하던 사자바 수도원(1032년경 설립되어 1097년까지 존속)의 대수도원장 프로코프((Prokop, ?~1053)가 성인의 반열에 오름으로써 네 사람은 체코 땅에서 가장 추앙받는 수호성인들이 되었다.

11세기에 접어들면서 체코 국가는 위기를 맞게 된다. 이웃한 헝가리와 폴란드가 급부상하면서 체코를 위협하였고, 대내적으로는 볼레슬라프 2세의 아들들이 불화를 빚고 있었다. 이들이 왕권 다툼을 벌이고 있는 동안 프르제미슬 왕가의 체코는 이전에 획득한 대부분의 영토를 상실하고 체코 본토격인 보헤미아만 남게 되었다. 폴란드의 볼레슬라프 흐라브리는 이 틈을 이용하여 자신의 대리자인 블라디보이(Vladivoj, 1002~1003)를 왕좌에 앉혔다가 곧 자신이 스스로 체코 공국의 왕관을 차지해 버렸다(1003~1004년). 그런데 이 꼭두각시 왕인 블라디보이는 로마 독일 제국(římskoněmecká říše)의 황제에 의해 승인을 받은 체코 최초의 왕이었고, 로마 독일 제국 황제는 그에게 보헤미아를 제국의 봉토로 증여하였는데, 이러한 전통은 이후 수 세기에 걸쳐 지속되었다.

그러나 대개 독일의 여러 군주들이 차지하였던 로마 독일 제국의 황제들이 체코 국가를 체코 군주에게 봉토로 증여하는 형식을 취한 사실이 결코 체코 국가가 로마 독일 제국에 종속되었다는 것을 의미하는 것은 아니었다. 962년 독일의 오토 1세에 의해 시작된 로마 독일 제국은 중세시대의 유니버설리즘 사상에 바탕을 두고 탄생하였다. 즉, 로마 교황청의 교황이 모든 기독교 국가들의 정신 영역을 포괄하듯이 제국의 황제가 세속 영역을 포괄하는 것을 목적으로 하여 탄생하였던 것이다.

그러나 중세의 이 로마 독일 제국이 모든 기독교 국가들을 포괄할 수 있었던 것은 아니었다. 12세기 중반부터 신성 로마 제국(Svatá říše římská)으로 이름을 바꾼 이 로마 독일 제국의 영역은 대체적으로 오늘날의 오스트리아, 스위스, 베네룩스, 실레지아, 보헤미아, 모라비아, 독일, 그리고 북부 이탈리아에 국한 되었다. 어떻든 로마에서의 대관식 이후 황제라는 칭호를 얻게 되는 로마 독일 제국 군주의 정치적 권위는 다분히 형식적인 것으로서 각 공국의 군주 권은 그 공국 왕자들이 행사하였다. 물론 체코도 예외가 아니었다. 하지만 체코의 군주와 이 로마 독일 제국의 황제 사이의 알력이 발생하는 경우가 없지 않았다. 세력이 강한 황제는 각 공국의 내정에 간섭하려 하였고, 그렇지 못한 황제들은 자율에 맡겨두고 있었다.

체코의 아킬레스(Czech Achilles)라는 별명을 얻었던 브르제티슬라프 1세(Břetislav I., 1034~1055) 치하에서 로마 독일 제국 황제와 충돌이 일어났다. 그는 1039년 볼레슬라프 흐라브리 사후의 혼란기를 틈타 폴란드를 침공하여 잃었던 실레지아를 회복하였으며, 폴란드의 그니에즈노에 있던 보이테흐 성인의 성골을 회수하여 프라하로 옮겨 왔다. 이는 원래 체코 땅을 위해 예정되었던 성 보이테흐 대주교좌를 폴란드로부터 체코로 옮겨 오려는 의도의 표현으로 그는 로마 교황청의 승인을 시도하였으나, 폴란드의 희생을 대가로 한 체코 국가의 세력 확장을 두려워한 로마 독일 제국 황제 인드르지흐 3세(Jindřich III.)가 이를 반대하자 두 나라는 곧 전쟁에 돌입하였다. 전쟁은 일진일퇴를 거듭할 정도로 백중세를 유지하였으나, 결국 브르제티슬라프 1세가 굴복하고 그의 계획도 무위로 돌아갔다.

이후 브르제티슬라프 1세는 인드르지흐 3세의 대(對)헝가리 전을 이용하여 슬로바키아에 대한 회복을 시도하기도 하였으나, 이 또한 실패로 끝나고 말았다. 그러나 그의 이러한 공세는 자기 고유의 영토인 보헤미아와 모라비아에 대한 지배를 확고히 하는 데는 크게 이바지하였다. 그는 또한 최초의 체코 법전을 공포하였고, 체코의 왕자는 프르제미슬 왕가의 최 연장자가 맡는다는 원칙을 세웠는데, 이는 오히려 왕권을 둘러싼 다툼의 원인을 제공하는 결과를 낳았다.

브라티슬라프 2세(Vratislav II., 1061~1092)도 자신의 선임자들처럼 체코 국가의 위상을 높이기 위해 전력을 다하였는데, 최대의 걸림돌은 왕가 내의 싸움이었다. 그가 모라비아의 올로모우츠에 새로운 주교청을 건설한 것도 자신의 친형제인 프라하 주교의 위세를 꺾기 위한 하나의 수단이었다. 그리고 교황 그레고리 7세와 분란을 빚고 있던 황제 헨리 4세를 도운 대가로 1085년에는 현재까지 써왔던 공(kníže; prince) 대신에 왕(král; king)이라는 칭호를 받았다. 물론 왕위가 자신의 당대에 국한된 것이긴 하였지만, 이는 로마 독일 제국 내에서 체코 국가의 위상과 중요성을 확인받는 중요한 계기가 되었다. 그리고 브라티슬라프 2세는 10세기 말에서 11세기 초 자신의 선대에서 건설된 프라하의 제2 성(城)인 비셰흐라트(Vyšehrad)로 거처를 옮겼으며, 이후 12세기 중반까지 비셰흐라트는 체코 왕의 거처로 사용되었다.

한편 소베슬라프 1세(Soběslav I., 1125~1140)와 블라디슬라프 2세(Vladislav II., 1140~1172)는 제1 성(城)인 프라하 성(Pražský hrad)을 로마네스크 형식의 석조 건물들로 재건하였고, 블타바 강을 가로지르는 중부 유럽 두 번째의 돌다리를 건설하였는데, 이 돌다리는 1342년 대홍수로 유실되어 새로운 다리인 카렐 다리가 놓일 때까지 사용되었다.

블라티슬라프 2세는 프리드리히 1세 바르바로사(Friedrich I Barbarossa, 1122~1190) 황제의 팽창주의 정책에 편승하여 황제의 이탈리아 원정에 참전함으로써, 역시 비(非)세습적이지만 왕위의 타이틀을 얻었으며, 실레지아에 대한 체코의 권리를 인정받았고, 바우첸(Bautzen)지방의 지배를 확인 받았다. 그는 서방과의 문화 교류에도 많은 노력을 기울였다.

블라디슬라프 2세의 계승자들은 프리드리히 1세 바르바로사 황제와의 외교에서 기민하게 대처하지 못하였다. 황제는 체코 내정에 간섭하기 시작하였고, 왕위를 둘러싼 체코 내의 내분이 최고조에 달한 1180년대 그는 프라하 대주교청을 독립시키고 모라비아를 체코의 군주로부터 독립된 제국의 후작국으로 만들어 버렸다. 이렇게 하여 체코 땅이 형식적으로나마 세 부분으로 나누어진 셈이 되었다.

그러나 이러한 상태는 오래 지속되지 않았다. 프리드리히 1세 바르바로사 황제가 죽고 난 후인 1197년 블라디슬라프 1세의 두 아들 중 프르제미슬 오타카르 1세 (Přemysl Otakar I., 1197~1230)가 보헤미아의 군주가 되고, 블라디슬라프(Vladislav)가 모라비아의 후작이 되었으며, 프라하 대주교청도 프리드리히 1세 바르바로사 황제의 분할 이전의 상태로 되돌아감으로써 체코 땅은 이전처럼 하나의 국가를 유지할 수 있게 되었다. 단지 모라비아 후작국(Moravské markrabství)만은 근대에 이르기까지 그 명칭을 유지하였다. 그러나 모라비아는 아주 짧은 기간의 예외를 제외하고는 보헤미아 왕국에 복속되면서 하나의 체코 국가를 형성하였다. 그리고 모라비아 후작의 직위도 13세기 이후에는 체코 왕가의 어느 한 사람이, 1411년 이후에는 거의 지속적으로 체코 왕국의 군주 스스로가 유지하여 왔다는 사실도 모라비아 후작국의 명목적인 존재를 뒷받침하였다.

1.4. 체코 로마네스크 문화

11세기에서 12세기의 서유럽은 프랑크 제국의 분열이 끝나고 노르만족과 마자르 족의 파괴적인 공격이 종식된 상태에서 안정을 되찾고 유례없는 문화의 번성을 구가하였다. 프랑스와 이탈리아의 도시들을 중심으로 발전한 이 문화를 후세 사람들은 로마네스크 문화(románská kultura)라고 불렀다. 로망스 지역에서 발생하였다 하여 로마네스크 문화라는 이름을 얻은 이 문화는 유럽의 전역으로 확산되면서 역사상 처음으로 하나로 통일된 유럽 문화의 유산이 되었다.

당시 유럽 인들을 하나로 묶어주는 데는 기독교의 역할이 절대적이었지만 활발한 무역과 순례 여행 등을 통한 빈번한 교류도 중세 유럽 인들의 종족적, 지역적 국경을 넘는 연대의식의 함양에 크게 이바지하였다. 이교도의 수중에서 기독교인들의 성지를 회복하고자 하는 십자군 운동도 중세 유럽 인들의 연대의식을 북돋았고, 동방 교회와 서방 교회의 분리는 가톨릭의 서유럽을 더욱 더 하나로 뭉치게 만들었다.

이러한 중세적 배경 속에서 태동한 로마네스크 문화는 특히 건축, 조각, 회화 분야에서 두드러진 예술 양식으로 전 유럽으로 확산되어 갔는데, 로마와 그리스의 고전 양식을 부활하면서 여기에다 동양적 취미를 가미한 것이 특징이었다. 그리고 반원형의 아치와 원주로 대표되는 로마네스크 예술의 바탕에는 단순한 기하학적 추상성이 깔려 있었다.

우선 이 시기의 체코 문학을 살펴보면 11세기 말 슬라브 교회가 폐쇄될 때까지 체코 땅에서는 비잔틴 교회의 영향권 아래에 있는 고대 교회 슬라브 문화와 로마 교회의 지배하에 있는 라틴 문화가 병존하고 있었다. 전자의 문학은 10세기 중반에 써진 것으로 보이는 『성 바츨라프 전기(*Život sv. Václava*)』와 10세기 말로 추정되는 '주여, 우리를 긍휼히 여기소서(*Hospodine, pomiluj ny*)'라는 찬송가가 대표하고, 후자의 문학은 역시 『성 바츨라프와 그의 할머니 성 루드밀라의 생애와 순교(*Život a umučení sv. Václava a jeho babičky sv. Ludmily*)』를 포함하고 있는 992~994년의 『크리스티안 연대기(*Kristiánova legenda*)』가 대표하였다. 『크리스티안 연대기』는 보다 광범위하고 보다 중요한 코스마스(Kosmas, 1045?~1125)의 『체코 연대기(*Chronica Boemorum*)』로 이어지고, 이는 다시 『비셰흐라트 성인록(*Kanovník vyšehradský*)』으로 이어졌는데, 이들은 라틴 어로 써진 라틴 문학의 대표적인 작품들이었다.

10세기의 체코는 새로 등장한 폴란드와 헝가리의 견제로 영토적 확장은 이룰 수가 없었지만 이들 국가들보다도 먼저 시작한 도시의 발달과 국가 조직의 공고화로 보다 선진된 로마네스크 문화를 이룩할 수가 있었다. 10세기에 이미 프라하 성의 건축물들로 시작된 체코의 로마네스크 건축은 당시로서는 상당히 높은 수준을 자랑하였다. 대표적인 바실리카 양식의 장방형의 교회가 프라하 성의 성 이르지(sv. Jiří) 교회인데, 이 교회의 두 개의 뾰족탑은 오늘날도 프라하 성의 윤곽을 수놓고 있으며, 지붕이 둥근 원형의 로마네스크 로툰다(rotunda)로는 프라하에 있는 네 개의 로툰다 이외에도 모라비아의 즈노이모(Znojmo)의 로툰다와 보헤미아의 르지프(Říp)의 로툰다가 유명하다.

기독교의 보급으로 각종 교단의 수도원과 수녀원의 건설이 늘어남과 동시에 로마네스크 건축과 조각도 늘어났다. 체코 땅에는 10세기에 베네딕트 수도회가 들어온 것을 효시로 12세기 중반까지 시토 수도회, 성 요한 자선회, 프레몬트레 수도회가 새로이 도입되었는데, 특히 후자를 위해 프라하 성에 인접한 스트라호프에 세워진 스트라호프 수도원(Strahovský klášter)은 체코의 대표적인 로마네스크 수도원이 되었다. 이 밖에도 보헤미아와 모라비아의 각 지역에 로마네스크 교회들이 설립되었으며, 그 중 프르제미슬 왕가의 프레스코화가 소장되어 있는 즈노이모의 성 카테르지나 로툰다(Rotunda sv. Kateřiny)가 유명하다.

12세기에 접어들면서 프라하 시에는 유대인 거주 지역과 독일인 거주 지역이 형성되기 시작하면서 무역으로 부를 쌓은 이들 상인들의 석조 저택들이 우뚝 솟기 시작하였는데, 틴 궁전(Týnský dvůr)도 바로 이때의 건축물이다. 지방의 대귀족들 또한 로마네스크 양식의 대저택들을 건설하기 시작하였고, 올로모우츠에는 웅대한 주교궁이 건설되었다. 이 밖에도 브르노, 즈노이모, 리토메르지체, 플젠, 쟈테츠, 호라데츠크랄로베 등이 도시 형태를 갖추면서 발전함과 더불어 로마네스크 양식의 건축물들이 들어서기 시작하였다.

[그림 9] 르지프 산 정상의 성 이르지와 성 보이테흐 로툰다(소볘슬라프 1세, 1126년, 로마네스크 양식)

로마네스크 조각으로는 특히 성 이르지 교회의 세 쌍 부조가 유명하였고, 당시 유럽에서 가장 아름다운 은화 중의 하나를 체코에서 주조하였다는 사실에서 수준 높은 체코 조각술의 일면을 엿볼 수 있다. 그리고 1061년 브라티슬라프 2세의 대관식에 즈음하여 만든 『비셰흐라트 약전(*Vyšehradský kodex*)』의 화려한 금자(金字) 장식의 필사본은 로마네스크 서적 회화의 뛰어난 본보기로서, 이러한 전통은 12세기에 들어와서도 계승되고 발전되었다.

Czech and Slovak History

체코 왕국의 융성 (1197~1400년)

Czech and
Slovak History

체코 왕국의 융성 (1197~1400년)

2.1. 후기 프르제미슬 왕조

12세기는 체코의 군주와 귀족들이 화합을 이루지 못하고 외세의 간섭에 의해 나라의 운명이 결정된 암울한 시기로 기록되었으나, 12세기 말에 접어들면서 이러한 상황이 차츰 호전되기 시작하였다. 국가가 귀족들의 자유로운 토지 획득과 상속을 승인하는 법령을 공포하여 귀족들의 권리를 보장해 주었고, 경제적인 부흥이 있었으며, 대외적으로는 신성 로마 제국 군주들의 입지가 약해졌다. 이러한 상황들을 잘 이용한 프르제미슬 오타카르 1세(Přemysl Otakar I., 1197~1230)는 1198년 왕위를 획득하였고, 1212년부터는 왕위의 세습권을 확보하였다. 이러한 권리는 로마 왕이자 시칠리아(Sicily) 왕인 프리드리히 2세(Friedrich II, 1211~1250)의 시칠리아 황금칙서(Zlatá bula sicilská)에서 명문화 되었는데, 이 칙서는 신성 로마 제국과 체코 국가와의 관계를 재설정하면서 체코 왕의 선출은 체코 국가 내의 고유 권한이라고 명시하였다. 세습 왕위의 확보로 체코 국가는 현재까지의 체코 공국(České knížectví)에서 체코 왕국(České království)으로 대외적인 인정을 받게 되었다. 체코 왕국은 또한 제국의 아치-컵 베어러(říšský arcičíšník; Imperial Arch-Cup Bearer)라는 명예 타이틀을 수여받았고, 제국의 군주인 신성 로마 제국 황제를 선출하는 제국 내 일곱 군주 중의 하나가 됨으로써 중부 유럽의 강자로 부상하기 시작하였다.

13세기 체코 왕국의 부상은 왕권의 확립에 힘입은 바 크지만, 새로운 영농 방법의 도입과 신개지의 개척, 활발한 광산의 개발과 수공업의 발전, 도시의 발달 등 경제적 성과의 도움이 컸다. 특히 농업의 발전은 획기적인 것이었는데, 새로운 농기구를 발명하고, 가축의 수를 대폭 늘리며, 경작지를 봄에 씨를 뿌리는 춘경지, 가을에 뿌리는 추경지, 1년 쉬게 하는 휴경지로 하는 3단계 경작 시스템의 신(新)농법을 도입하여 수확의 현저한 증대를 가져왔다. 또한 숲과 습지대를 개척하여 새로운 경작지를 넓혀 나가는 개간지 확장에 있어서 왕족, 귀족, 교회, 수도원의 신개지 개간을 장려하였고, 개간을 한 사람의 세습적 권리를 인정함과 동시에 일정액의 지세와 경작세를 노동이나 현물 대신에 돈으로 지급할 수 있도록 조치하였다. 개간자의 이러한 권리를 '독일 권리(německé právo)'라고도 불렀는데, 이는 신개지, 즉 새로운 식민지의 개척에 독일인들이 대거 국경을 넘어 들어와 참여함으로써 초기에는 이러한 권리가 거의 전적으로 이들 독일인들에게 주어졌기 때문에 생긴 이름이었다.

11세기에서 13세기에 이르는 기간 동안 유럽에서는 새로운 민족의 대이동이 있었다. 4세기에서 5세기에 걸친, 이전의 민족 대이동이 동쪽에서 서쪽으로 향하는 서진이었던 데 비해, 이번의 이동은 주로 동진이었다. 11세기와 12세기에 홀란드 인들과 프리지아 인들이 북서부의 해안을 따라 새로운 식민지를 찾아 이동하였고, 프랑스인들은 피레네 산맥을 넘어 남진하였다. 플랑드르 인(Flanders)들과 일단의 홀란드 인들이 동쪽의 독일 땅으로 신개지를 찾아 동진하였고, 독일인들은 다시 자신들의 과밀한 땅을 뒤로하고 동쪽으로 실레지아와 헝가리 땅으로, 특히 보헤미아와 모라비아의 체코 땅으로 대거 몰려들었다. 독일인들의 대규모 이민은 13세기에 절정에 달하는데, 체코 땅에 들어온 독일인들은 주로 국경 지대의 접근하기 쉽지 않은 삼림 지대의 개간에 참여하거나 광산을 개발하였으며, 또한 도시를 건설하였다.

이 시기 농업의 발달은 잉여 농산물을 발생시켜 이를 처분할 필요가 생겼고, 또 농촌에서 농부들은 공산품을 필요로 하고, 수공업자들은 반대로 농산품을 필요로 하게 되었는데, 이러한 수요와 공급의 필요를 충족시켜 주는 곳이 시장이었고, 시장을 중심으로 주거지가 형성되었는데, 이것이 바로 도시의 모태가 되었다. 그런데 13세기에 들어오면서 체코 땅에서의 이러한 도시의 발달은 실로 눈부실 정도였고, 14세기 전반에 이르면 체코의 도시는 이미 중부 유럽에서는 그 유례를 찾아볼 수 없을 정도로 발달이 되어 있었고, 개개의 경제 주체들을 긴밀하게 연결해 주는 체코 도시들의 연결 체계는 당시의 선진된 홀란드나 플랑드르의 그것과 유사할 정도였다.

서유럽의 도시들이 대개 그러했듯이 체코의 도시들도 그 나라의 군주에 속하는 왕실 도시(královské město)와 귀족이나 교회에 속하는 종속 도시(poddanské město)로 나눠졌다. 그리고 체코 도시의 건설에 새로운 도시법을 들여오는 등 독일 이주민들의 공헌이 지대하였다. 기존의 리토메르지체, 흐라데츠크랄로베, 브르노, 올로모우츠, 즈노이모 이외에도 13세기에는 체스케부데요비체, 님부르크 등이 추가로 건설되었다. 이리하여 1300년경 보헤미아에 32개, 모라비아에 18개의 왕실 도시가 있었는데, 이들은 종속 도시들보다 규모가 클 뿐만 아니라 국가로부터 여러 특권을 부여받고 있었고, 도시를 요새화해서 외부인의 출입을 통제할 수 있는 권리, 시장을 둘 수 있는 권리, 맥주를 양조할 수 있는 권리 등을 부여받았다. 그 대신 도시는 세금을 지불해야 했는데, 도시들이 내는 세금은 왕실 회계의 커다란 수입원이 되었다. 왕실의 소재지인 프라하 역시 13세기에 들어와서 대규모의 도시 건설이 있었는데, 구시가지인 스타레메스토(Staré Město)는 1230년부터, 소시가지인 말라스트라나(Malá Strana)는 1257년부터 본격적인 건설이 이루어졌고, 신시가지인 노베메스토(Nové Město)는 한참 뒤인 1348년에 가서야 카렐 4세에 의해 건설되었다.

교역의 증대는 금속 화폐의 수요를 증대시켰고 이는 금속 공업의 발전을 촉발하였다. 체코 땅에서의 금광 개발은 소규모에 그쳤지만 은광의 개발은 유례없는 붐을 가져왔다. 쿠트나호라(Kutná Hora)와 이흘라바

(Jihlava)의 은광이 유명하였는데, 은의 생산량에서 체코 땅은 유럽에서 단연 으뜸이었다. 1249년 로마법을 토대로 만든 이흘라바의 광산법은 당시 중부 유럽의 대부분의 광산들이 채택하였고, 1300년 바츨라프 2세가 편찬한 광산 법전은 16세기에 스페인 어로 번역되어 남미의 스페인 식민지에서도 사용되었다. 또한 1300년의 화폐 개혁으로 새로 주조된 체코 그로시 혹은 프라하 그로시(pražský groš)는 당시 유럽에서 가장 선호되는 화폐 중의 하나였다.

세습 왕위의 확보, 왕권의 안정, 경제적 성장 등을 등에 업고 중부 유럽의 강력한 봉건 군주 국가로 성장한 체코 왕국은 눈을 밖으로 돌려 대외적인 영토 확장에 나섰다. 바츨라프 1세(Václav I., 1230~1253)는 오스트리아 왕가와의 혼인 전략으로 연고를 만듦과 동시에, 1251년 오스트리아 왕가 내의 내분을 기화로 일단의 오스트리아 귀족들과 성직자들의 요청이 있자 자신의 아들인 오타카르를 보내 오스트리아의 대부분을 점령해 버렸다. 그의 아들인 프르제미슬 오타카르 2세(Přemysl Otakar II., 1253~1278)는 체코 역사 상 가장 강력한 군주 중의 한 사람으로서, 1260년 헝가리 왕 벨라 4세(Béla IV.)를 항복시켜 스티리아(Styria)를 양도받았고, 1269년에는 커린시아(Carinthia)와 카르니올라(Carniola)를 손에 넣었으며, 남진을 계속하여 아퀼레이아(Aquileia) 총대주교구의 총사령관 자리를 획득함으로써 그의 영토는 아드리아 해에까지 이르게 되었다.

프르제미슬 오타카르 2세의 북방 정벌은 1255년 발트 해 연안의 프러시아와 리투아니아에 대한 원정으로 시작되는데, 이에는 독일 기사단을 도움으로써 교황청의 호의를 확보해 두자는 전략이 숨어 있었다. 그리고 당시까지만 해도 아직 야만 상태를 유지하고 있던 리투아니아와 그 인근 지역을 정복하여 기독교를 전파하고, 이로써 격상을 예상하고 있던 모라비아의 올로모우츠 대주교청에 복속시킨다는 원대한 계획을 품고 북방 정벌에 임했으나 결국 리투아니아 정벌의 실패로 이 계획은 무산되고 말았다. 그러나 칼리닌그라드[(Kaliningrad; 독일어 쾨니히스베르크(Königsberg)]라는 도시 이름 속에서 프르제미슬 왕의 정벌의 흔적이 남게 되었는데, 이 도시의 이름은 왕에 대한 경의의 증표로 붙여진 이름이었다.

프르제미슬 오타카르 2세의 동방 정벌 역시 성공을 거두지 못하였다. 1270년 벨러 왕의 죽음으로 초래된 헝가리 왕국 내의 혼란기를 이용하여 1271년 과 1273년 두 차례에 걸쳐 헝가리 정벌에 나서 서부 슬로바키아와 파노니아 일부를 정복하는데 성공하였지만, 이를 계속해서 자신의 지배하에 두지는 못하였다.

중부 유럽과 신성 로마 제국 내에서 가장 강력한 군주로 발돋움한 프르제미슬 오타카르 2세에 대한 신성 로마 제국 황제 자리에 대한 추대 움직임은 1255년부터 있었고, 왕 자신 또한 이러한 방향으로 노력을 기울였다. 그러나 제국 내의 제후들은 지나치게 강력한 황제의 등장을 원하지 않았고, 교황청 역시 비슷한 이유로 지지를 보내지 않았다. 대신 황제를 선출할 권리를 지닌 선제후들은 1273년 당시 무명의 합스부르크의 루돌프 1세(Rudolf I. Habsburský)를 황제로 추대하였다.

그런데 당시 대부분 독일인들인 선제후들이 체코 왕을 뽑지 않고 같은 독일인인 루돌프를 선출하였다고 해서 이를 독일 민족주의 의식의 발로로 보기는 어렵다. 당시에는 근대적 개념의 민족주의나 민족의식을 찾아볼 수 없을 뿐만 아니라, 프르제미슬 오타카르 2세의 궁정에 많은 독일인들이 활동하고 있었던 사실도 이를 뒷받침한다. 특히 프르제미슬 오

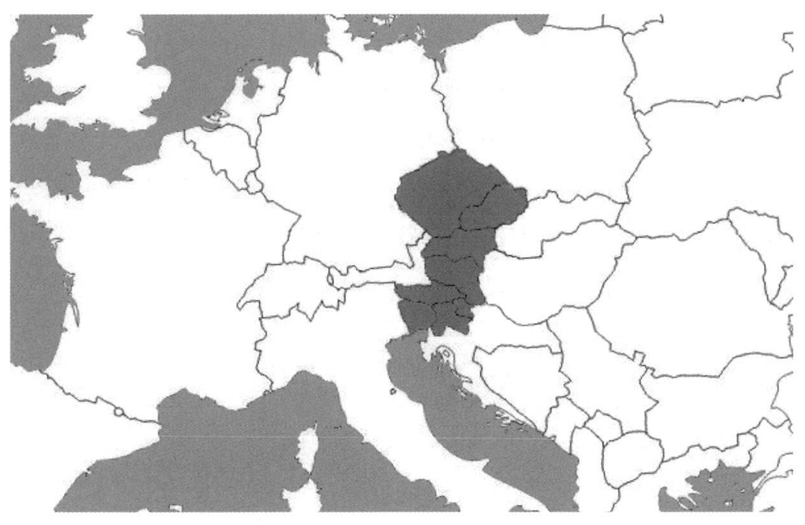

[그림 10] 프르제미슬 오타카르 2세 통치하의 체코 왕국 영토

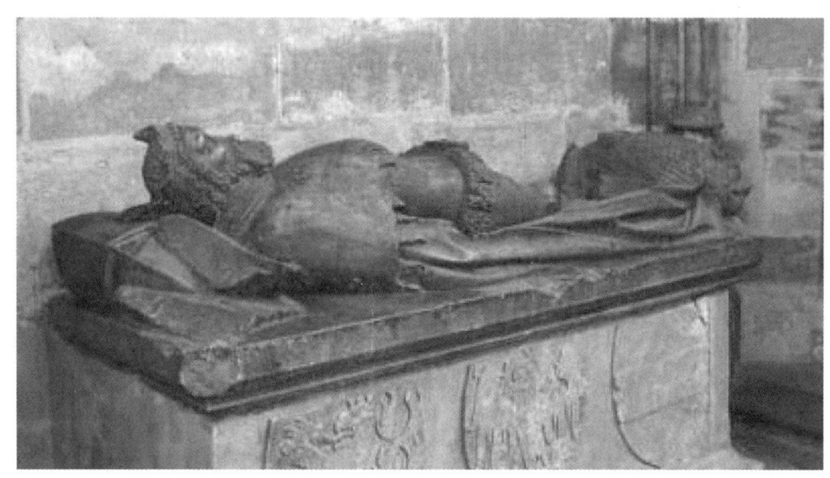

[그림 11] 프르제미슬 오타카르 2세 무덤(프라하 성의 성 비트 대성당)

타카르 2세의 치세 동안 절정을 이룬 독일인 이민들의 대규모 유입으로 체코 땅은 그 때까지의 체코 단일 민족에서 독일 민족과 공존하는 다민족 국가로 바뀌어가고 있었다. 물론 전체적으로 체코 인들이 다수를 이루고 있었지만, 특히 독일과의 국경 지대는 거의 전적으로 독일인들이 거주하는 독일인 거주 지역이 형성되기 시작하였다.

신성 로마 제국의 황제에 오른 루돌프 1세는 프르제미슬 오타카르 2세의 알프스 영토에 대한 반환을 요구하였고, 왕이 이를 거부하자 양국은 곧 전쟁에 돌입하였다. 제국 내의 대부분의 제후들이 루돌프의 편에 서서 연합 전선을 구축한 상태에서 비엔나만 루돌프에 저항하면서 프르제미슬 왕의 구원을 기다리고 있었다. 이에 프르제미슬 왕은 루돌프의 연합 군대에 의해 포위된 비엔나를 구출하기 위해 출정하지만 자신의 배후의 체코 귀족들의 반란으로 실패하고 말았다. 토지 사유법의 혜택을 입어 경제적 부를 구축하여 입지가 강화된 체코 귀족들은, 제국 내의 여러 제후들이 강력한 프르제미슬 왕의 등장을 견제하는 것과 마찬가지로, 자신들의 이익과 자율성을 위협할 수 있는 강력한 군주의 등장을 원하지 않았던 것이다. 결국 프르제미슬 왕은 1276년의 비엔나 강화 조약에서 알프스의 모든 땅과 오스트리아 점령지를 루돌프에게 양보하였다.

비엔나 강화 조약에서의 실패에도 불구하고 프르제미슬 오타카르 2세는 재기의 기회를 노리며 마지막 결전을 준비하고 있었다. 그러나 해외로부터의 지원군을 구하려는 노력이 실패로 돌아간 상태에서, 그나마 루돌프의 사주와 공작으로 이미 분열이 된 체코 귀족들의 도움만으로 1278년 모라프스케폴레(Moravské pole)에서 신성 로마 제국과 헝가리 연합 군대를 맞아 싸운 마지막 격전에서 프르제미슬 왕 자신이 전사함으로써 왕의 원대한 야망도 그의 광대한 제국도 무너지고 말았다. 하지만 모라포스케폴레에서의 장렬한 전사로 생을 마감한 프르제미슬 왕의 기개와 위용은 경제적인 부와 군사적인 힘을 구가한 '황금과 철의 왕'으로서, 불세출의 영웅으로서 후세 시인들의 칭송의 대상이 되었는데, 특히 단테의 『신곡』 연옥편의 제7장에서 당대의 가장 뛰어난 영웅 중의 한 사람으로 등장하고 있다.

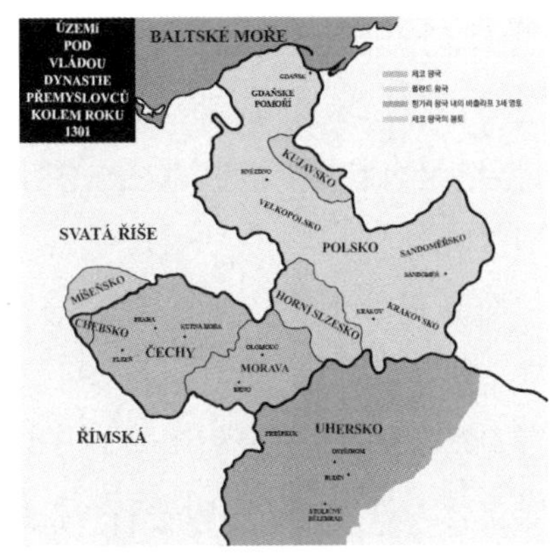

주황색 : 체코 왕국
황색 : 폴란드 왕국
녹색 : 헝가리 왕국 내의 바츨라프 3세 영토
청색 : 체코 왕국의 봉토

[그림 12] 1301년경 프르제미슬 왕조 통치하의 체코 왕국 영토

무명의 합스부르크 가문에서 이제 중부 유럽의 새로운 강자로 유럽 역사에 화려한 등장을 한 루돌프의 오스트리아의 위세에 눌려 체코 왕국이 위기를 맞는 듯하였으나 바츨라프 2세(Václav II., 1278~1305)는 이를 잘 극복하고 선왕에 버금가는 위업을 이룩하였다. 매우 지적이고 영민한 바츨라프 2세는 선왕과는 달리 1291년 자신에게 주어진 신성 로마 제국 황제로의 피선 기회를 사양하고, 같은 슬라브 족인 소르비아 인(Sorb)들의 거주지인 북쪽의 마이센(Meissen)지역에 교두보를 확보한 이후 폴란드의 공략에 집중하였다. 그는 친(親)체코적인 폴란드 왕자들의 도움을 받아 크라쿠프를 점령하였으며, 1300년 그니에즈노(Gniezno)에서 폴란드 왕위에 올랐다. 그는 두 나라간 유대를 더욱 공고히 하기 위해 작고한 폴란드 왕 프르제미슬 2세(Přemysl II.)의 딸을 아내로 맞아들였다. 이렇게 하여 탄생한 체코-폴란드 연맹(česko-polská unie)은 양측 모두에게 긍정적

인 효과가 있었는데, 체코 측으로 보면 폴란드적 요소의 유입으로 과도한 독일적 요소에 대한 견제가 가능하였고, 폴란드 측에서 보면 체코 왕국의 선진된 행정과 통치 경험이 14세기 폴란드 국가의 안전에 보탬이 되었다.

체코-폴란드 연맹은 유럽 전체의 역사적 차원에서도 의의를 갖게 되는데, 왜냐하면 14세기 당시의 프랑스의 남부와 북부는 체코와 폴란드의 그것보다도 더 큰 언어적 차이가 있었음에도 불구하고 하나의 프랑스로 발전하였던 사실에 비추어 볼 때, 같은 서슬라브 어를 사용하고 있는 체코와 폴란드 두 민족 간의 연맹이 조금 더 오래 지속되었다고 한다면 하나의 프랑스처럼 중부 유럽의 강력한 하나의 서슬라브 국가가 충분히 탄생될 수 있었기 때문이다. 그러나 연맹의 조기 해체로 두 민족 간의 통합의 기회도 조기에 무산되고 말았다.

바츨라프 2세의 통치기는 또한 체코와 폴란드뿐만 아니라 헝가리까지도 포괄하는 거대한 중부 유럽 군주국의 가능성을 처음으로 제시한 시기이기도 하였다. 1301년 헝가리 아르파드(Arpád) 왕조의 마지막 왕인 언더라시(András)의 죽음으로 공석이 된 헝가리 왕위가 체코 왕의 어린 왕자에게 돌아왔던 것이다. 당시 헝가리 내의 귀족들은 체코 프르제미슬 왕가에 대한 지지 세력과 언주(Anjou) 왕가 지지 세력으로 나누어져 있었는데, 일단 체코 왕가 지지 세력이 승리를 거둠으로써 어린 바츨라프 3세가 헝가리 수도 부다에 가서 대관식을 가질 수 있었다.

이렇게 하여 체코의 프르제미슬 왕가는 체코 왕, 폴란드 왕, 헝가리 왕을 겸하게 되는 중부 유럽의 강자로 부상 하였지만, 이러한 상태가 오래 지속되지는 못하였다. 로마 교황은 헝가리가 교황청의 봉토임을 내세우면서 앙주 왕가를 지지하였고, 폴란드의 반(反)체코 세력은 브와디스와프 워키에테크(Władyslaw Łokietek)를 자신의 지도자로 내세웠다. 신성 로마 제국의 황제인 알브레흐트 1세 또한 교황의 입장을 지지하고 나서는 불리한 상황에서 바츨라프 2세는 프랑스와의 상호 방위 조약을 체결하는데 성공하였으나, 막상 프랑스가 도움을 줄 수 없게 되자 일단 자신의 아들을 프라하로 소환하였다가 부다의 재탈환을 시도하였지만, 자신의 갑작

스런 죽음으로 모든 것이 무위로 끝나고 말았다.

바츨라프 3세(Václav III., 1305~1306)는 선왕의 결단력과 지혜를 물려받아 신성 로마 제국 황제와의 평화 조약을 통해 헝가리로부터의 명예로운 퇴진의 길을 열었다. 반면에 체코와 폴란드 간의 연맹을 유지시키겠다는 확고한 결의를 다짐하며 체코에 반기를 든 워키에테크의 반란을 진압하기 위해 대(對)폴란드 원정에 나섰지만 운명은 그의 편이 아니었다. 그는 모라비아의 올로모우츠에서 신원이 밝혀지지 않은 자객에 의해 살해되고 말았던 것이다. 이는 1306년의 일이었고, 그는 프르제미슬 왕조의 마지막 왕이 되었다. 이로써 400여 년 동안 체코 땅을 통치해 온 프리제미슬 왕조가 막을 내리고 체코-폴란드 연맹도 운명을 같이하였다.

프르제미슬 왕조의 소멸 후 공석이 된 체코 왕국의 왕위를 노리는 여러 제후들 중 합스부르크 가(家)의 알브레흐트 1세(Albrecht I.)가 제일 먼저 체코 땅을 제국의 봉토라고 선언함과 동시에 체코 귀족들로 하여금 자신의 아들인 루돌프(Rudolf)를 체코 왕으로 선출하도록 설득하여 성공을 거두었다. 한편 루돌프는 바츨라프 2세 왕의 미망인인 폴란드인 리크사(Ryksa; 일명 Rejčka)를 부인으로 맞이함으로써 체코와 폴란드에 대한 계승권을 확보하려 하였다. 또한 알브레흐트 1세 황제는 체코 땅을 영구적으로 합스부르크 왕가에 귀속시킬 요량으로 얼마 전 스스로 그 보장을 약속한 체코 귀족들의 국왕 선출권을 파기하고 루돌프의 다음 후계자는 그의 형제들로 한다는 규정을 새로이 만들었다. 이에 맞서 체코 귀족들은 1307년 루돌프가 갑자기 죽자 바츨라프 2세의 첫 번째 딸이자 바츨라프 3세의 누이이기도 한 안나(Anna)의 남편인 인드르지흐 코루탄스키(Jindřich Korutanský, 1306; 1307~1310) 공을 체코 왕으로 선출하였다. 이리하여 전쟁이 예상되는 상황이었지만 1308년 알브레히트 황제가 자기 친척 중의 한 사람에 의해 살해됨으로써 두 나라 간의 전쟁은 일어나지 않았다.

인드르지흐 코루탄스키는 합스부르크의 위협으로부터는 가까스로 벗어났지만 당시 새로운 세력으로 부상하면서 기존의 귀족 세력에 도전하고 있던 도시들, 특히 독일인들이 주도권을 행사하고 있던 도시들에 대한 지나친 편애로 체코 귀족들의 미움을 샀다. 한편 바츨라프 2세 왕의 궁정에서 봉직하다가 마인츠의 대주교로 옮겨간 피터(Peter z Aspeltu)가 바츨라프 왕의 친(親)프랑스 정책을 계승하면서 인드르지흐 루쳄부르스키(Jindřich Lucemburský) 백작을 로마 제국의 황제가 되도록 유도하여 이를 성공시켰다. 그런 다음 피터는 역시 바츨라프 2세 왕 치하에서 커다란 영향력을 행사하였던 시토 수도회의 승려들과 힘을 합쳐 체코 귀족들로 하여금 인드르지흐 황제의 아들인 얀 루쳄부르스키(Jan Lucemburský)를 체코 왕으로 선출하도록 유도하고, 얀과 바츨라프 2세 왕의 둘째 딸인 엘리슈카(Eliška)와의 결혼을 성사시켰다. 이에 인드르지흐 코루탄스키는 프라하로부터 추방되었고, 얀이 체코 왕국의 왕위에 오름으로써 체코 왕국의 두 번째 왕조인 룩셈부르크 왕조의 시대가 열리게 되었다.

13세기는 프르제미슬 왕조의 마지막 통치기임과 동시에 프르제미슬 왕가와 체코 왕국의 유례없는 팽창과 약진의 시기이도 하였다. 정치적 도약과 경제적 성장은 사회 계층의 분화를 촉진시켜 귀족들도 대(大)귀족과 소(小)귀족으로 나누어졌고, 도시의 발달로 도시 공민이 새로운 세력으로 부상하였으며, 농촌 지역의 농민들은 영주와 귀족들에게 더욱 종속되는 비(非)자유민의 신분으로 점차 전락하였다.

특히 12세기부터 부상하기 시작한 대귀족들의 권위와 힘은 막강한 것으로서 이들은 점차 체코 정치를 좌지우지할 수 있는 세력으로 성장해 갔다. 당시의 대표적인 대귀족들로는 보헤미아 지역의 로즘베르크, 인드르지후프흐라데츠, 리즘부르크, 리흐템부르크, 리파, 스트라코니체, 슈텐베르크, 모라비아 지역의 페른슈테인, 보스코비츠, 침부르크 등이 있었으며, 남부 보헤미아와 바바리아에 영지와 봉토를 소유함과 더불어 귀족 중에 귀족으로 불리던 비트코베츠(Vítkovec) 가(家)는 자비시(Záviš z Flakenštejna)라는 당대의 걸출한 정치인을 탄생시키면서 13세기 후반의 체코 정치에 막대한 영향력을 행사하였다. 그런데 이들 귀족들이 거의 한결같이 독일식 이름을 쓰고 있는 것은 이들이 독일 귀족들을 외향적으로 모방한 것이지, 내면적으로는 어디까지나 체코 민족의식과 긍지로 충만 된 당당한 체코 귀족들이었다.

2.2. 룩셈부르크 왕조

14세기 서유럽과 중부 유럽은 가톨릭교에 의한 연대 이외에도 문화적, 정치적, 경제적 유대가 눈에 띄게 신장되고, 이전의 동요와 팽창의 역사가 점차 마감되면서 보다 안정되고 평화로운 역사를 맞고 있었다. 물론 흑사병의 창궐로 오히려 인구가 감소하고, 경제적 어려움이 있고, 사회 계층 간의 불화가 발생하고, 가톨릭교에서는 두 사람의 교황이 동시에 선출되는 등 분열이 없지 않았으나, 그럼에도 불구하고 14세기는 유례없는 문화적 발전이 있었고, 교육이 널리 보급되고, 철학과 법률이 발전을 보인 중요한 한 세기였다. 이 시기에 단테, 페트라르카, 보카치오, 초서의 불후의 고전들이 탄생하였고, 고딕 양식의 건축, 조각, 회화가 꽃을 피웠으며, 사상과 예술의 새로운 사조인 휴머니즘과 르네상스가 태동하기 시작하였다.

정치적으로 보면 중세 유럽의 강자인 프랑스가 영국과의 백년 전쟁을 시작으로 점차 그 영향력을 상실해 가고 있었고, 13세기부터 서서히 기울기 시작한 신성 로마 제국의 지위가 제국 내 각 단위 국가들의 약진과 자유 도시들의 발달로 더욱 위축되고 있었으며, 이탈리아에서는 도시 국가들이 오히려 전성기를 넘어 점차 약화되는 조짐을 보이고 있었고, 중부 유럽의 폴란드와 헝가리는 각기 통일과 안정을 얻게 되지만, 14세기 말에 이르러 오스만 터키 제국의 위협에 직면하게 되었다. 이에 반해 이 시기의 체코 왕국은 특히 카렐 4세의 탁월한 통치력에 힘입어 많은 영토를 확장하였고, 중부와 동부 유럽의 최초의 대학을 설립하는 등 교육과 문화적으로 전성기를 구가하였다.

룩셈부르크 왕조(Lucemburská dynastie)의 최초의 왕인 얀 루쳄부르스키(Jan Lucemburský, 1310~1346)의 최초의 통치기간에는 어려움이 없지 않았다. 그런데 룩셈부르크 가는 원래 독일과 프랑스의 국경 지대에 근거를 둔 독일계 백작 가문이었지만 오히려 프랑스 왕가와 봉토 관계를 유지하는 등 프랑스 문화의 영향권에 속해 있었다. 룩셈부르크 가는 얀 왕의 아버지인 인드르지흐 왕이 로마 왕이 되고, 1312년부터 신성 로마 제국 황제가 됨으로써 크게 번성하였고, 그의 아들인 얀에게도 신성 로마 제국의 왕위 계승이 기대되었지만 인드르지흐 왕 자신의 이른 죽음으로 무위로 끝났다.

얀 왕은 체코 왕국의 왕위에 취임하는 즉시 보헤미아와 모라비아의 귀족들에게 중요한 권리를 보장하였는데, 이는 체코 귀족들이 향후 국정에 대해 막중한 영향력을 행사할 수 있는 토대를 제공한 셈이 되었다. 그 내용은 국왕이 국민들로부터 받아들이는 세금을 구체적인 경우로 제한하고, 귀족들은 체코 땅 밖으로의 군사 원정에 국왕과 함께 출정할 의무를 지지 아니하며, 상속인이 없는 귀족들의 토지와 재산을 국왕과 영주에게 귀속시키는 것을 제한하기 위해 아들과 딸의 직계 상속만을 허용해 온 종래의 상속권을 형제와 그 자손들의 방계 상속으로 확대하고, 보헤미아와 모라비아 각 지역의 고위 공직자를 그 지역의 사람으로 충원한다는 것이었다. 결국 이로 인해 귀족들의 권한은 지나치게 늘어나게 되고 국왕은 귀족과 알력을 빚게 되었다. 거기다가 부왕인 인드르지흐 왕으로부터 물려받은 궁정 내의 많은 독일인 고문들을 체코 귀족들의 질시와 압력으로 내보내게 되지만, 이러한 조치도 얀 왕과 귀족들 간의 갈등관계를 해소하는 데에는 별 다른 도움이 되지 못하였다. 결국 얀 왕은 국정을 체코 귀족들에게 넘겨주고 자신은 1319년 체코 땅을 떠나 해외에 머물면서 룩셈부르크 왕조와 체코 왕국의 세력 확장을 위한 외치에 주력하였다.

얀 왕의 통치기는 대내적으로는 귀족들의 등장으로 왕권의 쇠퇴를 가져왔지만, 대외적으로는 체코 왕국의 영토 확장이 두드러진 시기였다. 얀 왕은 바바라아의 루드비히(Ludvík IV. Babor)가 1314년에는 로마 왕으로, 후에는 신성 로마 제국 황제(1328~1347년)로 선출되는데 도움을 제공한 대가로 그로부터 헤프(Cheb) 지방을 할양받았으며, 1322년부터 이 지역에 대한 행정권을 인수한 이후 바츨라프 2세 때 일시적으로 체코 땅에 복속된 적이 있는 이 지역을 영구적으로 체코 땅에 병합하였다. 그리고 1320년에는 고지 루사티아(Horní Lužice)의 부디신(Budyšín; Bautzen) 지역을, 1324~1342년에는 즈호르젤레츠(Zhořelec; Görlitz)를 체코 땅에 병합하여 이후 3세기 동안 장악하였으며, 역시 같은 기간에 스비드니츠코와 야보르스코를 제외한 실레지아(Slezsko)의 모든 공국들을 체코 땅에 복속시켰다. 체코와 폴란드의 국경을 이루는 실레지아는 얀 왕이 선대의 바츨라프 2세가 가지고 있던 폴란드 왕위에 대한 상속권을 포기한 대가로 제공받은 매우 중요한 땅이었다.

얀 왕은 1328~1329년, 1337년, 1345년의 세 차례에 걸쳐 동 프러시아와 리투아니아를 원정하였고, 1331~1335년에는 서부 롬바르디와 북부 이탈리아 지역을 일시적이나마 정복하였다. 티롤 지방을 짧은 기간이이지만 체코 왕국에 병합하였고, 1334년 프라하 대주교청의 승격을 확보하였으며, 그 아래에 올로모우츠 주교청과 리토미슐(Litomyšl) 주교청을 부속시켰다. 나아가 1346년에는 자신의 아들인 카렐이 로마 왕위에 오르도록 만들었다. 그러나 얀 왕 자신은 같은 해에 프랑스와 영국의 백년 전쟁의 유명한 전투인 크레시(Crécy) 전투에서 장렬하게 전사함으로써 전장에서 생을 마감하였다. 이 전투에는 그의 장남인 카렐을 포함한 많은 체코 기사들도 참전하였는데, 평생을 기사 왕으로 일관해 온 얀 왕의 기사도 정신은 당시 적국이던 영국에서도 칭송의 대상이 되었다.

카렐 4세[Karel IV.; Charles IV, 1316~1378년, 1346~1378년 로마 왕, 1346~1378년 카렐 1세(Karel I.)로서 체코 왕, 1355~1378년 신성 로마 제국 황제]는 어릴 때부터 프랑스 궁중에서 성장하면서 남다른 배려와 교육으로 군주 수업을 받았다. 매우 지적인 청년 카렐은 젊은 시절에 이미 룩셈부르크, 북부 이탈리아 등지에 체류하면서 견문을 넓혔고, 불어, 독일어, 라틴 어를 능숙하게 구사하였으며, 1333년 체코 땅에 온 이후에는 체코 어 공부에도 열중하였다. 모라비아 후작이라는 직함을 가지고 프라하에 온 카렐은 부왕인 얀 왕이 비워 둔 체코 내정의 공백을 열심히 메워 나갔고, 이에 대한 공로를 인정받아 왕위에 오르기 전에 아버지와 공동 통치자로서 체코 왕국을 통치하였다. 1344년 프라하 대주교청의 승격은 카렐 왕자의 노력의 결과였고, 이를 기념하기 위한 프라하 성에 있던 성 비트 성당의 장엄한 고딕 성당으로의 개축도 그의 업적이었다.

체코 왕위에 오른 지 2년 뒤인 1348년 카렐 4세는 체코 국가의 지위

[그림 13] 카렐 4세 황제의 황금칙서의 황금 인장 (1356년)

향상과 위상 강화를 위한 획기적인 조치를 취하였다. 그는 일련의 헌법적인 선언을 통해 체코 왕국의 고유의 땅인 보헤미아, 그 복속지인 모라비아 후작 령, 실레지아 공국, 고지 루사티아, 1365년부터는 저지 루사티아(Dolní Lužice)를 포괄하는 연방 형태의 체코 단일 국가에 대한 법적인 토대를 마련하였다. 그리고 체코 땅의 수호성인인 성 바츨라프의 이름을 따서 성 바츨라프 왕관(svatováclavská koruna)을 만들어 이를 체코 단일 국가의 상징으로 삼았다. 이리하여 성 바츨라프 왕관으로 상징되는 체코 국가는 실질적으로는 1620년의 빌라호라 전투에서의 패배 때까지, 형식적으로는 1635년 체코가 합스부르크의 오스트리아에게 독립을 상실할 때까지 존속되었다.

부왕의 생존 시에 이미 로마 왕의 지위에 오른 카렐 4세는 1355년 로마에서의 대관식을 통해 신성 로마 제국의 황제가 됨으로써 서구 기독교 사회의 정상에 올랐다. 이에 카렐 4세는 1356년 황제의 자격으로 황금칙서(Zlaltá bula)를 공포하여 체코 왕국과 신성 로마 제국과의 관계를 재조정하였는데, 그 주된 내용은 체코 왕국의 군주가 제국 내의 일곱 선제후들 중에서 성직계의 대표를 제외한 세속 권력 대표의 제일 선두에 서며, 제국의 아치-컵 베어러(říšský arcičíšník)의 지위를 계속 유지 한다는 것이었다. 이 밖에도 이 칙서는 선제후들 중 선두에 서는 체코 왕가의 경우에는 남성계에서 대가 끊어질 경우 여성 후계자가 왕위를 계승할 수도 있지만, 다른 왕가들의 경우에는 제국의 자유 봉토로 귀속되도록 규정하고 있으며, 선제후들이 독일어뿐만 아니라 이탈리아 어와 체코 어도 구사할 수 있도록 하라는, 이상적이지만 비현실적인 요구도 담고 있었다. 하여튼 카렐 황제의 이 황금칙서는 종래 독일 군주들이 종종 침범을 시도해 온 체코 국가의 주권을 회복하는데 크게 이바지하였고, 이 칙서의 기본 골격은 1806년 나폴레옹의 침입으로 신성 로마 제국이 없어질 때까지 제국의 칙령으로 유지되었다.

카렐 4세는 법령으로뿐만 아니라 영토의 확장을 통해서도 체코 왕국을 제국의 명실상부한 선두 국가로 만들어 갔다. 1348년 저지 루사티아를, 1369~1370년에는 실레지아 공국 전체를 체코 왕국에 병합하였고, 독일 내의 여러 땅들의 일부는 구입에 의해, 일부는 봉토의 형식으로 획득하였다. 독일 내의 봉토의 일부는 라인 강 서부의 팔츠 령과 마이센 지역에, 다른 일부는 보크트란트와 프랑코니아, 색스니와 라이프치히, 그리고 북부 바바리아에서 뷔르츠부르크에까지 산재해 있었다. 카렐 4세는 또한 1373년 브란덴부르크 후작 령을 확보하여 자신의 세 아들에게 봉토로 주었다가, 곧 브란덴부르크의 성직자, 귀족, 평민의 세 신분의 요청으로 이를 체코 왕국에 편입하였다. 하지만, 이 후작 령은 1411년 호헨촐레른 가의 프리드리히(Friedrich)의 소유로 넘어감으로써 향후 프로이센(Preussen)의 모체가 되었다.

[그림 14] 서원을 드리는 카렐 4세 (프라하 대주교 블라심의 얀 오츠코의 봉헌도 중에서, 1370년경)

1364년 커린시아와 티롤의 병합으로 영토가 확장된 오스트리아-스티리아 공국과 체코의 룩셈부르크 가 사이에 맺어진 협약은 당초 체코 국가의 미래의 영토적인 확장을 내다보고 체결된 조약이었다. 이 협약은 합스부르크 가의 대가 끊어지면 합스부르크 가의 영토가 룩셈부르크 가로 돌아가고, 반대로 룩셈부르크 가의 대가 끊어지면 체코의 영토가 합스부르크의 오스트리아 공국으로 돌아가도록 규정하고 있었다. 그런데 합스부르크 가보다 룩셈부르크 가의 대가 먼저 끊어졌기 때문에 이 협약은 체코 땅에 영토 확장을 가져오기는커녕 오히려 합스부르크 가의 체코 왕권에 대한 권리 주장의 빌미를 제공하는 결과를 낳았다.

카렐 4세는 자신과 이름이 같은 찰스 대제(Karel Veliký; Charles the

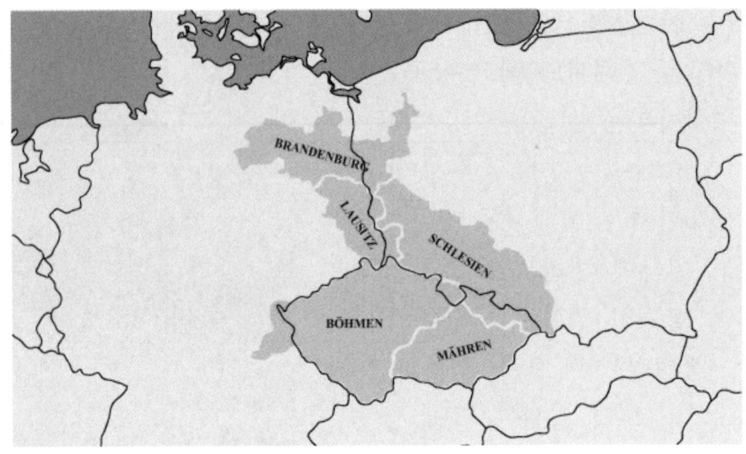

그림 15 카렐 4세 통치하의 체코 왕국 영토

Great; Charlemagne, 768~814년 프랑크 왕, 800년 이후 로마 제국의 황제)의 전통의 계승자로서의 사명감과 긍지를 가지고 있었으며, 역시 중세의 군주들이 흠모해 마지않던 알렉산더 대왕의 예를 따라 자신이 건설한 도시와 다리 등에 자신의 이름을 붙임으로써 대왕에 대한 경의를 표하고 그 위엄을 계승하려 하였다. 카를스베르크(Karlsberg), 카를스크로네(Karlskrone), 그리고 국제 영화제로서의 이름이 높은 카를로비바리(Karlovy Vary)와 같은 도시들, 체코 고딕 건축의 백미로 유명한 프라하 근교의 카를슈테인(Karlštejn) 성, 프라하 시에 있는 카렐 다리(Karlův most), 카렐 대학(Universitas Carolina; Univerzita Karlova) 등이 모두 그의 이름에서 따 온 것들이었다.

제국 내의 다른 독일계 국가들에 비해 보다 더 공고한 국가 체제를 유지하고 있던 체코 왕국을 제국의 중심 국가로 육성함에 있어서 제국의 수도인 프라하에 대한 건설이 필연적으로 수반되었다. 1348년 노베메스토(Nové město), 즉 신시가지를 만들어 프라하 시를 확장하였으며, 기존의 스타레메스토와 말라스트라나에 귀족과 상인, 외교관들의 대저택과 궁전들의 건설을 도왔고, 알프스 이북의 최초의 대학인 카렐 대학을 설립하였으며, 블타바 강을 가로지르는 새로운 돌다리인 카렐 다리를 건설하고, 다리의 양쪽에 탑을 세웠는데, 이 중 스타레메스토 쪽의 스타로메스트스카 모스테츠카 베시(Staroměstská mostecká věž)는 웅장한 고딕식의 탑으로서 고대 로마 황제들의 개선문의 형태를 모방하였다. 여기서도 고대의 위대한 제왕들의 전통을 계승하고자 하는 카렐 황제의 의지를 읽을 수 가 있다. 이리하여 당시의 프라하 시 인구는 최대 8만 가량으로 추정되면서, 유럽의 도시들 중 인구 밀도가 가장 높고 규모 면에서도 가장 큰 도시 중의 하나가 되었으며, 카렐 4세의 체코는 유럽에서 가장 강력한 국가 중의 하나로 부상하였다.

카렐 4세의 치하에서 교회와 그 부속 기관들은 눈부신 성장을 보였다. 프라하 대주교청의 신설로 체코 교회가 기존의 마인츠 대주교청의 종속으로부터 해방되었고, 이미 프르제미슬 오타카르 1세 치하에서 교회가 보장받은 권리와 자유가 이때에 실현됨으로써 세속 권력에 대한 교회의 우위가 확보되었다. 당시 체코 땅의 약 절반이 교회와 그 부속 기관들에 속할 정도로 교회의 세력은 막강한 것이었다. 그러나 교회가 누리는 광대한 자유와 막대한 부는 교회와 성직자들의 타락을 가져왔고, 이에 카렐 황제와 프라하 대주교 아르노슈트(Arnošt z Pardubic, 1297~1364)는 이를 막기 위한 일련의 조치를 취하였다. 저명한 설교자의 초빙도 이러한 조치의 일환이었는데, 가령 오스트리아에서 발트하우서(Waldhouser, Konrad)가 초빙 되었고, 모라비아로부터 얀 밀리치(Milíč z Kroměříže, Jan ?~1374)를 불러들였다. 특히 얀 밀리치는 성직 사회와 세속 사회의 부패를 동시에 규탄하였는데, 교황이나 황제도 예외일 수가 없었다. 그는 수차례 로마로, 아비뇽으로 소환되었으나 자신의 신념을 굽히지 않다가 결국 아비뇽에서 죽었다. 탁월한 설교자였던 그의 활동은 뒤에 오는 얀 후스에 의해 주도되는 후스주의 개혁 운동의 선구가 되었다.

카렐 4세의 장남으로서 그 계승자였던 바츨라프 4세(Václav IV., 1376~1400년 로마 왕, 1378~1419년 체코 왕, 1411~1419년 모라비아 후작)는 엄한 부왕 아래서 좋은 교육을 받았음에도 불구하고 선왕과 같은 근면과 지혜가 부족하였다. 그리고 그는 어려운 문제들이 끊이지 않는 불운한 시기의 불운한 군주였다. 1378년에는 교황청이 분열되기 시작하였고, 제국의 대공들 간에도 불화가 빈번하였으며, 이런 와중에서 로마의 교황을 지지하였지만 일관성의 결여로 신뢰를 얻지도 못하였고, 로마에 가서 황제의 대관식을 치를 수도 있었던 호기를 놓쳤으며, 제국 내 독일 지역에 대한 방문을 소홀히 하여 로마 왕으로서의 능력도 인정받지 못하였다.

바츨라프 4세는 야심 많은 새 대주교인 옌슈테인의 얀(Jan z Jenštejna)과 특히 대(對)교황청 정책을 둘러싸고 격돌하였으며, 이런 와중에 대주교의 총대리 목사인 포무크의 얀(Jan z Pomuku, 1345?~1393)에 대한 체포 명령을 내림으로써 그가 고문으로 죽게 만드는 결과를 낳고 말았다. 심문관들은 그의 시체를 블타바 강에 던져버렸고 후세 가톨릭교는 정치적 희생양이 된 그를 성 얀 네포무츠키(sv. Jan Nepomucký)로 숭배하였다. 민간 전설에 따르면 얀 네포무츠키가 왕비의 고해 성사의 비밀을 죽음으로 지켰다고 믿어지면서 그에 대한 숭배는 더욱 강렬해지고 체코와 모라비아의 전역으로 확산되었다.

바츨라프 왕과 귀족들 사이의 갈등은 더욱 심각한 것이었다. 체코의 대귀족들은 왕과 더불어 체코 땅을 대표하고 그에 상응하는 권리를 갖는다고 믿고 있었지만, 바츨라프 왕은 이를 무시하였다. 그는 오히려 이러한 대귀족들을 견제하기 위해 궁중의 고위직을 소귀족과 도시의 부유한 공민 층에서 선발하였다. 이런 와중에 1394년 일련의 대귀족들이 모라비아의 후작이자 국왕의 사촌인 요슈트(Jošt)의 지원을 등에 업고 바츨라프 왕을 감금해 버렸다. 왕은 자신의 동생인 얀 즈호르젤레츠키(Zhořelecký, Jan)와 독일 대공들의 도움을 받아 풀려났지만 귀족들과의 골은 더욱 깊어졌다.

바츨라프 왕의 내정의 실패는 제국 내에서의 그의 위상에도 영향을 미쳤다. 그는 독일의 대공들을 방문하고, 프랑스를 방문하여 프랑스 왕과 교황청 분할 문제의 해결을 위해 회담을 갖는 등 외교적 노력을 기울였으나, 이것이 오히려 로마 교황청의 불신을 사게 되어 1400년 네 명의 선제후가 바츨라프 4세의 로마 왕의 지휘로부터의 퇴위를 결정하고, 대신 팔츠의 백작인 루프레히트(Ruprecht)를 새로운 로마 왕으로 선출하였다. 이런 상황에서도 룩셈부르크 왕가 내의 내분이 그치기는커녕 오히려 격화되어 1402년 바츨라프 왕의 동생인 지크문트(Zikmund)가 왕을 감금하였고, 다수의 귀족들과 요슈트 후작도 여기에 동조하였다. 바츨라프 왕은 가까스로 감금에서 탈출하여 귀족들과의 타협과 절충을 통해 자신의 왕위를 유지할 수 있었지만, 룩셈부르크 왕가 내의 내분과 귀족들과의 알력은 그의 통치가 끝날 때까지 계속되었다. 바츨라프 왕은 일시적이긴 하나 1409년 세 번째 교황을 선출하는 피사의 종교 회의에서 로마 왕으로 인정받는 등 외교적 능력을 발휘하기도 하지만, 체코 땅은 이미 후스주의 혁명이라는 폭풍의 전야에 빠져들고 있었다.

2.3. 체코 중세 사회와 고딕 문화

14세기의 체코 왕국은 정치적으로 유럽의 강자였을 뿐만 아니라 문화적으로도 강국이었다. 이러한 체코 왕국의 부상에는 경제적 성장이 뒷받침하고 있었는데, 13세기에 절정을 이룬 독일인들의 식민으로 경지 면적이 대폭적으로 늘어나고, 농업과 축산업이 발전하고, 도시의 발달로 수공업과 무역이 발전하였다. 이흘라바와 쿠트나호라의 은광이 지속적으로 유지되어 중부 유럽에서의 프라하 그로시(pražský groš)에 대한 수요가 여전하였다. 서유럽을 강타한 흑사병(1347~1352년)도 당시 전염병의 경로인 무역로에서 살짝 비켜 있던 체코 땅을 피해감으로써 체코 왕국은 경제적 번영을 계속해서 구가할 수 있었다.

그러나 14세기 말에 접어들면서 체코 땅의 경제는 점차 기울기 시작하는데, 은화에 대한 계속되는 의존은 쿠트나호라 광산에서의 은 생산량을 1만 5천kg에서 1만kg으로 감소시켰고, 이에 따라 프라하 그로시의 질적 저하가 초래되었으며, 마침내 1407년에는 평가 절하까지 단행되는 단계에 도달하였다. 물론 체코 화폐의 가치 절하에는 이 시기의 체코 왕국의 국제적 위상의 약화, 흑사병의 창궐과 같은 요인들에 의한 당시 유럽 사회의 전반적인 불안도 한 몫을 하였다.

경제의 쇠퇴와 전염병의 창궐은 사회적인 위기의식을 고조시켰다. 또 다시 찾아온 1357~1362년의 전염병은 그런대로 피해를 줄일 수 있었지만, 1380년의 전염병은 속수무책이었다. 전체 인구의 10~15%를 감소시킨 것으로 추정되는 이 전염병은 특히 인구가 밀집된 도시를 강타하였고, 13세기의 대규모 이민으로 도시의 발달을 주도하면서 도시민의 주류를 이루고 있던 독일인들이 가장 큰 희생자가 되었다. 그런데 이렇게 하여 생긴 빈 자리를 농촌 지역으로부터 유입된 체코 인들이 채우게 되고, 이는 다시 이미 점진적으로 진행 중에 있던 체코 도시들의 체코화(化)에 더욱 박차를 가하게 되면서 독일인들이 주류를 이루던 체코 도시들의 민족 구성을 바꾸어 놓기 시작하였다. 그 결과 15세기 초에 이르면 모라비아, 실레지아, 루사티아 지역의 대도시들을 제외한 체코 땅의 대부분의 도시들에서 체코 어를 사용하는 체코 인들의 수가 독일어를 사용하는 독일인들의 수를 압도하게 되었다.

체코 도시들의 체코화가 이루어졌다고는 하지만 도시들의 상층부는 여전히 독일인들이 장악하고 있었는데, 프라하의 구시, 즉 스타레메스토도 예외가 아니었다. 여기서는 도시 집행부의 주도권을 둘러싸고 체코 인들과 독일인들 간의 민족적 갈등이 증폭되고 있었고, 체코 인들의 교회인 베들레헴 교회(Betlemská kaple)에서는 체코 인 설교자들이 독일인 고위 성직자들의 부패를 규탄하는 한편, 체코 인들의 민족의식을 고취하는 목소리를 높이고 있었다. 또한 프라하 대학에서는 당시까지 소수에 머물고 있던 체코 인 교수들과 학생들이 더 많은 지분을 요구하고 나섬으로써, 독일인 교수, 학생들과의 갈등이 고조되고 있었다. 이와 같은 두 민족 간의 갈등과 알력은 바로 뒤에 오는 후스주의 혁명 운동에 하나의 빌미를 제공하게 되었다.

주로 예술 분야에 적용된 고딕(gotika)은 로마네스크 이후 중세 유럽의 대표적인 예술 양식으로서 12~15세기를 활동 기간으로 하고 있지만, 지역에 따라서는 16세기 중반까지 적용되기도 하였다. 고딕 예술은 철저하게 기독교적 원칙과 세계관에 바탕을 두고 있지만, 그렇다고 그 예술적 영감을 그리스와 로마의 전통에 의지하는 것도 아니다. 고딕은 유럽의 예술사에서 그리스와 로마의 유산으로부터 자유로운 유일한 예술 양식인 것이다. 그리고 고딕이라는 이름은 고대 유산의 계승자임을 자부하고 있는 이탈리아 인들이 12세기 초 프랑스에서 발생하여 알프스 이북으로 확산된 예술 양식을 비하하는 의미에서 야만적인 고트(Goth) 인의 이름을 따서 명명한 것이다.

그런데 고딕은 단순히 예술 양식이나 건축 양식의 개념으로 그치는 것이 아니고, 중세 기독교 사회의 철학적, 신학적 사상을 내포한다. 세상의 모든 것은 신의 창조물이라는 범우주적 사상이 근간을 이루고 있는데, 이에 따르면 세상의 모든 발생은 신의 의지이고, 우주에는 엄격한 질서가 주재하며, 존재하는 모든 것은 이 질서에 따르면서 전체적인 의미에 참여하고, 모든 것은 원인이 있고 모든 것은 이에 따른 의미를 지닌다는 것이다. 그리고 불완전하고 유한적인 이 세상은 최후의 날을 맞아 완전하고 영원한 하나님의 왕국으로 구원을 받게 된다는 것이다.

고딕 예술의 중요한 한 원칙이 수직선이다. 창공을 행해 찌를 듯이 솟아 있는 첨탑, 산꼭대기에 우뚝 솟은 고딕 성곽 등으로 상징되는 수직선은 중세인들의 영원한 하나님의 왕국에 도달하고자 하는 염원의 표현이고, 이승의 유한성과 불안전을 극복하고 죽음 후의 영혼의 구원과 영생을 얻으려는 갈망의 표현이다. 그리고 신을 행해 기도하고 있는 접힌 두 손의 모습을 떠올리게 하는 고딕 양식의 또 다른 특징인 뾰족 아치 역시 하늘나라를 향한 중세인들의 갈구의 표현이다. 고딕 사람들은 영혼의 육체에 대한 승리를 단순함과 직선미를 바탕으로 하는 예술을 통해 표현하려 하였던 것이다.

중세 기독교 사회 역시 수직적 구성을 이루고 있었다. 교회는 교황, 추기경, 대주교, 주교에서 말단 성직자에 이르기까지, 국가는 황제, 왕, 대공에서 가장 낮은 귀족에 이르기까지 수직적 계급을 형성하고 있었다. 따라서 인간이 신 앞에서 평등하다는 원칙은 인간의 사회적 평등을 의미하는 것은 아니었다. 모든 창조물은 주어진 질서와 소속이 있기 때문에 도시의 자유민과 농촌의 비자유민 간에도 신분의 차이가 존재하였다. 중세 사회의 모든 사람은 어딘가에 속해 있었다. 가령, 도시의 수공업자를 예를 들면 그는 자신이 거주하고 있는 도시의 시민이고, 자신의 생업인 수공업의 조합원, 즉 길드의 구성원이고, 자신이 다니는 교회, 즉 특정 교구의 신도였다. 물론 사회 계층 간에 경계는 넘나들 수 있는 것으로서 수직선의 계단을 따라 위로 아래로 이동하는 것이 가능하였다. 때에 따라서는 도시의 공민이 귀족이 되기도 하고, 비자유의 농민이 자유의 도시민으로 바뀔 수도 있었다. 물론 그 반대도 가능하였다.

13세기부터 차츰 일기 시작한 사회 계층의 분화는 14세기를 거치면서 성직자, 귀족, 도시 공민의 세 신분이 차츰 정착해가기 시작하였다. 그런데 모든 사람이 어딘가에 속하게 되어 있는 중세 사회의 계층적 구조 속에서 어디에도 속하지 못하고 사회 변방으로 밀려난 국외자적 존재들이 있었는데, 걸인, 창녀, 떠돌이 학생, 돌팔이 약장수, 날품팔이꾼들이 그들이었다. 또한 기독교로부터 파문당한 이단자들이 있었고, 타 종교인 유대인들이 있었다. 이중 유대인들은 특정 구역인 게토에 주거가 한정되어 있었고 직업상의 차별도 받았다. 그럼에도 불구하고 이들 유대인들은 높은 교육과 고리 대금업의 성공으로 부를 축척하였는데, 프라하 구시, 즉 스타로메스토 외각에 위치한 유대인 거주지인 요세포프는(Josefov)는 당시 유럽에서 가장 선진된 유대인 거주 지역에 속하였다. 따라서 1398년에 발생한 기독교도들의 이 지역에 대한 공격은 이교도들에 대한 증오와 질시의 표현이었다.

이처럼 여러 계층으로 분화된 사회에서 조화를 이루고 평화를 유지하는 책임은 교회와 국가가 떠맡게 되는데, 교회가 중세 기독교인들의 영혼에 대한 구원을 담당한다면 국가의 군주는 세속사를 관장하였다. 그런데 통치자는 신의 은총으로 다스린다는 사상으로 무장된 군주는 자연히 귀족들과 불화를 빚게 되는데, 특히 프랑스에서 성장하였거나 아니면 프랑스의 절대 군주론의 영향 아래에 있었던 룩셈부르크 가의 군주들과 체코 귀족들 간의 충돌은 불가피한 일이었다.

중세인들은 가공할만한 전염병의 공격 앞에서 신의 분노를 읽었고, 세상의 종말과 최후의 날의 도래를 내다보았다. 그리고 흑사병에 대한 공포는 중세인들의 기독교적 신앙심을 더욱 깊게 하였고, 기독교적 원칙에 대한 집착을 더욱 강하게 만들었다. 그리하여 수 세기 동안에 걸쳐 진행되어 오던 체코 사회의 완전한 기독교화가 사실상 이때에 종결되었다.

[그림 16] 프라하 구시 청사 오를로이 (1410년, 이런 종류로는 세계 세 번째이고 현재까지 작동하는 시계로는 가장 오래된 천문 시계)

도시의 발달로 중세 사회는 기존의 교회, 궁정, 귀족, 농촌 문화에 더하여 보다 실용적인 도시 문화의 탄생을 보게 된다. 도시의 상공업자들과 수공업자들은 적어도 조금이나마 읽고, 쓰고, 계산하기를 배워야 했고, 도량형에 대한 관심도 많았다. 특히 시간에 대한 중세인들의 관념은 독특한 것으로서, '시간은 돈이다.'라는 원칙을 신봉하면서 이른바 오를로이(orloj)라는 특수한 시계를 발명하여 주로 광장의 드높은 곳에 시계탑을 만들어 설치하였다. 이 시계탑 시계는 이탈리아 북부의 도시들에 제일 먼저 등장하면서 기존의 해시계, 물시계, 모래시계 등을 대체하였는데, 체코 땅에서는 15세기 초 프라하의 구시 시청사에 처음으로 설치된 후 다른 도시들로 확산되어 15세기 말 경에 이르면 많은 도시들이 이를 보유하게 되었다. 이에 따라 중세인들의 시간에 대한 개념도 바뀌기 시작하여 계절의 반복과 순환 원리에 입각한 기존의 순환적 개념에 더하여 과거로부터 미래로 향해 움직이는 시간의 선적 개념을 도입하였다. 이리하여 비반복성과 일회성을 일깨워주는 시간의 선적 개념은 중세인들로 하여금 순간 순간을 성실하게 살아가도록 유도하였다.

사회의 변화와 발달은 교육에 대한 수요를 증대시켜 기존의 교회 참사회나 수도회만으로는 이를 충당할 수 없게 되자, 오늘날의 김나지움에 해당하는 새로운 교육 기관을 만들어 라틴 어와 기본 교양을 가르쳤고, 결국에는 대학을 설립하여 교육적 수요를 충당하게 되었다. 1348년 프라하에 설립된 중부 유럽 최초의 대학인 카렐 대학도 이러한 흐름의 결과였다.

12세기부터 시작하는 유럽의 대학은 다방면에 걸친 학문 분야를 교수한 후 전체 기독교 사회에 다 같이 적용될 수 있는 학위를 수여함으로써 범세계적인 성격을 띠게 되었는데, 유니버스티(univerzita; universitas; university)라는 이름이 바로 대학의 이러한 성격을 뒷받침하였다. 대학의 교양 학부에서는 주로 문법, 수사학, 논리학 혹은 철학의 3과(trivium)와 수학, 대수학, 기하학, 음악의 4과(quadrivium)를 배우며, 그 다음 의학, 법학, 신학부에 입학할 자격이 부여되었다. 중세의 대학은 학생과 교수들이 콜레이(kolej; collegium; college)라고 하는 특수한 건물에서 함께 기거하였는데, 카렐 대학의 가장 유명한 콜레이에는 벨카 콜레이(Velká kolej)가 있었고 이를 카를로바(Karlova)라고도 불렀다. 오늘날까지 대학 본부가 있는 카롤리눔(Karolinum)은 1383년부터 시작되었다.

카렐 대학의 설립 목적은 체코 왕국의 교육적 수요를 충당할 뿐만 아니라, 신성 로마 제국 내 여러 민족들의 수요도 충당해야 하기 때문에 대학의 설립자인 카렐 4세는 제국의 황제로서 대학의 학생과 교수를 4개의 민족으로 안배하였다. 즉, 체코, 바바리아, 색스니, 폴란드가 그것이었다. 그리하여 카렐 대학의 국제적 성격은 이들 지역의 크라쿠프 대학(1364년), 비엔나 대학(1365년), 하이델베르크 대학(1386년)들이 설립될 때까지 유지되었다. 대학은 비 자유민의 자제를 포함한 모든 남성에게 개방되었고, 14세기 후반의 카렐 대학은 당대의 저명한 학자들의 활동 무대를 제공함으로써 체코와 서유럽 간의 학문적 교류를 촉진하였다. 후에 대학이 후스주의 개혁 운동의 요람이 되는 것도 대학의 이러한 성격 때문이었다.

이 시기에도 라틴 어가 여전이 지배 계층의 언어로, 행정어로 남아 있었지만 문학어로서의 주도권은 점차 상실해 갔다. 체코 땅의 체코 인들은 체코 어를 독일인들은 독일어를 문학어로 사용하였다. 특히, 체코 어로 쓰인 체코 국민 문학은 운문과 산문의 거의 모든 문학 장르에 걸쳐 작품을 남길 정도로 발전된 모습을 보이면서 당시 유럽의 주요 국가들의 국민 문학과 어깨를 나란히 하였다.

이 시기 운문 문학으로서는 성 바츨라프와 성 프로코프와 같은 민족 수호성인들뿐만 아니라, 당시 서방에서 숭배되던 성 캐서린, 성 도로시, 성 조지 등에 대한 성인 전을 빼놓을 수 가 없겠고, 특히 예수의 부활과 성모 마리아를 찬양하는 찬송가들이 공감을 불러일으켰으며, 종교시로는 '오스트라바의 노래(*Ostravská píseň*)'와 '쿤후타의 기도(*Kunhutina modlitba*)'가 뛰어났다. 13세기 전반 바츨라프 1세의 궁중에서 벌써 유행하기 시작한 기사도 문화를 바탕으로 한 궁중 서정시가 군주와 귀족들 사이에서 지속적으로 사랑을 받았고, 귀족과 승려들뿐만 아니라 학생들이나 유랑자들과 같은 일반인들도 사랑을 노래하는 서정시의 주체가 되었다. 그러나 대부분의 서정시들이 작가 미상인데 비해, 자비시(Záviš)의 연애시는 예외였다.

[그림 17] 카렐 4세 동상 (야곱 다니엘 부르크슈미트, 카렐 대학교 창립 500주년 기념에 즈음하여, 프라하 카렐 교 옆, 대좌의 네 여인상은 창립 당시의 네 학부 상징)

교훈시와 풍자시는 실용적이고 종교적인 체코 국민의 국민성에 잘 부합하는 문학 장르로서 빼어난 작품들을 남기고 있는데, 대표적인 작품들로는 '영혼과 육체의 논쟁(*Spor duše s tělem*)', '물과 포도주의 언쟁(*Svár vody s vínem*),' 마부와 학생(*Podkoní a žák*)', '유쾌한 가난의 노래(*Píseň veselé chudoby*)' 등을 꼽을 수 있다. 주로 학생들에 의해 쓰인 이 시들은 대부분 작자 미상이지만, 『아버지가 아들에게 주는 충고(*Rada otce synovi*)』와 『새로운 동물 회의(*Nová rada zvířat*)』를 남긴 스밀 플라슈카(Flaška z Pardubic, Smil 1349~1403)의 교훈 문학은 예외였다.

고딕기의 서사시로는 프르제미슬 오타카르 2세와 바츨라프 2세의 군사 원정, 특히 야만 프러시아에 대한 십자군 원정으로부터 영감을 받은 『알렉산드라이스(*Alexandreis*)』가 유명한데, 13세기 후반 혹은 14세기 초의 것으로 보이는 이 서사시는 12세기의 같은 이름의 프랑스 작품을 번안한 것임에도 불구하고 내용과 문체 면에서 매우 독창적인 면모를 보이고 있다.

체코 고딕기의 산문 문학으로는 모험과 로망스를 다룬 기사도 이야기가 있고, 『트로야 연대기(*Kronika trojanská*)』와 『달리밀 연대기(*Dalimilova kronika*)』로 대표되는 연대기가 있으며, 대화체로 된 일종의 소설 형식을 갖춘 『트카들레체크(*Tkadleček*)』가 있다. 이밖에 카렐 4세가 자신에 대해 쓴 『카렐의 생애(Vita Caroli)』라는 자서전도 있다. 이 중 고대 체코 산문의 기념비적 작품으로 평가받고 있는 『트카들레체크』는 중세 독일 문학의 백미로 평가받는 『보헤미아의 농부(*Ackermann aus Böhmen*)』를 모델로 한 것으로서, 주인공인 '학식 있는 직공(učený tkadlec)'인 원고와 죽음을 날라다 주는 불행(Neštěstí)이라는 피고간의 논쟁을 통해 죽음에 대한 인본주의적 시각을 표현하고 있다. 그리고 14세기 초 룩셈부르크 왕조가 시작되기 이전에 쓰인 『달리밀 연대기』는 최초의 운문으로 된 체코 어 연대기로서, 『코스마스 연대기』의 전통을 이어받아 체코 인들의 강한 민족의식과 반독일적 애국정신을 고취하면서 중세 체코 인들의 민족정신을 대변한다.

찬송가의 경우에서처럼 예수의 수난과 부활을 다룬 연극들이 성행하였는데, 부활절극인 『세 마리아 극(*Hry tří Marií*)』과 그리스도 수난극인 『주 예수의 부활 극(*Hry o vzkříšení Pána*)』이 대표적이다. 이들 연극들은 당초 라틴 어로 된 종교적 의식극에서 출발하여 차츰 일반 민중들의 체코 어로 된 민중극으로 전환한 것들로서, 종교적 요소가 둔화된 반면에 해학과 익살, 흥겨움과 자유가 가미되고 때로는 현실 풍자적인 성격을 띠기도 한다. 당시 민중들 사이에서 선풍적인 인기를 모았던 우스개극인 『돌팔이 약장수(*Mastičkář*)』도 같은 범주에 속한다.

체코의 고딕 건축은 프라하 성과 같은 대도시의 건축에서뿐만 아니라 지방에 있는 군주와 귀족들의 영지에까지도 확산되어 갔는데, 대표적인 고딕 양식의 성곽들로 베즈데스(Bezděz), 즈비코프(Zvíkov), 피세크(Písek), 체스키크루믈로프(Český Krumluv) 등이 있고, 교회 건물로는 비시브로트, 세들레츠, 오세크 등지의 수도원이 있다. 프르제미슬 오타카르 1세의 딸이자 바츨라프 1세의 누이인 아네슈카(Anežka Přemyslovna, 1205~1282)가 세운 수도원은 프라하의 첫 고딕식 건축물로 꼽히고 있는데, 그녀는 프리드리히 2세의 아들이자 영국의 왕인 헨리 3세와 정혼한 관계였으나 왕실들 간의 복잡한 세력 싸움의 틈바구니에서 수녀의 몸이 되어, '붉은 별의 십자 자선회 교단'을 스스로 설립하여 가난한 자들과 핍박받는 자들의 구제에 평생을 바쳤다. 그녀는 중세부터 특히 체코 민중의 사랑과 숭배를 받아오다가 1989년 11월 체코의 민주화 혁명에 즈음하여 성녀의 반열에 올랐다.

[그림 18] 프라하 성 성 비트 대성당의 동쪽 성단소 (아라스의 마티아시, 1344~1349년)

고딕기의 프라하에는 외국에서 온 많은 예술가들이 활동을 하고 있었는데, 멀리 프랑스에서 온 마티아시(Matyaš z Arrasu)도 그 중의 한 사람이었다. 그는 프라하 성의 성 비트 성당의 개축과 사자바 수도원(Sázavský klášter)의 건축으로 명성을 얻었다. 그러나 체코 고딕 건축의 정상은 독일에서 건너온 페트르 파를레르시(Parléř, Petr, 1332?~1399)의 건축에서 찾을 수 있는데, 그는 자신의 아들을 포함한 일련의 친척들과 함께 체코에서 40년 이상, 즉 거의 평생을 머물면서 수많은 건축물과 조각품들을 남겼다. 성 비트 성당의 주 탑, 카렐 다리와 다리의 우측 탑, 쿠트나호라의 성 바르보라 성당(Chrám sv. Barbory) 등에 그의 손길이 닿아 있다.

당시 대부분의 조각품들이 성인과 성자들의 모습을 담고 있는데, 14세기 중반부터는 성모 마리아 숭배의 결과인 이른바 '아름다운 마돈나(krásná Madona)'가 당시의 조각을 주도하였다. 아기를 안고 있는 마리아의 모습, 특히 거위 목처럼 휜 자세의 성모 마리아의 모습이 특징적인데, 이러한 모습의 '아름다운 마돈나'는 1400년경에 절정을 이룬다. 그리고 그리스도의 고난을 담아낸 무명의 뛰어난 목각 조각가인 틘 칼바리의 장인(Mistr týnské kalvárie)의 작품도 이 시기의 것이고, 카렐 4세의 지원을 받아 만들어져 성 비트 성당에 모셔진 프르제미슬 가의 왕자와 왕들의 일곱 흉상은 장인 페트르 파를레르시의 걸작이다. 그의 아들인 인드르지흐 파를레르시(Parléř, Jindřich)도 성 비트 성당의 바츨라프 상을 조각하였고, 카렐 다리 우축 탑, 즉 스타로메스트스카 모스테츠카 베시(Staroměstská mostecká věž)의 카렐 4세 흉상과 그의 아들 바츨라프 4세 상도 그의 작품으로 추정되고 있다. 한편 프라하 성의 제3 광장에 서있는 용과 격투를 벌이고 있는 성 이르지(sv. Jiří) 기마상은 체코 고딕기의 금속 조각을 대변하면서 동시에 체코 땅에서의 르네상스 예술의 도래를 예고한 작품이다.

당시 회화 중에서는 카렐 4세가 펼치는 정책의 기념비적 성격과 당대의 시대정신을 담고 있는 벽화들이 돋보이는데, 카렐 황제의 프라하 궁전과 카를슈테인 성곽을 장식하고 있는 그림들이 이들이다. 그리고 14세기 하반기에 들어서면 귀족들은 말할 것도 없고 중산층의 집에서도 벽화가 발견된다. 이 시기의 중요한 장르 중의 하나가 판화인데, 여기서는 종교적인 주제가 주류를 이루지만 점차 현실과 개성에 대한 강조가 나타나기 시작한다. 대표적인 판화가로는 트르제본 성단의 장인(Mistr třeboňského oltáře)과 비셰브로트 성단의 장인(Mistr vyšebrodského oltáře)을 꼽을 수 있는데, 두 사람 모두 당시 서유럽 수준의 화가들이었다. 그리고 카를슈테인 성의 성 십자가 교회(Kaple sv. Kříže)에 비치된 테오도리크 장인(mistr Theodorik)의 130 개의 성인 반신상 또한 유럽 회화의 중요한 유산으로 평가받고 있다. 주로 성서와 기도서를 장식하고 있는 북 일류미네이션도 이 시기에 빼놓을 수 없는 회화 장르로서 카렐 4세와 바츨라프 4세의 궁정에서 걸작들이 탄생하였다.

이 시기의 예술에서 점차 모습을 드러내기 시작하는 예술가의 개성에 대한 자각은 예술가란 하느님의 이름 없는 종이요 봉사자라는 종래의 종교 일변도의 개념에 대한 조심스런 극복을 의미하는 것이었다. 대부분이 작가 미상인 작품들이지만, 특히 장식된 필사본이나 조각 속에서 그 작품의 작가에 대한 묘사나 초상이 자주 등장하기 시작하는 것은 인간 주체에 대한 자각의 표현이고, 르네상스의 도래에 대한 예고의 증표였다.

고딕 예술이 외형적으로는 단순 명료한 것처럼 보이지만 내면적으로는 당시 분화된 사회만큼이나 복합적이고 다의적이었다. 따라서 교육을 통한 철학적, 교육적 지식이 없는 보통 사람들은 장엄한 고딕 예술의 은밀한 내면적 의미를 포착할 수가 없었다. 이러한 현상은 당시의 어휘에서도 읽을 수가 있는데, 중세 체코 어의 '궁중의(dvorný)'라는 뜻은 '이상한(divný)' 혹은 '괴상한(podivný)'과 동의어였다. 궁중에서 행해지고 이루어지는 것들이 성곽 밖의 일반 대중들에게는 낯설고 이해할 수 없는 무엇들이었던 것이다.

농촌과 중소 도시의 일반 민중들에게 있어서는 중세 특유의 종교적인 분위기 속에서 더욱 더 신앙심이 깊어 가고 성서의 가르침에 대한 지식이 높아 갈수록, 고위 성직자들과 귀족들의 사치스러운 생활이 그리스도와 사도들의 검소한 생활과 대비되어 부정적인 시각으로 비쳐지기 시작하였다. 진정한 기독교인은 하느님을 스스로 마음에 모시는 것이지 화려한 예술적 꾸밈으로 모시는 것이 아니라는 개혁적 설교자들의 가르침은 일반 민중들의 상류층 문화에 대한 부정적인 시각을 더욱 강화시켰고, 더욱이 고딕 예술의 복합적인 의미를 제대로 포착하지 못하는 이들로 하여금 예술 자체에 대한 부정적인 시각을 갖게 만들었다. 그리고 이러한 시각은 곧 불어 닥칠 후스주의 운동의 예술관을 예고하는 것이었다.

바츨라프 4세는 선왕인 카렐 4세와는 달리 사적인 소일거리를 찾고 취미 생활을 즐겼다. 그의 궁정에는 점차 물러나는 중세의 기사도 문화와 서서히 태동하는 르네상스 문화가 공존하고 있었다. 소일거리로서의 사냥, 생각을 같이 하는 사람들과의 사교 모임, 점성학이나 야금술 혹은 기타 신비주의적인 학문에 대한 경도 등은 르네상스 문화의 초기 징조를 예고하였다. 카렐 4세의 중세적인 기념비성에서 바츨라프 왕의 르네상스적인 이완성으로 옮겨 가고 있었던 것이다.

이러한 현상은 특히 바츨라프 왕의 궁정에서 여러 형태로 나타나고 있었는데, 이를테면 책의 장식화에 등장하는 반나체나 완전 나체의 여인상, 중세 기독교가 금기시하던 주제인 성행위 장면의 묘사 등이 대표적인 것이었다. 하지만 후스주의 혁명의 물결은 이제 막 등장하기 시작하는 휴머니즘과 르네상스의 모든 초기 조짐들을 단숨에 삼켜 버리면서 체코 문화의 흐름에 급격하고도 파격적인 궤도 수정을 가하였다.

Czech and
Slovak History

후스주의 시대 (1400~1485년)

Czech and Slovak History

후스주의 시대 (1400~1485년)

3.1. 후스주의 혁명 운동

중세 체코 역사의 황금기로서 정치적, 문화적으로 유럽의 강국임을 자임하던 카렐 4세의 통치기가 끝남과 동시에 체코 왕국은 차츰 내리막길을 걷기 시작하였다. 왕권과 귀족 세력 간의 알력, 왕권과 교회 권력 간의 불화, 이로 인한 통치력의 약화, 국제적 위상의 저하, 경제적 쇠퇴, 전염병의 창궐 등 체코 왕국을 위기적 국면으로 몰아가는 요인들은 많았다. 국민들 간에는 불안감이 증폭되어 갔고, 위기의식이 고조되었다. 많은 사람들이 그 원인을 성서에 담긴 하느님의 계율을 어긴데 대한 신의 분노와 응징으로 보았다. 교회의 책임이 가장 무거웠고 교회에 대한 비난의 목소리가 점차 높아 갔다. 그런데 당시의 교회는 막대한 부를 바탕으로 사치와 영화를 일삼았고, 성직자들은 자신의 사명과 본분을 망각하고 세속 정치에 개입하여 그 폐해가 도를 넘고 있었다. 교회의 귀감이 되어야 하는 교황청은 심지어 세 명의 교황이 나와 극심한 분열상을 연출하고 있었다. 따라서 교회가 제대로 되지 않고서는 사회가 제대로 될 수 없으며, 교회의 개혁 없이는 사회의 개혁이 불가능하다는 것이 당시 개혁적인 사고를 가진 사람들의 결론이었다.

교회와 사회에 대한 개혁 운동은 이미 카렐 4세의 치하에서도 시도된 바 있었고, 이러한 개혁 운동은 후스주의 운동의 초기 선구자인 얀 밀리치(Milíč z Kroměříže, Jan, ?~1374)의 눈부신 활동을 거쳐 토마시(Tomáš ze Štítného, ?~1405)와 마테이(Matěj z Janova, 1355 이전~1394)에 이르면서 강력한 힘을 얻게 되지만, 이들은 가급적 교회와의 공개적인 마찰은 피해 왔다. 그러나 이들의 계승자들인 프라하 대학, 즉 카렐 대학의 개혁 운동가들은 달랐다. 이들은 가톨릭교의 제 원칙들에 대한 과감한 비판을 서슴지 않는 영국인 종교 개혁가 위클리프(Wycliffe, John, 1320?~1384)의 사상을 지지하면서 교회 당국과 정면으로 맞섰다. 이들의 선두에 선 사람이 얀 후스(Hus, Jan, 1370?~1415)였다.

후스는 프라하 대학의 교양 학부와 신학부의 교수로 재직하면서 1402년부터는 베들레헴 교회(Betlémská kaple)에서 체코 어로 설교를 하였고, 프라하 대학의 지도적인 체코 어 교수로서 라틴 어뿐만 아니라 체코 어로도 저술 활동을 하였으며, 체코 어를 개량하고 체코 어 철자법을 개혁하였고, 체코 어 찬송가를 보급하였다. 그는 1401년에는 학장으로, 1409년에는 총장으로 재직하면서 설교와 저술을 병행하였고, 이를 통해 교회가 타락을 청산하고 초기 기독교 정신으로 복귀할 것을 촉구하였다. 그를 포함한 프라하 대학 교수들의 이러한 주장은 왕실, 일부 귀족들, 나아가 광범위한 대중의 지지를 받았다. 물론 고위 성직자들과 프라하 시의 독일인 대표들은 이를 일축하였고, 프라하 대학의 독일인 교수들은 후스에게 반기로 맞섰다. 그러나 대학 내의 독일인 교수들과 체코 인 교수들 간의 갈등은 1409년 바츨라프 4세의 쿠트나호라 칙령(Dekret kutnohorský)으로 종식되었다. 1348년 카렐 4세가 국제주의적 원칙에 입각해서 배분한 민족 구성을 재조정함으로써 대학의 주도권이 체코 인들에게 돌아갔기 때문이다. 결국 독일인 교수들과 학생들은 이에 대한 항의의 수단으로 프라하 대학을 떠났고, 이들은 라이프치히로 가서 새로운 대학을 설립하였다.

후스는 스스로 대중 앞에 나서서 설교를 통해 가르침을 설파하고, 이를 실행에 옮기도록 촉구한 점에서 영국의 위클리프와 달랐다. 교회의 재산권을 박탈해서 청빈한 교회를 만들어야 된다는 후스의 주장은 광범위한 지지층을 확보하고 있었던 것이다. 그러다가 1412년 후스가 교회의 면죄부 판매를 공개적으로 비난하자 교회는 강경한 대응에 나섰다. 바츨라프 4세 역시 정치적인 고려로 교회를 두둔하고 나서자 후스는 프라하를 떠날 수밖에 없었다. 그는 남부 체코의 코지흐라데크(Kozí Hrádek)로 물러나 그곳 소(小)귀족들의 보호를 받으면서 농민들을 상대로 설교와 저술 활동을 계속하였다.

1414년 10월 스위스의 콘스탄츠(Constance)에서 종교 회의가 열렸다. 로마 왕이자 바츨라프 4세의 동생이기도 한 지크문트 루첸부르스키(Zikmund Lucemburský, 1411~1437년 로마 왕, 1387~1437년 헝가리 왕, 1420~1437년 로마 독일 왕, 1420~1437년 체코 왕, 1431~1437년 신성 로마 제국 황제)가 안전 통행 을 보장하면서 후스로 하여금 종교 회의에 참석할 것을 요구하자, 후스는 교회의 고위 성직자들에게 자신의 생각의 정당성을 이해시킬 수 있으리라는 믿음으로 이에 동의하였다. 그러나 그는 콘스탄츠에 도착하는 즉시로 체포되어 감옥에 갇히는 몸이 되었으며, 오랜 신문을 거처 1415년 7월 6일 화형에 처해졌다. 약 1년 후인 1416년 5월 30일 같은 장소에서 후스의 친구이자 동료였던 예로님(Jeroným Pražský, 1378?~1416)이 똑같은 죽임을 당했다.

[그림 19] 화형 받는 얀 후스 (예나 약전, 1500년경)

후스의 처형은 체코 인들의 강한 반발을 불러일으켰고, 체코 땅에는 혁명의 기운이 감돌기 시작하였다. 1415년 가을 일련의 체코 귀족들이 콘스탄츠 종교 회의의 결정을 거부하는 결의문을 발표하고, 후스의 가르침에 따라 이 땅에서 하느님의 말씀을 끝까지 수호하겠다는 선언문을 채택하였다. 이는 교회

당국에 대한 공개적인 도전과 봉기의 신호로서 프라하 대학 교수들을 비롯한 많은 대중의 지지를 받았다.

후스의 지지자들은 영성체 의식에서 빵과 포도주의 양종을 도입하였다. 당시까지는 성직자에게만 포도주가 허용되고 일반 신도들에게는 금지되어 있었는데, 후스의 생전에 그의 동의를 받아 그의 지지자들이 이를 채택하였고, 이후 포도주를 담는 그릇인 성배(kalich)는 후스주의 운동의 상징이 되었다. 이리하여 후스를 따르는 후스주의자(husita)를 성배주의자(kališník) 혹은 양종 주의자(utrakvista)로 부르게 되었고, 후스주의를 성배주의 혹은 양종주의로 부르게 되었다.

후스의 가르침을 따르는 후스주의와 가톨릭 세력 간의 갈등은 상당기간 폭풍 전야의 고요를 유지하다가 마침내 폭발하고 말았다. 1419년 7월 30일 프라하의 노베메스토(Nové Město), 즉 신시 시청에서 얀 젤리프스키(Želivský, Jan)가 주도하는 일련의 강경파 후스주의자들이 동료 후스주의자들의 석방을 요구하며 시위를 벌이다가 이를 거절하는 시 의회 의원들을 시청사의 창문 밖으로 내던져 버린, 제1차 프라하 창문 밖 투척(první pražská defenestrace)이 발생하였던 것이다. 이렇게 하여 후스주의 혁명(husitská revoluce)이 시작되었고, 수일 후 바츨라프 4세가 죽자 혁명의 물결을 거스를 자는 아무도 없었다. 후스주의자들은 순식간에 보헤미아를 장악하였고, 이웃 땅으로 밀고 들어갔다. 가톨릭 세력은 당장 수세에 몰렸지만 독일인들이 다수를 이루고 있는 모라비아의 대도시들과 실레지아와 루사티아 지역에서는 자신들의 기반을 유지할 수 있었다.

[그림 20] 1419년 프라하 신시 청사 창문 밖 투척 (아돌프 리프셰르, 19세기 후반~20세기 초)

후스주의자들은 1420년 프라하에 모여서 4개의 조항으로 된, 이른바 프라하 4개 조항(čtyři pražské artikuly)이라는 프로그램을 제시하였다. 이 프로그램은 하느님의 율법 정신에 입각한 교회와 사회의 개혁 프로그램을 담고 있었는데, 그 내용은 첫째, 성체식에서 신부와 일반 신도가 공히 예수의 살과 피의 상징인 빵과 포도주를 먹고 마실 권리를 가지며, 둘째, 하느님의 말씀에 대한 자유로운 설교의 권리를 가지며, 셋째, 교회 소유의 재산을 몰수하고 교회의 세속 정치에 대한 영향력 행사를 배제하며, 넷째, 성직자든 일반인이든 용서받지 못할 죄에 대해서는 엄중하게 처벌한다는 것이다. 이는 1세기 후 16세기의 유럽 종교 개혁 운동과 비교해서 시사하는 바가 큰데, 후스주의 혁명가들은 이 개혁 프로그램을 체코 땅에서 뿐만 아니라 유럽의 다른 지역에까지 확산하려 하였지만, 이는 시기적으로도 이르고 능력적으로도 벅찬 목표였다.

후스주의는 4개항 프로그램에서는 의견의 일치를 보이면서도 그 속에 많은 분파가 있었다. 일련의 귀족들과 프라하 대학 교수들이 이끄는 온건파, 대다수의 프라하 시민들과 체코 내의 다수의 지지자들을 확보하고 있는 중도파, 원칙을 고집하는 급진파가 있었다. 그리고 급진파 중에서는 동(東)보헤미아 파와 타보르 파(táborité)가 유명하였는데, 특히 남부와 남서부 체코를 기반으로 하고 있는 타보르 파는 1420년 성서에서 차용해 온 타보르(Tábor)라는 이름의 도시를 건설하여 불안전한 인간의 법을 거부하고 오로지 하느님의 말씀을 따르는 '형제와 자매들'의 공동체적 삶의 터전을 이룩하고자 하였다. 이들은 당시 풍미하던 천년 왕국설에 입각하여 자신들의 타보르를 예수님 왕국의 중심지로 만들고, 절대 평등과 무소유의 공동체적 낙원으로 건설하려 하였다.

한편 유럽의 다른 나라들은 후스주의를 이단으로 간주하여 직접 십자군을 파견하거나 이에 동조하였는데, 십자군의 선두에는 로마 왕이자 헝가리 왕인 지크문트와 교황청이 나란히 섰다. 또한 지크문트는 바츨라프 4세의 동생임을 내세워 체코 왕위에 대한 권리를 주장하였지만 후스주의자들은 이를 거부하였다. 이에 교황과 지크문트는 1420년에서1431년까지 5차례에 걸쳐 십자군을 파견하지만 이는 모두 실패로 끝났다. 1420년 프

[그림 21] 후스주의 전사들의 선두에 선 얀 지슈카 장군 (예나 약전, 1500년경)

라하를 향해 진격해 들어온 10만 대군의 십자군은 대부분이 독일인으로 구성되어 있었지만 프랑스, 이탈리아, 헝가리에서 온 지원병들도 있었고, 영국에서 온 용병들도 포함되어 있었다. 이들은 후스주의 전쟁의 불세출의 영웅인 외눈박이 얀 지슈카(Žižka, Jan, ?~1424) 장군이 이끄는 후스주의 군대에 의해 프라하의 비트코프[Vítkov; 이 일대는 후에 지슈카(Žižka)의 이름을 딴 지슈코프(Žižkov)에 포함됨] 언덕에서 대패하였다. 후스주의 군대는 1422년 동부 보헤미아의 하블리츠쿠프브로트(Havlíčkův Brod)에서, 1427년 서부 보헤미아의 타호프(Tachov)와 스트르지브로(Stříbro)에서, 1431년 독일과의 국경 지대인 도마즐리체(Domažlice)에서 십자군을 격파하였으며, 1422년 소집된 제3차 십자군은 후스주의 군대의 위력에 눌려 실현조차 되지 못하였다.

후스주의 군대는 소극적으로 십자군의 침입에 대한 방어에만 머물지 않고 적극적으로 공세를 취하기도 하였는데, 동쪽으로는 헝가리의 슬로바키아로, 북쪽으로는 실레지아, 루타시아, 독일 땅을 지나 발트 해 연안까지 진격하였다. 당시 유럽 인들을 공포의 분위기로 몰아넣었던, 이토록 위력적인 후스주의 군대의 배경에는 지슈카 장군의 탁월한 군사적 전략과 전술이 있었고, '하느님의 법'을 지키는 '하느님의 전사들'이라는 굳건한 신념이 있었다. 주로 농민들로부터 차출해 온, 혹은 지원해 온 오합지졸에 불과한 후스주의 군대를 무적의 군대로 전환시킨 것은 자슈카 장군의 군사적 천재성 덕분이었다. 중무장한 기병대에 대항하여 농기구 등으로 경무장한 기동성이 뛰어난 후스주의 군대, 우마차들을 체인 등으로 무장시킨 왜건 바리케이드 부대, 십자군의 기마를 겨냥한 곡사포, 기습공격과 지형지물의 활용 등이 지슈카 장군의 후스주의 군대를 무적의 군대로 만들었다. 후스주의 군대의 위력이 얼마나 가공스러웠는지는 제4차(1427년), 제5차(1431년) 십자군 전투에서 후스주의 군대의 짐마차 소리와 후스주의 군대의 군가인 '그대 하느님의 전사들(*Ktož jsú boží bojovníci*)'이라는 찬송가를 듣기만 해도 십자군들이 혼비백산하였다는 사실에도 잘 알 수 있다.

지크문트 왕(1433년 신성 로마 제국의 황제에 추대됨)은 결국 후스주의 군대와 협상 테이블에 서지 않을 수 없었다. 그는 1431년 바젤 종교 회의(Basilejský koncil)를 통해 후스주의 군대와 협상을 제기 하였으며, 1433년 타보르 파의 지도자인 프로코프 홀리(Prokop Holý, ?~1434)가 이끄는 대표단이 스위스의 바젤에 도착하였다. 그러나 양측의 협상은 지지부진하였다. 특히 교회 재산의 박탈 문제를 둘러싸고 양측은 첨예하게 대립하였다. 이런 와중에서 후스주의 내부에 분열이 발생하였다. 오랜 전쟁으로 피폐해지고 지친 대다수의 온건파 후스주의자들은 협상의 타결을 지지하는 반면에, 타보르 파와 동부 보헤미아 파는 강경한 입장을 고수하였다. 결국 양측은 무력 대결에까지 돌입하였고, 1434년 5월 30일 중부 보헤미아의 리파니(Lipany) 대회전에서 체코 가톨릭 세력의 지원을 받은 온건파가 승리하였다. 프로코프 홀리는 이 전투에서 전사하였다.

1436년 이흘라바에서 바젤 종교 회의 대표들과 체코의 후스주의 대표들 간에 이흘라바 협약(Jihlavská kompaktáta)이 체결되었고, 이는 후스주의에 부분적인 승리를 안겨다 주면서 17년간의 전쟁에 종지부를 찍었다. 이 협약은 보헤미아와 모라비아의 성인 남녀들이 후스주의와 가톨릭 중 자신이 원하는 대로 선택할 수 있는 권리를 가지며, 후스주의 교회를 로마 교회의 한 부분으로 인정할 것을 규정하였다. 그러나 후에 로마 교황이 이 협약의 승인을 거부함으로써 분쟁의 불씨는 남아 있었다. 하여간 협약이 체결된 후 지크문트는 체코 왕으로서의 실질적인 권력을 행사할 수 있었지만, 그 대신 교회 재산의 몰수, 소귀족과 도시 대표들의 체코 의회 진출, 교회의 체코 의회로부터의 대표성 배제 등에 동의하였다. 일단은 후스주의의 승리였다.

후스주의 운동의 제1기에 해당되는 후스주의 전쟁과 영웅적 투쟁의 혁명 운동기는 체코 땅에 많은 변화를 가져다주었다. 후스주의와 가톨릭이라는 두 종교가 한 나라에서 공존하는, 당시까지의 유럽 기독교 역사상

전대미문의 상황이 전개되고 있었고, 교회의 세속 정치에 대한 영향력이 배제되었으며, 의회에서 교회의 대표성 상실로 인해 대귀족, 소귀족, 도시 대표의 새로운 세 신분이 체코 정치를 주도하게 되고, 이는 귀족 정치의 등장을 예고하였다.

후스주의는 도시의 급격한 부상을 가져왔고, 또한 도시의 민족적 구성에도 변화를 끼쳤다. 프라하, 쟈테츠, 쿠트나호라 등, 후스주의가 장악한 도시들에서는 후스주의 전쟁 초기부터 독일계 시민들이 도시를 떠나기 시작하였고, 이는 이들 도시들의 체코화(化)에 박차를 가하였다. 그리고 가톨릭교에 대한 재산 몰수로 인해 가장 많은 혜택을 입은 계층은 귀족과 도시 공민들이었다. 반면에 정작 후스주의 전쟁에 가장 많은 공헌을 제공한 농민들은 전쟁으로 폐허가 된 농토를 다시 일구어야 하는 부담만을 안은 채 더욱 더 농토에 얽매이게 되었다

후스주의 운동은 교회를 퇴조시키고 귀족 계급과 도시 공민 계급을 부상시키면서 중세 봉건 사회의 몰락을 재촉하였고, 새로운 사회의 도래를 예고하였다. 그러나 후스주의 운동의 가장 큰 공헌은 무엇보다도 인간의 자유에 대한 불굴의 신념이었다. 사상의 자유와 믿음의 자유에 대한 불굴의 신념은 후스주의 운동이 유럽의 정신사에 남긴 불멸의 유산이 되었다.

3.2. 후스주의의 발전

지크문트 황제가 체코 왕으로서의 실질적인 권력 행사를 시작한지 채 1년도 되지 않은 1437년 돌연 사망하자, 동쪽에서 서진해 오는 오스만 터키 제국의 침입에 직면한 오스트리아, 헝가리, 체코 세 나라는 지크문트 왕의 딸 엘리슈카(Eliška Lucemburská)의 남편인 알브레흐트 2세(Albrecht II. Habsburský, 1437~1439)를 세 나라 공동의 왕으로 선출하였다. 그러나 알브레흐트 왕을 지지하지 않는 후스주의 강경파들은 폴란드 왕을 후보로 내세워 체코는 또다시 내전의 위기에 처하게 되었지만, 알브레흐트 2세의 급사로 이를 피할 수 있었다.

알브레흐트 2세의 사후 왕위 계승을 둘러싼 혼란이 있은 후, 1453년 그의 13살 난 유복자 라디슬라프(Ladislav Pohrobek, 1453~1457)가 체코 왕위에 올랐다. 하지만 세 나라의 연합 체제는 더 이상 지속되지 않았다. 헝가리의 대부분의 귀족들이 폴란드 야기에오 왕가의 블리디슬라프(Vladislav)를 자신들의 왕으로 선출하였던 것이다. 그러나 그의 지배권은 헝가리의 북부 영토에 국한되어 있었고, 오늘날의 슬로바키아에 해당되는 고지 헝가리 지역은 엘리슈카의 수중에 남아 있었다. 그런데 엘리슈카의 군대의 대부분의 지휘관들은 가톨릭 체코 인인데 반해, 병사들은 모두 후스주의자들이었다. 이러한 사실은 물론 당시의 슬로바키아 민중들에 대한 후스주의의 영향을 의미하는 것이었다.

1440년대의 체코 정치 무대에 혜성처럼 등장한 포데브라디의 이르지(Jiří z Poděbrad, 1458~1471)는 후스주의의 철저한 신봉자로서, 당시 가톨릭 왕의 지원을 업고 기세를 부리는 가톨릭 귀족들을 견제해 왔는데, 1448년 이들의 반동이 위험한 단계에 이르자 프라하를 무력으로 정복하면서 체코 왕국의 새로운 지도자로 부상하였다. 그는 어린 라디슬라프 왕의 섭정이 되어 단기간에 국가의 평화와 질서를 확립하고, 경제적 번영의 기틀도 마련하였다.

1457년 라디슬라프가 죽자, 1458년 체코 귀족들은 이르지를 왕으로 선출하였다. 이로써 체코 역사상 처음으로 왕족 가문이 아닌 귀족 가문에서 왕이 선출되었고, 이 선출 또한 사전 조정이 없는 귀족들의 자발적인 선거에 의한 것이었다. 이는 후스주의 혁명 운동으로 급격하게 부상한 귀족들의 승리를 의미하는 것이었고, 새로운 전통의 확립을 뜻하는 것이었다. 또한 일반대중의 뜨거운 환영 속에서 탄생한 처음이자 마지막인 '후스주의 왕(husitský král)'의 등장은 후스주의 2세대의 등장을 의미하는 것이기도 하였다. 그런데 2세대의 후스주의는 가톨릭교와의 공존의

[그림 22] 후스주의 왕 포데브라디의 이르지 (뉴른베르크 연대기, 1493년)

시기로서, 이르지 왕은 평화와 질서를 표방하면서 두 종파 간의 화합을 모색하였다. 이르지 왕 자신은 개인적인 종교도 후스주의요 정치적인 기반도 후스주의 귀족들이었지만, 체코 왕국의 군주로서 두 종교에 대한 공정성을 잃지 않도록 노력하였다. 이에 따라 그의 궁중에서는 많은 가톨릭교도들이 활동하였고, 두 번째 부인은 가톨릭 가문에서 들여왔다.

이르지 왕은 취임 후, 곧 자신의 왕위 선출에 참석하지 않았던 모라비아, 루사티아, 실레지아의 가톨릭 세력들로부터 지지를 얻어내어 후스주의 전쟁으로 인해 분열되었던 체코 왕국의 지위와 권위를 회복하는데 성공하였다. 하지만 향후의 국내외 정세는 그에게 많은 시련을 안겨다 주었다.

1462년 교황 피우스 2세(Pius II)가 돌연 1436년의 이흘라바 협약의 무효를 선언하고 나서자 체코 왕국과 이웃의 가톨릭 세력들이 동요하기 시작하였다. 이에 이르지 왕은 체코 왕국의 국제적 위상을 확고히 하고 교황청의 입지를 약화시키기 위한 방편의 하나로써 유럽 군주들의 평화 연맹(mírová unie)을 제안하였다. 이는 원래 자신의 궁중 자문관인 프랑스인 앙투안 마리니(Antonio Marini)가 당시 유럽을 위협하고 있던 터키에 대항하는 군사 동맹으로 제안한 것을 이르지 왕이 정치 동맹으로 확대한 것으로서, 그 내용상 오늘날의 유엔(UN)과 유럽 연합(EU)의 선구가 되었다. 그러나 이 제안에 대한 유럽 각국의 반응은 부정적이었다. 이르지 왕이 희망을 걸었던 프랑스의 루이 11세(Lousi XI)가 교황청과의 관계를 고려하여 이를 거부하자 다른 군주들도 이에 동조하였다. 이르지 왕은 자신의 매제인 레프(Lev z Rožmitál)를 단장으로 하는 외교 사절을 파견하여 1465~1467년 사이에 서유럽 국가들을 순방하면서 연맹에 대한 지지를 호소하도록 하였으나 호기심과 공감 이상의 지지를 얻는 데는 실패하였다.

이처럼 대외 문제와 또한 신성 로마 제국 내 행정 체계의 개혁 문제 등을 둘러싸고 이르지 왕과 교황청 사이의 알력이 최고조에 달한 1466년 교황 바오로 2세(Paul II)가 이르지 왕에 대한 파문과 체코 왕위로부터의 축출을 선언하자, 이를 지지하는 가톨릭 세력과 이르지 왕과의 전쟁은 불가피한 것이었다. 이르지 왕으로서는 체코 내 일부 가톨릭 세력의 봉기는 쉽게 진압할 수 있었지만, 교황의 지지를 업고 중부 유럽의 패권을 노리고 있던 이르지 왕 자신의 이전 사위이기도 한, 헝가리 왕 마티아시(Matyáš Korvín)와의 전쟁은 막상막하였다. 그러던 중 1469년 2월의 전쟁에서 포위된 마티아시는 이르지 왕에게 협조할 것을 맹세하고 풀려났으나, 그는 이를 지키기는커녕 같은 해 5월 가톨릭 세력에 의해 체코 왕으로 추대되었고, 곧 루타시아, 실레지아, 그리고 대부분의 모라비아 가톨릭교도들이 이를 지지하고 나섰다. 이후 이르지 왕이 반격에 나서 이를 돌려 놓으려 하였지만 1471년 왕의 죽음으로 뜻을 이루지 못하였다. 이리하여 모라비아는 1490년 마티아시가 죽을 때까지 그의 지배하에 놓이게 되는데, 이는 보헤미아와 모라비아의 연대에 걸림돌이 되었고, 향후 두 지역 간의 잦은 불화의 원인이 되었다.

이르지 왕의 죽음 이후 체코 귀족들은 그의 유지를 받들어 폴란드 야기에오 왕가의 블라디슬라프(Vladislav Jagelonský, 1471~1516)를 체코 왕으로 선출하였다. 그러나 루사티아, 실레지아, 모라비아 지역은 물론이고 체코 왕국 내의 가톨릭교도들의 대부분은 여전히 마티아시를 체코 왕으로 인정하고 있었기 때문에 양측은 곧 전쟁 상태에 돌입하였다.

그러나 교황청이 여전히 마티아시를 체코 왕으로 인정하고 하고 있는 상황 속에서 양측은 1478~1479년 올로모우츠에서 협약을 체결하였다. 올로모우츠 협약(oloumocké smlouvy)이라고 부르는 이 협약에 의하면 보헤미아에서는 블라디슬라프 왕의 통치를 인정하고, 다른 지역인 모라비아, 실레지아, 루타시아에서는 마티아시의 지배를 인정한다는 것이었다. 그러다가 1490년 마티아시가 죽게 되자, 블라디슬라프는 전체 체코 왕국에 대한 지배를 회복하였고, 마땅한 후계자가 없는 헝가리 왕국의 왕위까지도 계승하게 되었다.

올로모우츠 협약으로 후스주의와 공존 상태로 되돌아 온 가톨릭교도들은 후스주의 타도를 노리며 몰래 음모를 꾸미고 있었다. 블라디슬라프 왕의 입장에서는 자신이 가톨릭교도로서 언제나 로마 교황청에 충성을 맹세하고 있던 터라, 체코 내의 가톨릭 세력이 승리하여 그때까지 체코 왕국에 붙어 다니는 '이단의 땅(kacířská země)'이라는 꼬리표가 떨어진다는 것이 싫지 않은 일이었다. 이에 그는 가톨릭교도들의 음모를 묵인내지 방조하였다. 그러나 이러한 음모를 미리 탐지해 낸 후스주의자들이 1483년 9월 24일 가톨릭 세력이 장악하고 있던 프라하 구시의 청사 창문 밖으로 시장을 내던져 버린, 제2차 프라하 창문 밖 투척(druhá pražská defenestrace)으로 대응하는 등 선제공격을 감행하였고, 이후 여세를 몰아 1485년 3월 쿠트나호라 의회(Sněm v Kutné Hoře)에서 자신들의 종교에 대한 권리를 보장받았다. 양측이 승인한 쿠트나호라 종교 화약(Kutnohorský náboženský smír)은 1436년의 이흘라바 협약을 국가의 기본법으로 준수하고, 이를 향후 정치적, 종교적 문제 해결의 지침으로 삼는다고 선언하면서 다음과 같은 선언문을 채택하였다.

"가톨릭 교회와 후스주의 교회는 향후 어느 쪽도 세속적인 문제로 혹은 정치적인 문제로 다른 쪽을 억압하지 아니하며, 양측은 서로에 대한 이해와 공감을 가지며, 양측의 설교자들은 자유롭게 복음을 전파하며, 어느 한 쪽도 다른 쪽을 이단으로 간주하지 아니하며, 대공, 영주, 기사, 왕립 도시의 어느 누구도 종교를 이유로 신민들을 박해하지 아니하고, 그들의 관습과 신념에 따른 구원의 성취에 반대하지 아니한다."

쿠트나호라 의회의 결의는 후스주의 혁명의 성과에 대한 최종적인 확인이고 후스에 의해 시작된 정치적, 종교적 투쟁의 종결을 의미하는 것이었다. 이 결의로 체코는 유럽에서 종교의 자유가 법으로 보장된 최초의 나라가 되었고, 낭트 칙령(Edikt nantský)을 1세기 이상 앞서가는 나라가 되었다. 하지만 종교의 자유를 얻어내기 위한 체코 인들의 희생은 실로 막대한 것이었는데, 반세기 이상 지속된 전쟁으로 국가가 입은 경제적 손실은 말할 것도 없거니와 40%에 달하는 인구의 감소를 감수하지 않을 수 없었다.

쿠트나호라 종교 화약의 배경에는 새로운 세대의 등장이라는 시대적 변화가 있었다. 후스주의의 3세대에 속하는 신세대는 자신들의 할아버지와 아버지 세대의 비타협성과 옹고집과 때로는 광신적인 믿음에서 해방되어 있었으며, 전쟁에 의한 문제 해결의 문제점과 부작용을 잘 알고 있었기 때문에 평화적인 문제 해결에 쉽게 동의할 수 있었다. 이제 후스주의 전쟁과 같은 장기간의 전쟁은 체코 땅에서 더 이상 일어나지 않았다. 그리고 쿠트나호라 종교 화약은 종교적인 분쟁을 뒷면으로 후퇴시키고 정치적인 문제와 경제적인 문제를 전면에 등장시키는 결과를 가져왔는데, 이를 주도한 세력도 교회가 아닌 귀족 계급과 도시 시민 계급이었다. 따라서 이후 체코 정치는 후스주의 운동으로 급부상한 이들 양대 세력이 주도하게 되었다.

3.3. 후스주의 시대의 문화와 예술

후스주의 혁명 운동은 체계적으로 준비된 운동도 아니었고 하나로 통일된 운동도 아니었다. 또한 후스주의는 후스와 그의 동료 및 제자들이 부여한 특성을 대체적으로 유지하고 있었지만, 그 안에는 많은 분파가 존재하고 있었다. 프라하와 체코 동부의 후스 파들이 후스의 가르침에 충실한 반면에, 타보르를 거점으로 하는 체코 남부와 남서부의 후스 파들은 상당히 이단적인 종파들을 포함하고 있었다.

타보르의 후스 파들에게 상당한 영향력을 행사한 두 개의 이단적 종파 중 나체주의자들(adamité)은 초기에는 당시 유럽의 다른 지역에서도 볼 수 있는, 자유스러운 영혼의 형제와 자매들의 공동체로 존재하였지만 점차 그 도를 넘었다. 이들은 세속의 굴레로부터 인간의 영혼과 육체를 동시에 해방시키는 것을 목표로 하고 있었고, 하느님의 왕국을 영원한 즐거움과 환희의 왕국으로 파악하였다. 따라서 공동체 안의 형제자매들 간의 집단 혼숙도 마다하지 않았는데, 개중에는 불만스러운 부부 관계로부터 탈출하기 위한 방편으로 여기에 합류한 사람들도 없지 않았다. 하지만 대부분의 타보르 파들이 이들을 수용하지 않았기 때문에 지슈카 장군이 몸소 나서서 이들의 본거지를 파괴해버렸다. 또 다른 이단 종파인 왈도 파(valdenští)는 12세기 프랑스인 왈도(Waldo)가 창시하여 당시 서유럽 전역에서 성행하던 종파로서, 교회 의식의 단순화, 설교의 강조, 성인들의 중재에 대한 거부, 사치의 거부, 정죄의 부인, 성서를 유일한 권위로 인정하기 등 타보르 파의 원칙을 그대로 받아들이고 있었다. 그러나 사형을 포함한 모든 종류의 폭력과 전쟁을 거부한다는 점이 타보르 파와 달랐다.

그런데 이와 같은 비폭력 사상은 남부 체코 태생의 철학가 헬치츠키(Chelčický, Petr, 1390?~1460 이전)에게 많은 영향을 주었다. 1419년까지 헬치츠키는 타보르 파와 매우 가까운 사이에 있었지만 하느님의 법에 의한 기독교의 개혁 운동이 혁명적인 폭력과 무력에 의한 전쟁으로 발전하자, 타보르의 친구들과 결별하였다. 그는 『믿음의 그물(*Siet' viery*)』, 『설교집(*Postila*)』등의 저서를 통해 국가를 조직적인 폭력체로 규정하고, 사회적 불평등을 그리스도의 법에 어긋나는 것으로 규정하여 이를 거부하였다. 그의 무저항적이고 무계급적이며 비폭력적인 철학과 가르침은 후에 19세기의 러시아 문호 톨스토이의 존경을 불러일으키기도 하였다.

헬치츠키의 사상과 가르침을 추종하는 일련의 후스주의자들이 1457년 체코 북동부의 쿤발트(Kunvald)에서 형제 교단(jednota bratrská)이라는 독립 교단을 창설하였다. 형제 교단은 성서적 가르침을 이 세상에 실현함에 있어서 어떠한 폭력도 거부하면서 로마 교황청과의 완전한 단절을 선언함으로써 체코뿐만 아니라 유럽 최초의 개혁 교회를 건설하였다. 이들은 이흘라바 협약을 거부하였기 때문에 체코 국가로부터 합법적인 인정을 받지 못하였지만, 창립 초기에는 후스주의 교회의 대주교인 로키차나(Rokycana, Jan)와 이르지 왕의 도움을 받았다. 이들은 상업과 이윤을 배척하고 자발적으로 가난을 추구하였으며, 성서 이외의 교육은 무용한 것으로 간주하여 멀리하였는데, 초기의 이러한 엄격성은 후기로 갈수록 차츰 바뀌기 시작하였다.

이 시기 체코 왕국의 종교적 구성을 보면 후스주의 교회를 신봉하는 사람이 전체 인구의 70%에 이를 정도로 압도적인 우위를 차지하고 있었는데, 이들은 주로 보헤미아 지역에 집중해 있었다. 그런데 모라비아의 가톨릭교도는 보헤미아의 그것보다 많았고, 독일인들이 다수를 이루는 실레지아와 루사티아는 대부분이 가톨릭이었다. 그리고 후스주의 교회의 대주교인 로키차나는 후스주의의 주(主)교회인 프라하 구시의 틴 교회(Týnský chrám)의 주교관에 거주하였고, 가톨릭교의 우두머리는 프라하 성의 비트 대성당의 주교관에 거주하였다.

오랜 전쟁, 급격한 정치적 변화, 이로 인한 경제적 피폐 등은 교육 여건의 조성을 어렵게 만들었다. 그리고 후스주의가 교육을 특정의 실용적인 목적으로만 필요로 하였기 때문에 교육의 균형 있는 발전을 기대할 수도 없었다. 후스주의 교육은 종교적인 혹은 도덕적인 텍스트의 해독으로 족하였다. 목회자들은 하늘의 왕국이 '영혼이 가난한 자(chudý duch)'에게도 열려 있다는(심지어는 더 많이 열려 있다는) 성서의 가르침을 글자 그대로 해석하여 가르쳤고, 극단적인 후스 파들은 교육 자체를 부정하거나 교육의 무용론을 제기하였다. 이는 일단의 과격한 후스주의자들이 도서관과 장서를 파괴하도록 하는 빌미를 제공하였는데, 세상의 종말과 하느님의 왕국의 도래를 굳게 믿고 있는 일단의 문맹자들에게 이러한 파괴는 그 자체가 즐거움이요 환희였다.

후에 바오로 2세(Paul II)로 교황에 오르게 되는 이탈리아 인 휴머니스트 피콜로미니(Piccolomini, A. S.)가 당시 체코 왕국을 방문한 후 체코의 일반 민중들의 교육 수준에 대해 언급한, 체코 시골의 아낙네가 이탈리아의 신부보다 성서를 더 많이 알고 있다고 한 말은 액면 그대로 받아들여서는 안 된다. 이는 자주 성직자의 본분을 이탈하고 있는 당시 가톨릭 신부들에 대한 경각심을 불러일으키기 위한 문학적 과장어법일 뿐이다. 그리고 시골 아낙네가 알고 있는 성서에 대한 지식이라는 것도 스스로의 독서를 통해 얻은 것이 아니고, 교회의 설교에 충실하게 참석한 결과일 뿐이다. 왜냐하면 당시 문자를 해독하는 아낙네란 지극히 예외적인 경우였기 때문이다.

이 시기의 프라하 대학의 사정은 극히 열악하였다. 1409년의 쿠트나호라 칙령 이후 프라하 대학은 외부 세계와의 접촉이 점차 두절되어 갔고, 1415년의 콘스탄츠 종교 회의는 심지어 프라하 대학의 대학으로서의 인정을 거부하였다. 더욱이 1420년 이후 후스주의 전쟁기간 동안에는 대학으로서의 기능이 정지되었다. 그 후 1430년대에 들어와서 차츰 기능을 회복하기 시작하였고, 1440년대에 들어와 정상적인 기능으로 돌아 왔다. 하지만 대학이 바깥의 가톨릭 세계가 이단으로 간주하는 후스주의의 본거지로 낙인이 찍히면서 국제적인 기능과 명성을 상실하였고, 재능 있는 젊은이들, 특히 가톨릭교도들은 비엔나, 크라쿠프, 볼로냐, 파도바 및 독일의 대학들로 유학을 떠났다.

후스주의 시기의 체코 예술은 그것이 후스 파의 것이든 가톨릭의 것이든 모두가 예술의 실용적이고 선동적인 기능에 초점을 두고 있었다. 예술 작품은 종교적인 혹은 정치적인 투쟁의 수단으로 의미를 갖는 것이지, 그 자체로서는 의미가 없었다. 따라서 예술의 주제도 종교적이고 예술의 모티브도 종교적이었다. 결국 세속적인 주제와 모티브를 배제한 후스주의 예술은 과거 전통으로부터의 단절을 의미하는 것이었다. 화려했던 고딕기의 체코 예술로부터 단지 종교적인 정서와 감성만을 계승하고 이에 집착하였다. 이러한 현상은 예술의 여러 분야 중 문학에서 특히 두드러졌다. 이는 말과 글의 선동적인 기능이 훨씬 강렬하고 효과적이었기 때문이다. 그리고 이 시기의 문학의 가장 두드러진 특징 중의 하나가 일반 대중의 언어를 사용하여 평범한 문체로 써졌다는 점인데, 이는 대중의 이해를 도우기 위한 목적의 결과였다. 그리고 후스가 체코 어의 문자를 개혁한 것도 대중의 의사 전달을 용의하게 하고자 하는 목적이 있었기 때문이었다.

[그림 23] 얀 후스 (작가 미상, 16세기)

후스주의 문학의 중심은 성서였다. 15세기 동안만 해도 4종의 체코 어 성서 번역본이 있었고, 수많은 성서 해석서가 출간되었는데, 후스주의 문학가들은 성서를 하나의 미적 기준으로 삼아 이를 모방하려 하였다. 성서에 관한 수많은 논문집들이 발행되었고, 후스(Hus, Jan, 1371?~1415)도 『교회에 관해(*De ecclesia*, 1413)』라는 논문집을 비롯하여 많은 논문들을 남겼다. 그리고 후스주의 이전에 이미 성행하였던 논쟁 문학과 더불어 후스를 비롯한 많은 목회자들의 설교집(postila)이 활기를 띠었다. 또한 바브르지네츠(Vavřinec z Březové)의 『후스주의 연대기(*Husitská kronika*)』를 비롯한 역사서, 여행기, 그리고 특히 후스의 뛰어난 서한들을 비롯한 서간 문학도 이 시대의 중요한 문학적 유산이었다.

1468년 당시 가톨릭 도시인 플젠(Plzeň)을 통해 체코에서는 처음으로 도입된 구텐베르크 활자는 문학의 보급과 확산에 획기적인 전기를 마련하였다. 체코 초기 휴머니스트의 한 사람인 가톨릭 귀족 라프슈테인의 얀(Jan z Rabštejna, 1437~1473)은 『다이얼로그(*Dialogus*)』라는 산문집을 남겼는데, 이르지 왕의 궁정에서 활동한 바 있는 저자의 작품 속에는 당시 귀족들의 분열과 내전에 대한 강한 비판과 더불어 조국에 대한 뜨거운 사랑이 담겨 있었다. 물론 체코 휴머니즘은 후스주의보다는 외부와의 접촉을 유지하고 있는 가톨릭교를 통해 먼저 확산되었다.

후스주의 문학의 가장 큰 성과는 역시 찬송가였다. 문학이든 음악이든 예술 자체를 거부하는 급진적인 타보르 파도 찬송가만은 장려하였다. 후스주의 찬송가는 내용과 형식의 조화, 고조된 분위기와 풍부한 표현 등으로 듣는 이를 감동시키기에 충분하였는데, 『이스테브니체 찬송가집(*Jistebnický kancionál*)』이 대표적이었다. 후스주의 운동가들의 종교적, 군사적 노래들인 이들 찬송가들은 이 땅에 하느님의 율법을 실현하고, 하느님의 적들을 징벌하며, 반(反)그리스도의 통치를 종식시켜 예수 그리스도의 재림을 재촉하자는 결의를 담고 있었다. 타보르 파의 '그대 하느님의 전사들이여(*Ktož jsú boží bojovníci*)'와 프라하 파의 '일어서라, 일어서라, 위대한 도시 프라하여(*Povstaň, povstaň veliké město pražské*)'가 가장 유명하였다.

후스주의자들은 찬송가를 라틴 어가 아닌 체코 어로 노래하였다. 물론 대중 일반의 이해를 위한 것이었다. 그리고 미사, 설교, 찬송에 있어서 라틴 어가 아닌 민족어인 체코 어를 강조한 후스주의의 전통은 후에 오는 유럽 종교 개혁의 선구가 되었다. 그리고 후스주의자들이 일시에 노래하는 제창만을 인정하고 다른 형태의 노래를 오르간 음악과 더불어 사치와 허식으로 간주하여 배척한 것은 후스주의 찬송과 후스주의 음악의 특징 중의 하나였다.

후스주의의 경직되고 엄격한 교조주의적 원칙주의의 영향을 가장 많이 받은 분야는 회화와 조각을 포함한 미술 분야였다. 후스주의 사상가들은 진정한 크리스천의 믿음은 성인들과 하느님의 형상에 대한 성상(ikona; icon)의 도움 없이도 가능하다고 가르쳤다. 이러한 가르침의 배경에는 일반적인 기독교적 원리뿐만 아니라 플라톤과 오스틴의 철학이 깔려 있었는데, 하느님의 율법은 자신의 영혼 속에 간직하는 무엇이기 때문에 성상의 도움이나 성인의 중재가 필요 없다는 주장이었다. 이러한 주장의 연장선상에서 후스주의의 저 악명 높은 '성상파괴주의(ikonoklasmus)'가 탄생하게 되는데, 이로 인해 교회의 조각, 그림, 오르간, 기타 장식물들이 파괴되었다. 특히 장식이 많은 화려한 교회들이 파괴의 주요 대상이 되었다. 이러한 성상 파괴 행위는 특히 급진파인 타보로 파에서 성행하였는데, 1420년 제1차 십자군 원정대와 대치한 프라하의 동료 후스주의자들을 구원하기 위해 수도로 올라온 이들에게는 웅장한 고딕식의 궁정들, 교회와 성당들, 그리고 이방인 같은 복장을 한 사람들로 가득 찬 프라하가 마치 파괴를 목전에 두고 서 있는 바빌론처럼 보였던 것이다.

종교적인 교조주의 외에도 후스주의 예술을 쇠퇴하게 만든 또 하나의 요인은 예술 작품의 수요자와 후원자의 부재였다. 바츨라프 4세가 죽은 이후 왕위 계승의 혼란기 속에서 이전의 화려했던 궁정이 사라졌고, 가톨릭교의 집행부 역시 전쟁의 난을 피해 프라하를 떠나 있었다. 이로써 당시 예술의 가장 큰 수요자이자 후원자가 사라진 셈이 된 것이다. 또한 재능 있는 예술가들이 자신의 종교를 후스주의로 개종하지 않는 한, 후스주의가 장악하고 있는 도시를 떠나야만 했던 점도 후스주의 예술의 쇠퇴를 초래한 또 다른 요인이 되었다.

그러나 후스주의 혁명 운동의 파고가 점차 가라앉으면서 금 세공인들과 공예인들의 활동이 재개되고, 특히 기도서와 성서를 포함한 종교 서적들의 장식과 채색이 눈에 띄게 늘어나게 되는데, 후스의 모습을 담은 가장 오래된 삽화로 유명한 『마르틴 성경(*Martinská bible*)』도 이중의 하나였다. 이러한 예술의 소생 움직임은 올로모우츠 협약(1479년)과 쿠트나

[그림 24] 쿠트나호라의 성 바르보라 성당 (후기 고딕 양식)

호라 종교 화약(1485년)이 확보해 준 정치적, 경제적 안정에 힘입어 더욱 활기를 띠기 시작하였다.

1485년 블라디슬라프 왕은 정치가 안정되자 14세기 말 이후 체코의 군주들이 거주해 오던 프라하 구시의 크랄루프 드부르(Králův dvůr)로부터 프라하 성으로 거처를 옮기면서 성의 개축 작업에 착수하였다. 그러나 그가 크랄루프 드부르를 떠나기 전인 1475년 구시의 시민들이 그의 승인을 받아 크랄루프 드부르 곁에 새로운 탑을 건설하기 시작하였는데, 이 탑은 후에 프라슈나 브라나(Prašná brána)라는 이름을 얻었다. 15세기 말부터 16세기에 이르기까지의 체코 후기 고딕(Česká pozdní gotika) 양식의 대표적인 건축물인 이 탑은 독학으로 스스로 건축을 깨우친 레이세크(Rejsek, M., 1445?~1506)가 파를레르시의 카렐 다리 구시 교탑(Staroměstská mostecká věž)을 모델로 건축한 점이 독특한데, 그는 후기 고딕 양식의 또 다른 대표적인 건축물인 쿠트나호라의 성 바르보라 성당(Chrám sv. Barbory)의 건축에도 참여하였다.

블리디슬라프의 프라하 성 건축에는 특히 색스니와 남부 독일의 건축가들이 많이 참여하였다. 이 시기의 대표적인 건축가들 중 스피스(Spiess, H.)는 프라하 비트 성당의 장엄한 기도실의 건축으로, 리트(Ried, B., 1454?~1534)는 프라하 성의 왕궁의 하나인 블라디슬라프 홀(Vladislavský sál)의 건축으로 유명하였다. 리트는 특히 천장의 설계와 건축에서 뛰어난 독창성을 보여주고 있는데, 그의 작품은 이미 체코 땅에서의 르네상스 양식의 도래를 예고하고 있었다. 특히 그의 블라디슬라프 홀의 커다란 직각 창문틀과 역시 프라하 왕궁의 하나인 이른바 루드비크 날개(Ludvíkova křídla)에서는 이탈리아에서 올라온 르네상스적 요소의 도입이 확연하다. 물론 체코 후기 고딕 양식의 건축은 교회나 궁정뿐만 아니라, 성주, 귀족, 도시 공민들의 다양한 건축물들에서도 발견되고 있다.

이 시기의 조각은 당시 가톨릭계의 도시들인 플젠과 체스케부데요비체, 로줌베르크의 영지 등에서 후스주의 이전의 전통을 계승하였고, 후스주의 중에서도 온건파에 속하는 후스주의 교회에서는 장식적인 조각이 도입되기도 하였다. 특히 익명의 장인들의 사실적인 인물 묘사가 돋보였는데, 이들 중 제브라크의 예수 그리스도의 비탄의 장인(Mistr Žebráckého oplakávání)과 즐리호프의 예수 그리스도의 비탄의 장인(Mistr Zlíchovského oplakávání)이 체코 후기 고딕 조각의 유산에 일조하였다. 한편 이 시기의 체코 회화는 15세기 말에 이르러서야 이전 수준을 어느 정도 회복하지만 이탈리아나 네덜란드의 선진 수준에는 훨씬 미달하였다. 여러 벽화와 판화들 중에서는 이탈리아 르네상스 회화의 영향이 뚜렷한 리토메르지체 교회 성단의 장인(Mistr litoměřického oltáře)의 작품이 가장 돋보였다.

Czech and Slovak History

Czech and Slovak History

귀족 군주제하의 체코 (1485~1620년)

Czech and Slovak History

귀족 군주제하의 체코 (1485~1620년)

4.1. 중부 유럽 연합

15세기에서 16세기로 접어들면서 세계의 지도가 바뀌기 시작하였다. 서남부 유럽의 스페인과 포르투갈 군주들이 신항로의 개척 과정에서 신대륙을 발견하였고, 아메리카, 아프리카, 아시아에 거대한 식민지를 개척하기 시작하였다. 이들의 뒤를 이어 네덜란드, 영국, 프랑스가 식민지 개척에 나섰고, 이들 중에서 스페인, 영국, 프랑스가 유럽의 강자로 부상하면서 유럽과 세계 정치에 강력한 영향력을 행사하였다. 이들 국가들의 군주들은 국가 내에 발전된 도시들을 등에 업고 귀족들의 부상을 견제하면서 강력한 중앙 집권적인 권력을 구축할 수 있었다. 그러나 이들 서유럽 국가들과는 달리 발전된 도시들을 갖지 못한 중부 유럽의 여러 나라들에서는 귀족들이 군주들의 권위에 도전하면서 군주와 더불어 국가 권력을 균점하는 '귀족 군주제(stavovská monarchie)'가 정착하게 되었다. 헝가리와 폴란드가 그랬고, 체코가 속해 있는 신성로마 제국의 독일 땅이 그랬다.

한편 이 시기의 유럽의 동쪽에서는 새로 일어난 러시아 공국이 폴란드의 야기에오(Jagello) 왕가가 이끄는 폴란드-리투아니아 연맹의 지배하에 들어 있는 동슬라브 인들을 해방시키고 이들을 러시아 국가에 통합시키려 기도하고 있었다. 이렇게 하여 신흥 러시아는 남동쪽의 오스만 제국과 더불어 동부 유럽의 강자로 부상하면서 유럽의 중앙을 행해 압박을 가하기 시작하였다.

15세기 말의 중부 유럽은 당시 이 지역의 양대 왕가인 야기에오 왕가와 합스부르크 왕가가 패권을 다투고 있었다. 1490년 헝가리의 왕 마티아시의 사후 헝가리의 귀족들이 블라디슬라프 왕을 헝가리 왕으로 선출함으로써 야기에오 왕가는 일단 유리한 고지에 설 수 있었고, 체코는 블라디슬라프 왕을 통해 헝가리와 중부 유럽 연합을 형성하였다. 그러나 체코-헝가리의 연합 체제는 체코 왕국의 위상을 상대적으로 격하시키는 결과를 가져왔는데, 블라디슬라프 2세(Vladislav II., 1471~1516)는 자신의 거처를 부다페스트로 옮겨, 체코 왕 겸 헝가리 왕으로 재임하는 동안 1502년과 1509~1510년 세 차례에 걸쳐 단지 몇 달만을 체코에 머물 정도로 새로 얻은 헝가리 쪽에 치중하였다. 이렇게 하여 프라하는 이전의 영광을 잃었고, 체코 땅의 국제적 위상은 저하되었으며, 대내적으로는 귀족과 도시 세력 간의 세력 다툼이 표면화되었다.

체코 땅은 그 지리적 위치와 경제적 저력으로 항상 주변 열강들의 관심의 대상이 되었다. 16세기 초의 복잡한 국제 정치 속에서 중부 유럽 제패의 꿈을 키워 오던 합스부르크 왕가가 체코 땅에 대해 관심을 갖는 것은 당연한 일이었다. 합스부르크 왕가는 우선 신흥 러시아와 독일 기사단과 더불어 연합 전선을 구축하여 북쪽과 동쪽으로 폴란드를 압박하면서, 야기에오 왕가의 폴란드가 체코와 헝가리의 중부 유럽으로부터 물러나도록 압력을 가하였다. 이러한 전략은 성공을 거두어 1515년 비엔나 조약(Vídeňské smlouvy)으로 귀결되었고, 블라디슬라프 2세는 합스부르크 왕가의 후견 아래에 놓이게 되었다. 블라디슬라프 2세의 사후 그의 아들 루드비크(Ludvík, Louis, 1516~1526)가 체코와 헝가리의 왕위에 올랐지만, 이번에는 오스만 제국의 강력한 위협에 직면하였다.

오스만 제국은 귀족들 간의 권력 다툼으로 진통을 겪고 있는 헝가리를 집중적으로 공략하였다. 서유럽으로 통하는 관문이 될 헝가리가 위기에 처했는데도 서유럽 기독교 국가들의 지원은 극히 미약하였다. 심지어 합스부르크의 오스트리아도 수수방관하였다. 1526년 8월 29일 남부 헝가리의 국경 도시인 모하치(Mohács) 전투에서 루드비크의 체코-헝가리 연합군은 대패하고 왕 자신도 전사하였다. 이렇게 하여 중부 유럽을 향한 오스만 제국의 공격은 새로운 전기를 맞게 되었고, 체코와 헝가리의 야기에오 왕조는 막을 내렸으며, 합스부르크 왕가의 페르디난트 대공이 체코와 헝가리 왕국의 왕위에 대한 계승을 요구하고 나섰다.

체코 귀족들의 입장에서 보면 체코-헝가리 연합의 유지가 별로 바람직스러운 것은 아니었다. 대부분의 귀족들은 터키에 맞서 헝가리를 지키기 위한 체코의 재정적 부담이 과중될 것을 우려하고 있었던 것이다. 물론 오스만 제국의 가공스러운 위협을 깨닫고 공동 대응의 불가피성과 필요성을 주장하는 귀족들도 없지 않았다. 어떻든 체코 귀족들은 자신들이 군주를 선출하기 위한 후보 물색에 들어갔다. 물론 1510년 체코 지방 의회(zemský sněm)가 블라디슬라프 왕의 딸인 안나(Anna)의 승계 권을 인정한 사실이 있었지만, 귀족들은 자신들의 선출권 행사를 주장하였다. 이들은 대내적으로는 자신들의 권리를 보장해 주고 대외적으로는 체코 땅을 잘 대표해 줄 그러한 군주를 원하고 있었던 것이다.

체코 땅 안에서는 네 사람의 귀족들이 후보로 부상하였다. 보헤미아에서 레프(Lev z Rožmitálu, Zdeněk)와 보이테흐(Vojtěch z Pernštejna), 실레지아에서 레흐니츠키(Lehnický, F.)와 뮌스테르베르스키(Münsterberský, K.)가 그들이었다. 이들 중 실레지아의 두 봉건 영주들은 후스주의 왕인 이르지 왕의 손자들로서 영향력도 크고 재력도 있었지만 왕으로 선출되었을 경우 부담해야 하는 금화 30만 냥의 왕실 부채를 감당한다는 것은 벅차다고 판단하여 후보를 사퇴하였다. 그러나 국내 후보들과는 달리 국외의 네 후보는 각축을 벌이게 되는데, 비텔스바흐 가문의 빌렘과 루드비크(Vilém a Ludvík Bavorští z rodu Wittelsbachů) 형제, 폴란드의 지크문트 3세(Zikmund III.), 그리고 오스트리아의 페르디난트(Ferdinand Habsburský) 대공이 그들이었다. 체코 귀족들은 이들 중 왕실 부채의 절반을 부담하겠다는 페르디난트 대공의 말을 곧이곧대로 받아들여 그를 자신들의 군주로 선출하였다. 페르디난트 대공은 자신의 비엔나 거처에서 왕위 선출의 반가운 소식을 접하였다. 이렇게 하여 향후 약 4세기 동안 지속될 합스부르크 왕조의 통치가 시작되는데, 물론 당시 선거에 참여하였던 귀족들로서는 예상도 할 수 없는 일이었다.

한편 체코 왕국 예하의 다른 지역들인 모라비아, 실레지아, 고지 루사티아, 저지 루사티아의 귀족들은 체코 왕국의 본토격인 보헤미아의 귀족들과는 다른 방식으로 페르디난트를 받아들였다. 이들은 페르디난트 대공을 그의 부인인 안나(Anna) 공주의 계승권을 인정하는 방식으로 받아들였던 것이다. 체코 왕국 내의 이와 같은 분열은 이후 페르디난트 왕, 즉 페르디난트 I세(Ferdinand I. Habsburský, 1526~1564)가 자신의 권력을 강화하고 체코 국가의 입지를 약화시키는 데 있어서 좋은 구실을 제공하였다. 하여튼 체코 땅을 수중에 넣은 페르디난트 1세의 오스트리아는 2년 후인 1528년에는 헝가리까지도 병합함으로써 중부 유럽 연합이라는 오랜 숙원을 달성하면서, 중부 유럽의 새로운 강자로 부상하였다. 그리고 페르디난트 I세의 형인 카렐, 즉 찰스(Karel; Charles, 1500~1558)가 1516년에는 스페인 왕(Charles I, 1516~1556), 1519년에는 신성 로마 제국의 로마 왕, 1530년에는 제국의 황제(Charles V, 1519~1556)에 오르고, 네덜란드를 상속함으로써 합스부르크 왕가는 일시에 당시 유럽 최대의 강자로 부상하였다.

페르디난트를 왕으로 뽑은 체코 귀족들은 그가 비록 가톨릭교도이긴 하지만 체코 땅의 재가톨릭화(rekatolizace)를 시도하리라고는 생각하지 않았다. 사실 처음에 페르디난트 왕은 종교 문제에 대해 매우 신중한 태도를 보였다. 자기 부인의 왕위 계승권에 의한 승계 대신에 체코 귀족들에 의한 선거라는 항복을 감수할 정도로 영리한 페르디난트는 체코 귀족들의 요구를 기꺼이 받아들이겠다고 약속하였다. 그는 왕이 되는 즉시 프라하에 거주할 것이며, 귀족들의 관직을 보장하고, 그들의 권리를 침해하지 아니하며, 왕실의 부채를 상환하고, 종교의 자유를 인정하며, 자신의 후계자를 자신의 생존 시에 선출하여 대관식을 갖는 일이 없도록 하겠다고 약속하였다. 그러나 이러한 약속은 지켜지지 않았다. 그리고 체코의 귀족들이 자신들의 실수를 스스로 인정할 때쯤에는 벌써 그들의 세력을 약화시키기 위한 조치들이 하나 둘씩 효력을 발생하기 시작하였다.

4.2. 귀족 계급의 대두

14세기 후반, 특히 1380년의 흑사병으로 대표되는 전염병의 창궐, 뒤이은 후스주의 전쟁, 15세기 말 헝가리 마티아시 왕과의 전쟁 등을 거치면서 체코 땅의 경제는 피폐해질 대로 피폐하였다. 전체 인구의 최저 40%, 최고 50%의 감소로 야기된 노동력의 감소는 심각할 정도였는데, 노동력의 부족 현상은 특히 농촌 지역에서 심하였다. 이에 봉건 영주들은 그나마도 남아 있는 농촌 인구의 도시로의 유출을 방지하기 위해 1487년에는 예하 농민들의 이주를 엄격하게 규제하는 이주 제한법을 제정하였으며, 이들의 강제 노역(robota) 일수도 대폭 늘렸다. 이와 동시에 귀족 영주들은 재래적인 농업 위주의 소극적인 경영에서 탈피하여 자신들의 영지 내에 여러 형태의 기업들을 운영하면서 여기에서 산출한 물건들을 소비하고 무역할 수 있는 도시들을 건설하기 시작하였다. 이리하여 생긴 것이 바로 영주들의 종속 도시(poddanské město)로서, 트르제본, 인드르지후프 흐라데츠, 체스키크루믈로프, 파르두비체, 리토미슐, 믈라다볼레슬라프 등이 당시의 대표적인 종속 도시들이었다.

귀족들의 적극적인 경영에 의한 종속 도시들의 건설은 체코 경제에 활기를 불어넣었다. 15세기 말의 정치적 안정을 거쳐 1520년대와 1530년대에 이르면 체코 땅은 인구 면에서나 경제면에서 회복 국면을 넘어 이미 상승 국면을 맞고 있었다. 이 시기의 체코 경제의 또 다른 활력소는 새로운 은광의 개발인데, 체코 서북부 크루슈네호리의 야히모프(Jáchymov) 은광이 바로 그것이었다. 1515년부터 개발되기 시작한 체코 귀족 소유의 이 은광은 바로 이 시기에 폐광 상태에 들어간 쿠트나호라 은광을 대체하여 연간 1만 5천kg 이상의 은 생산을 30여 년 동안 유지하면서 중세 체코 경제의 부흥에 일익을 담당하였다. 그 후 곧 이 은광은 역사 속으로 사라지지만 이 은광과 은화의 영광과 명성은 오늘날 30여 국가에서 사용하고 있는 달러(dollar)라는 이름 속에서 전설로 남게 되었다. 달러의 어원을 거슬러 올라가게 되면 16세기 당시 국제적인 화폐로서 명성을 떨치던 바로 이 야히모프 은화의 독일식 이름인 Joachimsthaler의 thaler에서 tolar로 그리고 여기서 다시dollar로 발전되었음을 알 수 있기 때문이다.

16세기 중반에 이르면 귀족들의 영지 내 기업 운영이 더욱 활기를 띠게 되면서 전통적인 곡물의 생산과 가공 외에 직물, 포목, 유리 세공, 대규모 목축, 양모, 양어 등 그 범위가 확대되고 다양해졌다. 특히 양어장의 경우, 이미 14세기 후반부터 붐을 이루기 시작하였고 16세기에 들어와서는 보다 큰 규모로 이루어졌다. 영주들은 후스주의 전쟁으로 황폐해진 벌판에 수로를 건설하여 대규모의 양어장을 조성하였는데, 특히 습지대가 많은 남부 체코 지방의 대귀족들인 로즘베르크(Rožmberk) 가와 페른슈테인(Pernštejn) 가의 양어장이 유명하였다. 모라비아에서도 서부 지역에서 다수의 양어장들이 건설되었다. 당시에 물고기에 대한 수요가 매우 높았는데, 가장 큰 이유 중의 하나는 당시 물고기가 육류로 간주되지 않아 육류를 금하는 사순절 음식으로 널리 애용되었기 때문이었다. 이 시기의 체코 물고기, 특히 잉어는 외국에서 매우 인기가 높아 주요 수출품 중의 하나였고, 체코 영주들의 주요 수입원 중의 하나였다.

양어업 외에 양조업 또한 당시 귀족 영주들의 주요 수입원의 하나가 되었는데, 중세 이래로 왕실 도시의 권한에 속하던 양조권이 귀족들에게도 부여됨으로써 귀족들의 경제적 지위가 더욱 향상되었다. 영주들은 자신들의 영지에서 생산되는 하얀 밀을 이용하여 맥주를 양조하였는데, 영지 내의 농민들과 농노들이 주인의 맥주를 구입하지 않을 수 없게 됨으로써 영주들의 수입이 더욱 늘어났다. 당시의 맥주는 오늘날의 맥주보다도 훨씬 더 진하게 만들어졌을 뿐만 아니라, 이로부터 수프나 소스를 만들 수도 있었기 때문에 단순히 술의 차원을 넘는 매우 중요한 음식의 하나였다.

후스주의 혁명을 거치면서 획기적인 세력 확장을 본 왕실 도시(královské město)는 이름만 왕실 도시이지 실제로는 왕실로부터 거의 독립적인 자유를 누리는 자유 도시의 지위를 누리고 있었다. 이들 왕실 도시들은 후스주의 혁명기에 교회로부터 압수한 영지들에 자신들의 농지를 운영하는 등, 번영을 구가하였으나 16세기에 접어들면서 귀족 영주들의 종속 도시들의 발달과 이들의 대규모적인 기업 운영으로 그 세력이 위축되기 시작하였다. 귀족 영주들은 자신들의 정치적 영향력을 배경으로 자신들의 영지와 복속된 농민들의 농토에서 산출된 생산물의 왕실 도시로의 유출과 농산물의 왕실 도시로부터의 유입을 금지하는 방식으로 자유 도시들의 발전을 저지하였다. 또한 상대적으로 영세한 규모의 왕실 도시의 기업들은 대(大)영주들의 규모 있는 기업들과의 경쟁에서 밀려나게 되고, 14세기 이래 정착하기 시작한 길드의 동업 조합들도 소규모의 주문 생산에 의존하는 한계성을 면할 수 없어 왕실 도시는 점차 위축되어 갔다. 이렇게 하여 결국 귀족 영주들의 일방적인 독주 아래서 체코 경제는 해가 갈수록 침체를 거듭하여, 17세기 초 30년 전쟁 이전의 체코 땅은 이미 중부 유럽에서 낙후된 땅이 되어 있었다.

16세기에 접어들면서 귀족과 왕실 도시들 간의 관계가 극도로 악화되어, 두 세력은 거의 전쟁 상태에 이르렀다. 귀족들은 왕실 도시들이 정치 단위로 존속할 것이 아니라, 종속 도시가 영주에게 종속되듯이 왕실 도시가 군주에게 종속되어야 할 것이라고 주장하였다. 따라서 지방 의회로부터 왕실 도시의 제외를 요구하였고, 마침내 이러한 요구를 1510년 블라디슬라프 왕이 받아들임으로써 왕실 도시의 지위는 현저히 약화되었다. 이에 왕실 도시들이 일제히 궐기하여 완강한 저항을 전개함으로써 자신들의 정치적 권리를 회복하게 되지만, 이에 대한 대가로 대귀족들의 기업권, 특히 양조권과 무역권을 인정함으로써 향후 큰 타격을 입게 되었다. 어떻든 왕실 도시와 귀족 간의 이와 같은 합의는 1517년의 성 바츨라프 협약(Svatováclavská smlouva)에 명문화되었다.

왕실 도시, 즉 자유 도시와 귀족들 간의 동등한 경제권 부여로 두 세력 간의 알력이 완전히 해소된 것은 아니었다. 귀족들은 왕실 도시를 반(反)합스부르크 운동의 진원지로 간주하고 있는 군주를 지지하면서, 1547년 왕실 도시들의 군주에 대항한 봉기 시에 군주의 편에 섬으로써 군주의 승리를 도왔다. 결국 왕실 도시는 경제적, 정치적 권리의 박탈로 무력화되었고, 체코 땅의 정치는 군주와 귀족의 손으로 넘어갔으며, 왕실 도시, 즉 자유 도시의 몰락은 체코 땅의 국력의 쇠퇴를 초래하였다.

중세 사회의 우두머리는 물론 군주이지만 귀족들이 영지를 소유하면서 차츰 세력을 확장시켜 나갔고, 12세기부터는 귀족과 더불어 교회가 영향력을 행사하면서 군주의 권리에 도전하였으며, 후에는 도시들이 발전함으로써 군주의 토지와 권리를 잠식하는 양상을 띠게 되었다. 특히 귀족들은 자신들만의 협의체를 두고 영향력을 행사해 왔는데, 체코 왕관의 권능이 미치는 체코 땅(země Koruny české)의 다섯 지역은 각기 독립적인 협의체를 갖고 있었다. 여기서 다섯 지역이란 당시의 비유법에 따르면, 머리에 해당하는 체코 본토격인 보헤미아, 수족에 해당하는 모라비아, 실레지아, 고지 루사티아, 저지 루사티아를 지칭하는 것으로서, 이들의 귀족 회의(stavovská obec)는 상호 동등한 권리를 누리고 있었다.

귀족들의 협의체와는 달리 체코 왕국의 각 지역에는 각계를 대표하는 지방 의회(zemský sněm)가 있었는데, 이는 그 지역의 귀족들, 왕실 도시의 대표들, 그리고 지방에 따라서는 교회의 대표들로 구성되었다. 지방 의회의 회기는 부정기적이고 때로는 수 년 동안 개회되지 않는 경우도 있었다. 그리고 각 지방 의회는 군주, 영토, 주민에 관한 중요한 사항들을 심의하여 의결하고, 이들의 의결 사항은 군주의 결재를 거쳐, 때로는 결재가 없이도 법률로 확정되었다. 다섯 지방 의회 중 체코 땅의 본토격인 보헤미아 의회는 서거한 왕이 정통한 후계자를 갖지 못한 경우 후임 왕의 선출권을 행사하는 막강한 권한을 갖고 있었고, 의회는 후임 왕이 될 사람에게 자신의 요구 사항을 문서로 만들어 제출함으로써 자신의 이익을 확보하고 군주의 권력을 제한하였다. 그리고 각 지방 의회는 주민들에 대한 과세권을 행사함으로써 왕실의 주요 수입원에 대한 견제력을 확보하고 있었고, 각 지방의 군대를 움직이거나 해외로 파병하고자 할 때에는 국왕이 각 지방 의회의 승인을 구하도록 하였다. 또한 다섯 지역의 대표자들이 필요에 따라 체코 왕국의 전체 의회(generální sněm)를 구성하기도 하였지만, 그 역할은 협의체적, 자문 기구적 성격에 그쳤다.

각 지방 의회의 구성이나 성격은 각 지방에 따라 상이하였다. 보헤미아, 즉 체코 본토의 체코 지방 의회는 대귀족, 소귀족 그리고 왕실 도시의 세 신분으로 구성되고, 각 신분은 의결에 있어서 각기 한 표를 행사하지만, 1547년 귀족들의 봉기 이후에는 대귀족이 더 큰 비중의 표를 행사하였다. 모라비아 지방 의회는 올로모우츠 주교청의 대규모 부속 영지의 소유에 힘입어 교회가 신분권을 계속 행사하였다. 주교를 포함한 대귀족, 소귀족의 두 신분에 더하여 가톨릭교의 고위 성직자들과 여섯 개의 왕실 도시 대표자들이 공동으로 나머지 한 신분을 형성하였던 것이다. 여러 소공국으로 구성된 실레지아에서는 소공국 의회들과 더불어 중앙 의회가 있었다. 그리고 체코 본토격인 보헤미아의 국경 지방, 가령 헤프나 클라트스코 등에서는 소의회(sněmík)가 있었고, 그 밖의 14개 주에는 주 의회(krajský sjezd)가 있어 지방의 소귀족들과 왕실 도시 대표들이 참여하는 지방 자치제의 기틀이 마련되었으나 합스부르크 왕가 출신의 군주들이 이를 억압하였다.

보헤미아와 모라비아에서는 각기 지방 최고 법원(zemský soud)을 설치하고 그 재판관에 대한 대귀족과 소귀족의 비율을 보헤미아에서는 12 대 8, 모라비아에서는 14 대 6의 비율로 구성하며, 국왕이 참석할 경우에는 국왕이 이를 주재하였지만 대부분의 경우 그 지방 최고 행정관(nejvyšší zemský úředník)이 주재하였다.

각 지방은 각 지방의 지방 최고 행정관들로 구성된 지방 최고 행정위원회가 각 지방 정부(zemská vláda)를 구성하였다. 그러나 이 위원회의 최고 행정관들은 명확한 업무의 한계가 없었고, 대개 자신의 영지에서 업무를 수행하였으며, 단지 필요한 경우에 한하여 각 지방의 수도로 모였다. 이 경우에는 최고 행정관들 중 수장이 회의를 주재하게 되는데, 보헤미아에서는 프라하 시장, 모라비아에서는 지방 수령, 실레지아에서는 최고 수령, 저지와 고지 루사티아에서는 지방 행정관이 회의를 주재하였다. 이들은 모두 군주와 지방 의회에 책임을 지기 때문에 그들의 영향력을 벗어날 수는 없었다.

체코 왕국의 국왕은 체코 행정국(česká kancelář)을 관장하고 행정국의 우두머리인 수상(kancléř)은 체코 왕국의 다섯 지역을 관장하였다. 물론, 최고 행정관의 직위에 오를 수 있는 사람은 귀족 신분에 국한하였다. 그리고 각 지방의 최고 행정관들과 최고 재판관들은 왕실 자문 회의(královská rada)를 구성하여 국왕의 자문에 응할 뿐만 아니라 귀족들의 입장에서 국왕의 정책을 조율하였다.

이처럼 귀족들은 각 지방 의회, 최고 재판소, 각종 행정 기구들을 통해 입법, 사법, 행정에 걸친 국정의 모든 분야에 걸쳐 권력을 행사하게 되었고, 귀족들이 군주와 더불어 국가의 권력을 균점하게 되는 귀족 군주제(stavovská monarchie)가 체코 땅에 정착하게 되었다.

4.3. 군주와 귀족 계급의 대립

오스트리아-체코-헝가리 중부 유럽 연합국의 군주가 된 페르디난트 I 세(Ferdinand I. Habsburský, 1526~1564)는 매우 야심차고 개혁 지향적인 군주로서 취임 직후 선진된 프랑스의 행정 체제를 중부 유럽에 도입하고 왕권의 강화와 중앙 집권화를 위한 제반 조치들을 취하기 시작하였다. 우선, 군주 직속의 행정 기구들을 창설하여 군주에게만 책임을 지게하고 기존의 귀족의 행정 기구들의 상위에 서게 하였다. 대표적인 기구로 대내외 업무를 관장하는 추밀원, 왕국의 재정을 관장하는 재정원, 궁정 업무의 궁정원, 행정 업무의 행정원, 전쟁 업무의 군사원 등이 있었다. 페르디난트 I 세가 재임 30년 동안 도입한 일련의 행정 체제와 행정 기구들은 그 기본 골격이 19세기 중반까지 유지될 정도로 당시로서는 매우 참신하면서도 개혁적인 것들이 많았다.

체코 왕국의 귀족들은 처음에는 페르디난트 1세의 비엔나 중앙 행정 기구들에의 참여를 거부하였으나 세월이 지남에 따라 개인적인 입신과 권력 확보의 방편으로 점차 참여하게 되었다. 그러다가 중앙 집권적인 관료제의 장점과 효율성을 깨닫기 시작한 귀족들이 이를 자신들이 속한 영지에도 도입하기 시작함으로써 16세기가 지나면 국가, 도시, 영지 등

거의 모든 조직에 관료제가 확산되었다.

페르디난트 I세가 설립한 여러 행정 기구들 중 재정원의 활동이 가장 활발하였는데, 페르디난트 1세의 비엔나 정부는 비엔나의 중앙 재정원과 각 왕국의 지방 재정원들을 통해 국가 재정의 재원을 확보하였다. 가령 체코 왕국에는 프라하에 체코 재정원이 있고, 실레지아의 브라티슬라프에는 실레지아 재정원이 있었다. 특히 체코 왕국의 재정원들은 합스부르크 왕가의 대(對)터키 전쟁과 팽창적인 대외 정책으로 확대일로에 있는 재정적 수요를 충당해 주는 데 없어서는 안 될 주요 재정원들이었다.

합스부르크 왕가는 광산, 양조, 관세 등 전통적인 왕가의 세입원에 대한 통제에서는 성공을 거둘 수 있었지만, 주민세의 부과에 있어서는 각 왕국의 지방 의회들과 첨예하게 대립하였다. 그러나 영리한 페르디난트 1세는 귀족들 간의 분열을 충분히 이용하여 친(親)합스부르크적인 귀족들을 확보하는 한편, 반(反)합스부르크적인 귀족들에 대해서는 공직을 박탈하는 등 강경하게 대응하였다. 1528년 체코 내의 주 의회(krajský sjezd)에 대한 구성을 금지한 것도 이러한 조치의 일환이었다.

합스부르크 군주로부터 기존의 권리들을 박탈당하거나 침해당한 귀족들과 도시 대표들은 반(反)합스부르크 연합 전선을 형성하였다. 이들은 반합스부르크 봉기의 기회를 노려 오던 중, 1546~1547년 페르디난트 I세가 슈말칼덴 전쟁(Šmalkaldské války)에 휘말려 들자 봉기하였다. 슈말칼덴 전쟁이란 제국 내의 루터 교도 대공들이 페르디난트의 형인 카렐 5세 황제의 가톨릭 강화 정책에 반대하여 일어난 신교와 구교 간의 종교 전쟁이었다. 체코 내에서도 페르디난트 I세의 가톨릭 세력의 강화에 불만을 느껴 오던 귀족들은 제국 내의 신교도들로부터의 지원을 은근히 기대하면서 무력 항쟁을 시도하였으나 많은 귀족들이 소극적이었다. 우여곡절 끝에 1547년 2월 귀족 연합이 결성되고 3월의 의회에서 귀족들의 권리 침해에 대한 항의가 의결되어 무력 항쟁에 들어갔으나 실제로 참여한 세력은 왕실 도시들과 소수의 급진적인 귀족에 불과하였다. 이들은 백방으로 군대의 규합을 시도하였으나 1547년 슈말칼덴 전쟁에서 루터교 측이 패함으로써 제국 내 신교도들로부터의 지원도 기대할 수 없게 되고 대내적으로는 모라비아와 실레지아의 귀족들이 이탈하는 등 귀족 연합이 붕괴되자 더 이상 저항을 계속할 수 없게 되었다.

도시와 귀족 연합 세력의 항쟁을 진압한 페르디난트 I세는 특히 도시의 정치적, 경제적 권리를 대폭적으로 제한하였고, 귀족들에 대해서는 대부분 사면 조치하거나 아니면 재산 몰수 혹은 가택 연금에 처하는 반면에, 단지 소수의 귀족들과 도시 대표들만을 처형 혹은 추방 등의 중벌에 처하였다. 그 후 1547년 8월 프라하에서 개최된 바르톨로메오 의회(bartolomějský sněm)에서 체코 귀족들로 하여금 협의체를 구성하는 결사의 자유를 포기하도록 만들었고, 현재의 군주가 살아 있을 때에 다음 군주를 선출하게 하고 대관식을 갖도록 함으로써 합스부르크 왕가의 승계를 확고히 함과 동시에 새로운 왕의 선출까지의 중간 기간을 없애 귀족들이 자신들의 요구 사항들을 제시하면서 압력을 행사할 수 있는 기회를 사전에 박탈해 버렸다. 수세에 몰린 귀족들은 방어 태세를 견지하면서 반격의 기회를 노리고 있었다.

16세기 후반의 유럽에서는 신교와 구교 간의 종교적 갈등이 점차 중요한 변수로 작용하기 시작하였다. 가톨릭교는 트리엔트 공의회(tridentský koncil) 이후 호전적인 제수이트 교회의 도움을 얻어 구체적인 종교 프로그램으로 실지 회복과 재(再)가톨릭화에 박차를 가하였고, 개신교인 루트교는 1555년 아우크스부르크 종교 화약(augšpurský mír)을 통해 가톨릭과 더불어 동등한 자유를 확보하였다. 가톨릭이 압도적인 우세를 유지하고 있는 오스트리아를 비롯한 중부 유럽에서도 루터 교와 칼뱅 교의 침투로 신교와 구교 간의 충돌이 정치적 쟁점으로 부상하였다.

한편 후스주의 전쟁 이후 신교와 구교 간의 평화 공존을 누려 온 체코 땅에서도 종교 문제가 전면으로 부상하였다. 페르디난트 I세는 1547년의 승리를 발판으로 삼아 체코 내의 비(非)가톨릭 세력의 약화와 가톨릭 세력의 강화를 추진하였다. 반합스부르크 항쟁의 책임을 물어 후스주의 정신의 진정한 계승자임을 자부하는 강경한 형제 교단에 대한 탄압을 강화하였고, 그 결과 많은 형제 교도들이 보헤미아를 떠나 모라비아로, 거기서 다시 폴란드로 건너가 자신들의 교회를 개척하였다. 그는 또한

1549년에는 후스주의의 주류인 우트라퀴스트(utrakvista) 교회의 가톨릭교에의 병합을 추진하였으나 보헤미아 귀족들의 저항으로 무산되었고, 모라비아 귀족들 또한 그의 재가톨릭화에 이의를 제기하고 나서자, 페르디난트 1세는 새로운 전략으로 맞섰다. 그는 가톨릭 세력의 강화라는 우회적인 방법을 도입하여 1556년에 호전적인 예수회(Tovaryšstvo Ježíšovo)를 체코 땅에 설립하였다. 프라하 구시의 클레멘티눔(Klementinum)을 예수회 대학으로 개편하여 엄격한 훈련과 철저한 교육으로 무장된 제수이트(jezuita; Jesuit)들, 즉 예수회 수사들로 하여금 체코의 젊은 귀족들과 부유한 도시 중산층들을 파고들게 하고 그들의 자녀들의 교육을 맡게 하였다. 또한 1561년에는 후스주의 혁명 이후 정지 상태로 남아 있던 프라하 대주교청의 기능을 회복시키는 반면에, 1562년에는 우트라퀴스트 교회의 행정적, 사법적 중앙 기구인 추기경 회의(konzistoř)의 구성을 금지하여 비가톨릭교에 타격을 가하였다.

정치적인 중앙 집권화와 종교적인 재가톨릭화에 직면한 체코 내의 비가톨릭 세력들은 서로 연대하려는 움직임을 보였다. 물론 비가톨릭 세력 안에는 여러 분파가 있었고 서로의 이해관계도 달랐다. 후스주의의 가장 큰 세력을 형성하고 있는 우트라퀴스트도 가톨릭과의 합의를 중시하는 소수파의 구(舊)우트라퀴스트(staroutrakvista)와 루터 교에서 많은 것을 취하려는 다수파의 신(新)우트라퀴스트(novoutrakvista)로 나누어져 있었고, 체코 국경 지역의 독일인들이 주로 신봉하는 루터 교는 때로는 같은 독일 민족인 가톨릭의 합스부르크에 동조하는 정책을 펴기도 하였으며, 비가톨릭교 중 가장 독립적이고 자주적인 체코 형제 교단은 가톨릭교와의 어떠한 타협도 거부하는 정책을 고수하였다. 이처럼 서로의 이해관계가 다름에도 불구하고 이들은 가톨릭과의 동등한 종교적 자유의 확보라는 공동의 목표를 위해 연대하여 1575년 보헤미아 지방 의회에서 체코 컨페션(Česká konfese)을 선언하고 이에 바탕을 둔 독립 교단의 창설을 결의하였다.

그러나 후임 왕인 막스밀리안 2세(Maxmilián II., 1564~1576)는 후스주의 전통에다 루터 교의 개혁적인 요소들을 가미한 이 체코 컨페션과 그

교단의 설립에 대한 체코 귀족들의 승인 요청을 거부하였다. 체코 내의 가톨릭과 구우트라퀴스트의 강력한 반발과 더불어 합스부르크 가문의 스페인과 교황청의 반대에 부딪힌 막스밀리안 2세는 이를 받아들일 수가 없었던 것이다. 대신 그는 체코 컨페션의 대표들에게 체코 땅에서의 종교의 자유를 계속해서 보장하겠다는 구두 약속을 하였다. 이는 비가톨릭 세력의 1차적인 승리임에 틀림이 없었다. 그러나 이보다 더 중요한 승리는 비가톨릭 세력, 특히 신우트라퀴스트와 형제 교단이 서로의 연대를 더욱 공고하게 할 수 있었다는 점이었다. 이들은 체코 땅에서의 종교의 자유를 위한 확고한 신념으로 굳게 뭉쳐 마침내 1609년 종교의 자유에 대한 루돌프 칙령(Rudolfův Majestát)을 통해 이를 문서로 보장받는 최종적인 승리를 쟁취할 수 있었다. 그러나 곧 반격에 나선 합스부르크의 군주와 이에 맞서는 체코 귀족 간의 팽팽한 대치는 빌라호라(Bílá hora) 전투라는 최후의 대회전을 향해 한 걸음 한 걸음 다가가고 있었다.

4.4. 빌라호라 전투

루돌프 2세(Rudolf II., 1576~1611)가 체코 왕위에 오르기 훨씬 이전부터 귀족들은 왕의 프라하 거주를 주장해 왔다. 이에 체코 왕국의 왕이면서 신성 로마 제국의 황제를 겸한 루돌프 2세가 이를 받아들이게 되자 프라하는 역사상 두 번째로 제국의 수도가 된 것이다. 루돌프 황제는 문화적 안목과 식견이 매우 높은 사람으로서 전임자들처럼 교조적인 가톨릭교도가 아니었다. 그의 약점이라면 허약한 건강과 종종 돌발하는 정신병이었다.

루돌프 황제가 1583년부터 프라하를 영구적인 거주지로 정하였을 때 그의 미래는 매우 희망적이었다. 황제의 거처인 프라하 성은 돌연 유럽에서 가장 매력적인 장소 중의 하나가 되었고, 그의 궁정에는 많은 외교관, 정신(廷臣), 학자, 예술가들이 몰려들기 시작하였다. 세계적인 천문학자인 티코 브라헤(Brahe, Tycho)와 케플러(Kepler, Johannes)가 그의 궁중에서 활약하였고, 수많은 예술가들과 조각가들은 독특한 루돌프 매너리즘(rudolfínský manýrismus)을 창조하였는데, 이는 르네상스와 바로크 사이의 새로운 예술 사조로서 인간의 내면세계와 환상적인 상상의 세계에 역점을 두고 있었다. 그리고 스스로 수집광이자 편집광이기도 한 루돌프 황제의 프라하 성에는 저명한 학자들과 예술가들 외에도 수많은 점성가들과 연금술사들이 모였는데, 비금속에서 황금을 만들어 내겠다는 연금술(alchymie)은 그 황당한 성격과는 무관하게 사실상 오늘날의 화학의 선구가 되었다.

그림 25 루돌프 2세 황제 (한스 폰 아헨, 1606~1608년경)

루돌프 2세가 비록 극단적으로 교조적인 가톨릭교도는 아니더라도, 그를 정점으로 하는 합스부르크 가문의 지배 권력은 중부 유럽의 재(再)가톨릭화에 있어서의 프라하와 체코 왕국의 중요성을 깨닫고 예수회의 교육을 받은 급진적인 가톨릭교도들로 하여금 중요한 행정 기구들을 장악하게 하여 재가톨릭화의 발판으로 삼고자하였다. 그리하여 1598년부터 1603년에 이르는 기간 동안 처음에는 보헤미아 지역에서 출발하여 나중에는 모라비아 지역에 이르기까지 이들 예수회 교도들로 핵심적인 자리들을 채웠으며, 이들로 하여금 형제 교단을 비롯한 비(非)가톨릭교도들에 대한 탄압을 주도하게 하였다.

한편 대(對)터키 전쟁을 기회로 삼아 합스부르크 왕가가 헝가리의 프로테스탄트 세력에 대한 탄압을 감행하자 이들은 봉기하였고, 트란실바니아의 보츠카이(Bočkaj, Š.)가 이끄는 군대는 삽시간에 슬로바키아, 모라비아, 실레지아까지 진출하였다. 이렇게 하여 헝가리에서 일기 시작한 반(反)합스부르크 봉기가 제국의 다른 지역에까지 확산되자 병약한 루돌프 2세를 대신하여 그의 동생 마티아시(Matyáš)가 헝가리의 봉기자들과 협상에 나섰는데, 그는 오히려 이를 자신의 권력을 강화하기 위한 기회로 활용하였다. 1606년 비엔나에서 합스부르크의 마티아시와 헝가리 대표들 사이에 체결된 강화 조약은 각자의 종교의 자유를 인정한다는 것이었는데, 프라하의 루돌프 2세가 이에 대한 승인을 거부하자 마티아시는 헝가리-오스트리아-모라비아 연합을 구축하여 루돌프의 퇴위를 요구하면서 대치 상태에 돌입하였다. 합스부르크 왕가는 미증유의 위기에 봉착하였다.

합스부르크 군주국의 분열과 군주의 세력 약화는 체코 귀족들로 하여금 자신들의 정치적, 종교적 권리 회복을 위한 좋은 기회를 제공하였다. 귀족들은 종교의 자유를 확보하기 위한 무력 항쟁도 불사하겠다는 결의를 천명하였고, 군사적 충돌에 대한 준비가 되어 있지 않은 루돌프 2세는 유화적인 가톨릭 귀족들의 중재로 1609년 종교의 자유에 대한 칙령, 즉 루돌프 칙령(Rudolfův Majestát)을 발표하였고, 이로써 1575년의 체코 컨페션(Česká konfese)이 합법적인 종교로 인정받게 되었다. 이리하여 체코 땅에는 귀족과 도시 대표들을 정점으로 하고, 신(新)우트라퀴스트와 형제 교단의 추기경 회의를 행정적, 사법적 중심 기구로 하며, 프라하 대학을 전체 인구의 80% 이상을 점유하는 비가톨릭 세력의 사상적 중심지로 하는 새로운 독립 교회가 창설되었다. 체코 땅에서의 종교의 자유를 위한 역사적인 승리의 순간이었다.

그러나 급진적인 가톨릭 정치인들은 비가톨릭 세력의 승리를 인정하려 하지 않았고, 왕과 다른 온건한 가톨릭 세력의 비호 아래 정부 내의 중요한 직위를 유지하면서 종교의 자유에 대한 칙령의 법적 절차를 방해하였다. 자신의 칙령을 탐탁하게 여기지 않던 루돌프 2세도 무력에 의한 반전의 기회를 노려 오다가 1611년 자신의 사촌인 파사우(Passau)의 주교 레오폴트(Leopold) 군대의 도움을 받아 체코 땅을 정복하고 마티아시의 반군을 무찌르려 하였으나 사전 준비의 미비와 귀족들의 저항으로 이러한 기도는 무산되고 말았다. 결국 루돌프 2세는 체코 왕위와 황제 자리에서 퇴위되고, 대신 마티아시(Matyáš Habsburský, 1611~1619)가 1611년 5월 체코 왕위에, 1612년 황제 자리에 오름으로써 합스부르크 군주국은 내분을 종식하고 재통합을 이룰 수 있었다. 그러나 마티아시 역시 전임자들의 중앙 집권적이고 반(反)종교 개혁적인 정책을 그대로 답습하였기 때문에 귀족 계급과의 갈등은 해소되지 않았다. 1612년 루돌프가 죽자 제국의 수도는 다시 비엔나로 돌아갔지만 체코 왕국 내의 갈등의 불씨는 그대로 남아 있었다.

합스부르크 왕가가 중부 유럽에서 계속 패권을 유지하기 위해서는 마티아시 황제의 사후에도 체코 왕국의 왕위를 계속해서 유지하는 것이 관건이었다. 따라서 후손이 없는 마티아시의 후계자로 스페인 왕국의 합스부르크 가문과 스티리아의 합스부르크 방계 가문에서 후보들이 부상하였는데, 체코 귀족들로서는 그들의 엄격한 가톨릭 성향 때문에 어느 한쪽도 탐탁하지 않았다. 그러나 결국 스티리아의 페르디난트(Ferdinand Štýrský) 대공이 후보로 결정되었고, 체코 귀족들은 반대 움직임을 보였으나 무위로 끝나고 1617년의 프라하 의회는 결국 그를 후계자로 받아들일 수밖에 없었다.

반대 세력에 대한 승리를 쉽게 쟁취한 합스부르크 왕가가 체코 내의 비(非)가톨릭 세력에 대한 탄압을 강화하여 일련의 비가톨릭 교회들을 폐쇄하자, 1618년 3월 비가톨릭의 반대 세력이 프라하에 집결하여 1609년의 종교의 자유에 대한 칙령, 즉 루돌프 칙령의 위배를 국왕에게 항의하게 되었고, 마티아시 왕은 집회의 금지로 대응하였다. 더 이상의 선택이 없다고 판단한 체코 귀족들은 무력 항쟁이라는 최후의 수단에 의지하였다.

1618년 5월의 집회에서 일련의 체코 귀족들이 프라하 성으로 찾아가 항의 농성을 전개하는 도중에 왕실 대표들을 창문 밖으로 내던지는, 제3차 프라하 창문 밖 투척(třetí pražská defenestrace) 사건이 발생하였고, 이것이 반(反)합스부르크 항쟁의 신호가 되었다. 곧 30인의 대표들이 혁명 집정부(directorium)를 구성하였

[그림 26] 1618년 프라하 성 창문 밖 투척(요한 필립 아벨리누스, 17세기 전반)

고, 집정부는 정부를 장악하였다. 집정부는 대귀족, 소귀족, 도시 대표들로 구성되어 있었지만 실제로는 몇몇 대귀족들이 주도하였다. 따라서 1618~1620년의 반합스부르크 항쟁은 전형적인 귀족 항쟁이 되었다.

보헤미아 귀족들이 주도한 반합스부르크 항쟁에는 모라비아, 실레지아, 루사티아는 물론이고 헝가리의 반합스부르크 세력까지 가담함으로써 합스부르크 군주국의 존재는 사실상 유명무실하게 되었다. 그러나 해외로부터의 더 이상의 원조와 원병을 기대한 체코 귀족들의 소망은 무위로 끝났다. 합스부르크 왕가와 유럽의 패권을 다투고 있던 프랑스와 영국은 국내 사정상의 이유로 시종 중립적인 입장을 견지하였고, 신성 로마 제국 내의 프로테스탄트 공국들의 연합도 침묵으로 일관하였다. 네덜란드가 재정적, 군사적 원조를 제공하였고, 사보이의 엠마누엘(Emanuel, K.) 공작이 소규모의 용병을 파견해 오는 정도였다.

이런 와중에서 23세의 칼뱅 선제후 팔츠의 프리드리히(Fridrich Falcký)가 체코의 반합스부르크 항쟁과 운명을 같이하겠다고 선뜻 나섰다. 체코 귀족들은 마티아시 사후 페르디난트 2세(Ferdinand II., 1619~1637)가 왕위를 계승하자, 이에 맞서 1619년 8월 팔츠의 프리디리히를 체코 국왕으로 선출하였다. 그러나 이웃 국가들인 가톨릭교의 폴란드는 말할 것도 없고 루터 교의 색스니의 지지까지 등에 업고 있는 유럽의 강자인 합스부르크에 대항하는 체코-팔츠 연합군은 아무리 봐도 왜소해 보였다.

체코-팔츠 연합군은 1619년 두 차례에 걸쳐 비엔나에 대한 공략을 시도하였지만 실패로 끝났다. 반면에 반격에 나선 합스부르크의 황제군은 개전 초에 벌써 체코의 남부 지방을 점령하여 이를 거점으로 프라하로 압박해 들어왔다. 그러나 체코의 항쟁군은 많은 귀족들이 소극적인 태도를 보여 전력이 급격히 저하되어 있었고, 혁명 정부 내에서도 대귀족들의 독주로 도시 대표들이 전쟁에 대한 흥미를 잃어가고 있었다. 농민들 또한 황제군과 항쟁군 사이에서 양쪽으로부터 수탈을 당하는 상황에 이르자 항쟁군에 반대하는 반란을 일으키기도 하였다.

이처럼 국내외의 정세가 합스부르크의 가톨릭 연합 세력의 우위를 확보해 주고 있는 상황 속에서 황제군과 바바리아 군대는 남쪽으로부터,

색스니 군대는 북쪽으로부터 진격해 오기 시작하였고, 체코 군대는 프라하로 후퇴하기 시작하였다. 이렇게 하여 1620년 11월 8일 프라하 근교의 야트막한 구릉인 흰 산이라는 뜻의 빌라호라(Bílá hora)에서 2만의 체코 귀족 군대와 2만 8천의 황제 군대가 맞붙어 2시간여의 전투에서 귀족 군대가 참패하고 말았다. 이것이 바로 체코의 역사를 한 순간에 바꾸어 놓은 빌라호라 전투(bitva na Bílé hoře)였다. 결국 한 해 겨울 동안 왕위를 지켰다 하여 '겨울 왕(zimní král)'으로도 불리는 프리드리히는 체코로부터 패주하였고, 2년여에 걸친 체코 항쟁은 막을 내렸다.

승리를 쟁취한 합스부르크 왕가는 항쟁군에 대한 징벌에 착수하였고, 1621년 6월 21일 프라하의 스타로메스트스케나메스티(Staroměstské náměstí), 즉 구시 광장에서 27명의 항쟁군 지도자들을 처형하였다. 이어서 전국적인 재산 몰수와 국외 추방이 뒤따르고, 강제에 의한 재(再)가톨릭화가 뒤따랐다.

이렇게 하여 항쟁에 참여한 체코의 귀족들은 모두 제거되었고, 이들 귀족들의 영지는 외국에서, 특히 독일 지역에서 불러들인 가톨릭 귀족들이 점유하였다. 결국 체코 귀족의 몰락으로 체코 국가의 맥이 끊어졌고,

[그림 27] 빌라호라 전투 장면 (피터르 스나이어르스, 1620년)

체코 역사와 체코 문화의 전통도 단절되었다. 이리하여 체코 왕국은 합스부르크 왕가의 세습지로 전락하였고, 합스부르크 절대 군주의 절대주의 체제에 편입됨으로써 1918년 독립을 되찾을 때까지 3백년간 합스부르크 군주국의 지배를 받게 되었다.

4.5. 체코 휴머니즘과 르네상스

휴머니즘과 르네상스는 14세기 말에서 16세기에 걸쳐 이탈리아에서 일어나 유럽 전역으로 확산된 예술, 학문상의 혁신 운동으로, 중세의 교조적인 종교적 속박에서 벗어나 개성의 해방과 인간성의 존중을 부르짖고 그리스와 로마의 고전 문화에 대한 부흥을 도모함으로써 근대 인류 문명의 발전에 단초를 제공한 획기적인 운동이었다. 그런데 휴머니즘(humanismus)이 주로 자연 과학과 사회 과학 등의 학문 분야와 실용적인 예술 분야에 적용된 문화 운동이라고 한다면, 르네상스(renesance)는 예술과 삶의 양식에 파고들어 인간의 정서적인 측면에까지 그 영향을 확산시킨 문화, 예술 운동이었다. 그러나 이러한 운동이 체코 땅에 파급되는 데는 많은 세월이 소요되었고, 16세기에 들어와서 비로소 문화 전반에 걸친 운동으로 정착하였다.

사실, 체코 땅에서의 휴머니즘의 역사는 14세기 말 카렐 4세와 바츨라프 4세의 치세에까지 거슬러 올라가게 되지만, 이 초기의 휴머니즘은 곧 밀려드는 후스주의 혁명의 물결에 휩쓸리고 말았다. 이리하여 15세기가 마감할 즈음에는 체코 문화는 벌써 이웃한 헝가리나 폴란드의 휴머니즘과 르네상스에 비해 후진성을 면치 못하였다. 14세기의 찬란했던 체코 고딕 문화의 선진성이 역전을 맞게 된 것이다.

이 시기의 체코 문학의 상대적인 고립과 정체성은 해외의 새로운 사조에 대한 느린 대응에서뿐만 아니라 재래적인 장르에 대한 집착에서도 잘 드러났다. 가령 후스주의의 우트라퀴스트 귀족들도, 가톨릭 귀족들도 모두가 후스주의 혁명 이전부터 유행해 오던 기사도 서사시(rytířský epos)

를 고수하고 있었다. 이는 오랜 전쟁을 거치는 동안 용맹을 장려하고자 하는 군사적 실용성에 대한 고려와 무관하지 않았다. 역시 실용성에 바탕을 둔 설교집, 논쟁 문학 등이 여전히 인기를 누렸고, 특히 서간 문학이 이 시기의 가장 인기 있는 장르 중의 하나였다. 그런데 서간 문학은 글쓴이의 사상, 견해, 감정, 교육, 스타일 등 전반을 편지라는 형식을 통해 표현하는 하나의 문학 장르로서, 이것이 단지 수신자만을 겨냥하는 것이 아니고 일반 대중도 겨냥한다는 점에서 통상의 편지와는 달랐다. 이 밖에도 여러 일상적 행사를 맞아서 시의 형식을 빌려 이를 담아내는 비문, 축문, 알레고리 등의 행사시(příležitostní verš)도 매우 성행하였다. 모두가 실용성을 강조하는 휴머니즘 문학의 한 특성을 엿볼 수 있는 장르들이었다.

15세기에서 16세기로 넘어 가면서 체코 문학에 휴머니즘이 점차 확산되기 시작하여 16세기 초에 이미 비중 있는 휴머니스트들이 등장하였다. 이들은 이탈리아와의 교류가 용이한 가톨릭계의 작가들로서 라틴 어를 사용하였는데, 알레고리 시와 서간 문학으로 명성을 얻은 하시슈테인스키(Hasištejnský z Lobkovic, B., 1461~1510?)가 대표적인 작가였다.

휴머니즘은 점차 후스주의의 우트라퀴스트들에게도 확산되었는데, 이들은 휴머니즘을 교육받은 소수의 전유물에서 일반 대중의 향유물도 될 수 있도록 함으로써 독특한 우트라퀴스트 휴머니즘(utrakvistický humanismus)을 창출하였다. 따라서 이들은 라틴 어가 아닌 체코 어로 썼다. 이러한 체코 토착 휴머니즘의 대표적인 작가로는 비크토린 코르넬(Kornel ze Všehrad, Viktorin, 1460~1520?)을 들 수 있는데, 그는 휴머니즘의 실용적인 정신을 계승하여 체코의 행정법, 민법, 형법을 집대성한, 기독교적 인본주의와 계몽적, 민주적 시각이 돋보이는 휴머니스트였다.

체코 형제 교단의 위대한 휴머니스트인 블라호슬라프(Blahoslav, Jan, 1523~1571)는 체코 최초의 문학 비평가로서, 『체코 문법서(*Gramatika česká*)』와 『음악서(*Musika*)』의 저자로서, 자신이 속한 형제 교단의 역사를 저술한 역사가로서, 그리고 744편의 찬송가를 포함하고 있는 『샤모툴리 찬송가집(*Kancionál šamotulský*)』의 편찬자로서 다방면에 걸쳐 활동하였다.

블라호슬라프는 또한 원전을 중시하는 휴머니스트의 정신에 입각하여 신약성서를 원전에서 체코 어로 번역하였고, 그의 신약성서는 그의 제자들에 의한 히브리어, 그리스어, 라틴 어를 토대로 한 유명한 『크랄리체 성서(*Kralická bible*, 1579~1593)』의 모태가 되었다. 구약과 신약의 체코 어 완결판인 이 『크랄리체 성서』는 당시의 구어체 체코 어에 토대를 두면서도 그 언어의 아름다움, 격조, 고상함으로 이후 250년간 체코 어의 규범이 됨으로써 체코 형제 교단의 최대의 업적이 되었다.

체코의 휴머니즘은 전반적으로 가톨릭의 이탈리아보다는 프로테스탄트의 독일에 의지함으로써 신선한 르네상스 정신과 미적 감각이 결여되어 있으며, 현학적이고 실용적인 성격이 강한 것이 특징이다. 르네상스 문학의 활기와 여유는 지나치게 신중하고 심각한 체코 인들에게는 맞지 않았던 것이다. 그럼에도 불구하고, 히네크(Hynek z Poděbrad, 1452~1492)는 보카치오의 『데카메론』을 번역하였으며, 이르지 왕의 아들이기도 한 그는 연인들의 사랑을 노래한 서정적인 시 작품도 남겼다.

종교와 도덕에 대한 집착이 체코 인들의 국민적 기질이라고 한다면 풍자와 해학을 즐기는 기질 또한 체코 인들의 또 다른 국민적 특성으로서, 이러한 특성은 당시 이르지 왕의 광대인 팔레체크(Paleček, Jan)라든가 견습 기간을 마치고 떠도는 도제(徒弟) 에울렌슈피글(Eulenšpígl)과 같은 인물들을 중심으로 널리 확산된 민속 문학 속에서도 충분히 드러나고 있다. 또한 다치츠키(Dačický z Heslova, M., 1555~1626)와 롬니츠키(Lomnický z Budče, Š., 1552~1623)의 작품들 속에서도 풍부한 유머와 해학을 엿볼 수가 있다. 그리고 하예크(Hájek z Libočan, V., ?~1553)의 야사인 『체코 연대기(*Kronika česká*)』는 풍부한 창의성과 상상력으로, 그리고 재미 있고 흥미 있는 읽을거리의 제공으로, 특히 도시 중산층의 인기를 독차지한 체코 르네상스 문학의 걸작이 되었다.

빌라호라 전투 이전 시기의 체코 음악은 한편으로는 후스주의 음악의 극복이고 다른 한편으로는 후스주의 음악의 완성이었다. 후스주의 음악이 단성 음악만을 장려한 것과는 달리 이 시기의 체코 음악은 다성 음악으로 복귀함으로써 루돌프 2세의 프라하 궁정에서는 세계적인 악단이 활동하였고, 이를 모방한 귀족들의 영지와 성곽에서도 소규모 악단들이 생겨났으며, 도시에서는 리테라트스케 브라트르스트보(literátské bratrstvo)라는 아마추어 합창단들의 활동이 활발하였다. 이처럼 수많은 악단과 합창단들의 활동은 후스주의의 유명한 찬송가집과 음악 이론서와 더불어 당시 체코 사회의 광범위한 계층의 음악 애호와 음악 수준을 대변하는 것으로서, 이때에 벌써 '그가 체코 인이면 그는 음악가(co Čech, to muzikant)'라는 유행어가 생길 정도였다. 그러나 이토록 빛나는 체코 인들의 음악 전통이 애석하게도 빌라호라 전투 이후 독립의 상실로 인해 중단되고, 많은 음악가들이 체코 땅을 떠나야만 했다.

알프스 북쪽과 동쪽의 유럽이 본래의 르네상스 양식을 자신들의 토착적인 전통에 맞게 변형시켰다고 할 때, 이는 어느 지역보다도 체코에 적용되었다. 체코 땅에는 아직 후스주의의 예술 전통이 살아 있었고, 체코 땅은 유럽의 중심인 서구에서 떨어져 있었고, 체코 땅은 당시 유럽 정치의 변방으로서의 지방성과 작은 나라로서의 협소성도 면할 수 없었다. 따라서 체코의 르네상스에는 이탈리아 르네상스의 기념비적 성격이나 거대함, 웅장함이 결여되어 있는 반면에, 섬세함과 조용함 그리고 안락함이 대신 자리하고 있었다. 물론 프라하 성에 있는 블라디슬라프 홀과 같은 웅장한 초기 르네상스 건축이 없는 것은 아니지만, 체코 특유의 르네상스는 역시 정교함과 안정감에 있었다. 이러한 양식의 대표적인 건축이 프라하 성에 인접해 있는 16세기 후반의 왕의 여름 궁전이라는 의미의 크랄로프스키 레토흐라데크(Královský letohrádek)로서 오늘날까지 알프스 이북에서 가장 아름다운 르네상스 건물의 하나로 평가되고 있다.

[그림 28] 프라하 성 왕실 정원의 크랄로프스키 레토흐라데크(1538~1565년, 후기 르네상스 양식)

우뚝 솟은 원주(column)와 열주(colonnade), 둥근 천장과 아케이드, 그리고 안뜰이 달린 홀(atrium)

등이 이탈리아 르네상스 건축의 특징으로서, 이러한 특징은 장엄함과 웅장함을 확보해 주며, 순수하게 미적인 고려 외에도 건물의 통풍을 생각하고, 그 속에 사는 사람들의 정신적, 육체적 편안함을 감안한 실용적인 고려가 있었다. 그러나 이와 같은 특징은 이탈리아와 같이 따뜻하고 태양이 풍부한 남쪽 지역을 위한 것이지, 체코와 같이 북쪽에 위치한 지역에는 맞지 않았다. 따라서 체코의 르네상스 건축이 이탈리아의 그것에 비해 작고 협소해 보이는 것은 바로 이러한 지역적 여건의 차이에서 기인하였다.

르네상스 건축의 도래와 생활양식의 변화는 불가분의 관계에 있었다. 이러한 현상이 가장 잘 나타난 곳 중의 하나가 귀족들의 영지였다. 16세기 초에 이르면 총포와 화약의 발달로 높은 고딕식 성곽들의 군사적 가치가 현저하게 줄어들고, 반면에 날로 다르게 변하는 군사적 기술에 대응하는 성곽을 구축하기 위한 재정적 부담은 감당하기 어려울 정도로 높아 갔다. 그리하여 높은 성곽 속에 은거하던 귀족들이 성곽을 떠나 보다 낮은 곳에다 새로운 저택을 건설하기 시작하였는데, 이렇게 건설된 귀족들의 성을 자메크(zámek; chateau)라 하여 기존의 군사적 목적을 위해 건설된 성벽으로 둘러싸인 성인 흐라트(hrad; castle)와 구분하여 부르게 되었다.

아케이드(arcade)와 로지아(loggia)라는 회랑을 가지며 정원이 딸린 르네상스 성, 즉 자메크는 우선 지리적으로 오스트리아와 헝가리에 인접해 있는 모라비아에서 먼저 등장하였다. 모라프스카트르제보바, 텔츠, 모라프스키크루믈로프의 자메크가 대표적이었다. 보헤미아 지역에서는 카체로프, 오포치노, 리토미슐, 빌라호라의 여름 궁전인 흐베즈다, 인드르지후프흐라데츠, 트르제본, 체스키크루믈로프, 크라토흐빌레의 자메크가 대표적인 르네상스 성들이었다. 이 성들은 대부분 이탈리아 건축가들과 그들의 체코 제자들이 세운 것들로서, 당시 체코 땅에 세워진 성들의 수는 수백 개에 달하였다. 그리하여 종전까지 용감한 전사로서 전장을 누비고 다니던 체코 귀족들은 이제 시대의 요청에 따라 기업가, 정치가로 성장하면서 외부와의 접근이 용이한 자신들의 자메크, 즉 르네상스 성에서 생활의 편리함과 안락함을 즐길 수 있게 되었다.

이 시기의 도시 건축도 현격한 변화를 보였다. 도시 성문들의 르네상스 양식의 건축에서, 그리고 많은 자금을 들여 르네상스 양식으로 개축한 도시 중산층의 저택들에서 도시들이, 특히 1547년의 도시들의 패배와 쇠퇴에서 빠른 속도로 회복하였음을 엿볼 수 있었다. 이 시기의 도시 건축은 단속적인 박공벽(gable), 장식으로 수놓은 전면(facade), 그림 문자 데커레이션(graffito) 등이 특징적인데, 이러한 체코 도시 르네상스 건축으로는 프라하, 텔츠, 타보르, 크로메르지시 등의 건물들을 꼽을 수가 있다.

16세기 말의 체코 르네상스 건축에는 새로운 경향이 나타나는데, 이는 네덜란드와 색스니로부터 유래한, 이른바 북부 르네상스의 영향과 이탈리아에서 일기 시작한 새로운 움직임의 영향을 받아 생긴 스타일상의 새로운 변화를 의미하는 것이었다. 즉, 건축에 있어서의 당시까지의 장식적인 요소와 기능적인 요소의 균형이 깨지면서 무게 중심이 장식적인 요소로 이동하게 되었다. 이러한 변화는 르네상스 양식에서 매너리즘(manýrismus) 양식으로의 전환을 의미하는 것으로서 건축뿐만 아니라 다른 조형 예술 분야로 확산되어 갔다.

체코 르네상스 조각은 서유럽의 수준에 미치지 못하였다. 왕의 여름 궁전인 크랄로프스키 레토흐라데크 안에 있는 유명한 '노래하는 분수(zpívající fontána)'도 이탈리아 출신 조각가들의 디자인과 구상에 의한 것이었다. 그리고 체코 르네상스 회화도 우수한 작품을 남기지 못하고 있으며, 단지 책의 데커레이션이 높은 수준을 유지하였고, 초상화가 주목할 만한 정도였다. 이에 비해 프라하 성의 루돌프 갤러리(Rudolfova galerie)에는 레오나르도 다빈치와 같은 세계적인 거장들의 회화와 조각들이 소장되었고, 루돌프의 궁정에는 화가 한스 폰 아헨(Hans von Aachen), 조각가 애이드리안 데 브리에(Adrian de Vries)와 같은 수많은 매너리즘 계열의 화가들이 성황을 이루었으며, 알레산드로 아본디오(Alessandro Abondio)의 장식 조각, 미세로니 형제(bratři Miseroniové)의 공예는 세계적인 수준을 자랑하였다.

Czech and Slovak History

절대주의와 계몽주의 (1620~1790년)

Czech and Slovak History

절대주의와 계몽주의 (1620~1790년)

제5장

5.1. 30년 전쟁

체코 땅에서 시작된 30년 전쟁(třicetiletá válka, 1618~1648년)은 유럽 여러 나라들의 정치적, 종교적 분쟁의 양상을 띠면서 유럽 전역으로 확산되어 갔다. 1620년 빌라호라 전투에서의 패배로 체코 땅은 일찍이 합스부르크의 가톨릭 연합군의 지배하에 들어갔지만, 밖에서는 팔츠 공국의 주도하에 몇몇 프로테스탄트 대공들이 저항을 계속하고 있었다. 그러나 이러한 노력도 그리고 실레지아 군대의 마지막 항거도 1622년 황제군과 트란실바니아 간의 강화 조약의 체결로 무위로 돌아가고 말았다. 국내에서는 반군 대표들이 처형되고, 체코 귀족들에 대한 대대적인 재산 몰수와 추방이 뒤따르고, 재(再)가톨릭화가 강요되었으며, 프라하 대학을 접수한 예수회 교도들에 의한 가톨릭 교육의 강화와 잦은 군대를 동반한 각종 선교 활동이 조직되었다. 1624년에는 모든 비(非)가톨릭 성직자들이 추방되었고, 3년 후에는 가톨릭으로 개종하지 않은 모든 귀족들과 도시 공민들이 추방되었다.

한편 1625년 덴마크 왕인 크리스티안 4세(Kristián IV.)가 영국, 네덜란드, 프랑스, 저지 색스니의 지지를 등에 업고 합스부르크 군대를 공략하

[그림 29] 30년 전쟁의 영웅 발트슈테인 (작가 미상, 1620년경)

였다. 이에 페르디난트 2세는 당시 막강한 사병을 보유하고 있던 체코 귀족 발트슈테인(Albrecht z Valdštejna, 1583~1634)의 도움으로 이를 격퇴할 수 있었다. 후에 프리드리히 쉴러의 『발렌슈타인(Wallenstein)』이라는 제목의 작품으로 유명해진 발트슈테인은 이렇게 하여 당시의 체코 정치에 혜성처럼 등장하였다.

1627년 합스부르크 군주국은 개정 칙령(Obnovené zřízení)이라는 새로운 법령을 공포하였고, 1년 후에는 이를 모라비아 후작국에까지 확대 적용하였다. 이 법령에 의하면 모든 비가톨릭교도들이 체코 땅을 떠나야 했고, 선택의 자유가 없는 영지에 복속된 농민들은 무조건 가톨릭으로 개종해야 했다. 체코 왕국의 왕위에 대한 합스부르크 가의 세습적인 권리를 규정하였고, 의회는 성직자 신분이 주도하게 하였으며, 모든 곳에 독일어가 쓰일 수 있도록 독일어와 체코 어의 동등한 자격을 규정하였다. 그리하여 이 헌법의 발효로 수많은 사람들이 체코 땅을 떠나야 했고, 체코 땅은 그토록 신속하게 그리고 그토록 성공적으로 재가톨릭화가 이루어져, 30년 전쟁의 중반 이후 보헤미아와 모라비아를 유린한 색스니와 스웨덴의 프로테스탄트 군대가 끝내 재가톨릭화된 체코 인들의 지지를 얻는 데 실패할 정도였다.

1630년 스웨덴 왕 구스타프 2세(Gustav II. Adolf)가 프로테스탄트 교의 보호자를 자임하면서 독일의 북부를 통해 체코 땅으로 진격해 들어왔다. 스웨덴 군대는 프로테스탄트의 네덜란드 외에도 가톨릭의 프랑스와 정교회의 러시아의 지원을 받고 있었다. 자유농민들로 구성된 스웨덴 군대는 전력 면에서 합스부르크 군대를 앞서고 있었다. 거기다가 스웨덴 군대에는 망명 체코 인들이 조국 해방이라는 희망을 안고 함께 가담하여 싸우고 있었다. 또한 색스니도 가담한 스웨덴-색스니 연합 군대는 승리에 승리를 거듭하면서 독일과 체코 지역의 대부분을 장악하였다. 다급해진 페르디난트 2세는 다시 발트슈테인에게 의지하였고, 그는 색스니 군대를 체코로부터 격퇴하였으며, 1632년에는 라이프치히 서쪽에 위치한 뤼첸(Lützen)에서 스웨덴과의 대회전을 막상막하의 무승부로 이끌면서 당대의 뛰어난 군사 전략가인 구스타프 2세의 전사를 이끌어 냈다. 그런데 군사 전략의 귀재인 발트슈테인은 스웨덴과의 전투를 의도적으로 완승으로 이끌지 않으면서, 다른 한편으로는 스웨덴, 색스니, 프랑스, 체코 망명군을 상대로 비밀리에 협상을 전개시키고 있었다. 그러나 황제군과 적군 사이에서 어느 한 쪽도 선택하지 못하고 머뭇거린 그의 우유부단은 양쪽으로부터 불신을 불러일으켰고, 결국 1634년 황제의 지령을 받은 자신의 부하들에 의해 헤프(Cheb)에서 살해되고 말았다.

발트슈테인의 죽음 이후 체코 땅에는 또 한 차례의 대대적인 재산 몰수가 뒤따랐고, 이렇게 몰수된 재산들은 모두 합스부르크 가에 봉사한 외국 귀족들에게 주어졌다. 이렇게 하여 1648년 30년 전쟁이 끝날 무렵에는 외국 출신의 귀족들이 체코 귀족들의 전체 영지의 절반을 차지하게 되었다. 이처럼 체코 민족의 정신과 전통을 이어 갈 체코 귀족의 몰락은 향후 체코 땅의 정치적, 문화적 발전을 주도해 갈 세력의 몰락을 의미하는 것으로서 빌라호라 전투와 30년 전쟁이 몰고 온 체코 민족 최대의 비극이 되었다.

30년 전쟁이 종반에 접어들면서 스웨덴과 프랑스가 합스부르크 제국의 권력 기반 약화를 목표로 하고 나섰다. 그러나 합스부르크의 황제군은 오히려 프로테스탄트의 색스니, 브란덴부르크, 덴마크를 자기편으로 끌어들이면서 반격에 나섰다. 1639~1642년 스웨덴 군대는 다시 체코 땅으로 진격해 들어왔는데, 스웨덴 군대에는 체코 망명군이 체코 땅에서의 귀족 군주제의 부활에 대한 희망을 품고 싸우고 있었다. 그러나 이번에는 프로테스탄트 군대에 대한 체코 인들의 반응은 싸늘하였다. 1645년 스웨덴 군대는 합스부르크-바바리아 연합군을 맞아 크게 이겼으나 페르디난트 3세(Ferdinand III., 1637~1657)는 트란실바니아와의 평화 조약 체결로 위기를 모면하였다. 1648년 7월 스웨덴 군대가 프라하에까지 진격해 들어와 프라하 성, 흐라트차니, 말라스트라나를 점령하였고 카렐 다리를 사이에 두고 카렐 대학교 대학생들이 포함된 프라하 시민 군과 대치하였다. 양 진영의 치열한 공방전이 지속되는 중 1648년 10월 베스트팔렌 평화 조약(Vestfálský mír)이 체결됨으로써 30년간의 긴 전쟁이 막을 내렸다. 프라하 시민들은 스웨덴 군의 구시와 신시로의 진격을 저지한 승전을 기념하는 성모 마리아 기념비(mariánský sloup)를 구시 광장에 세웠지만, 스웨덴 군에 의한 루돌프 2세의 소장품을 포함한 많은 문화재의 약탈을 막을 수는 없었다.

전쟁은 끝났지만 결과적으로 프랑스, 스웨덴, 브란덴부르크, 바바리아, 색스니가 가장 많은 영토적 이익을 얻었고, 스위스와 네덜란드는 독립 국가가 되었다. 여러 독일 공국들의 가톨릭으로의 통합을 목표로 하였던 합스부르크 군주국의 계획은 실패로 돌아갔고, 독일의 각 땅의 분열은 오히려 더욱 가속화되면서 신성 로마 제국의 위상이 현저히 저하되었다. 그럼에도 불구하고 합스부르크 군주국의 중부 유럽에 대한 지배력은 오히려 강화되었다. 종교적인 문제에 있어서는 1555년의 아우크스부르크 종교 화약의 정신으로 되돌아가 각국의 종교는 각국의 고유한 권한이 되었다. 그러나 전쟁 초기에 이미 합스부르크 군주국에 편입된 체코 땅은 예외로서 철저한 재가톨릭화의 대상이 되었다. 한편 문화적인 측면에서 본다면 30년 전쟁은 민족 감정의 발흥을 촉진하였고 새로운 바로크 예술을 촉발하였다.

5.2. 빌라호라 전투 이후의 절대주의

절대주의(absolutismus)란 모든 권력을 군주와 그의 막료로 구성된 정부에 집중시키는 전제주의적 통치 체제로서, 기존의 신분 의회와 각 신분에 귀속되는 행정 기구들의 권한을 대폭적으로 제한하였다. 체코 땅에 절대주의가 처음 시도된 것은 16세기 중반 페르디난트 Ⅰ세 치하에서이지만 시기상조로 실패했다가 1620년 빌라호라 전투에서의 승리를 계기로 페르디난트 Ⅱ세가 도입하였는데, 이것이 완전히 정착되는 것은 합스부르크 군주국이 열강의 반열에 진입하는 1680년 이후였다.

빌라호라 전투 이후의 절대주의 체제하에서는 모든 권력이 절대 군주인 황제 직속의 여러 행정 기구들과 관료주의를 통해 비엔나의 중앙 정부에 집중되기 때문에 체코 땅은 주변 지역으로 전락하였고, 상대적으로 귀족의 권한이 더 많이 유지되고 있는 헝가리보다도 더욱 더 비엔나 정부에 종속되었다.

더욱이 체코 왕국은 연이은 영토의 상실로 그 위상이 더욱 추락하였다. 1635년 색스니가 30년 전쟁 동안 황제군에 제공한 지원의 대가로 고지 루사티아와 저지 루사티아를 할양받았고, 1742년에는 대(對)프러시아 전쟁에서 패배한 합스부르크 군주국의 여제 마리아 테레지아가 실레지아 영토의 대부분을 프리드리히 2세의 프러시아에 양도함으로써 체코 왕국의 영토적 상실은 절정에 달했다. 단지 오파프스코(Opavsko), 니스코(Nisko), 테신스코(Těšínsko) 만이 체코 왕국에 남아 그 후 약간의 변경을 거쳐 오늘날까지 체코 땅의 실레지아를 형성하고 있다. 그런데 당시 실레지아의 상실은 체코 왕국 전체 인구의 30~40%의 상실을 의미하는 것으로서, 그 결과 체코 왕국의 위상은 매우 큰 타격을 입을 수밖에 없었다. 더욱이 실레지아가 당시 유럽의 동과 서를 이어 주는 교통의 요충지로서 체코 왕국에서는 산업과 무역이 가장 발달된 지역이었다는 점에서 더욱 더 타격이 컸다. 그러나 한 가지 위안이 될 수 있었던 것은 실레지아의 상실로 인해 체코 왕국 내의 체코 인들의 비중이 더욱 커지게 되었다는 사실이었다. 실레지아의 주민은 대부분이 루터 교를 신봉하는 독일인들이었기 때문이다.

30년 전쟁에서의 패배로 인해 체코 왕국의 영토적 상실도 크지만 인구의 상실은 더욱 충격적이었다. 전쟁 이전의 체코 본토격인 보헤미아의 약 170만 인구가 전쟁 후에는 95만 명으로 감소하였고, 체코 왕국의 전체적인 인구 감소는 약 $\frac{1}{3}$에 달했다. 그리고 보헤미아의 $\frac{1}{5}$, 모라비아의 $\frac{1}{4}$에 해당하는 땅이 황폐화되었는데, 이는 체코 땅에서 가장 많은 전쟁이 이루어졌기 때문이었다. 그러나 무엇보다도 체코 귀족과 도시 공민의 $\frac{1}{3}$을 잃은 사실이 체코 왕국으로서는 가장 큰 타격이었다. 이는 체코와 체코 민족을 지탱해 줄 최고의 지식 엘리트와 정치 엘리트의 상실을 의미하는 것이었다.

빌라호라 전투 이후 절대 군주에 의한 절대주의적 전제 정치는 사회 전반에 걸친 변혁을 가져오지만, 겉으로는 사회 체제의 기본 골격이 이전처럼 그대로 유지되고 있었다. 대귀족과 소귀족이 여전히 여러 특권을 누리고 있었고, 왕실 도시, 즉 자유 도시의 대표들도 신분 의회에서 대표성을 여전히 유지하고 있었다. 단지 체코의 본토격인 보헤미아 지역에 있어서 한 가지 변한 것이 있다면 15세기 이후 그 기반을 상실하였던 성직 신분이 다시 등장하였을 뿐만 아니라, 신분 의회에서 주도적인 역할을 행사하였다는 사실이다. 그러나 이들 특권 신분들을 받쳐주는 인구의 $\frac{4}{5}$ 이상을 점유하고 있는 비(非)자유민들의 위상에는 변함이 없었고, 오히려 이들의 생활은 더욱 나빠졌을 따름이었다.

그러나 좀 더 자세히 들여다보면 각 신분의 위상과 역학 관계에 변화가 없었던 것은 아니었다. 우선 대귀족의 구성에 대폭적인 변화가 있었다. 일련의 대표적인 체코 귀족 가문들이 빌라호라 전투를 전후하여 몰락하였는데, 로즘베르크, 스미르지츠키, 페른슈테인, 흐라데체 가문이 그들이었다. 이와는 대조적으로 외국에서 들어온 대표적인 귀족 가문으로는 에겐베르크, 피콜로미니, 부콰이, 스타디온, 툰 등을 들 수 있다. 물론 절대주의 체제하에서의 귀족들의 권한은 대폭적으로 제한되었지만, 대신 직위나 물질적 보상이라는 혜택을 받았으며 자신의 영지와 종속민들에 대한 지배력은 더욱 더 강화되었다.

이들 대귀족과는 달리 소귀족들의 지위는 상대적으로 약화되었는데, 가령 이들의 전체 토지에 대한 점유율이 빌라호라 전투 이전에는 $\frac{1}{4}$이던 것이 이후에는 $\frac{1}{10}$로 대폭 감소하였다. 반면에 대귀족들의 점유율은 $\frac{2}{3}$로 증대되었다. 도시는 여전히 합스부르크 군주국의 중앙 집권화와 재가톨릭화 정책에 대한 잠재적인 저항 세력으로 간주되어 탄압을 면치 못하였다. 이 시기의 서유럽의 도시들이 독특한 문명을 발전시키며 도시 공민들이 해방을 구가하며 발달하는 것과는 매우 대조적이었다. 그리고 독일인 군주의 지배 하에서 체코 도시들의 독일화는 더욱 가속화되었다. 하여간 당시의 체코 땅은 여전히 농업 국가적 성격에도 불구하고 외관상으로는 도시화된 지역으로서의 특징을 유지하고 있었다.

30년 전쟁의 여파로 체코는 많은 영토를 상실하고, $\frac{1}{3}$에 해당하는 인구를 잃고, 국토는 황폐해지고, 경제는 피폐할 대로 피폐해져 국민들의 고통이 말할 수 없었다. 그리고 이러한 고통은 귀족, 도시 공민, 성직자와 같은 특권을 부여받은 신분 계층보다는 이들에게 종속된, 인구의 90%에 육박하는 비(非)특권 계층이 훨씬 많이 져야만 했다. 그런데 이 계층의 절대 다수를 점유하는 농민들은 자신들의 농사를 짓기도 했지만, 로보타(robota)로 불리는 강제 노역과 과중한 세금 때문에 그 생활의 궁핍이 말이 아니었다. 이 시기에 빈번하게 발생하는 농민 반란의 배경에는 이러한 농민들의 고통이 있었던 것이다.

당시 강제 노역의 법정 일수는 주당 최고 3일까지로 규정하고 있었지만, 추수기와 같은 특별한 경우에는 그 이상을 하도록 규정하였다. 더욱이 복속된 농민들은 영주의 승인이 없이는 영지를 떠날 수가 없었고, 반드시 영주의 영지에서 강제 노역의 의무를 다해야 한다는 규정을 두고 있었는데, 이러한 규정은 농민들을 농노의 신분으로 전락시키는 것이라 하여 '제2의 농노제(druhé nevolnictví)'라는 말이 생길 정도였다. 물론 체코 땅의 농노제가 이웃한 폴란드나 러시아의 그것처럼 그토록 혹독한 것은 아니었다. 그리고 이들 지역은 여전히 전적으로 곡물 농업에 의존하고 있었지만, 체코 땅에서는 이미 어느 정도의 혼합 농업이 정착해 가고 있었다.

서유럽을 중심으로 16세기부터 길드식의 소규모 수공업이 쇠퇴하면서 대규모의 기업형 공장들이 생기기 시작하여 17세기에 들어오면 이러한 현상이 더욱 뚜렷하게 나타나게 되는데, 체코 땅에서도 17세기 말부터 기계와 노동의 분업을 비롯한 근대적인 의미의 공업이 발달하기 시작하였다. 리넨과 면직물을 주종으로 하는 텍스타일 공업이 체코 북부 국경 지대와 실레지아 지방을 중심으로 번성하였는데, 특히 크르코노셰와 크루슈네호리의 산간 지역이 유명하였다. 전통적인 유리 공업도 새로운 가공 기술의 개발로 17세기 말부터 눈부신 발전을 거듭하여 18세기 전반기에는 이미 체코 크리스탈(český křišťál) 혹은 보헤미아 글라스(Bohemian glass)라는 이름으로 베니스 크리스탈의 명성을 대체하면서 국제 시장을 석권하였다. 유리 공업 역시 농지로서는 부적합하지만 공업용수가 풍부하고 지리적 여건이 좋은 체코의 북부 지방을 중심으로 발달하였다. 그러다가 18세기 말 국제 시장에서 다소 부진했던 체코 크리스탈은 19세기 초 야블로네츠나트니소우(Jablonec nad Nisou)를 중심으로 한 색유리의 개발로 새로운 전기를 맞으면서 그 명성을 회복하였다.

합스부르크 군주국은 동쪽에서는 오스만 제국과의 전쟁을, 서쪽에서는 패권을 두고 각축하는 프랑스와의 전쟁을 수행하기 위한 막중한 전쟁 비용의 많은 부분을 체코 땅에서 충당하였다. 따라서 이로 인한 무거운 세금의 부담 때문에 일반 국민들은 합스부르크의 존재를 느낄 따름이었다. 그리하여 빌라호라 전투에서 승리한 페르디난트 2세, 그 후의 페르디난트 3세, 레오폴트 1세(Leopold I., 1657~1705), 요세프 1세(Josef I., 1705~1711), 카렐 6세(Karel VI., 1711~1740)가 체코 왕위를 거쳐 갔지만, 그들 중 어느 누구도 체코 인들의 의식 속에 구체적인 인물로 부각되지는 못하였다. 이들은 비엔나에 거주하는 오스트리아의 왕이거나 신성 로마 제국의 황제에 불과하였다. 그리고 그들의 주위를 맴도는 일련의 체코 대귀족들도 체코 사회로부터 동떨어져 있는 것은 마찬가지였다. 체코 땅은 자신의 군주도, 자신의 귀족도, 자신의 정치도 없었다. 따라서 빌라호라 전투에서의 패배 이후 이처럼 암울한 체코 땅의 역사를 지탱하고 계승해 갈 책무는 소귀족과 도시 공민, 그리고 누구보다도 체코의 농촌을 지키고 있는 체코 농민들의 몫이었다.

5.3. 체코의 바로크 문화

빌라호라 전투에서의 승리 이후 가톨릭의 합스부르크 정권이 가장 먼저 착수한 것이 체코 땅의 재(再)가톨릭화(rekatolizace)였다. 1624년과 1627년의 교서를 통해 가톨릭교 외의 모든 종교를 불법으로 규정하였으며, 빈번한 무력 사용도 불사하면서 국민들의 가톨릭화에 박차를 가하였다. 빌라호라 전투 이전에 국민의 약 85~90%가 비(非)가톨릭이었던 체코 땅의 재가톨릭화가 그렇게 용이한 일이 아니었지만, 특히 가톨릭 학교와 가톨릭 교회를 이용한 철저한 가톨릭 교육을 통해 2세와 3세의 완전한 가톨릭화를 이룰 수가 있었다. 이렇게 하여 합스부르크 정권의 재가톨릭화, 즉 반(反)종교 개혁(protireformace)이 완결되는 시점에 이르면 체코 땅은 이제 자신의 새로운 가톨릭 성인인 얀 네포무츠키(Jan Nepomucký; John of Nepomuk; 1729년 성인의 반열에 오름; 성인 이전의 이름은 Jan z Pomuku, 1345?~1394)를 배출하면서 15세기 후스주의 혁명 이후 붙어다니던 이른바 '이단의 땅'이라는 불명예를 청산하고 가톨릭의 땅으로 복귀하게 되었다.

[그림 30] 얀 네포무츠키 동상(브로코프, 1683년, 프라하 카렐 다리 북측 난간 15 조각상 중 8번째 상)

성당과 교회는 바로크 인들의 생활과 불가분의 관계에 있었다. 주일날과 성인의 날 행사 때에 교회에 나가는 것은 물론이고, 태어나면서 갖는 세례식에서 시작하여 죽을 때 받는 종부 성사에 이르기까지 교회는 바로크 인들의 삶의 동반자였다. 교회는 각종 정보를 제공하고 상담에 응하는 생활 정보 중심지로서의 기능도 수행하였다. 그리고 예술의 아름다움을 느끼고 배울 수 있는 문화 중심지로서의 역할도 담당하였다. 교회와 성당의 화려하고 아름다운 건축, 미술, 조각, 음악, 노래, 그리고 언어 예술적 형태의 설교까지도 분명히 바로크 인들의 예술적 소양과 감각을 함양하고 일깨워 주기에 부족함이 없었다. 후스주의 교회가 엄격한 절제와 검소함을 지향함으로써 교회의 외형적 장식을 거부하였던 것과는 대조적으로, 바로크 가톨릭 교회의 화려하고 장엄한 장식은 일반 신도들의 주목을 끌기에 충분하였다. 장엄하고 화려한 의상, 음악, 미술, 불꽃놀이 등이 함께 어우러지는 바로크 교회의 의식과 행렬은 분명히 종교 행사인 동시에 바로크 인들의 문화 행사이기도 하였다.

'불규칙하게 생긴 진주'라는 뜻의 포르투갈어인 바로코(barocco)에서 그 명칭이 유래된 것으로 보고 있는 바로크(baroko) 예술의 특징은 외형적, 내면적 불규칙성과 모순과 긴장을 담아내는 데 있다. 바로크 예술에서는 이 세상 삶의 허망함과 저 세상 삶의 영원함이 대비되어 나타나고, 천상의 하느님을 향한 뜨거운 열정과 속세의 물질적 삶에 대한 집착이 모순적으로 대비되어 나타난다. 삶과 죽음, 육체와 영혼, 아름다움과 추함, 육욕과 금욕이 이분법적으로 대비되는 모순의 불균형이 바로크 예술의 본질이다. 그러나 이러한 이분법도 종국적으로는 물질보다는 영혼이, 또 일시적인 삶보다는 영원한 삶을 추구하며, 하느님의 세계와 그 영광을 찬미하고 노래하는 것으로 귀결되는데, 이는 너무나도 종교적인 바로크 인들의 삶의 태도에서 기인한다.

바로크는 휴머니즘과 르네상스의 균형성에 대한 반동으로, 불확실한 시대의 반영으로, 의기양양한 가톨릭 신앙의 표현으로, 가톨릭의 남부 유럽에서 발생하여 중부 유럽에 다시 가톨릭을 부활시키겠다는 가톨릭 정치인들과 가톨릭 성직자들에 의해 빌라호라 전투를 전후해서 체코 땅에 들어왔다. 가톨릭의 바로크는 비가톨릭의 체코 인들에게 확실히 충격이 아닐 수 없었다. 그러나 체코 인들은 이를 수용하였다. 빌라호라 전투에서의 패배 이후, 가톨릭이 처음에는 강제에 의해 체코 인들에게 강요되었던 것과는 달리 바로크는 사정이 달랐다. 바로크 문화의 체코에서의 정착은 훨씬 순조로웠고, 체코 사회의 모든 계층이 이를 진심으로 받아들여 체코 문화의 일원이 되고 본질이 되었다. 따라서 바로크는 고딕과 더불어 체코 문화를 형성하는 두 축이 되었다.

16세기 중반에서 18세기 중반까지로 보고 있는 유럽의 바로크 문화는 다시 세 단계로 나눌 수 있는데, 체코를 포함한 중부 유럽에서는 통상 초기 바로크를 1680년까지로, 중기 바로크, 즉 바로크 전성기를 1680~1740년으로, 후기 바로크를 로코코의 초기 시기와 겹치는 시점까지로 보고 있다. 그러나 체코 민속 예술에 있어서는 19세기 초반까지 바로크를 발견할 수 있고, 일반 평민들의 건축과 데커레이션에서는 늦게는 19세기 중반까지도 바로크의 영향을 찾아볼 수 있다.

빌라호라 전투에서의 패배와 연이은 정치적 독립의 상실은 체코 문화에 막대한 충격과 단절을 안겨다 주었다. 후스주의의 프로테스탄트 문화가 가톨릭 문화로 대체되었고, 체코 문화의 후원자인 체코 귀족이 상실되었으며, 체코 문화의 주체들이 영구적인 추방과 망명으로 조국을 떠남으로써 국내 문화와 단절되었다. 그러나 그럼에도 불구하고 체코 문화는 유지되고 부활되었으며, 새롭게 창조되었다. 강요에 의해 되돌아 온 가톨릭이지만 차츰 뿌리를 내리기 시작하여 체코 땅의 국민 종교가 되었고, 일부 애국적인 가톨릭 성직자들이 체코 어와 체코 역사를 유지하고 창달하였으며, 남부 유럽에서 올라 온 바로크 문화가 체코 문화가 되어 체코의 바로크 미술과 바로크 음악을 세계적인 수준으로 끌어올렸고, 체코 민속 예술과 민속 문학은 바로 이 바로크 기를 전성기로 삼아 꽃을 피웠다.

빌라호라 전투 이후의 체코 망명가들이 30년 전쟁 기간 동안에 주로 스웨덴 군의 일원으로 체코 땅의 해방을 위해 분전하였듯이 체코의 망명 예술인들 역시 체코 어와 체코 문학, 그리고 체코 예술을 망명지에서 계승하고 발전시키면서 체코 문화에 귀중한 유산을 더했다.

이 시기의 대표적인 체코 망명가로서 세계적인 학자이자 체코 바로크 문학의 거봉인 얀 아모스 코멘스키(Komenský, Jan Ámos; Comenius, John Amos, 1592~1670)는 다방면

[그림 31] 얀 아모스 코멘스키와 그의 교육학 저작들의 책 반표제 동판 조각(암스테르담, 1657년)

에 걸친 활동으로 생존 시에 벌써 데카르트와 베이컨으로 부터 유럽 최고의 지성으로 존경을 받은 인물이었다. 형제 교단의 마지막 주교로서, 체코가 낳은 세계적인 철학가이자 사상가이며, 교육학자이자 문필가인 코멘스키 사상의 본질은 '만인의 만상에 대한 지식'이라는 판소피아(pansophia)에 있었고, 이러한 그의 사상은 자신의 필생의 역작인 『인간사의 개혁에 대한 전반적인 고찰(*Všeobecná porada o nápravě věcí lidských*)』에 집대성되었다. 그리고 근대교육의 선구자로서 세계 지성사에 우뚝 선 코멘스키는 『대(大)교수법(*Didactica Magna*)』, 언어 교육의 새로운 지평을 연 『언어의 문 열리다(*Janua linguarum reserata*)』와 『그림으로 보는 세계(*Orbis pictus*)』와 같은 명저들을 남겼다.

체코 휴머니즘과 종교 개혁의 종합을 완성하고 체코 바로크 문학의 진수를 보여주고 있는 코멘스키 문학의 걸작은 『세상의 지옥과 마음의 천국(*Labyrint světa a ráj srdce*)』이다. 이 작품은 스위프트의 『걸리버 여행기』와 버니언의 『천로 역정』과 더불어 중세 알레고리 문학의 걸작으로 간주되고 있는데, 생생한 현실감, 뛰어난 성격 묘사, 차원 높은 아이러니와 기지 넘치는 풍자가 돋보이며, 중세 체코 문학의 여러 가지 특징들이 잘 드러나 있는, 체코 문학의 기념비적인 작품이다. 이 밖에 『죽어가는 우리들의 어머니 체코 형제 교단의 유언(*Kšaft umírající matky Jednoty bratrské*)』 또한 체코 바로크 문학의 걸작으로서 조국의 독립과 해방을 위한 그의 충정이 생생하게 드러나 있다.

[그림 32] 보후슬라프 발빈 (즐라토코루나 수도원 학교 참고서, 18세기 후반)

코멘스키는 체코 역사상 가장 존경받는 애국자 중의 한 사람으로서 망명지에서 그가 보인 조국 체코와 체코 형제 교단을 향한 뜨거운 충정은 실로 눈물겨울 정도였다. 그런데 국외에서의 코멘스키 못지않게 국내에서 체코 민족과 체코 정신의 계승을 위해 열성을 다한 애국자가 바로 예수회의 발빈(Balbín, Bohuslav, 1621~1688)이었다. 초기의 악명 높았던 예수회 수사들과는 다르게 후기의 예수회 수사들은 대부분 체코에서 태어나고 자란 체코 인들로서, 종교에 있어서 프로테스탄트를 거부하는 것을 제외한다면 체코를 조국으로 하여 체코에 충성을 바치는 완전한 체코 인들로서, 이들 중에서 발빈과 같은 체코 애국자가 나오는 것은 당연한 일이었다. 역사가, 지리학자, 문필가, 평론가로서의 발빈의 활동은 다양한데, 그의 저서들 중 『체코 역사 초록(*Epitome rerum Bohemicarum*)』, 『체코 왕국 역사의 이모저모(*Miscellanea historica regni Bohemiae*)』, 『슬라브 어, 특히 체코 어의 옹호를 위한 연구 논문(*Dissertatio apologetica pro lingua Slavonica, praecipue Bohemica*)』이 유명하다. 그의 체코 역사와 체코 어에 대한 지지와 옹호는 후대 민족 부흥 운동가들에게 많은 영감과 지침을 제공하였다.

체코 바로크 문학은 코멘스키의 알레고리 문학과 체코 특유의 찬송가를 제외한다면 당시의 서유럽 수준에 미치지 못하였다. 산문과 드라마에서 특히 그러하였다. 단지 서정시만이 체코 문학의 자존심을 어느 정도 지켜 주었다. 바로크 문학의 특징 중의 하나가 관능성의 촉발과 강한 에로티시즘, 그리고 목가적 분위기의 전원시의 도입인데, 카들린스키(Kadlinský, F., 1613~1675)가 이러한 목가풍의 에로티시즘을 체코 문학에 소개하였다. 브리델(Bridel, B., 1619~1680)은 체코 바로크 시의 걸작 중의 하나인 『신은? 인간은?(*Co Bůh? Člověk?*)』이라는 작품을 남기고 있는데, 바로크 문학의 또 다른 특징인 풍부한 은유가 돋보이는 그의 시는 신의 신비함과 크기를 인간 존재의 허망함과 대비시켜 보여 주고 있다. 빌라 호라 전투 이전의 전통과 민족 부흥 운동기 사이의 경계를 대표하고 있는 로사(Rosa, V. J., 1620~1689)는 성경과 고전의 모방에 기초를 두고 있는 코멘스키 문학의 작시법과 문체를 성공적으로 계승하고 있으며, 그의 사랑의 시련과 동경에 대한 목가적 전원시와 알레고리 시는 체코 바로크 시의 전형으로서, 또 근대 체코 시의 효시로서 빛나는 체코 서정시의 전통을 이어주고 있다.

그 지리적 위치로 인해 보헤미아 지방은 이웃한 바바리아의 바로크로부터, 모라비아 지방은 오스트리아 바로크로부터 영향을 받은 체코 바로크는 고딕과 더불어 체코 땅의 외양을 결정짓는 예술 양식이었다. 17세기와 18세기에 걸쳐 이루어지는 바로크 양식 건물들의 신축과 개축으로 모양을 갖추기 시작한 체코 도시들과 농촌 마을들의 모습은 오늘날까지도 유지되고 있다. 비록 20세기 후반 사회주의 건설이라는 명목으로 많은 옛 건축물들이 헐리고 개조됨으로써 그 모습이 다소 바뀌었음에도 불구하고, 고딕과 바로크 양식의 건축을 골격으로 하는 체코 도시와 농촌의 모습에는 변함이 없다.

당시 체코 바로크 건축과 조각에 대한 가장 큰 고객은 귀족과 교회였다. 그리고 이를 충당할 건축가와 조각가들은 빌라호라 전투 이후 주로 이탈리아, 바바리아, 프랑스 등지로부터 들어왔다. 그러나 이들 외국에서 온 예술가들은 장기간의 체류를 거쳐 체코 땅에 정착하게 되었고, 그들의 후손들은 이미 체코 인화(化)하여 유명한 예술인 가계를 형성하게 되는데, 루라고(Lurago), 브로코프(Brokoff), 딘첸호페르(Dientzenhofer) 등이 대표적인 예술인 가계들이었다.

빌라호라 전투 이후 프라하에 세워진 가장 큰 교회 건물은 예수회 대학인 클레멘티눔(Klementinum) 학사의 복합 건물인데, 이탈리아 인 예술가 루라고(Lurago, Carlo, 1615~1648)가 1653년부터 이 건물의 건축에 참여하였다. 클라토비와 흐라데츠크랄로베 등지의 제수이트 아카데미 학사 건물들도 그의 손길이 닿은 작품들이다. 그러나 체코 바로크 건축의 절정은 산티니 부자와 딘첸호페르 부자의 작품을 통해 발견할 수 있다. 산티니-아이흘(Santini-Aichl; 체코 이름 Jan Blažej, 1677~1723)은 고딕적인 요소를 웅장하고 화려한 바로크적 요소로 통합한 독특한 바로크 고딕(barokní gotika) 양식을 개척한 장본인으로서, 쿠트나호라 근교의 세들레츠(Sedlec) 성당과 쥬댜르나트사자보우 근교의 젤레나 호라(Zelená Hora) 교회 등에서 잘 드러난다. 딘첸호페르 부자 중 아버지인 크리슈토프 딘첸호페르(Dientzenhofer, Krištof, 1655~1722)는 베네딕트와 예수회 교회 건축에 헌신하였고, 아들인 킬리안 이그나츠 딘첸호페르(Dientzenhofer, Kilián Ignác, 1689~1751)는 프라하 구시의 성 미쿨라시(sv. Mikuláš) 성당의 교회 건물을 건축하였으며, 역시 프라하 말라스트라나의 예수회 교회인 성 미쿨라시 성당의 완공에 이바지함으로써 명성을 남겼다. 특히 아들이그나츠의 건축은 아치형 천장의 과감한 처리 등으로 생동감이 넘치는 독창적인 건축을 만들어 냄으로써 체코 바로크 건축의 백미가 되었다.

체코 바로크 조각의 대가로는 브로코프와 브라운을 들 수 있다. 브로코프(Brokoff, F. M., 1688~1731)는 프라하 카렐 다리 난간의 몇몇 조각상들과 말라스트라나에 있는 성 미쿨라시 성당의 조각으로 명성을 얻었으며, 브라운(Braun, M. B., 1684~1738)의 작품들은 내면적 긴장과 풍부한 몸짓들로 체코 바로크 조각의 진수를 보여 주었다. 브라운의 작품들로는 카렐 다리 난간의 31개 조각상 중 가장 아름다운 것으로 꼽히고 있는 성 루이트가르다(sv. Luitgarda) 상(像)과 북동부 보헤미아에 위치한 쿠크스(Kuks) 성(城)의 일련의 조각품들, 그 중에서도 특히 선과 악의 알레고리 조각상들과 죽음의 천사 상들이 유명하다.

초기 바로크 회화의 대표자로는 체코 바로크 건축의 상징으로 간주되고 있는 프라하 말라스트라나 성 미쿨라시 성당의 예수 수난화 연작(pašijový cyklus)으로 이름을 얻은 슈크레타(Škreta, K., 1610~1674)를 들 수 있고, 중기 바로크 화가로는 브란들(Brandl, P., 1668~1735), 쿠페츠키(Kupecký, J., 1667~1740), 라이네르(Reiner, V. V., 1689~1743) 등을 꼽을 수 있다. 그런데 우리가 이 시기의 예술을 이해하는데 한 가지 주목해야 할 사항은 바로크 예술가들이 대체적으로 자신의 작품을 혼자서 완성하는 것이 아니라 합동으로 완성하였다는 점이다. 가령 대가가 대상의 윤곽과 얼굴과 같은 핵심적인 부분을 그리는 반면에, 그의 제자들이 그의 지시를 받아 인물의 의상이라든가 배경 등의 구체적인 요소들을 그려 넣는 일종의 분업체계를 이루고 있었다는 점이다.

빌라호라 전투에서의 패배 이후 체코 땅에서는 더 이상 궁중 악단이 존재하지 않았음에도 불구하고 18세기 말에 이르러 체코 땅은 '유럽의 콘서바토리(Konzervatoř Evropy)'라는 말이 생길 정도로 높은 음악 수준을 자랑하였으며, 이로써 다음 세기에 오는 체코 음악의 전성기의 토대를 마련하였다. 비록 체코 왕의 부재로 프라하에 궁중 악단은 없었지만 각 지방 귀족들의 영지를 중심으로 한 사설 악단들을 통해 이미 17세기부터 뛰어난 음악가들이 배출되기 시작하였다. 시인이자 오르간 연주자로 활약한 미흐나(Michna z Otradovic, A., 1600?~1676)는 대표적인 체코 교회 음악곡집의 하나인 『체코 성모 마리아 음악(*Česká mariánská muzika*)』을 남겼고, 체코 바로크 음악의 대표자 중 한 사람인 체르노호르스키(Černohorský, B. M., 1684~1742)는 프라하와 이탈리아의 각지에서 활약하였으며, 바로크 기악곡의 선구자인 베이바노프스키(Vejvanovský, P. J., 1640~1693), 체코 초기 고전주의 음악의 선구자 브릭시(Brixi, F. X., 1732~1771) 등이 체코 국내에서 활동한 몇 안 되는 음악가들이었다.

이와는 대조적으로 대부분의 체코 음악가들은 정치적 독립을 상실한 체코 땅을 떠나 유럽의 각지에서 활동하면서 유럽 근대 음악의 발전에 크게 이바지하였다. 베를린에서 활약한 벤다 가계 중 이르지 안토닌 벤다(Benda, Jiří Antonín, 1722~1795)는 뮤지컬 멜로드라마의 창시자로서, 또한 창가극(Singspiel) 발전의 선구자로서 명성을 얻었고, 만하임 학파의 일원으로서 만하임에서 활약한 스타미츠(Stamic, J. V., 1717~1757)와 리흐테르(Richter, F. X., 1709~1789)는 하이든과 모차르트의 비엔나 고전주의의 선구가 되었는데, 이들은 모두 모라비아의 야로메르지체 성(城)의 음악적 배경 속에서 성장하였다.

이탈리아에서 활동한 미슬리베체크(Mysliveček, J., 1737~1781)는 보헤미아의 신성(Il divino Boemo; božský Čech)으로 추앙을 받았으며, 비엔나 고전주의 선구자로서, 일련의 성공적인 오페라 작곡가로서 젊은 모차르트에게 영향을 미쳤다. 이 시기의 체코의 음악 수준, 특히 프라하의 음악 청중들의 수준은 이들이 비엔나보다도 먼저 모차르트의 천재성을 알아보고 갈채를 보낸 사실에서도 잘 드러나고 있는데, 모차르트는 자신의 '피가로의 결혼'이 프라하 청중들의 열렬한 환호를 받게 되자, 프라하 시민들을 위해 1787년 새로운 오페라 '돈 조반니(*Don Giovanni*)'를 작곡하여 프라하에서 스스로 리허설하고 공연하였다. 그리고 비엔나에서 활약한 음악가들 중에서는 이로베츠(Jírovec, V.), 브라니츠키(Vranický, P.), 코젤루흐(Koželuh, L.), 보르지셰크(Vořišek, J. V.)가 유명하였는데, 이들 중 보르지셰크는 프란츠 슈베르트의 선구로 간주되었다. 또한 유명한 음악 이론가인 레이하(Rejcha, A., 1770~1836)의 작곡 핸드북들은 19세기 후반까지 유럽 전역에서 사용되었고, 1811년에는 프라하에 음악 콘서바토리가 설립되었다.

5.4. 계몽적 절대주의

18세기는 전통적인 귀족 사회의 몰락을 재촉하면서 이성 시대의 도래를 예고하였다. 새로운 세계관이 생겨나고 새로운 생활양식이 도입되었으며, 이성을 바탕으로 한 인간의 무지와 편견으로부터의 해방을 표방하였고, 귀족과 교회의 구시대적 특권과 권위에 반대하면서 인간의 합리적 사유와 자율을 제창하였고, 이성의 계몽을 통한 생활의 개선과 진보의 도모를 주창하였다. 이러한 새로운 정신사적 움직임을 후세 사가들은 '무명(無明)을 밝히고 어둠을 몰아낸다'는 빛(světlo; light)의 상징성을 빌려 계몽주의(osvícenství; Enlightenment)라 불렀다.

한편 18세기 유럽의 정치사는 군주에게 권력이 집중되는 절대주의의 시기로 기록되기도 하는데, 이러한 정치적 절대주의가 사상적인 계몽주의와 결합함으로써 계몽적 절대주의(osvícenský absolutismus)가 탄생하게 되었다. 그런데 이렇게 탄생한 계몽적 절대주의는 절대적 군주가 계몽적 사상에 입각하여 공평무사한 개혁을 추진한다는 계몽적-이신론적 국가상을 전제로 하고 있었기 때문에 완벽하게 기능하는 국가라는 기계는 어떠한 결함도 용납하지 아니하며, 따라서 그 기능을 방해하는 자에게는 가차 없이 징벌을 가한다는 원칙을 낳게 되었고, 이는 다시 국가의 안정을 지키고 국가의 이익을 위한다는 구실로 경찰주의적 테러를 정당화시키는 경찰국가적 절대주의를 낳기도 하였다.

18세기 말에 이르러 권력의 중앙 집권화에 성공한 합스부르크 절대군주국은 중부 유럽의 강자로서 유럽의 여러 열강들과 어깨를 나란히 할 수 있었다. 그런데 바로 이 시기에 호전적인 프리드리히 2세(Friedrich II, 1740~1786)의 프러시아가 독일의 최강국으로 부상함으로써 합스부르크 군주국의 강력한 경쟁자가 되었다. 이리하여 1740년 카렐 6세의 합스부르크 왕조가 남성 가계에서 대가 끊어져서 그의 딸인 마리아 테레지아(Marie Terezie; Maria Theresia, 1740~1780)가 왕위를 계승하게 되자, 호전적인 프리드리히 2세는 이를 기회로 체코 왕국의 실레지아를 침공하였다. 이렇게 하여 1748년까지 지속된 합스부르크 왕위 계승 전쟁(1740~1748년)은 결국 오스트리아의 패배로 끝났으며, 합스부르크의 오스트리아는 당시 가장 공업화된 실레지아의 대부분과 클라트스코를 프러시아에 양도하지 않으면 안 되었다. 이후 이 지역은 체코 왕국으로부터 영원히 떨어져 나가게 되었는데, 체코 왕국으로서는 자신과는 아무런 관계도 없는 전쟁으로 너무나도 큰 손실을 감수해야만 했다.

8년간의 전쟁을 통해 인적, 물적 자원의 조달에 있어서 체코 땅이 얼마나 중요한가를 깨닫게 된 마리아 테레지아는 곧 체코 땅의 행정 개편에 착수하였고, 이는 체코 국가의 독립성에 대한 결정적인 타격으로 작용하였다. 그녀는 1749년 오스트리아의 궁정 행정원과 더불어 체코 궁정 행정원도 동시에 폐지하고, 그 대신 새로운 중앙 행정 기구를 창설하여 양쪽 땅의 행정을 모두 관장하게 하였다. 그 후 1753년에는 도시와 주에 대해서도 행정 개혁을 단행하여 모든 권력을 수도인 비엔나로 집중시킴으로써 중앙 집권적 권력 구조를 더욱 공고히 하였고, 이로써 체코 왕국의 지위는 더욱 더 격하되었다.

8년 전쟁이 끝난 지 8년 만인 1756년 영국의 지지를 받은 프러시아와 프랑스, 러시아의 지지를 등에 업은 오스트리아가 중부 유럽의 패권을 놓고 다시 한 번 격돌하게 되는데, 이것이 바로 7년 전쟁(1756~1763년)이었다. 이 전쟁에서도 계몽적 개혁에 있어서 한 발 앞선 프러시아에 고전한 합스부르크의 오스트리아는 개혁 정책의 필요성을 절감하게 되는데, 이러한 개혁 정책을 주도한 사람이 바로 1764년 신성 로마 제국의 황제에 오르고, 1765년 자신의 어머니인 마리아 테레지아와 더불어 합스부르크 군주국의 공동 통치자가 된 요세프 2세(Josef II.; Joseph II, 1780~1790)였다. 요세프주의(josefinismus)로 불리기도 하는 그의 개혁 정책의 요체는 인간은 하느님 앞에서 평등하기 때문에 귀족과 성직자들의 기존의 특권은 시정되어야 하고, 따라서 귀족에게 종속된 농노는 해방되어야 하며, 비생산적인 교회 재산은 국가에 환원되어야 하고, 인간의 본능에 역행하고 국가의 인구 증가를 억제하는 금욕주의와 독신주의는 배격되어야 하며, 국가의 모든 신민은 하늘나라의 하느님을 섬기듯 국가의 군주를 섬겨야 하고, 의무적인 교육을 통해 강력한 국민이 되어야 한다는 중상주의적 인구 증가주의(merkantilistický populacionismus)를 근간으로 하였다.

그런데 요세프 2세의 개혁 정책의 목표는 중부 유럽에서는 프러시아의 세력 팽창을 견제하고, 남동부 유럽에서는 오스만 터키 제국의 세력 확대를 저지하기 위한 강력한 국가 건설에 있었기 때문에 이를 달성하기 위해서는 무엇보다도 국가 경제의 토대를 굳건하게 하는 것이 급선무였다. 그러나 대(對)프러시아 전쟁에서의 패배로 인해 군주국 내의 가장 공업 선진 지역인 실레지아를 상실한 합스부르크 군주국으로서는 군주국 내의 또 다른 공업 지역인 보헤미아와 모라비아의 중요성에 주목하지 않을 수 없게 되었다. 이에 따라 비엔나 중앙정부의 지원을 등에 업은 체코 땅의 공업화는 더욱 박차를 가하게 되고, 18세기 말에 이르면 기존의 유리, 맥주, 곡물 외에도 텍스타일, 견직, 제지, 제당, 도자기 공업 등이 활기를 띠기 시작하면서 1791년에는 레오폴트 2세(Leopold II.; 1790~1792)의 대관식 기념행사로 프라하에서 산업 박람회가 개최될 정도로 체코 지역의 공업은 괄목할만한 성장을 보였다.

합스부르크 군주국의 계몽적 개혁 정책이 지향하는 바가 부국강병에 있는 만큼 농업과 농촌의 개혁 또한 필수적인 것이었다. 1680년의 대규모 농민 반란을 농노제의 일부 완화라는 미봉책으로 진정시킨 바 있는 합스부르크 군주국으로서는 1775년의 대대적인 농민 봉기에 즈음해서는 농노제에 대한 근본적인 대책을 강구하지 않을 수 없게 되었다. 그리하여 1781년 체코 땅에서의 농노제 폐지에 대한 칙령(patent o zrušení nevolnictví)이 공포되었고, 이로써 영지에 복속된 농민들은 봉건 영주의 허가 없이도 결혼과 이주가 가능했고 자녀들을 학교에 보낼 수도 있었다. 그러나 봉건 영주에 대한 강제 노역의 의무, 현금세와 물납세에 대한 의무는 그대로 유지되었기 때문에 여기저기에서 다시 농민 반란이 일어

My Jozef Druhý, z Božj Milosti wywolený Římský Cýsař, po wssechny Časy Rozmnožitel Říjše, Král w Germanii, Geruzalémský, Uherský, Český, Dalmátský, Charwátský, Slawanský, Halický, a Lodomirský, rc. Arcy-Kníže Rakauský, Kníže Burgundský, Lotharinský, Sstýrský, Korytánský, a Kránský, Welký Kníže Toskánský, a Sedmihradský, Markrabě Morawský, Kníže Brabantský, Limburgský, Lucemburgský, Gelderský, Wirtenbergský, w Wrchním, a Dolním Slezsku, Mediolánský, Mantuánský, Parmazánský, Piacenský, Gwastalský, Auswicský, a Zatorský, w Kalábrijch, Baaru, w Monteferrátu, a w Tessnu; Kníže Swábský, a w Charleville, Kníže-Hrabě Habsburgský, Flanderský, Tyrolský, Ho-

[그림 33] 요세프 2세 황제의 농노제 폐지에 대한 칙령 (1781년 11월 16일)

나기 시작하였다. 이에 요세프 2세는 1785년부터 전국적인 토지 조사에 착수하였고, 이를 토대로 1789년 혁명적인 조세 정책을 발표하게 되었다. 그러나 이러한 정책들은 체코 농민들로부터 인민 군주(lidový panovník) 혹은 농민 황제(selský císař)로 칭송받던 요세프 2세가 죽고 1790년 그의 아들인 레오폴트 2세가 등극하면서 많은 부분이 폐지되고 말았다.

국가를 부강하게 하고 국방을 튼튼히 하기 위해서는 경제 건설 못지않게 중요한 것이 교육을 통한 국민의 자질 함양이었다. 이에 따라 요세프 2세와 그의 측근들은 교육 개혁에 착수하였고, 1774년 마침내 새로운 교육 정책을 공포하여 6세에서 12세까지의 아동들에게 의무교육 제도를 도입하였으며, 초등 및 중등 교육 제도를 새로이 정비하였다. 1784년에는 실용적인 전문 인력과 사무 관료의 양성이라는 국가 목표에 부응하도록 프라하 대학을 개편하였다. 물론 프라하 대학에 대한 이와 같은 실용성을 담보하기 위한 개편은 이론 분야의 쇠퇴라는 부작용을 낳기도 하였다. 그런데 이와 같은 계몽적 절대주의에 입각한 교육 개혁은 농민들이나 하층민들에 대한 인도주의적 교육과는 사실상 거리가 먼 것으로서, 절대주의 국가의 권력 강화를 위한 국가 의식과 일사불란한 규율 의식의 함양을 궁극적인 목표로 하고 있었다. 그럼에도 불구하고 일반 국민들에 대한 의무 교육 제도의 도입은 사법 제도의 개혁을 통한 인권의 보장과 더불어 계몽주의 정신의 승리가 아닐 수 없었다.

요세프 2세 황제의 교회에 대한 본격적인 개혁은 1773년 예수회의 폐지로부터 출발하는데, 이 개혁은 종래까지 예수회에 소속되어 있던 김나지움이나 대학들과 같은 교육 기관의 교회로부터의 해방을 의미하고 동시에 교육의 종교로부터의 해방을 의미하는 혁명적인 조치였다. 요세프 2세는 또한 국가 행정에 참여하고 있던 성직자들을 물러나게 하고 대신 전문 관료들로 충당함으로써 교회의 정치에 대한 참여를 배제하였으며, 교회 자체도 국가 행정 개혁의 대상으로 삼아 부속 재산들을 국유화하거나 국가 복지 시설이나 자선 단체에 귀속시켰다. 그리고 1781년에는 관용의 칙서(tolerančni patent)를 발표하여 체코 땅에서의 종교의 자유를 보장하였다. 이로써 빌라호라 전투 이후 실로 160년 만에 루터 교와 칼뱅 교와 같은 개신교가 합법적인 종교로 인정받게 되었고, 동방 정교회와 유대교도 종교의 자유를 획득하게 되었다.

[그림 34] 쟁기질하는 요세프 2세 황제 (남부 모라비아의 슬라비코비츠 인근 마을, 1769년 8월 19일)

마리아 테레지아 여제와 요세프 2세 황제 모자의 개혁 정책은 교육과 종교에서뿐만 아니라 문화면에 있어서도 상당한 활력을 불러일으킴으로써 체코 문화가 새로이 부흥할 수 있는 계기를 마련해 주었다. 물론 요세프주의(josefinismus)로 일컬어지기도 하는 이 개혁 정책이 지나치게 실용성에 치중한 관계로 루돌프 황제의 유명한 소장품들과 같은 귀중한 문화재를 무분별하게 처분한다든지 프라하 성을 군사 기지화하는 등의 부정적인 측면이 없지 않았으나, 학문, 문학, 음악, 특히 계몽주의와 이성주의에 입각한 학문에 대한 지원과 장려는 체코 문화의 발전에 적지 않게 이바지하였다. 그의 재임 기간 중인 1784년에 체코 학술원이 설립되었고, 이는 곧 체코 왕립 학술원(Královská česká společnost nauk)으로 발전하여 체코 학문 발전에 크게 공헌하였다. 또한 1783년에는 프라하에 스타보프스케 디바들로(Stavovské divadlo)라는 극장이 설립되어 모차르트의 '돈 조반니'를 비롯한 많은 가극과 연극들이 상연되었는데, 이 중에는 체코 어

[그림 35] 18세기 말의 프라하 시가지 모습 (작가미상)

로 된 공연도 포함되어 있었다. 그리고 1770년대 초에는 모라비아의 올로모우츠에 합스부르크 군주국 내 최초의 음악 콘서바토리의 전신인 올로모우츠 콜레기움(Olomoucké kolegium)이 설립되어 음악인들의 양성에 크게 이바지하였다.

한편 비엔나 황실의 행정 개혁과 새로운 기구의 신설 및 중앙 집권적 관료제의 도입과 농노제의 폐지 등으로 세력이 약화된 체코 땅의 귀족들은 반(反)개혁적인 입장에 서게 되었는데, 이러한 과정에서 이들 귀족들은 체코 땅의 자율권을 지지하고 체코 땅의 역사를 계승하며, 체코 왕국의 정통성을 회복할 것을 주장하면서 지역 애국주의(zemský patriotismus)를 표방함으로써, 체코 민족 부흥 운동(české národní obrození)의 선구가 되었다. 그러나 이들의 반(反)합스부르크적인 지역 애국주의는 다분히 기회주의적이고 집단 이기주의적인 동기로부터 출발하기 때문에 그 근본적인 한계를 벗어날 수 없었다.

따라서 이후 프랑스 혁명과 자유주의의 물결이 중부 유럽에서도 영향을 미치게 되고 이에 따라 자신들의 이익과 권위에 대해 위협을 느끼기 시작하면서, 지역 애국주의를 주창하였던 이들 귀족들은 결국 합스부르크 당국의 반동 정치에 편승하여 비엔나 황실의 동조 세력으로 변모하고 만다. 반면에 이와는 대조적으로 체코 민중에 뿌리를 박고 있는 도시의 소(小)부르주아지와 인텔리겐치아들은 체코 어와 체코 역사의 부활을 부르짖고, 체코 민족의 정통성에 대한 회복을 주창하고 장려하면서 체코 민족 부흥 운동의 영원한 기수가 되고 지지자가 되어 체코 민족의 르네상스를 주도하였다.

Czech and
Slovak History

Czech and Slovak History

제6장

고대 및 중세 슬로바키아 (10~18세기)

Czech and Slovak History

고대 및 중세 슬로바키아 (10~18세기)

제6장

6.1. 고대 슬로바키아

907년 브라티슬라바(Bratislava) 근교에서 있었던 마자르 인들과의 전투를 끝으로 대(大)모라비아 제국이 재기불능으로 붕괴되면서 슬로바키아는 이후 1천 년간에 걸쳐 마자르 인들의 나라인 헝가리의 지배하에 놓이게 되었다.

동쪽의 아시아로부터 이동해 온 마자르 인들은 피노우그리아 어족(Finno-Ugric)의 반(半)유목민으로서 남부 러시아와 북부 흑해 연안을 거쳐 9세기 말경에 이미 오늘날의 헝가리 동북부인 자티시(Zátiší)에 이르렀고, 더욱 서쪽으로 이동하여 티샤 강과 다뉴브 강 사이의 저지대에 정착하게 되는데, 이때의 마자르 인들은 후에 헝가리 최초의 왕조로 발전하는 아르파드(Arpád, 헝가리어 Árpád) 부족을 정점으로 하는 부족 연합 형태를 취하면서 반유목 생활을 영위하였고 그 호전성과 용맹성으로 이름이 높았다. 이들은 이미 9세기 말경 독일의 아르눌프(Arnulf) 왕을 도와서 대모라비아 제국의 스바토플루크(Svatopluk)를 상대로 전투를 벌이기도 하였다.

그 후 902년의 모라비아 지역에 대한 기습 공격이 비록 실패로 끝났음에도 불구하고, 마자르 인들의 헝가리 군대는 이후 매년 침입을 거듭하여 남서부 슬로바키아의 주요 거점들을 하나씩 확보하기 시작하였고 대모라비아 제국은 수년이 못가 무너지고 말았다. 이후에도 마자르 인들은 다뉴브 강을 중심으로 하는 주변 지역에 대한 약탈과 노략질의 침략전쟁을 계속해 오다가 955년 바바리아의 레흐(Lech)강 유역에서 독일-체코 연합군에 의해 대패한 이후 약탈 전쟁과 반(半)유목 생활을 청산하고 정착과 농업으로 전환하게 되었으며, 11세기에 들어와서는 기존의 부족연합 형태에서 국가 형태로의 발전을 보게 되었다.

10세기의 슬로바키아 지역에 대한 역사적 기록은 매우 드문 편이지만 이곳의 많은 지역을 지방 토호들이 장악하고 있었음은 분명하다. 그러다가 남부와 서남부 슬로바키아에 군대를 주둔시키고 있던 헝가리 군대가 슬라브 토착민들을 밀어내면서 점차 북진하였고, 여타 지역에서는 10세기 후반부터 체코와 폴란드의 군주들이 서로 이해를 다투면서 이곳을 넘나들다가 때로는 일시적으로 정복에 성공하기도 하였다. 하지만 11세기 전반에 이르러 체코와 폴란드의 압력이 사라지면서 헝가리 아르파드 왕조에 의한 이 지역에 대한 지배가 점차 성숙되기 시작하였다.

헝가리 국가의 시작은 아르파드의 손자 턱쇼니(Taksony, 955~972)와 그의 아들 게이자 [Gejza, 헝가리 어 게저(Géza), 972~997] 공으로부터 출발하여 그의 아들인 슈테판 1세[Štěpán I.; 헝가리 어 이슈트반 1세(I. István), 997~1038]에 이르러 그 토대가 확고해졌다. 슈테판 1세의 통치 기간 중에 헝가리 인들은 본격적으로 기독교를 받아들이게 되는데, 여기에는 게이자 대공을 세례 시킨 프라하의 보이테흐(Vojtěch) 주교가 이끄는 체코 선교단의 역할이 컸을 뿐만 아니라 마자르 인들이 이동해 오기 이전에 이미 이곳에 정착하면서 대모라비아 제국 하에서 먼저 기독교와 기독교 문화에 친숙한 슬라브 원주

[그림 36] 헝가리 왕국의 창건자 슈테판 1세 (작가 미상, 1360년)

민들의 역할 또한 무시할 수 없는 것이었다. 이러한 사실은 종교와 관련된 헝가리 어의 다수가 슬라브 어에서 유래하고 있다는 사실에서 잘 드러나고 있다. 그리고 헝가리의 초대 대주교 또한 보이톄흐의 체코 선교단의 일원으로 온 일명 아스트리크(Astrik) 혹은 라들라(Radla)로 불렸던 아나스타시우스(Anastasius)였다.

슈테판 1세는 11세기 초 교황으로부터 왕의 칭호를 받음으로써 점차 부족장들의 세력을 제압하면서 헝가리 국가의 토대를 세우고 군사, 행정, 입법, 사법에 걸친 당시로서는 상당히 선진된 국가 체제를 조직하였다. 국가는 쥬파(župa)라고 하는 행정 조직으로 세분되고 각 쥬파의 중심지인 성에는 왕의 군대와 행정관들이 주재하였다. 슬로바키아에도 11세기에 이미 15개의 쥬파가 존재하였으며, 기존의 슬라브 인들의 성들인 데빈(Devín), 브라티슬라바(Bratislava), 니트라(Nitra), 스타리테코프(Starý Tekov)도 쥬파의 중심지가 되었다. 그리고 이들 쥬파의 성들에 상주하는 왕의 전사들과 행정관들은 차츰 새로운 귀족층을 형성하게 되는데, 이들은 물론 대부분이 헝가리 인들이었다. 이렇게 하여 12세기에 이르면 슬로바키아 땅의 헝가리 왕국에의 편입이 완전히 끝나게 되고, 헝가리 왕국의 국경선은 북으로 카르파티아 산맥, 동으로 트란실바니아, 남으로 크로아티아와 슬로베니아에 이르는 광대한 지역을 포괄하게 되었다.

헝가리에 편입된 이후의 슬로바키아는 아무런 자치권도 갖지 못하였다. 아르파드 왕조는 강력한 중앙 집권적인 정책을 펴고 있었고, 슬로바키아에 군림하는 헝가리 출신의 귀족들은 말할 것도 없거니와 슬로바키아 출신의 귀족들 또한 왕실에 의지함으로써 자신의 이권 확보에 주력하였다. 그럼에도 불구하고 슬로바키아 땅의 슬라브 인들의 헝가리 국가와 헝가리 사회의 형성에 대한 역할은 주목할 만한 것이었다. 헝가리 인들이 처음 다뉴브 강 유역에 정착하였을 때의 슬로바키아, 특히 서남부와 남부 슬로바키아는 상당히 발전된 지역이었다. 대모라비아 제국 하에서 이미 씨족 사회나 부족 사회의 변화를 경험하였으며, 기독교를 받아들이고 그 문화적 전통에 익숙해 있었다. 따라서 슬로바키아 인들은 마자르 인들의 정착 생활과 국가 형성에 직접적으로 혹은 간접적으로 영향을 줄

[그림 37] 스칼리차의 성 이르지 로툰다 (로마네스크 양식)

수 있었다. 당시 농업, 국가 행정, 그리고 기타 생활 분야에서 사용되던 헝가리 어에 많은 슬라브 어가 차용되고 있다는 사실이 이를 뒷받침한다.

한편 11세기와 12세기의 헝가리와 슬로바키아 땅에서는 기독교의 확산에 따른 교회의 건설과 더불어 초기 로마네스크 문화가 등장하기 시작하는데, 이는 물론 대부분 교회가 중심이 되었다. 슬로바키아의 대표적인 로마네스크 건축물로는 스칼리차, 데흐티체, 얄쇼바우트르나비, 비냐우노비흐잠쿠의 로툰다, 그리고 코스톨라니포트트리볘촘, 드라죠프체우니트리 등의 측랑(aisle)이 하나인 교회와 디아코프체, 카플나우브라티슬라비 등의 측랑이 여럿인 바실리카 등을 꼽을 수 있다. 또한 스피슈스키흐라트의 건축과 교회 건물의 벽화나 조각물에서도 로마네스크 양식을 엿볼 수가 있다.

6.2. 중세 슬로바키아

13세기에 접어들면서 슬로바키아 땅은 헝가리에서와 마찬가지로 많은 변화를 겪게 되는데, 경작지가 늘어나고 주거지가 전국적으로 확대되면서 기존의 농업 이외에도 산간 지역에서는 목축업이, 평야 지대에서는 원예와 포도 재배가 성행하고 광산의 개발이 활발해지며 곳곳에서 새로운 도시들이 생기기 시작하였다. 그리고 이러한 변화는 14세기까지 이어지면서 중세 슬로바키아를 경제 발전의 시기로 만들어 주었다.

한편 11세기와 12세기의 헝가리 내 귀족들의 숫자는 극히 제한적인 것이었으나 13세기에 들어와 이들의 수가 현저하게 늘어나면서 자신들의 세력을 확장해 나갔다. 또한 대(大)귀족 계층 이외에도 제만(zeman)이라는 소(小)귀족 층이 새로이 형성되기 시작하면서 종속 민들에 대해 현금과 현품으로 내는 세금 이외에도 강제 노역(robota)이 부과되었다.

1222년 온드르제이 2세 [Ondřej II., 헝가리 어 언더라시 2세(II. Andrsás), 1205~1235]의 황금칙서(Zlatá bula)로 귀족들의 권리가 크게 확대되었는데, 여기에는 귀족들의 경작지에 대해서는 세금을 부과할 수 없고, 재판에 의하지 않고서는 재산을 박탈당하지 아니하며, 헝가리 국경 밖으로 군대를 파견할 의무를 지지 아니하며, 만일 군주가 황금칙서의 이러한 약속을 어길 때에는 귀족들은 군주에게 저항할 수 있는 권리를 갖는다는 등의 조항이 포함되어 있었다. 이리하여 이 황금칙서는 이후 4세기 동안 헝가리 귀족들의 귀중한 권리 장전이 되었다. 그리고 1267년에는 소귀족 층인 제만들도 이와 유사한 특권을 얻어냄으로써 헝가리 귀족들의 위치는 더욱 더 공고해졌다.

1241~1242년 타타르의 중부 유럽 침입은 헝가리 땅, 특히 슬로바키아 지역을 철저히 유린하면서 이 지역을 공포의 도가니로 몰아넣었다. 헝가리 왕 자신이 간신히 목숨만을 부지하여 패주할 정도로 강력하였던 타타르 군은 결국 자체의 내부 문제로 스스로 물러나고 말았지만, 이때의 공포로 국토의 곳곳에는 수많은 성곽들이 건설되기 시작하였다. 벨라 4세 [Béla IV., 헝가리 어 벨러 4세(IV. Béla), 1235~1270)는 영주들에게 영주 자신의 성을 구축할 권리를 부여함과 동시에 새로운 봉토의 하사로 이를 지원하였다. 이리하여 13세기 후반 슬로바키아에는 수많은 고딕 양식의 성들이 생겨나게 되는데, 이러한 현상은 당시 다른 지역에서는 찾아보기 어려운 매우 이례적인 현상이었다. 벨라 4세는 또한 타타르의 침입 이후 지방 행정 조직인 쥬파를 강화하였다. 그런데 왕은 이 쥬파의 최고 행정 책임자인 쥬판(župan)만을 임명 혹은 임명 동의하는 권리만을 행사할 뿐, 다른 행정 관료들에 대한 임면권은 귀족들에게 일임하였다. 이리하여 쥬파는 그 자체가 정치, 행정, 재정 면에서 거의 독립된 지위를 누리게 되는 행정 기구로 발전하였고, 이는 결국 중앙으로부터의 통제력 약화를 가져왔다. 한편 슬로바키아 땅의 헝가리 귀족들에 의해 지배되는 각 쥬파들로의 분할은 결국 슬로바키아로 하여금 하나의 통일된 정치적, 행정

적, 문화적 센터를 갖지 못하게 하였을 뿐만 아니라, 향후 슬로바키아가 민족적 동질성을 갖는 하나의 독립된 민족으로 발전해 나가는데 있어서 작지 않은 장애로 작용하였다.

이미 11세기와 12세기부터 교통의 요지인 브라티슬라바, 트르나바, 니트라 등에는 시장이 발달하면서 도시가 형성되기 시작하였고, 이들은 왕으로부터 특권을 부여받는 왕실 도시(královské město), 즉 자유 도시로 발전해갔다. 해당 지역 쥬파의 통제에서 벗어나 왕에게 직속된 이들 왕실 도시들은 많은 특권들을 누리고 있었는데, 이중에는 해당 시의 시장, 시 행정 당국, 교구 목사 등의 선출권, 자유 무역권, 토지 소유권 등이 포함되어 있었고, 관세, 통행세 등의 세금에 대한 전부 혹은 일부 면제가 포함되어 있었다. 한편 헝가리와 슬로바키아에서의 도시의 발달과 더불어 외국으로부터, 특히 독일로부터의 이주자가 급격히 늘어나게 되는데, 13세기 이전에 이미 시작된 독일인들의 식민은 타타르의 침입 이후 특히 황폐화된 국토의 재건을 위해 대규모로 이루어졌다. 그런데 서유럽의 선진된 기술과 경험들을 함께 가지고 들어온 이들 신입자들은 많은 특권을 부여받으면서 슬로바키아 도시들에 대한 지배를 넓혀갔다.

이 시기의 슬로바키아는 금, 은, 동, 철 등의 광산으로 유명하였다. 독일인 이주자들은 자신들의 선진된 기술을 여기에서도 십분 활용하였는데, 이 시기의 유명한 슬로바키아 광산 도시들 중 대표적인 것들로는 반스카슈티아브니차(Banská Štiavnica), 반스카비스트리차(Banská Bystrica), 겔니차(Gelnica), 크렘니차(Kremnica) 등이 있었고, 특히 크렘니차의 두카트(dukát)는 당시 유럽에서 가장 유명한 금화 중의 하나로 손꼽혔다. 그리고 연간 1백 톤의 은을 생산하여 유럽 전체 은 생산량의 $\frac{1}{4}$을 점하던 슬로바키아의 은광 또한 명성을 날렸다.

교통의 요충지와 광산을 중심으로 발달하기 시작한 이 시기의 슬로바키아 도시들의 성장은 괄목할만한 것으로서, 14세기에 이르러 크고 작은 도시들의 수가 거의 1백에 이르렀고, 슬로바키아 지역의 왕실 도시, 즉 자유 도시가 헝가리 왕국 전체 자유 도시의 60% 이상을 점유하였다. 그리고 14세기 후반에 이르면 슬로바키아 지역의 도시들은 헝가리 왕국 전체에서 가장 인구 밀도가 높고 중요성도 높아 슬로바키아는 중세 헝가리 왕국의 가장 선진된 지역에 속하였다. 그리고 도시의 발달이 증대될수록 당시 독일인들이 장악하고 있던 도시들로의 슬로바키아 인들의 유입도 늘어나기 시작하였고, 양 민족 간의 갈등이 심화되면서 분쟁도 빈발하였는데, 가령 질리나(Žilina) 시의 양 민족 간의 분쟁의 경우에는 왕이 중재에 나서기도 하였다. 하여간 슬로바키아 도시들의 점진적인 슬로바키아화(化)는 필연적인 현상으로서 이때부터 점차 가시화되기 시작하였다 .

1301년 온드르제이 3세[Ondřej III., 헝가리 어 언더라시 3세(III. Andrsás), 1290~1301)가 죽음으로써 아르파드 왕조가 끝나고 헝가리는 후계 문제로 혼란에 빠져 들었으며, 슬로바키아 지역은 당시 헝가리 왕 다음의 실력자로 군림하던 차크 트렌치안스키(Čák Trenčiansky, Matúš, 1260?~1321)의 수중에 들어갔다. 그는 헝가리 왕위에 대한 후보로 체코의 바츨라프 3세(Václav III.)를 지지하였지만, 곧 이를 철회하면서 모라비아를 침공하기도 하였다. 어떻든 바츨라프 3세는 라디슬라프 5세(Ladislav V.)로 대관식을 갖고, 1301-1304년의 기간 동안 헝가리 왕위를 보유하였으며, 차크는 자신의 주성인 트렌친(Trenčín)에 왕국에 버금가는 궁궐을 건설하고 1321년 죽을 때까지 동부 지역을 제외한 대부분의 슬로바키아 지역에 대한 절대 권력을 행사하였다. 이는 헝가리의 새로운 왕가인 앙주(Anjou) 왕조의 카렐 2세 로베르트(Karel II. Robert z Anjou, 1308~1342)가 헝가리를 통치하고 있을 때에도 마찬가지였다.

[그림 38] 코시체의 성 알쥬베타 대성당 (14세기 말, 슬로바키아에서 제일 크고 유럽에서 가장 동쪽에 위치한 고딕 성당)

앙주 왕가의 다음 왕인 루드비크 1세(Ludvík I. z Anjou, 1342~1382)가 이제 공고해진 왕권을 발판으로 팽창 정책을 펼치면서 폴란드 왕을 겸하게 됨으로써 헝가리 왕국의 영토는 아드리아 해에서 발트 해에 이르는 광대한 제국을 형성하게 되었고, 한 중앙에 위치한 슬로바키아는 제국 내에서 가장 발전된 지역으로서의 그 위치가 확고하였다.

슬로바키아의 중세 도시들은 수공업, 상업, 광업 발전의 중심지가 되었을 뿐만 아니라, 중세 문화의 중요한 센터이기도 하였다. 슬로바키아에는 13세기 중반부터 고딕 문화가 침투하기 시작하였으며, 이제 막 생겨나기 시작하는 도시들의 성당, 수도원, 저택, 성곽들의 건물에 도입되었다. 이리하여 14세기에 들어서면 슬로바키아의 고딕 예술은 꽃을 피우기 시작하는데, 당시의 선진된 프라하나 비엔나 등의 영향이 뚜렷하였다. 이 시기에 그 기초가 놓인 코시체의 성 알쥬베타(sv. Alžběta) 교회는 슬로바키아 내의 가장 중요한 고딕 기념물이었고, 브라티슬라바의 성 마르틴(sv. Martin) 성당 또한 유명한 고딕 건축물에 속하였다. 그리고 즈볼렌(Zvolen)이나 프레쇼프(Prešov)에서도 뛰어난 고딕 기념물들이 발견되고 있지만 14세기까지는 많은 지역에서 로마네스크 양식도 동시에 성행하였다.

6.3. 후스주의와 슬로바키아

교회와 사회 개혁의 필요성을 주창하는 후스주의 개혁 운동이 슬로바키아에 침투하기 시작한 것은 14세기 후반부터 프라하 대학에서 공부하기 시작한 슬로바키아 유학생들을 통해서였다. 그러나 이들 슬로바키아 후스주의자들은 아직 이곳에서의 사회적 여건의 미성숙으로 인해 다시 프라하로 돌아와서 체코 후스주의 운동에 가담하기도 하였는데, 바브리네츠(Vavrinec z Račic, J.)가 이 시기의 가장 이름난 슬로바키아 후스주의자였다.

그러나 슬로바키아의 대다수 일반 국민들의 후스주의자들과의 접촉은 1420년대로서, 1428년 후스주의의 유명한 장군 프로코프 홀리(Prokop Holý)가 이끄는 군대가 처음으로 브라티슬라바까지 진격하였고, 1429년에서 1433년에 이르는 기간 동안 체코 후스주의 군대의 수차례에 걸친 슬로바키아 원정이 있었다. 이 원정의 결과로 트르나바, 토폴치아니, 스칼리체, 질리나 등지에 후스주의 주둔지가 건설되어 주변 지역이 후스주의 군대의 수중에 놓이게 되었다. 물론 이들에 대한 슬로바키아 주민들의 호응도 적지 않았지만, 1432년 세 차례에 걸친 브라티슬라바에 대한 함락 시도는 실패로 돌아갔다.

이후 귀족들과 왕실의 알력 사이에서 후스주의 전사들은 각기 헝가리 군대와 오스트리아 군대의 용병으로 들어가기도 하면서 상호 분열을 보이기도 하지만, 약 2만 명에 이르는 후기의 슬로바키아 후스주의 전사들은 악사미트(Axamit z Lidéřovic, P.)의 지도 아래 15세기 중반까지 전설적인 지슈카 장군의 군율과 공동 소유의 후스주의 원칙에 따른 생활을 유지하였다. 그러나 전적으로 약탈에 의존해야 하고 야외의 혹독한 병영 생활을 감당해야 하는 이들에게는 초기의 후스주의 정신과 원칙은 아득히 먼 이상에 불과한 것이었다. 결국 마티아시 1세[Matyáš I. Korvín, 헝가리어 마차시 1세(I. Mátyás), 1458~1490]이 헝가리 왕으로 등극함으로써 헝가리 정국이 안정을 되찾는 것과 때를 같이하여 슬로바키아 후스주의 전사들은 왕 마티아시 자신이 몸소 참여한 원정군에 의해 1467년 완전히 무너지고 말았다.

후스주의 군대의 슬로바키아 원정과 그에 따른 후스주의 군대의 주둔으로 인해 슬로바키아의 도시들에 대한 독일인들의 지배가 현저히 약화되기 시작하면서 슬로바키아 인들의 부상이 두드러지기 시작하였다. 이와 같은 도시들의 슬로바키아화는 빠른 속도로 진행되어 15세기에 이미 질리나, 로쥼베르크, 트렌친과 같은 도시들은 거의 완전히 슬로바키아 도시가 되어 있었다. 후스주의와 더불어 들어온 체코 어가 제일 먼저 침투한 곳도 이들 도시들이었고, 점차 그 사용이 확대되어 나중엔 일부 귀족들 간에, 그리고 마티아시의 통치기에는 왕실 행정원의 행정과 사무에까지도 체코 어가 사용되기도 하였다. 가령 1451년부터 질리나 시의 장부는 체코 어로 기록되어 있었고, 1473년 이곳에서 나온 독일 막덴부르크 시의 규정집에 대한 번역은 슬로바키아 어화한 체코 어로 되어 있었다.

물론 당시는 아직 슬로바키아 어가 자기 고유의 문자를 갖지 않은 시기였다. 어떻든 이와 같은 슬로바키아와 체코 간의 언어 교류를 포함한 문화 교류는 당시의 정치적 상황의 결과이기도 하지만, 두 언어 사이의 너무나도 유사한 동질성 때문에 더욱 더 긴밀하였다.

마티아시 1세의 사후 헝가리 왕위가 당시 체코 왕위를 가지고 있던 폴란드 야기에오 왕가의 블라디슬라프(Vladislav Jagellonský, 1490~1516) 왕에게 넘어감으로써 체코-헝가리 연합 왕국이 탄생하게 되지만, 실제로는 양국의 귀족들이 각기 자신의 나라에 대한 독자적인 권력을 행사하고 있었다. 따라서 각 나라 귀족들의 권력은 막강한 것으로서 특히 오스만 터키의 직접적인 위협에 직면해 있음에도 불구하고 왕의 군대에 대한 지원을 거부한 헝가리 귀족들의 이기주의적인 자기 이익에 대한 집착과 권력 다툼은 그 도가 넘고 있었다. 결국 이들의 무관심 속에서 1526년에 치러진 모하치(Moháč, 헝가리어 Mohács) 전투는 헝가리-체코 연합군의 참패로 끝났고 젊은 왕 루드비크 2세(Ludvík II., 1516~1526) 또한 이 전투에서 전사하고 말았다. 이렇게 하여 중부 유럽을 향한 오스만 터키의 위협은 눈앞에 바싹 다가와 있었다.

이 시기의 슬로바키아는 대부분 가톨릭의 지배하에 놓여 있었지만 후스주의 개혁 사상은 개신교의 상륙을 위한 여건을 만들어 주고 있었다. 한 가지 특이한 것은 이때의 가톨릭 교회에서도 종교 의식이나 종교 문서에 체코 어를 사용하고 있었다는 점인데, 이는 슬로바키아의 일반 대중들이 지신들의 언어와 아주 유사한 체코 어를 별다른 어려움이 없이 이해할 수 있었기 때문이다. 체코 어는 또한 구어체 슬로바키아 어에 대해서도 영향을 주었을 뿐만 아니라 15세기 말부터는 슬로바키아 인들의 문어로 사용되기 시작하면서 그때까지 써오던 라틴 어의 독주에 제동을 걸었다. 그리고 교육의 보급과 더불어 도시에 일반 학교들이 생기기 시작하였고, 이들은 대개 기존의 수도원 부속학교들보다도 더 낳은 교육을 제공하였다. 또한 1467년 브라티슬라바에 설립된 헝가리 내 최초의 대학인 이스트로폴리탄 아카데미(Academia Istropolitana)도 1490년 정치적, 경제적 이유로 폐쇄될 때까지 슬로바키아 문화와 학문의 발전을 위해 크게 이바지하였다.

한편 15세기 후반의 슬로바키아 건축과 미술은 아직까지도 고딕 양식의 영향 아래에 놓여 있었는데, 슬로바키아 도시들의 아름다운 모습들은 대부분 이때에 그 외관이 형성되었다. 그리고 후기 고딕 양식의 미술과 조각은 특히 브라티슬라바, 스피시, 코시체, 그리고 반스카비스트리차와 같은 광산 도시들에서 찾아볼 수 있고, 새로운 르네상스 양식 또한 이때에 등장하기 시작하여 16세기 초엔 마르쿠쇼비체의 성곽, 바르테요프와 반스카비스트리차의 시청 청사에서 발견된다. 그리고 조각은 당대의 탁월한 장인인 레보차의 파볼(Pavol z Levoče, 1470-1537)의 후기 고딕에서 초기 르네상스에 이러는 작품들이 유명하였다.

[그림 39] 최후의 만찬 (레보차의 파볼, 16세기 초, 후기 고딕 양식 조각)

6.4. 오스만 제국과 슬로바키아

오스만 제국의 터키 군대가 1526년 가을 때 이른 퇴각을 한 후에 헝가리 땅의 대부분의 귀족들은 트란실바니아의 자폴스키(Zápolský; Zápolya) 공을 왕으로 추대하였다. 그러자 곧 헝가리 왕위에 대한 권리를 주장하고 나선 합스부르크의 페르디난트 1세(Ferdinand I., 1526~1564)가 전쟁을 선포하였고, 곧 자폴스키를 몰아낸 다음 헝가리 왕에 선출됨으로써 오스트리아, 체코, 헝가리를 잇는 중부 유럽 연합 국가가 탄생하게 되었다. 이에 자폴스키는 오스만 터키와 연합하여 수차례에 걸쳐 헝가리에 대한 재탈환을 시도하지만, 이러한 시도는 1540년 자신의 죽음과 더불어 수포로 돌아가고 말았다.

그러나 1541년 오스만 터키는 새로운 전쟁을 도발하였고, 이번에는 순식간에 수도 부다(Buda)를 점령하여 이 지역을 속령으로 만들면서 중부 헝가리를 장악하였다. 이에 슬로바키아는 더욱 북상한 터키 군대와 국경을 마주하게 되었고 합스부르크 군대가 방어에 나섰다. 결국 1547년 체결된 터키와의 평화 조약으로 이전의 헝가리 영토 중 슬로바키아, 서부 헝가리, 크로아티아를 잇는 지역만이 합스부르크의 연방으로 남게 되었다. 자연히 슬로바키아는 합스부르크 령 헝가리의 중심지가 되었고, 그 정치적, 경제적, 문화적 중요성도 크게 증대되었다. 헝가리 의회가 브라티슬라바(Bratislava, 항가리어 Pozsony, 독일어 Pressburg)로 옮겨 왔고, 헝가리 왕의 대관식도 이곳에서 행해지는 등, 브라티슬라바는 향후 150년 이상 합스부르크 령 헝가리 땅의 수도가 되었다. 대주교좌 또한 브라티슬라바 동북부에 위치한 트르나바로 옮겨 왔다.

16세기 전반기부터 슬로바키아 땅에서도 프로테스탄트가 급속하게 퍼져나갔다. 물론 독일로부터 건너 왔지만 1세기 전의 후스주의 운동의 영향도 무시할 수 없었다. 그런데 이들 프로테스탄트 교도들은 교황의 권위를 부정하고 성경을 믿음의 지주로 삼았기 때문에 교회의 외형적 꾸밈과 장식을 거부하였고 화려한 교회 의식도 배격하였다. 이처럼 프로테스탄트의 실용적인 성격상 도시의 호응이 컸고, 특히 동부 슬로바키아와 광산 도시들에서 강세를 보였다. 이리하여 16세기 중반에 이르러 이들 도시 시민들의 거의 대부분이 점차 프로테스탄트로 돌아서기 시작할 정도로 그 확산 속도가 빨랐다. 그리고 대부분의 헝가리 귀족들 또한 프로테스탄트로 기울었는데, 이들은 교회의 부와 권력에 대한 약화를 기대하고 있었고, 이로 인한 반대급부를 겨냥하고 있었다. 물론 귀족 영주들에게 복속된 종속민들은 대개 영주들의 종교를 따르게 되어 있었다. 그리고 종파적으로 본다면 슬로바키아 지역에서는 루터 교가 지배적이었지만, 헝가리 인들은 대개 보다 급진적인 칼뱅 교를 신봉하였다. 그러나 프로테스탄트 교회의 급격한 부상은 곧 가톨릭교의 반(反)종교 개혁(protireformace) 움직임을 촉발하였고, 1561년에 설립된 예수회가 이를 주도하였다.

한편 오스만 터키의 침입으로 이를 피해 슬로바키아의 도시들로 이주해 온 헝가리 인들, 기존의 독일인들, 슬로바키아 인들 간의 알력으로 인해 분쟁이 빈발하였다. 이에 페르디난트 1세는 1551년 칙령을 내려 제일 먼저 트르나바 시의 세 민족 구성원이 상호 균등한 권리를 갖도록 조치하였다. 그 후 이것이 전례가 되어 17세기부터 헝가리 의회는 이러한 원칙을 슬로바키아의 모든 도시들에 확대하여 적용하였다.

프로테스탄트의 유입과 더불어 휴머니즘과 르네상스도 함께 들어왔다. 그리고 프로테스탄트 교회와 가톨릭 교회의 상호 경쟁은 일반 국민들이 이해할 수 있는 언어를 사용하도록 유도하였고, 따라서 일반 국민들이 이해할 수 없는 기존의 라틴 어 대신에 별다른 어려움 없이 이해가 가능한 체코 어의 사용이 점차 확산되기 시작하였다. 이리하여 구문론적으로 슬로바키아 어적 요소가 많이 침투한 슬로바키아 어화한 체코 어의 라틴어 대체는 16세기를 통해 계속되었다. 문학, 드라마, 음악 등 여러 분야에서 새로운 작품들이 만들어졌고, 여기에는 종교적인 내용의 작품들뿐만 아니라 역사적인 송시와 연애시를 포함한 비종교적 내용의 것들도 포함되어 있었다. 그리고 16세기 후반 트르나바, 반스카비스트리차, 브라티슬라바 등지에 생겨난 새로운 출판사들이 문학 작품의 대중화에 이바지하였고, 키르메제르(Kyrmezer, P.), 실반(Sylvan, J.), 예센스키(Jesenský, J.) 등 체코에서 활약한 슬로바키아 학자들이 체코와 슬로바키아의 문화적 유대에 크게 공헌하였다.

슬로바키아의 르네상스 예술은 16세기 중반부터 꽃을 피우기 시작하였다. 기존의 고지대의 높다란 성곽에서 자신의 영지 중앙의 낮은 평지로 내려온 영주들의 새로운 대저택들에서도 르네상스를 엿볼 수 있었지만, 특히 도시들의 여러 건축물에서 르네상스 양식이 두드러지게 나타났다. 슬로바키아의 많은 도시들 중 르네상스 양식의 건축이 가장 두드러진 도시로는 반스카비스트리차, 반스카슈티아브니차, 크렘니차, 레보차, 프레쇼프 등을 꼽을 수 있다.

6.5. 반(反)종교 개혁과 슬로바키아

페르디난트 1세의 계승자들인 막스밀리안 2세(Maxmilián II., 1564~1576)와 루돌프 2세(Rudolf II., 1576~1608, 체코 왕으로는 1611년까지 재임)의 정책도 왕권의 강화, 종교 개혁의 저지, 가톨릭 세력의 지위 회복이라는 구태의연한 정책으로 일관하였다. 그러나 이러한 정책은 오스만 터키의 위협이 상대적으로 컸던 16세기에는 상호 양보와 타협을 바탕으로 효력을 발휘할 수 있었지만 다음 세기에 와서는 상황이 달랐다. 그리고 17세기에 넘어 오면서 슬로바키아와 합스부르크 령 헝가리의 대부분의 주민들은 이미 프로테스탄트를 신봉하고 있었고 대귀족들 또한 예외가 아니었다.

합스부르크 왕가와 헝가리 귀족 간의 최초의 충돌은 루돌프 2세가 몇몇 프로테스탄트 귀족들의 재산을 몰수하고 슬로바키아의 레보차와 코시체에 있는 루터 교회를 폐쇄하여 이를 가톨릭교에 귀속시키는 강압적 조치를 취하게 되자, 이에 항거하는 헝가리 귀족들이 반기를 들고 일어남으로써 시작되었다. 이리하여 1604년 트란실바니아의 보츠커이(Bocskai, István; 체코어 Bočkaj,š.)를 지도자로 한 반란군은 터키의 지원을 업고 순식간에 대부분의 슬로바키아를 장악하였다. 그 후 1606년 비엔나에서 체결된 강화 조약으로 보츠커이는 트란실바니아와 동부 헝가리에 대한 지배권을 확보하게 되었고, 헝가리 귀족들은 더 많은 권리와 종교적 자유를 보장받았다. 그러나 루돌프 2세가 이의 승인을 거부하고 나서자, 이번에는 그의 동생인 마티아시(Matyáš Habsburský, 1608~1619)가 반기를 들고 있어났고, 1608년 헝가리, 오스트리아, 모라비아 귀족들의 지원을 받아 루돌프 2세를 헝가리 왕위와 오스트리아 군주위로부터 퇴위시켰다.

1618년 체코 귀족들의 반(反)합스부르크 항쟁으로 시작된 30년 전쟁 동안 헝가리 귀족들은 주로 반합스부르크 진영에 가담하여 싸웠고, 30년 전쟁 말기인 1644년의 대(對)합스부르크 항쟁에서는 일반 국민들의 종교적 자유까지도 쟁취하는데 성공하였다. 이리하여 1648년 베스트팔렌 평화 조약(Vestfálský mír)으로 30년 전쟁이 끝났을 때 합스부르크 군주국의 서유럽에서의 위치는 현저히 약화되어 있었다. 그러나 곧 안정을 되찾은 합스부르크 군주국은 전쟁으로 약화된 지위에 대한 보상을 동유럽에서 얻으려 하였고 그 전진 기지인 헝가리에 대한 통치를 더욱 강화하였다.

하지만 헝가리 귀족들은 자신들의 정치적 입지와 국제적 상황을 잘 이용하여 합스부르크 군주국의 절대주의적 중앙 집권주의 정책에 현명하게 대처함으로써 빌라호라 전투 이후의 체코 땅에서와는 다르게 자신들의 권리와 종교를 지켜낼 수 있었다. 그리고 합스부르크 측에서도 터키와 전선을 맞대고 있으며 귀족들의 저항이 강한 헝가리와 슬로바키아에서는 체코 땅에서처럼 철저한 중앙 집권화와 재(再)가톨릭화를 추진할 수 없어 이 지역의 비(非)가톨릭교를 많든 적든 허용하지 않을 수 없었고, 반(反)종교 개혁(protireformace) 정책도 강압적인 수단보다는 평화적인 수단에 의지하지 않을 수 없었다.

그런데 1663년 남부 슬로바키아 지역을 주요 전장으로 하여 오스트리아와 터키 간에 전쟁이 다시 발발하자 레오폴트 1세(Leopold I., 1657~1705)는 다음해에 서둘러 강화 조약을 체결하여 저항적인 헝가리 귀족들에 대한 견제와 재가톨릭화의 수단으로 사용하려 하였다. 이에 일부 귀족들이 반란을 모의하게 되지만, 1671년 반란 음모가 발각되자 주모자들이 처형되고 관련 귀족들의 재산이 몰수되었으며, 비가톨릭에 대한 탄압이 시작되었다. 동시에 강압에 의한 재가톨릭화가 전국적으로 추진되었으며, 이는 슬로바키아의 농촌 지역에까지도 확산되었다.

그러나 1677년 슬로바키아는 다시 반합스부르크 열기가 휩쓸고 지나갔다. 이번에는 케쥬마로크(Kežmarok) 출신의 귀족 퇴쾨이(Thököly, Imre)가 이를 주도하였다. 그의 군대는 순식간에 슬로바키아의 많은 지역을 점령하였다. 이에 레오폴트 1세는 반군에 대한 양보로 1681년 헝가리의 신분제 헌법을 복귀시켰고, 종교의 자유도 다시 허락하였다. 한편 퇴쾨이 반군의 배후 세력인 오스만 터키는 1683년 다시 비엔나를 향해 진격해 들어왔다. 그러나 같은 해 9월의 비엔나 포위에서 실패한 오스만 터키 군대는 급격히 무너지기 시작하여 반격에 나선 합스부르크 군대에 의해 1686년에는 헝가리 수도 부다가 해방되었고, 다음 해에는 중부 헝가리가 해방되었다. 이렇게 하여 17세기 말까지 헝가리 전체, 트란실바니아, 크로아티아, 슬로바키아가 합스부르크 군주국의 통제 하에 들어가게 되었다. 한편 헝가리 왕국이 옛날의 영토로 회복됨에 따라 그때까지 150년 이상 지속되어 온 헝가리 국가의 중심으로서의 슬로바키아의 역할도 동시에 끝났다.

터키의 위협이 사라지고 전쟁에서 승전국이 된 합스부르크 군주국이 이제 헝가리 땅에서 중앙 집권적 절대주의와 반종교 개혁 정책을 펴는 데에는 아무것도 거리낄 것이 없었다. 이에 레오폴트 1세는 1688년 헝가리 의회로 하여금 군주의 선출권을 포기토록 하고 대신 합스부르크 왕가의 헝가리 왕위에 대한 세습권을 명문화 하도록 만들었다. 그리고 1222년부터 유지되어 오던 헝가리 귀족의 가장 큰 특권 중의 하나인 군주에 저항할 권리를 박탈해 버렸고, 이보다도 결코 덜 중요하다고 할 수 없는 귀족들의 면세권을 대폭 축소하였다. 이러한 조치는 헝가리, 특히 슬로바키아 지역에서 강한 불안과 소요를 촉발하였고, 반합스부르크 봉기의 기회를 잉태시켰다.

슬로바키아 농민들의 생활은 특히 17세기 전반부터 더욱 악화되기 시작하였다. 대귀족들의 영지를 중심으로 일기 시작한 기업화는 종속된 농민들의 공출과 강제 노역의 증대를 가져 왔고, 이들의 영주에 대한 종속을 더욱 강화시키는 결과를 낳았다. 1주일에 3일 혹은 4일의 강제 노역을 강요받는 이들의 생활은 비참하였고, 따라서 이들은 빈번하게 농민 반란을 주도하거나 귀족들의 반란군에 가담하였다. 그리고 17세기 말 대(對)터키 전에서의 승리 이후 강화되기 시작한 반종교 개혁과 절대주의적인 억압도 주로 농민들을 포함한 일반 민중들의 어깨에 지워졌다. 이러한 상황에서 1704년 슬로바키아 동부의 트란스카르파티아(Zakarpatsko; Transcarpathia) 지역의 농민들과 옛 전사들이 단결하여 18세기의 마지막 반합스부르크 항쟁의 봉화를 올렸다. 그런데 이 지역은 1631~1632년 이미 대규모의 농민 반란이 있었던 곳이었다.

퇴쾨이의 의붓아들인 라코치 2세(Rakoczi II., F.)가 주도한 반란군은 한때 슬로바키아 땅의 거의 전 지역을 점령하고 모라비아와 저지 오스트리아에까지 침입하는 위력을 보였으나, 1711년 그 잔여 세력이 완전히 소탕됨으로써 약 1세기에 걸친 반합스부르크 봉기에 종지부를 찍었다. 그런데 1세기에 걸친 반합스부르크 항쟁은 헝가리 귀족들의 외세에 대항하는 민족 운동으로서의 성격도 없지 않았으나, 이 항쟁을 주도한 귀족들이 오로지 자신들의 재산적, 정치적 이익과 권리의 보호에 집착하였고, 거의 예외 없이 유럽의 안전을 위협하는 터키의 지원을 등에 업고 있었다는 점에서 문제점 또한 없지 않았다.

17세기와 18세기 초의 슬로바키아는 계속되는 반란과 전쟁의 역사로 점철되어 있었음에도 불구하고 상대적으로 활발한 문화 활동을 영위할 수 있었던 점은 놀라운 일이 아닐 수 없었다. 이 시기는 휴머니즘과 르네상스 문화가 유럽을 지배하던 시기로서 16세기부터 슬로바키아에 침투하기 시작한 휴머니즘은 프로테스탄트와 가톨릭 할 것 없이 그 영향력을 확대해 갔다. 특히 대학의 발달이 이 시기의 교육을 주도하게 되는데, 가톨릭은 1635년에 설립된 트르나바 대학이, 프로테스탄트는 각 도시들에 설립된 고등 아카데미들이 교육을 담당하였다. 후자의 경우 특히 프레쇼프의 프로테스탄트 아카데미가 유명하였는데, 여기에서는 바이에르(Bayer, Ján, 1630~1674)와 같은 몇몇 이름 있는 사상가들이 활동하였다. 바이에르는 베이컨의 경험주의 철학을 도입하였으며, 철학과 학문이 인간과 인간성의 완성에 봉사해야 한다는 코멘스키의 사상을 신봉하였다.

한편 이때의 슬로바키아는 빌라호라 전투 이후의 체코와는 판이하게 다르게 프로테스탄트들의 활동이 보장되고 있었는데, 이것이 바로 많은 체코 프로테스탄트들이 슬로바키아로 건너오게 되는 동기를 제공하였다. 이렇게 하여 슬로바키아로 건너온 체코 인들은 점차 현지 주민들과 힘을 합해 슬로바키아 프로테스탄트 세력의 강화에 힘쓰는 한편, 슬로바키아의 문화와 교육의 창달에 크게 이바지하였다. 특히 당시 슬로바키아 프로테스탄트들의 성서 어(bibliština)로 불렸던 체코 형제 교단의 크랄리체 성서(Kralická bible)의 체코 어가 슬로바키아 문화에 미친 역할은 실로 지대한 것이었다. 자신들 고유의 문어를 갖지 못한 슬로바키아 프로테스탄트들에게 크랄리체 성서의 체코 어는 예배 언어가 되고 문학 언어가 되었던 것이다. 이러한 현상은 슬로바키아의 가톨릭교도들에 대해서도 비슷하였다. 이렇게 하여 크랄리체 성서의 체코 어는 슬로바키아 인들의 문어가 되었을 뿐만 아니라, 슬로바키아와 체코의 언어적, 문화적 동질성을 확인해 주고 높여 주는 데도 결정적인 역할을 하였다.

그리고 체코 형제 교단의 마지막 주교로서 근대 교육의 선구자이기도 한 코멘스키(Komenský, Jan Ámos, 1592~1670) 또한 1650~1654년에 슬로바키아에 인접해 있는 헝가리의 국경도시 샤로슈퍼터크(Šarišský Potok, 헝가리 어 Sárospatak)에서 자신의 유명한 교육서들인『그림으로 보는 세계(*Orbis pictus*)』,『유희 학교(*Schola ludus*)』 등을 저술하였고, 실제로 교육 현장에서도 활동함으로써 체코와 슬로바키아 간의 문화적, 언어적 교류에 이바지하였는 바, 1918년 독립 체코슬로바키아의 탄생과 더불어 설립된 브라티슬라바 대학은 코멘스키 대학이라는 이름을 붙여 그의 업적을 기리게 되었다.

이 시기의 슬로바키아 문학 또한 상당한 성장을 보이게 되는데, 이는 무엇보다도 프로테스탄트 교회의 지도자들과 가톨릭교의 대표자들 간의 사상적, 문화적 공존에 힘입은 바 컸지만, 문학어로서의 체코 어의 역할 또한 간과할 수 없었다. 당시 국제적으로 통용되던 라틴 어와 지역에 따라 사용되던 독일어와 더불어, 슬로바키아의 성서 언어로 불리던 슬로바키아 어화한 체코 어가 광범위하게 사용되고 있었던 것이다. 그리고 내용적으로는 종교 문학이 주류를 이루는 가운데 세속적인 테마를 다룬 운문 작품들도 등장하였고, 슬로바키아의 기원에 대한 피셰르-피스차토리스(Fisher-Piscatoris, J., 1672~1720)의 저서는 슬로바키아 민족의식의 고취에 이바지하였다. 건축에 있어서는 여전히 르네상스 양식이 주도하고 있었지만, 트르나바, 브라티슬라바, 트렌친, 니트라, 레보차 등지의 몇몇 교회 건축에서는 이미 바로크 양식이 나타나고 있었다.

6.6. 근대 직전의 슬로바키아

1711년 라코치 반란군의 패배 후 오늘날 루마니아 땅의 서트마르(헝가리 어 Szatmár, 루마니아 어 Satu-Mare)에서 체결된 서트마르 강화 조약(szatmárský mír)은 합스부르크 군주국과 헝가리 귀족 간의 정치적 타협을 의미하는 것이었다. 헝가리 신분제 의회의 기능이 회복되었고, 헝가리 귀족은 군주에 저항할 권리를 제외한 기존의 거의 모든 특권과 권리를 보장받았다. 이중에는 물론 종교의 자유도 포함되어 있었다. 합스부르크 측은 일단 합스부르크 왕가의 헝가리 왕위에 대한 세습권을 보장받는데 만족하였는데, 이 권리는 곧 카렐 6세(Karel VI., 1711~1740) 때에 와서는 여왕의 경우에까지 확대되었다. 그러나 서트마르 조약 이후에도 특히, 전쟁, 역병, 흉년, 과중한 세금과 학정으로 시달림을 받은 슬로바키아 농민들의 반란은 끊이지 않았다. 가장 유명한 반도(叛徒)의 우두머리로는 1713년 처형된 유라이 야노시크(Jánošík, Juraj)라는 의적이 있었는데, 그는 부자로부터 뺏어 가난한 자에게 준다는 슬로바키아 민중의 전설적인 영웅으로 두고두고 인구(人口)에 회자되었다.

오스만 터키의 퇴각 이후 헝가리의 중심은 다시 부다로 옮겨 갔지만, 헝가리 의회와 중요한 행정 기관들은 아직 브라티슬라바에 그대로 남아 있었고 헝가리 왕의 대관식도 여기에서 이루어지고 있었다. 그러나 여전히 농업에 의존하고 있는 슬로바키아 경제는 그 회복이 더딜 수밖에 없었다. 귀족들의 과도한 특권, 경제적 제반 여건의 낙후, 지리적 조건의 불리, 자본의 부족 등이 18세기 슬로바키아의 발전을 가로막는 장애 요인들이었다. 특히 자본의 부족은 근대 사회로 넘어가는 데 있어서 필수적으로 전제되어야 하는 제조 공업의 발전을 어렵게 만들었다. 그리고 당시 근대적 개념의 제조 공업이 제일 먼저 적용되는 곳이 텍스타일 공업이었는데, 헝가리 귀족들은 이 공업의 발전으로 헝가리 봉건 사회의 경제적 토대가 붕괴되지 않을까라는 점을 우려하여 그 도입을 한사코 저지하였다. 그리고 헝가리 땅을 농업과 원료 생산에 집중토록 유도하는 비엔나 중앙 정부의 경제 정책 또한 이 땅에 속해 있는 슬로바키아의

[그림 40] 브라티슬라바 성 마르틴 대성당에서의 마리아 테레지아 여제의 헝가리 왕위 대관식 (1741년 6월 25일)

산업 발전을 가로막는 주요 요인으로 작용하였다. 그럼에도 불구하고 이 시기의 슬로바키아 탄광들의 채광 기술만은 유럽에서도 선진 수준을 자랑하고 있었는데, 반스카슈티아브니차에 설립된 유럽 최초의 광산 아카데미가 이를 뒷받침하였다.

브라티슬라바에서 헝가리 왕위 대관식을 가진 마리아 테레지아(Maria Theresia, 1740~1780) 여제가 표방한 정책은 계몽적 절대주의였다. 그의 아들 요세프 2세(Josef II., 1780~1790) 또한 그녀의 정책을 더욱 밀고나갔다. 하지만 그는 자신의 어머니와는 달리 체코에서도 헝가리에서도 대관식을 갖지 않았다. 그 대신 그는 강력한 중앙 집권 정책을 추진하였다. 1764년 자신의 어머니가 헝가리 의회를 해산한데 이어, 그는 헝가리 귀족들의 제반 특권들을 박탈하였으며, 지방의 자치적인 행정 단위인 쥬파(župa)를 없애고 전국을 10개의 주(distrikt; kraj)로 나누어 중앙에서 통치하도록 만들었다. 슬로바키아 지역에는 각각 니트라, 반스카비스트리차, 코시체를 주도(州都)로 하는 3개의 주를 두었다. 그리고 자신의 사후 결국 유야무야되고 말기는 하지만, 1785년 드디어 헝가리에서도 농노제의 폐지를 선언하였고, 귀족들의 면세권을 폐지하기 위한 세제 개혁도 준비하는 등 광범위한 개혁 정책을 추진하였다.

한편 1711년의 서트마르 강화 조약에서 보장받은 종교의 자유는 귀족들에게만 해당되고 일반 국민들에게는 해당되지 않는 것으로서, 이후 1731년 새로운 종교 관계법이 제정되는 등 헝가리 내 프로테스탄트 교도들에 대한 종교적 탄압은 계속되었다. 그러다가 계몽적 개혁 정책의 영향이 종교에까지도 파급되면서, 마침내 1781년 요세프 2세가 내린 관용의 칙서(tolerančni patent)에 의해 슬로바키아와 헝가리에서도 종교의 자유가 공식적으로 선포되었다.

슬로바키아의 상류 계층인 귀족과 도시민들의 절대 다수는 여전히 헝가리 인들과 독일인들이 차지하고 있었지만, 18세기에 들어서면서 슬로바키아 인들도 점차 두각을 나타내기 시작하였다. 이러한 현상은 도시에서, 특히 서부와 중부 슬로바키아의 도시들에서 두드러지게 나타났다. 그런데 당시 마자르 족의 헝가리 인들은 정복자로서 슬로바키아를 복속시킨 마자르 족의 후예로서의 헝가리 인들이기 때문에 피정복자인 슬로바키아 인들에게 헝가리 국가의 국민으로서의 동등한 권리를 부여할 수 없다는 주장을 펼치고 있었다. 그러나 마자르 족의 헝가리 인들의 이러한 주장에 대해 슬로바키아 학자들은 슬로바키아가 마자르 인들을 정복자가 아닌 손님으로 받아 들였고, 이들과의 국가 형성도 자유의사에 의한 자발적인 동참에 의한 것이기 때문에 당연히 헝가리 국민으로서의 동등한 권리를 갖는다고 반박하였다. 이러한 슬로바키아 민족의 동등한 권리에 대한 주장과 옹호는 자연히 슬로바키아 인들의 민족의식을 불러일으켰고, 이는 다시 슬라브 민족과 슬로바키아 민족의 기원에 대한 관심을 낳게 하였다. 1780년에 나온 파파네크(Papánek, J., 1738~1802)의 『슬라브 역사(*Historia gentis Slavae*)』는 바로 이러한 슬로바키아 인들의 생각을 담고 있는 역사서로서, 대모라비아 제국의 전통에 대한 강조와 슬로바키아 인들의 권리에 대한 옹호를 담고 있다. 물론 이러한 헝가리 인들의 애국적 민족주의에 대한 반동으로서의 슬로바키아 민족주의는 18세기까지만 해도 아주 적은 수의 슬로바키아 지식인들에게 국한된 것이었다.

18세기 후반 슬로바키아 문학은 이전의 침체를 극복하고 있었다. 학문적인 글에서는 여전히 라틴 어가 지배적이었지만, 특히 민속 문학에서는 슬로바키아 방언의 구어적 요소가 가미된 체코 어가 광범위하게 사용되고 있었다. 한편 문화적으로 가장 선진된 지역인 서부 슬로바키아에서는 이곳 슬로바키아 방언의 슬로바키아 어화가 시도되고 있었고, 18세기 말에 이르면 최초의 슬로바키아 문어 형태로의 전환이 이미 이루어지고 있었다. 그리고 여전히 종교적인 테마의 문학이 지배적이었지만 세속적인 테마의 문학들도 이제 새로이 생겨난 슬로바키아 어로 써지고 있었다. 시인 가블로비치(Gavlovič, H., 1712~1787)가 새로 생겨난 슬로바키아 어를 사용하고 있었고, 바이자`(Bajza, J. I., 1755~1836)와 판들리(Fándly, J., 1750~1811)도 성서 체코 어의 영향에서 완전히 벗어나 있었다.

18세기 후반에 이루어진 마리아 테레지아의 교육 개혁은 슬로바키아의 문화 발전과 교육 발전에 긍정적으로 작용하였다. 1777년의 그녀의 교육 개혁은 근대적인 초등 및 중등 교육 체계의 토대를 제공하였다. 그러나 다른 한편으로는 코시체의 대학을 폐지하고 트르나바의 대학을 부다로 옮겨가는 등 교육 개혁으로 인한 슬로바키아의 손실 또한 적지 않았다. 그럼에도 불구하고 계몽주의의 확대와 보급으로 학문의 종교로부터의 해방이 촉진되었고, 학문의 실용적인 요구에 부응하여 특히 반스카스티아브니차 광산 아카데미의 광물학, 화학, 수학, 공학, 그리고 트르나바 대학의 의학, 천문학이 높은 수준을 자랑하였다. 그리고 1755~1756년엔 트르나바에 천문대가 설립되었고, 헝가리 최초의 과학 잡지가 발행되었다. 물론 이는 라틴 어를 사용하고 있었다.

18세기의 슬로바키아는 바로크 문화의 영향권 아래에 있었지만 체코 바로크와 같은 번성을 이루지는 못하였다. 도시들 중에서는 브라티슬라바의 바로크 건축들이 가장 돋보였는데, 1760년대에 이루어진 브라티슬라바 성의 대대적인 개축에서는 이미 로코코적인 요소도 함께 도입되었다. 이외에도 야소프(Jasov)의 바로크 수도원과 홀리치(Holíč)의 바로크 성의 건축이 유명하였다. 그런데 슬로바키아의 바로크 건축은 대부분 오스트리아 건축가들의 작품이 많았고, 조각과 회화에 있어서도 오스트리아인들의 영향이 컸다. 한편 외국에서 활동한 슬로바키아 출신 예술인들의 수도 상당하였는데, 화가 쿠페츠키(Kupecký, J., 1667~1740), 조각가 브로코프(Brokoff, J., 1652~1718) 등이 대표적이었다. 그리고 18세기 말에 이르면 슬로바키아 조각에 이미 로코코와 고전주의가 등장하고 있었고, 이 시기의 음악, 특히 민속 음악 부문에서 많은 발전이 있었다. 18세기 말의 슬로바키아는 이웃한 체코에서와 마찬가지로 기존의 봉건적 귀족 사회의 구각을 벗고 정치, 산업, 학문, 사상 등 제반 분야에서의 혁명적인 변화를 의미하는 실질적인 '근대(novověk)'가 시작되고 있었다.

Czech and Slovak History

시민 사회의 태동과 체코 민족 부흥 운동 (1790~1860년)

Czech and
Slovak History

시민 사회의 태동과 체코 민족 부흥 운동 (1790~1860년)

제7장

7.1. 프랑스 혁명과 체코 민족 부흥 운동

1790년대의 유럽 대륙은 프랑스 대혁명의 영향 아래에 있었다. 혁명의 구호인 자유, 평등, 박애의 정신은 새로운 근대 시민 사회의 건설을 목표로 하였고, 기존의 봉건적 귀족 사회의 잔재와 국가 절대주의의 청산을 촉구하였다. 루소의 사회계약론에 입각한 평등한 시민들의 연합체로서의 근대 사회를 추구하는 프랑스 혁명 정신은 나폴레옹 전쟁(napoleonské války, 1799~1815)을 거치면서 유럽 대륙 전역으로 확산되어 갔다. 그러나 한사람의 군주와 그 측근들에게 권력이 집중되어 있는 절대주의 국가인 합스부르크 군주국으로서는 프랑스 혁명이 주창하는 입헌 군주제도 받아들일 수 없었고, 공화제도 받아들일 수가 없었다. 그 아래의 수많은 민족과 다양한 지역을 중앙 집권적 전제주의 정치로 다스리고 있는 합스부르크 군주국으로서는 프랑스 혁명 사상은 위험천만한 것이었고 프랑스 군대는 물리쳐야 하는 적이었다.

하지만 1793년부터 시작된 프랑스 군대와의 전쟁은 패전의 연속이었다. 1805년 모라비아의 브르노 인근의 슬라프코프(Slavkov; 독일어 Austerlitz)에서 있었던 세 황제 간의 전투에서 러시아의 알렉산더 1세(Alexander I.)

와 오스트리아의 프란티셰크 2세[František II.; Francis II, 1792~1835, 1804년부터 프란시스 1세(Francis I)로서 오스트리아 황제]의 연합군은 나폴레옹이 이끄는 프랑스 군대를 맞아 분전하였지만 패배로 끝나고 말았고, 그 결과 이탈리아의 모든 땅은 말할 것도 없고, 티롤과 포랄베르크도 상실하였다. 1809년에는 다시 알프스 지역, 커린시아, 카르니올라, 크로아티아에서 영토를 상실하였으며, 아드리아 해로의 접근로도 잃어버렸다. 이렇게 하여 프랑스의 조종을 받지 않을 수 없게 된 오스트리아는 나폴레옹 군대를 따라 1812년 러시아 원정길에 오르지만, 이 또한 실패로 돌아가고 말았다. 그러다가 러시아에서의 결정적인 패배로 나폴레옹이 궁지에 몰리자, 오스트리아는 이를 기회로 삼아 다음 해인 1813년부터 반(反)나폴레옹 연합군에 가담하여 성공을 거둠으로써 오히려 나폴레옹 전쟁 이후의 유럽 정치를 주도하는 나라 중의 하나가 될 수 있었다.

이 시기의 합스부르크 군주국의 국내 정치는 대외 정책의 영향을 받지 않을 수 없었고, 그 영향은 다시 체코 땅에까지 미쳤다. 나폴레옹 전쟁 기간 동안 프란티셰크 2세의 정책은 특히 프랑스 혁명에 대한 우려 때문에 기존의 요세프 2세의 개혁주의로부터의 계속적인 후퇴를 의미하는 것이었고, 계속되는 전쟁은 이를 더욱 악화시켰다. 프란티셰크 2세는 1804년 나폴레옹의 프랑스에 대항하기 위해 먼저 합스부르크 군주국을 오스트리아 제국(rakouské císařství)으로, 제국의 군주를 오스트리아 황제(rakouský císař)로 명칭을 변경하였다. 사실 그때까지만 해도 체코, 오스트리아, 헝가리 땅을 통치하는 합스부르크의 군주에 대한 공통적인 명칭이 없었다. 공식적으로 그는 체코 왕, 헝가리 왕, 오스트리아 대공으로 명명되었다. 그런데 이제 새로 생겨난 오스트리아 제국과 오스트리아 황제라는 명칭은 분명히 체코와 헝가리의 역사적 권리와 지위에 대한 위협을 의미하는 것이었다. 물론 이것이 당장 체코 왕국과 헝가리 왕국의 역사적 권리의 종식을 의미하는 것은 아니었다. 1836년 프라하에서 페르디난트 1세의 페르디난트 5세로서의 체코 왕위 대관식이 있었고, 그 효력은 혁명의 해인 1848년 그가 물러 날 때까지 지속되었다.

1806년 프란티셰크 2세는 1년 전 나폴레옹과의 슬라프코프 대전투에서의 패배로 인해 로마 황제의 타이틀을 포기해야 했고, 이로써 거의 1천 년 동안 지속되어 온 독일 민족 주도의 신성 로마 제국(Svatá říše římská)은 영원히 종식되었으며, 이후의 오스트리아 제국은 당분간 나폴레옹의 프랑스에 의지하지 않을 수 없게 되었다. 한편 1809년 파리 주재 오스트리아 대사였던 메테르니히(Metternich, Klement, 1773~1859)가 오스트리아 외교 정책의 최고 책임자가 되면서 두각을 나타내기 시작하였는데, 그의 중재로 프란티셰크 2세, 즉 프란시스 1세 황제의 딸인 마리에 루이자(Marie Luisa)가 나폴레옹의 두 번째 부인이 됨으로써 오스트리아의 대외적 위상이 강화되었다. 메테르니히 자신은 나폴레옹 전쟁 이후의 비엔나 회의(Vídeňský kongres, 1814~1815년)의 실질적인 주도자로서 유럽 외교 무대의 화려한 주인공이 됨과 동시에 향후의 오스트리아 정치를 주도하였다.

프랑스 혁명과 나폴레옹에 대한 체코 인들의 이해와 공감은 극히 제한적인 것이었다. 아직 시민 사회의 발전이 제대로 이루어지지 않은 상태에서 스페인이나 독일의 경우와 같은 낭만적인 민족주의와 자유주의 이념의 결합은 나타나지 않았다. 한편 정규군 이외에 국토방위를 위한 자발적인 의용군을 조직하려는 오스트리아 정부의 노력은 별반 성공을 거두지 못하였지만, 나폴레옹 군대라는 외세와의 전쟁은 체코 땅의 독일인과 체코 인 모두에게 체코 땅에 대한 애국심을 일깨워 주었다. 이는 외세에 대항하는 일종의 민족주의 의식의 발로로서, 이러한 민족주의는 다시 오스트리아 제국 내에서 본다면 제국 내의 지배 민족인 독일 민족에 대항하는 피지배 민족인 체코 민족의 민족주의를 불러일으키는 민족주의의 도미노 현상을 촉발하였다.

그러나 오스트리아 제국 내에서의 프랑스 혁명 정신의 영향은 극히 한정적인 일부 인텔리겐치아에 국한하였다. 그러나 엄격한 검열로 인해 이에 접근할 수 없는 많은 사람들에게 있어서 오히려 오스트리아 정부의 반(反)프랑스 혁명 프로파간다가 프랑스 혁명의 내용에 접하도록 하는 역작용을 초래하면서 혁명 정신이 확산되어 갔다. 어떻든 1811년 최종적으로 확정된 오스트리아 제국의 민법은 프랑스 혁명과 계몽주의의 영향의 구체적인 산물임에 틀림이 없었다. 재산, 상속, 소유, 가족 등의 개인과 개인 간의 여러 관계를 규정해 놓은 오스트리아 민법은 체코 땅에도 물론 적용이 되었다. 민사 관계에서의 시민의 평등권을 보장해 주고 있는 이 법전은 시민권적 측면에서 획기적인 문서였지만, 1804년의 나폴레옹 법전처럼 시민의 정치적 자유와 시민의 권리들을 확보해 주지는 못하였다. 그럼에도 불구하고 이 법전이 귀족의 특권을 인정하지 아니함으로써 향후 체코 땅에서의 시민 사회의 발전에 크게 이바지하였다. 물론 이 법전은 헝가리 지역에서는 적용되지 않았기 때문에 슬로바키아에도 적용되지 않았다.

18세기 말에서 19세기 중반까지의 중부 유럽은 민족 각성(národní probuzení)과 민족 부흥(národní obrození) 운동의 시기였다. 프랑스 혁명과 나폴레옹의 팽창주의에 의해 촉발된 독일의 민족주의가 역으로 중부 유럽 여러 민족들에게도 민족주의의 기운을 촉발하였다. 언어와 문화의 동질성 회복이라는 토대 위에서 출발하는 민족 부흥 운동은 처음에는 자기 민족의 언어와 역사에 대한 연구에 한정되었다. 하지만 이러한 초기의 비정치적 민족주의 운동은 점차 민족 고유의 권리 회복과 자치권의 확보라는 정치 운동으로 발전하게 되면서, 1848~1849년 혁명의 해에 이르면 이를 행동에 옮기게 되는 정치 행동화의 단계에 진입하게 되었다.

그런데 체코 민족 부흥 운동(české národní obrození)이 다른 지역의 그것과 한 가지 다른 점은 이의 주도 세력이, 특히 헝가리나 폴란드에서처럼 귀족들이 아니라 일반 농민과 도시민 출신의 인텔리겐치아들이라는 점이었다. 실제로 빌라호라 전투에서의 패배 이후 체코 땅의 귀족들은 대부분 쫓겨난 체코 귀족들을 대체한 독일인들이거나 독일화한 귀족들로서, 이들은 대개 체코 어와 체코 민족에 대해 관심이 없었다. 그러다가 18세기 말 요세프 2세의 개혁 정책이 몰고 온 과도한 중앙 집권화와 지나친 독일화 정책이 오히려 이들의 지역 애국주의를 불러일으키면서, 자기 지역의 언어인 체코 어와 체코 문화의 부활에 대한 관심을 갖도록 자극하였다. 그러나 이것은 어디까지나 체코 민족 전체의 이익이 아닌 자기 자신의 이익을 지키기 위한 범위 내에서의 민족의식의 발로이기 때문에, 이들이 체코 민족 부흥 운동의 진정한 주도자가 될 수는 없었다.

빌라호라 전투 이후 완전히 독일화되었던 프라하 대학에 1792년 체코어와 체코 문학 강좌가 개설된 것은 이와 같은 체코 귀족들의 지역 애국주의에 힘입은 바 컸다. 이 강좌의 책임을 맡은 역사학자인 펠츨(Pelcl, F. M., 1734~1801)은 자신의 취임 연설에서 체코 귀족들의 지역 애국주의를 수용하여 이들을 체코 땅의 정치적 대표로 인정할 것을 제안하였으며, 동시에 체코의 인텔리겐치아들이 체코 민족의 민족 문화 창달과 국민 교육의 발전을 위해 매진할 것을 제안하였다. 그리고 그는 이러한 프로그램의 일환으로 새로운 체코 역사서를 출판하였다. 비슷한 목적으로 출발한 것이 크라메리우스(Kramerius, M. V., 1753~1808)의 '체스카 엑스페디체(Česká expedice)'라는 출판사로서, 여기서 1789년부터 체코 국민 교육을 지향하는 애국 신문을 발행하기 시작하였는데, 이것이 체코 저널리즘의 효시가 되었다.

이처럼 체코 민족의 언어와 역사에 대한 관심이 고조되기 시작하는 체코 민족 부흥 운동의 초기의 대표적인 학자인 도브로프스키(Dobrovský, Josef, 1753~1829)는 체코 학문의 아버지로서 1784년에 설립된 체코 학술원(Česká společnost nauk)과 1787년에 명칭을 변경한 체코 왕립 학술원(Královská česká společnost nauk)의 국제적 위상을 제고하였고, 슬라브 언어학의 창시자로서 슬라브 민족의 밝은 앞날을 예견하였다. 그는 비록 독일어에 필적할 정도의 체코 어와 체코 문학의 발전에 대해서는 회의적이었지만, 최초의 본격적인 체코 어문학사를 저술하였고, 체코 어 문법을 편찬하여 체코 어와 슬라브 어의 학문적 연구에 크게 공헌하였다.

[그림 41] 슬라브학의 창시자 겸 체코 학문의 아버지 요세프 도브로프스키 (얀 빌리메크, 1884년)

그러나 도브로프스키의 후계자인 융그만(Jungmann, Josef, 1773~1847)은 체코 어와 체코 문학의 발전에 대한 확고한 신념을 가지고 있었다. 그는 독일의 낭만적 민족주의에

[그림 42] 민족 부흥 운동의 언어학자 겸 번역문학가 요세프 융그만 (얀 빌리메크)

대한 반동으로 체코 어와 체코 문화에 바탕을 둔 체코 민족주의를 제창하고, 방대한 체코 어-독일어 사전을 편찬하여 근대 체코 어의 확립에 결정적인 토대를 제공하였다. 융그만은 근대 체코 문어의 정비를 위해, 그 발달이 거의 중단된 18세기와 17세기를 뛰어넘어 빌라호라 전투 이전의 16세기의 체코 어에 의지함으로써 체코 어의 역사의 맥을 이으려 하였다. 그는 과학 등 새로운 학문 분야의 부족한 용어들은 플란드 어와 러시아 어 등의 형제 슬라브 어로부터 과감하게 차용하였으며, 수많은 서구 고전들을 새롭게 정비된 체코 어로 번역하여 체코 어의 문학어로서의 지위를 확보해 주는데 크게 이바지하였다.

7.2. 메테르니히 절대주의와 체코 민족 부흥 운동

비엔나 회의(Vídeňský kongres, 1814~1815년)는 나폴레옹 전쟁 이후의 유럽의 재편에 결정적인 영향을 미쳤다. 이 회의 기간 중 독일 연맹(Německý spolek, 1815~1866년)이 결성되었고, 오스트리아가 주도적인 역할을 담당하였다. 이 연맹의 목적은 무엇보다도 혁명 운동을 저지시키기 위한 공동의 정책 추구에 있었다. 독일의 여러 나라들과 더불어 체코 땅도 가입한 이 연맹의 또 다른 목적은 서쪽에서의 프랑스와 동쪽에서의 러시아의 지나친 세력 확장을 저지하는 것이었다. 한편 러시아의 차르, 오스트리아의 황제, 프러시아의 왕의 세 군주는 1815년 이른바 신성 동맹(Svatá aliance)을 결성하여 프랑스 혁명이 초래한 민족주의 운동에 대항하였고, 이 세 나라 이외에 영국과 프랑스가 추가된 유럽 연합체는 유럽 대륙에서의 시민 혁명의 확산을 방지하자는 것이 목적이었다. 열강들의 이러한 정책을 가장 잘 대변하고 선두에서 이끌어간 사람이 바로 오스트리아의 재상 메테르니히였는데, 그도 그럴 것이 당시 혁명 운동의 센터 중의 하나가 이탈리아였고, 이곳에서는 오스트리아가 자신의 복속 국가들을 거느리고 있었던 것이다. 이탈리아의 혁명 운동 못지않게 오스트리아의 신경을 거슬리는 것이 일부 독일 국가들의 자유주의 정신이 가미된 헌법의 채택과 독일 대학들의 급진적인 자유화 운동이었다. 이에 메테르니히는 1819년 독일 연맹의 대표들을 소집하여 그 대책으로 검열의 강화와 경찰 활동의 강화를 촉구하였고, 자신이 먼저 이를 실천에 옮겼다.

메테르니히 절대주의(metternichovský absolutismus)의 반동 정치라는 어려운 여건에도 불구하고, 이 시기의 체코 땅은 일련의 긍정적인 변화를 맞고 있었다. 1815년의 체코 땅의 인구가 500만이 채 못 되었는데, 불과 15년이 지난 1830년에는 600만을 넘어섰다. 이는 무엇보다도 의학과 위생학의 발달로 인한 전염병의 방지와 인간 수명의 연장에 힘입은 바가 컸다. 또한 1817년부터 시작된 토지 조사는 영주와 종속민들에 대한 세금의 공평성을 전제로 한 것이었고, 이로써 적어도 조세 정책 면에서는 오스트리아가 근대 시민 사회의 평등성이라는 이념에 가까이 다가설 수 있게 되었다.

1815년 이후 체코 땅의 기술 수준은 중부 유럽의 기준에서는 상당히 앞선 것이었다. 1806년에 설립된 프라하 종합 기술 대학(Pražská polytechnika)의 게르스트네르 부자가 유명하였는데, 특히 아들 안토닌 게르스트네르(Gerstner, Fr. Antonín, 1795~1840)는 1825년 체코의 체스케부데요비체와 오스트리아의 린츠를 연결하는 유럽 최초의 말이 끄는 철도 건설에 착수하여 1832년에 이를 완공하였다. 또한 이 대학의 보제크(Božek, J.) 역시 1815년과 1817년에 각각 증기 보트와 증기 기선을 만들었고, 1824년부터는 염색, 제당, 제강 분야에 대한 강의가 이 대학에서 이루어졌다. 이외에도 체코 인들의 중소기업 활동을 뒷받침하기 위한 체코 저축 은행(1825년)과 체코 상호 보험(1827년)의 설립 또한 주목할 만한 일이었다.

오스트리아 군주국은 근본적으로 학문의 발달과 교육의 보급에는 그다지 관심이 없었다. 메테르니히 절대주의는 대학이 학생들로 하여금 서구 정치사상에 물들지 않도록 하는 것이 급선무였다. 당대의 유명한 사회 사상가이자 뛰어난 수학자이면서 철학가인 프라하 대학의 볼자노(Bolzano, B., 1781~1848)도 자신의 진보적인 사상 때문에 탄압을 받아야만 했다. 그러나 오스트리아 정부는 국민들의 기본 교육을 담당하는 초등 교육과 중등 교육만은 장려하였다. 물론 이곳에서의 교육은 체코 어가 아닌 독일어로 이루어졌다.

한편 국가가 배려해 주지 않는 체코 학문과 체코 문화의 발전은 일반 국민들의 몫이었다. 그리하여 1818년 지역 애국주의 사상에 의지한 일련의 체코 귀족들이 '애국 박물관'이라는 뜻의 블라스테네츠케 무제움(Vlastenecké muzeum, 후에 České muzeum으로 바뀜)을 프라하에 설립하여 체코 문화와 체코 학문 발전의 센터로 제공하였고, 체코 민족 부흥운동의 많은 지도자들이 이 박물관을 중심으로 활동하였다. 그리고 같은 해에 유사한 박물관이 모라비아의 브르노에서도 설립되어 체코학에 관련된 자료의 수집과 보존을 담당함으로써 체코 민족의 부흥 운동에 일익을 담당하였다.

융그만과 그의 제자들이 갈고 닦아 놓은 체코 어를 바탕으로 많은 문학 작품들이 써졌는데, 이들이 다루는 주제는 보통 체코 왕국의 위대한 역사나 빌라호라 전투 이후 체코 민족의 혼을 지켜 온 체코 민중과 관련이 있는 것들이었다. 그러나 체코 민족이 혼자가 아니라 언어와 문화를 같이하는 슬라브 민족의 일원이라는 슬라브 상호주의 정신에 입각한 문학 작품들도 많았는데, 이중의 하나가 슬로바키아 출신 시인인 콜라르(Kollár, J., 1793~1852)의 『슬라바의 딸(*Slávy dcera*)』이라는 장편 서사시로서 당시 범(汎)슬라브주의 사상을 가장 잘 표현한 작품으로 평가받았다. 또 다른 한사람의 대표적인 전기 낭만주의(preromantismus) 시인인 첼라코프스키(Čelakovský, F.L., 1799~1852)의 작품에서는 체코, 러시아, 세르비아, 그리고 여타 다른 슬라브 인들의 민속 노래들이 메아리가 되어 범슬라브주의의 합창을 노래하고 있다.

문학에서의 민족 각성자들의 활동에 필적하는 과학 분야에서의 민족 각성자들의 활동도 주목할 만한 것이었는데, 이들은 새로운 과학 단체의 설립을 위한 준비 단계로서 우선 전문 과학 잡지인, '발걸음' 혹은 '발전'이라는 뜻의 '크로크(*Krok*)'를 발행하였으며, 이를 중심으로 많은 과학자들이 모여 과학의 제 분야에 대한 용어 정리부터 착수하였다. 이들 중의 한 사람인 푸르키네(Purkyně, J. E., 1787~1869)는 실험 생리학의 창시자 중의 한 사람으로서 세계적인 명성을 얻었다.

도브로프스키의 제자이자 동시에 유명한 역사학자이며 그리고 19세기 체코 민족 부흥 운동의 가장 위대한 정치 지도자인 팔라츠키(Palacký, František, 1798~1876)는 체코 귀족들을 설득시켜 블라스테네츠케 무제움으로 하여금 저널을 발행하도록 하였으며, 그 발행인 역을 맡아 융그만 학파의 민족 각성자들과 연대하여 체코 민족 부흥 운동을 이끌어 갔다. 이렇게 하여 1827년부터 발행되기 시작하여 오늘날까지 이어지고 있는 '체코 무제움 저널(*Časopis českého muzea*)'은 당시 프라하와 지방을 연결해 주는 매개적 역할도 수행하면서 체코 민족 부흥 운동의 센터가 되었다. 당시의 연극도 일반 대중의 민족의식의 고취에 일조하였는데, 1783년 프라하의 전문 극장으로 문을 연 스타보프스케 디바들로(Stavovské divadlo)에서는 1823년 체코 어로 써진 오페라 공연이 시도되었고, 일반 민중들의 생활을 다룬 클리츠페라(Klicpera, V. K., 1792~1859)의 드라마들이 공연되었다. 물론 외국의 음악 애호가들에게는 이 극장이 1787년 모차르트의 돈 조반니(*Don Giovanni*)가 최초로 무대에 오른 극장으로 유명하였다.

7.3. 체코 민족 부흥 운동의 발전

1830년대의 유럽은 일련의 혁명이 휩쓸고 지나갔다. 혁명의 슬로건은 시민의 자유와 평등의 보장 및 입헌 정치의 실현이었다. 여기서는 자유주의(liberalismus)가 정치의 흐름을 주도하였는데, 이는 법 앞에서의 평등, 검열의 철폐, 양심과 집회의 자유, 선거의 권리 등을 표방하였다. 또한 국민의 대표로 구성된 의회의 행정부에 대한 견제와 군주를 포함한 행정 관리들의 헌법을 수호하겠다는 선서도 담고 있었다. 그리고 국민을 누가 대표할 것이냐에 따라서 여러 형태의 자유주의가 논의되고 있었지만, 당시의 상황으로서는 입헌 군주제가 가장 적당한 국가 형태로 간주되고 있었다.

1830년의 유럽 혁명은 프랑스와 벨기에서의 성공을 거쳐 일련의 독일 국가들과 러시아 령의 폴란드에까지도 파급되었으며, 이탈리아와 스페인에도 확산되었다. 정치적 자유주의 사상에 민족주의 운동이 합세한 혁명은 어느 곳보다도 오스트리아와 러시아에게 위협적인 존재였다. 메테르니히의 오스트리아는 이탈리아에서의 군사적 개입과 독일 연맹에서의 정치적 압력이라는 재래적인 방법을 동원하였다. 그러나 이러한 반동 정치에도 불구하고 체코와 국경을 맞대고 있는 색스니와 북독일의 브라운슈바이크에서는 입헌 군주제가 도입되었고, 자유주의 물결은 남독일의 바덴에까지 세력을 뻗쳤다. 메테르니히의 반동적 절대주의를 비판하면서 자유주의를 옹호하는 유인물들이 이들 지역으로부터 체코 땅으로도 흘러들어왔다.

1836년 페르디난트 1세(Ferdinand I., 1835~1848)는 체코 왕으로서의 대관식을 가졌다. 페르디난트 5세의 이름으로 체코 왕위에 오른 그는 체코 왕으로서의 대관식을 치룬 마지막 합스부르크 군주가 되었다. 그런데 체코 왕으로서의 대관식은 군주의 체코 왕국에 대한 불가분의 관계를 의미하는 것이었고, 동시에 체코 국가의 권리에 대한 인정을 의미하는 것이었다. 이는 또한 체코 의회가 체코 땅의 정치적 대표 기구로 기능한다는 것을 인정하는 것이기도 하였다. 따라서 1840년부터 체코 귀족들의 주된 관심사는 체코 국가의 자주성의 상징인 봉건적인 체코 의회의 권리 회복이었다. 그러나 그들은 특정 신분이 아닌 모든 시민이 국가를 대표한다는 서구의 자유주의에 대한 이해나 관심은 없거나 부족하였다.

합스부르크 군주국은 자신들이 경제적으로 독일에 뒤진다는 사실을 잘 알고 있었다. 따라서 경제의 근대화에 박차를 가하였고, 1836년 수도 비엔나와 동쪽 끝의 갈리치아(Galicia)를 잇는 오스트리아 최초의 증기 기관차를 위한 철로 건설에 착수하였다. 이 선로의 지선은 모라비아의 브르노와 올로모우츠까지 연결이 되었다. 그리고 1842~1845년에는 올로모우츠에서 프라하까지의 철로가 완공되었다. 이리하여 1830년대와 40년대의 체코 땅은 이미 산업 혁명에 접어들고 있었던 것이다. 이는 물론 서유럽의 기준에서 본다면 늦을지라도 중부 유럽과 동부 유럽의 기준에서 본다면 빠른 편이었다.

산업 혁명이란 재래의 수공업에서 기계 공업으로, 소규모 공장에서 대규모 공장으로의 전환을 의미하는 것으로서, 1840년대의 체코 지역은 전체 합스부르크 군주국 내에서 가장 많은 증기로 움직이는 기계를 보유하고 있었고, 이들은 주로 체코 북부 지방의 텍스타일 공장에 집중되어 있었다. 석탄으로부터 개발된 코크스도 이 시기의 산업 혁명에 일익을 담당하였는데, 1836년에는 합스부르크 군주국 내의 최초의 대형 용광로가 체코 북동부의 오스트라바 지역에 건설되었다. 체코 땅의 사탕무 재배와 제당업도 당시 유럽 전역을 통해 이름이 높았는데, 이 시기에는 이미 기존의 대지주들 이외에 일반 시민들의 참여도 활발하였다.

1830년의 유럽 혁명은 체코 민족 부흥 운동에 새로운 전기를 마련해 주었다. 이웃한 폴란드 땅에서의 혁명이 러시아 차르 군대에 의해 무자비하게 진압되는 것을 목격한 많은 체코 인들은 차르 정부의 보수성과 반동성을 깨닫게 되고, 맹목적인 친(親)러시아주의(rusofilství)를 경계하게 되었다. 체코 민족 부흥 운동이 새로운 국면에 접어들게 된 것이다. 초기의 민족 부흥 운동이 체코 어와 체코 역사의 학문적 연구에 주력하면서 소수의 체코 인텔리겐치아에 국한되어 있었던데 비해, 1830년을 기점으로 제2기에 접어든 체코 민족 부흥 운동은 이제 정치적 의미를 내포하면서 일반 민중들 속으로 확산되어 갔다.

1831년 초 팔라츠키와 프레슬(Presl, J. S.)이 마티체 체스카(Matice česká), 즉 체코 협회를 창설하였다. 이 협회는 자발적인 모금과 헌금으로 체코 학문 발전을 위한 체코 백과사전의 편찬을 목표로 하였지만, 여의치 않게 되자 우선 체코 어와 체코 문학 및 기초 학문에 관련된 서적들부터 출판하기 시

[그림 43] 마티체 체스카의 표장

[그림 44] 민족 부흥 운동의 정치 지도자 겸 역사학자 프란티셰크 팔라츠키 (아돌프 다우타게, 1855년)

작하였다. 융그만의 체코 어-독일어 사전과 프레슬의 식물학 도감도 그중의 하나였다. 체코 박물관인 체스케 무제움(České muzeum)의 부속 단체로서의 마티체 체스카는 이름이 지닌 뜻 그대로 체코 민족 부흥 운동의 어머니(matice), 즉 민족 부흥 운동의 산실로서의 역할을 충분히 다하였다.

모라비아 프로테스탄트 가정에서 태어난 팔라츠키(Palacký, F., 1798~1876)는 체코 민족 부흥 운동의 가장 중요한 인물이었다. 후스주의 전통의 민족주의 정신에 이끌린 체코 민족의 위대한 역사가로서, 1836년부터 쓰기 시작한 그의 다섯 권으로 된 『보헤미아와 모라비아에서의 체코 민족의 역사(*Dějiny národu českého v Čechách i v Moravě*)』는 정치적 자유를 위한 체코 민족의 투쟁의 역사에 초점을 맞추고 있다. 근대 교육의 선구자이자 체코 형제 교단의 마지막 주교이며, 체코 민족의 가장 위대한 애국자 중의 한 사람인 코멘스키의 계승자임을 자임하는 팔라츠키는 1848년의 혁명기와 그 이후의 체코 민족의 가장 위대한 정치 지도자로서 20세기의 마사리크 대통령의 선구가 되었다. 팔라츠키는 일찍이 민족 부흥 운동이 일반 농민 대중의 지지뿐만 아니라 인텔리겐치아, 그리고 도시 중소기업인, 중소 상인, 사무원을 포함하는 중산층의 지지도 필수적이라는 사실을 깨닫고, 이들을 끌어들이는데 심혈을 기울였다. 이를 위해 그는 체스케 무제움을 십분 활용하였고, 슬라브 고고학의 창시자로서 당시 슬라브 문화와 역사 분야에 있어서 유럽의 권위를 자랑하던 샤파르지크(Šafařík, J., 1795~1861)도 끌어들여 체코 민족 부흥 운동의 동지로서 함께 활동하였다.

1840년대에 들어와서 생기기 시작하는 여러 친목 단체들과 사교 단체들은 회원들 간의 친목을 도모함과 동시에 민족의 장래를 염려하고 설계하는 애국 단체의 성격을 띠게 되면서, 19세기 체코 민족 운동의 하부 구조로서 민족의식의 고취와 민중 계몽을 위해 일익을 담당하였다. 가장 먼저 출발한 마티체 체스카는 지방의 도시들뿐만 아니라 시골 지역에까지 활동을 넓혀 나갔고, 1833년 전적으로 귀족들의 단체로 출발한 체코 산업 육성 친목 협회(Jednota pro povzbuzení průmyslu v Čechách)가 1842년부터는 프라하의 애국적인 법률가들과 중소 기업인들을 회원으로 받아들여 이들이 스스로 기술 상담과 산업 교육을 맡아 보도록 하였다.

그리하여 이 계획의 일환으로 1845년 체코 산업학교의 설립을 결의하였고, 이 학교의 설립 취지를 거의 전적으로 귀족들이나 독일인들의 대규모 기업이나 공장에 맞서 어려운 싸움을 싸워 나가야 하는 체코 중소기업에 대한 육성과 중소 상공인들의 교육에 두었다. 그리고 1846년에 설립된 프라하 시의 시 베세다(Měšťanská beseda)도 애국 친목 단체였고, 1840년부터 프라하에서 매년 개최되는 체스키 플레스(český ples), 즉 체코 댄스 페스티발도 오락성과 대중성을 곁들인 체코 민족의 문화 행사였다. 그런데 이러한 베세다(beseda)와 플레스(ples)는 전국적으로 확산되어 각 지역에 이러한 단체들이 생겨났으며, 이들은 체코 민족 부흥 운동의 하부 구조로서의 역할을 충분히 수행하였다.

1840년대 중반에 이미 프라하에 민족 극장을 건립하려는 시도가 있었지만, 비엔나 정부의 반대에 부딪쳐서 실현을 보지 못하였다. 그러나 많은 애국적 연극인들이 아마추어 극단과 유랑 극단을 창설하여 연극 활동과 민중 계몽이라는 두 가지 목표를 훌륭히 수행하였는데, 그 중 가장 대표적인 사람이 틸(Tyl, J. K., 1808~1856)이었다. 1834년 프라하의 스타보프스케 디바들로에서 막을 올린 그의 대중극인 오월의 댄스라는 뜻의 『피들로바츠카(*Fidlovačka*)』에서 '나의 조국은 어디에?(*Kde domov můj?*)'라는 노래가 울려나왔고, 이는 그 후 체코의 애국가가 되어 오늘날까지 이어져 내려오고 있다. 이 가사에 음악을 제공한 사람은 슈크로우프(Škroup, F.,

[그림 45] 민족 부흥 운동의 소설가 겸 극작가 요세프 카에탄 틸 (얀 빌리메크)

1801~1862)였고, 후에 체코 시인의 상징이 된 낭만주의 시인 마하(Mácha, K. H., 1810~1836)도 체코 민족 부흥 운동의 제2기인 이 시기의 시인이었다. 그리고 체코 땅의 독일인들은 프라하에서 발행되는 그들의 문학 저널인 '동과 서(*Ost und West*)'를 중심으로 모였는데, 가장 대표적인 소설가인 스티프터(Stifter, A.)는 체코 남서부의 슈마바의 역사와 체코 역사를 다룬 작품들로 국내외에서 명성을 얻었다.

한편 체코 본토격인 보헤미아 지방과는 다르게 모라비아 지방의 민족 부흥 운동은 극히 한정된 인사들과 그룹을 제외한다면 아직 활발한 편이 못되었는데, 이는 이 지방에 대한 독일 문화의 영향력이 여전히 강하게 남아 있었기 때문이었다. 1827년에 다시 회복된 이 지방의 유일한 대학인 올로모우츠 대학도 학문적으로, 문화적으로 아직 별다른 공헌을 제공하지 못하고 있었다. 하지만 유전학의 선구자인 멘델(Mendel, G. J., 1882~1884)이 대수도원장으로 봉직한 브르노에서 자신의 학문적 기반을 닦았고, 수실(Sušil, F.)이 모라비아의 민요를 수집하여 체코 민속학의 발전에 크게 공헌한 점은 특기할 만하였다.

1840년대 헝가리에서의 헝가리화와 독일 권에서의 독일화에 자극을 받아 논의되기 시작한 것이 '오스트로-슬라비즘(austroslavismus; Austro-Slavism)'인데, 이는 무엇보다도 오스트리아의 합스부르크 군주국 내에서 다수를 점하고 있는 슬라브 인들이 독일인들 및 헝가리 인들과 동등한 권리를 행사할 수 있어야 한다는 주장에서 출발하였다. 오스트로-슬라비즘은 합스부르크 제국이 온존하기 위해서는 그 아래에 있는 슬라브 인들, 즉 체코 인들, 슬로바키아 인들, 남슬라브 인들, 경우에 따라서는 폴란드 인들과 우크라이나 인들의 정치적, 경제적, 문화적 권리를 동등하게 보장해야 하고, 반면에 합스부르크 군주국 내의 슬라브 인들은 자신들의 정치적, 경제적, 문화적 제반 권리를 최대한으로 확보하기 위해서는 차르 정부의 러시아에 의지하는 비현실적인 범(汎)슬라브주의를 지양하고, 합스부르크 제국을 연방화 하여 존속시켜야 한다는 내용을 근간으로 하고 있었다.

그런데 오스토로-슬라비즘의 이러한 사상적, 정치적 프로그램은 팔라츠키와 더불어 체코 민족 부흥 운동의 가장 중요한 지도자인 하블리체크

보로프스키(Havlíček Borovský, K., 1821~1856)가 자신이 편집 책임자로 있는 '프라슈스케 노비니(*Pražské noviny*)'라는 신문에 발표한 「슬라브 인과 체코 인(*Slovan a Čech*)」이라는 논설문에서 처음으로 구체화시킨 것으로서, 이후 체코 민족주의 운동의 지침이 되었을 뿐만 아니라 합스부르크 군주국 내 다른 슬라브 인들에게도 많은 영향을 끼쳤다.

하블리체크는 1841~1849년의 혁명 이전의 체코 민족주의 운동에 정치적 성격을 부여하면서 자신의 '프라슈스케 노비니'를 통해 서구의 자유주의와 시민 민주주의 사상을 일반 민중 속으로 확산시켜 나갔다. 그는 혁명 전의 일반 국민들의 정치 의식화에 가장 크게 공헌한 체코 애국자였다. 이리하여 1840년대 중반에 이르면 기존의 여러 애국 단체들 이외에도 프라하의 여러 다방과 선술집들을 중심으로 이른바 '테이블 협회(stolní společnost)'라는 친목 모임들이 생기기 시작하였고, 여기에서의 대화에는 일상의 잡다한 이야기들 외에도 정치적 현안들에 대한 토론들이 으레 포함되어 있었다.

이들 모임 중 가장 대표적인 것이 비슷한 시기에 아일랜드 인들이 영국과 아일랜드의 합병을 철회시키기 위해 전개한 리필(Repeal) 운동, 즉 합병 철회 운동을 모방하여 만든 체코 리필(Český repeal) 운동이었다. 주로 학생들과 공장의 직공들로 구성된 급진적인 민족주의 운동 진영의 핵심적 그룹인 이 체코 리필이 바로 1848년의 프라하 혁명에 불을 댕겼다. 이리하여 18세기 말 체코 어와 체코 민족의 역사에 대한 사랑과 연구라는 애국애족 운동에서 출발한 체코 민족 부흥 운동은 19세기 초반의 정치 의식화 단계를 거쳐 19세기 중반에 이르러 이제 정치 행동화라는 최종적인 단계에 접어들게 되는 것이다.

7.4. 1848~1849년의 혁명과 바흐 절대주의

1840년대에 들어오면서 유럽의 여러 나라에서는 도시와 산업의 발달로 성장을 이룩한 시민 계급이 정치권력에의 참여를 요구하고 나섰지만, 기존의 정치 체제가 이를 수용할 수 없게 되자 긴장이 고조되기 시작하였고, 여기에다 수년간에 걸친 흉년이 겹치면서 마침내 1848년 혁명으로 발전하였고, 혁명은 빠른 속도로 확산되어 유럽 전역을 휩쓸게 되었다.

1848년 1월 북부 이탈리아에서 시작된 혁명의 불길은 2월엔 프랑스에서 공화제를 출발시키고, 3월에 이르러 남부와 중부 독일을 거쳐 프라하로 들어왔다. 1848년 3월 11일 일련의 프라하 시민들은 체코 리필을 중심으로 프라하 시의 스바토바츨라프스케 라즈녜(Svatováclavské lázně)에 모여 청원서를 작성하였다. 여기에는 집회와 청원의 권리와 더불어 출판의 권리 보장, 투표에 의한 일반 대의 기구의 설립, 독립된 배심 재판소의 설립, 강제 노역과 농노제의 철폐, 완전한 종교 자유의 보장, 불합리한 조세 제도의 개선과 병역의무의 4년간으로의 단축 등이 포함되어 있었다. 이외에도 학교와 관공서에서 체코 어가 독일어와 함께 동등하게 사용되어야 한다는 요구와 더불어 체코 왕국의 고유 영토인 보헤미아, 모라비아, 실레지아를 대표하는 체코 의회를 다시 회복시켜서 프라하에 두도록 하자는 요구가 포함되어 있었는데, 이는 사실상 체코 국가의 권리 회복을 의미하는 것이었다.

1848년 3월 13~15일 비엔나 시민들의 봉기는 합스부르크 군주국 내의 혁명 운동을 크게 고무하였다. 메테르니히가 물러났고, 황제는 헌법을 회복하고 시민권을 보장하지 않을 수 없게 되었다. 그러나 4월 10일 민족 위원회(Národní výbor)로 발전한 체코 혁명 운동 본부는 비엔나 정부와 프라하 시 독일인들의 반대에 부딪쳤고, 3월 30일 모라비아의 브르노에서는 모라비아 지방 의회가 회의를 갖고 독립적인 모라비아 의회의 구성을 요구하면서 프라하 민족 위원회 측의 통합 의회에 반대하고 나섰다. 모라비아는 체코 분토격인 보헤미아에 의존하지 아니하고 독자적인 헌법을 가지며, 기존의 독일 문화가 지속적으로 주도적인 위치를 견지해야 한다는 것이 모라비아 의회의 주장이었고, 비엔나 정부도 이를 지지하였다.

한편 체코 인들의 자치권 확보 운동은 독일인들의 대(大)독일 운동과 상충되었다. 대독일 운동에 의거한 모든 독일인들의 단일 민족 국가에는 오스트리아와 체코도 포함되게 되어 있었고, 프랑크푸르트에서 열리는 독일 의회에는 체코 땅의 대표로 팔라츠키도 초대를 받았다. 그러나 그는 4월 12일 공개서한을 보내 이를 거부하였다. 팔라츠키는 프랑크푸르트 의회(frankfurtský parlament)가 오스트리아 제국을 해체하고, 대신 하나의 독일로 통합하려는 것에 반대하면서 오스트리아 제국을 개혁된 형태로 존속시키는 것이 체코뿐만 아니라, 제국 내의 모든 슬라브 인들을 위한 최선의 길이라는 논지를 펼쳤다. 팔라츠키의 오스트로-슬라비즘(austroslavismus)에 의하면 제국 내의 각 민족들이 동등한 권리를 가지는 중부 유럽의 합스부르크 입헌 군주국이 대내적으로는 독일인도 헝가리인도 패권을 행사하지 못하게 하고, 대외적으로는 러시아와 프러시아의 팽창주의를 견제할 수 있게 되어 이 지역뿐만 아니라, 유럽 전체의 안정에도 도움이 된다는 것이었다. 이러한 팔라츠키의 오스트로-슬라비즘은 중부 유럽과 동남부 유럽 혁명 운동의 가장 중요한 정치 프로그램 중의 하나가 되었고, 동시에 상당 기간 체코 민족 운동의 지침이 되었다.

1848년 4월과 5월 체코 땅에서는 프랑크푸르트의 독일 전(全)민족 회의에 보낼 대표의 선출 여부를 두고 정치적 투쟁이 계속되었다. 체코 내의 체코 인들은 선거에 강력하게 반대하고 나섰지만, 체코 내의 독일인들은 이를 찬성하였다. 이처럼 선거를 둘러싼 두 민족 간의 알력은 그때까지만 해도 좀처럼 볼 수 없었던 민족 갈등에 불을 댕겼다. 결국 체코 본토격인 보헤미아에서는 68선거구 중 단지 20선거구에서 선거가 이루어지는데 그쳤지만, 상대적으로 독일인들의 세력이 큰 모라비아에서는 28선거구 중 23곳에서, 독일인들의 수가 압도적인 실레지아에서는 7선거구 모두에서 선거가 이루어졌다. 모라비아와 실레지아에서의 독일인들의 세력과 영향력이 얼마나 강하였는가를 잘 보여주는 선거였다.

1848년 6월 2일 프라하에서 개최된 슬라브 회의(Slovanský sjezd)는 독일인들의 프랑크푸르트 의회에 맞서는 슬라브 인들의 대응 수단이었다. 이 회의에서 팔라츠키는 오스트로-슬라비즘을 정식으로 제안하였지만, 이는 참석한 모든 슬라브 인들의 각기 다른 욕구를 모두 충족시킬 수는 없었다. 특히 나라가 러시아, 프러시아, 오스트리아의 삼국에 의해 분리된 상태에서 하나의 나라로 회복하는 것이 급선무인 폴란드 대표들로서는 이를 도무지 받아들일 수가 없었다. 더욱이 슬로바키아 인인 슈투르(Štúr, L.)와 러시아 인 망명자 바쿠닌(Bakunin, M. A.)도 이에 반대하고 나섰다. 좀처럼 합의점을 도출해 내지 못하고 있던 차에, 6월 12일 프라하에서 급진 세력이 주도하는 혁명이 폭발함으로써 슬라브 회의는 자동적으로 해산되고 말았다. 그리고 프라하의 6월 혁명도 오스트리아 군대의 프라하 시 폭격으로 곧 진압되고 말았다.

1848년 12월 비엔나 혁명으로 페르디난트 5세가 스스로 물러나고, 대신 그의 조카인 프란츠 요제프 1세(František Josef I.; Franz Joseph I, 1848~1916)가 모라비아의 올로모우츠 대주교 관에서 18세의 젊은 나이로 황제의 자리에 올랐다. 그러나 프라하의 급진적인 혁명 세력은 러시아 무정부주의자인 바쿠닌의 도움을 받고, 프라하 시의 일부 독일인 대학생들의 지지를 받으면서 1849년 5월 또 다른 혁명을 준비하였지만, 사전에 탄로가 나 주모자들이 체포됨으로써 무위로 끝나고 말았다. 프라하에는 계엄령이 선포되었고, 이는 1853년까지 유지되었다.

한편 프란츠 요제프 1세는 이후 1849년 10월 러시아 군대의 도움을 받아 헝가리 혁명 세력을 진압하고 곧 북부 이탈리아의 영토를 회복할 때까지 잠정적으로 그리고 전략적으로, 이전의 칙령 헌법(oktrojovaná ústava)을 보장하였다. 그러다가 1851년 안정을 되찾은 프란츠 요제프 1세는 헌법을 파기하고 새로운 절대주의를 도입하였다. 이 새로운 국가 절대주의를 후세 사람들은 이를 주도한 내무대신 바흐(Bach, A., 1813~1893)의 이름을 따서 바흐 절대주의(Bachův absolutismus)라고 부르게 되었다. 물론 메테르니히 절대주의에서의 메테르니히가 그러하였던 것과 마찬가지로, 바흐 절대주의의 바흐도 이 체제의 여러 주도자들 중의 한 사람에 불과하였다. 따라서 바흐 이외에도 퀴베크(Kübeck, K .F.), 슈바르첸베르크(Schwarzenberg, F.)와 같은 각료들이 있었고, 특히 각료 회의를 직접 주재하는 황제가 있었으며, 또한 황제에

[그림 46] 프란츠 요제프 1세 황제 (요한 란치, 1851년)

직속된 최고 경찰청과 군대가 있었다. 따라서 바흐 절대주의의 바흐는 이들을 대표하는 표상적인 의미로서의 바흐에 불과하였다.

바흐 절대주의는 혁명 이전의 메테르니히 절대주의보다도 더 일관성이 있었고, 더 체계적이었다. 수적으로 더 막강해진 군대에 의존할 수 있었고, 도시 지역의 정규 경찰과 비밀 경찰 외에도 시골 지역에서는 새로 생긴 기동 경찰이 절대 권력을 떠받쳐 주고 있었다. 또한 가톨릭 권력과 국가 간의 밀착도 새로운 국가 절대주의에 커다란 힘이 되었다. 1855년의 황제와 교황 간의 협약(konkordát)으로 국가의 가톨릭교에 대한 간섭이 완전히 없어지고, 교회의 모든 일은 주교가 전담하게 되었으며, 교회는 교육과 가정사에 대해서도 영향력을 행사할 수 있게 되었다. 그러나 이와 같은 국가와 교회 간의 유착은 향후 오스트리아와 체코의 가톨릭교에 적지 않은 문제들을 야기하였다.

1851년 칙령 헌법의 파기로 출발한 바흐의 절대주의 정권은 1848년 혁명으로 얻은 시민의 권리들 중 법 앞에서의 평등의 자유와 종교의 자유, 그리고 농노제의 폐지만을 남기고 다른 것들은 모두 박탈하였다. 그런데 농노제의 폐지에는 물론 농노들의 인권에 대한 고려의 측면보다는, 단기적으로는 농촌의 소요를 예방하고 장기적으로는 국가의 세수를 증대시킬 수 있을 것이라는 판단이 더 크게 작용하고 있었다.

어떻든 체코의 역사를 민족주의적 입장에서 조명하는 체코 역사가들에게 있어서는 체코 민족 운동을 극단적으로 탄압한 바흐 절대주의가 절대적으로 부정적인 것이 되고 말지만, 부문에 따라서는 바흐 정권이 도입한 자유주의적 개혁 정책이 평가를 받아 마땅할만한 측면이 없지 않았다. 농노제의 폐지에 따라 봉건 영주의 지배권과 재판권이 없어지고, 국가 행정 체계가 우리의 군(郡)이나 시(市)에 해당되는 오크레스(okres; county, 당시 체코 땅에는 111개의 행정 오크레스가 있었고, 이 속에는 325개의 사법 오크레스가 포함되어 있었다)를 중심으로 개편되었다. 행정 단위이면서 동시에 정치적인 단위이기도 한, 오크레스의 아래에는 우리의 시(市)나 면(面)에 해당되는 오베츠(obec; township)가 있었고, 오크레스의 상위에는 우리의 도(道)에 해당되는 크라이(kraj; province)가 있었다. 그런데 크라이는 얼마 지나지 않아 1862년에 폐지되었다. 그리고 각 지방 행정의 최상위 단위인 구베르니움(gubernium)이라는 지방 행정부(zemská vláda)를 폐지하고, 대신에 지방 총독(místodržitelství)을 두어, 이를 비엔나의 내무성에 직속시킴으로써 중앙 집권적인 행정 체계를 강화하고 행정의 효율을 기하는 데는 성공하였지만, 이로 인해 지방 귀족들의 입지는 현저히 약화되었다. 어떻든 이렇게 개편된 행정 체계는 이후 1950년 체코슬로바키아 공산당 정권에 의해 강제적으로 폐지될 때까지 체코 땅의 행정 체계의 근간으로 존속함으로써 그 효율성과 효용성이 입증된 셈이었다.

그리고 1850년 경제적으로 발전된 도시들에서부터 설립되기 시작한 상공 회의소는 체코 땅의 상공업 발전에 일익을 담당하였는데, 정치적인 권리가 박탈된 상태에서 상공업에 종사할 수 있는 권리는 바흐 정권하의 체코 인들이 누릴 수 있는 유일한 권리에 속하였다. 또한 바흐 정권은 헝가리를 포함한 합스부르크 군주국 내에서의 단일 관세 지역의 창설과 수입 관세의 인하를 도입함으로써 기업 활동을 촉진하였는데, 이러한 조치는 군주국 내에서 상대적으로 공업 선진 지역인 체코 지역의 시장 개척에 활로를 제공해줌으로써 이 지역의 상공업 발전에 상당한 공헌을 제공하였다.

새 정권하에서의 교육 개혁 또한 상당한 의미를 지니게 되는데, 1849년부터 문부대신으로 있던 툰(Thun, L.) 백작이 이를 주도하였다. 가장 중요한 개혁으로는 대학 교육의 개혁을 꼽을 수 있겠는데, 대학을 국가 관리들의 양성소로 전락시킨 기존의 계몽주의적 교육관을 종식시키고, 대학을 학문 연구의 전당으로 새로이 출발시켰다. 이를테면, 그때까지 예비 학교의 기능으로서의 철학부의 기능을 8년제의 김나지움으로 옮기고, 대신 철학부를 문리과 대학으로 독립시킴으로써 법학부, 의학부 등의 타 학부와 동등한 자격의 학부가 되게 하였고, 학문 연구 기관으로서의 대학의 위상을 정립하였다.

그리고 툰 백작은 프라하 대학 철학부에 역사가 토메크(Tomek, V. V.), 고고학자 겸 예술 이론가 보첼(Vocel, J. E.), 시인 첼라코프스키(Čelakovský,

F. L.), 언어학자 한카(Hanka, V.) 등 체코 민족 부흥 운동가들을 대거 받아들임으로써, 이들이 초기에는 일시적이나마 체코 어로도 강의할 수 있는 기회를 마련해 주었다. 또한 1848~1849학년부터는 김나지움에서의 체코 어로의 강의도 가능하였다. 그러나 대부분의 도시에서는 체코 어 교사들의 부족과 체코 어 교재의 빈약으로 인해 독일어와 체코 어의 두 개의 국어로의 강의가 이루어지고 있었다. 더욱이 1853~1854년을 지나면서부터는 체코 내의 중등학교들은 거의 예외 없이 모두가 독일화 되고 말았다. 물론 이보다 이전인 1852년부터 이미 독일어는 체코 땅에서의 유일한 행정 언어가 되어 있었다.

1852년 새로운 집회 출판법의 공포로 체코 저널리즘은 사실상 활동이 중지되었다. 체코 저널리즘은 1848~1849년의 혁명 기간 동안 유례없는 발전을 보았는데, 근대 체코 저널리즘의 실제적인 창시자로서 체코 저널리즘의 상징이라 할 수 있는 하블리체크 보로프스키(Havlíček Borovský, K., 1821~1856)가 자신의 신문인 '나로드니 노비니(*Národní noviny*)'와 '슬로반(*Slovan*)'을 통해 혁명 운동과 체코 민족 운동을 이끌어나간 것도 이때였다. 그는 굽힐 줄 모르는 저항 정신으로 1851년 오스트리아 정부에 의해 티롤의 브릭센(Brixen)으로 유배되었다가, 병고의 몸으로 돌아온 지 1년만인 1856년에 죽었다. 프라하의 애국자들이 집결한 그의 장례식은 바흐 정권하에서의 최초의 가장 큰 시위장이 되었다.

[그림 47] 민족 부흥 운동의 저널리스트 겸 시인 카렐 하블리체크 보로프스키 (얀 빌리메크)

바흐 정권하에서 발행이 허용된 유일한 신문은 관보인 체코 지역의 '프라슈스케 노비니(*Pražské noviny*)'와 모라비아 지역의 '모라프스케 나로드니 노비니(*Moravské národní noviny*)' 밖에 없었다. 그러나 마티체 체스카가 발행하는 자연 과학과 산업에 관한 전문 학술지인, 농업의 여신인 케레스(Ceres)의 체코 이름을 따서 명명한 '지바(*Živa*)' 지와 고고학과 지지학에 관한 전문 학술지인, '기념물'이라는 뜻의 '파마트키(*Památky*)' 지가 예외적으로 명맥을 유지할 수 있었던 것은 그나마도 체코 학문 발전을 위해 다행한 일이 아닐 수 없었다.

바흐 정권은 민족 문제는 오스트리아 제국의 존립에 가장 위협적이라는 판단을 갖고 있었고, 이러한 판단을 바탕으로 거의 10년 동안 체코 민족 운동의 활동을 성공적으로 금지시킬 수 있었다. 그럼에도 불구하고 혁명 후 팔라츠키는 체스케 무제움을 통해 다시 체코 대백과사전의 편찬과 민족 극장의 건립을 추진하였다. 하지만 오스트리아 정부의 방해로 단념할 수밖에 수 없었고, 프라하 경찰의 개입으로 체스케 무제움의 위원 자격도 포기해야만 했다. 그는 모든 정치 활동을 중단하지 않을 수 없었고, 이제 전적으로 자신의 필생의 역작인 『보헤미아와 모라비아 땅에서의 체코 민족의 역사(*Dějiny národu českého v Čechách i v Moravě*)』의 집필에 전념하였다. 그는 이 역사서에서 체코의 역사를 처음에는 독일 봉건주의에 대한 민주주의 세력의 투쟁의 역사로, 나중에는 권위주의적 권력에 대한 자유주의 정신의 투쟁의 역사로 해석하였다.

오스트리아 정부의 정치적, 문화적 탄압은 체코 땅의 서유럽으로부터의 정신적, 문화적 격리를 의미하는 것이었다. 이러한 악조건 아래에서도 체코 문학의 고전인 넴초바(Němcová, Božena, 1820~1862)의 소설 『할머니(*Babička*)』와 에르벤(Erben, K. J., 1811~1870)의 발라드 집 『민담의 꽃다발(*Kytice z pověstí národních*)』이 이 시기에 나온 것은 특기할 만한 일이 아닐 수 없었다. 그리고 1858년 바흐 절대주의 정권의 말기에 이르러 당시 체코 문단의 새내기들인 네루다(Neruda, Jan, 1834~1891)와 할레크(Hálek, V., 1835~1874)

[그림 48] <할머니>의 작가 보제나 넴초바 (1854년경 은판사진)

등이 중심이 되어 결성한, '5월'이라는 뜻의 문학동인지 '마이(*Máj*)'는 민주적 자유주의와 사실주의를 표방하면서 체코 문학과 체코 민족 운동을 한 차원 높은 세계로 인도하였다. 그리고 마네스(Mánes, J., 1820~1871)와 푸르키녜(Purkyně, K., 1834~1868)와 같은 화가들도 체코 예술의 낙후성을 극복하려 애쓰면서 동시에 그림을 통한 체코 민족 운동에의 경의를 잃지 않았다.

하여튼 바흐 절대주의 정부가 펼친 일련의 개혁적 정책에도 불구하고, 절대주의 체제는 역시 가장 나쁜 정부 형태임이 드러나고 있었다. 합스부르크 군주국의 경제적 번영에 관계없이 국가 금고는 비어 있었고, 크리미아 전쟁 기간 동안의 무모한 군사 행동과, 보다 결정적으로는 1859년 프랑스와 이탈리아 군대와의 전쟁에서의 패배로 합스부르크 군주국은 유럽의 열강 대열에서 점차 낙오하기 시작하였다. 이러한 상황 속에서 합스부르크 군주국은 더 이상 절대주의 체제를 유지할 수 없게 되었고, 헌법에 의한 정치를 의미하는 입헌주의 체제로 돌아서지 않을 수 없게 되었다.

Czech and Slovak History

제8장

시민 사회의 발전 (1860~1914년)

Czech and
Slovak History

시민 사회의 발전 (1860~1914년)

제8장

8.1. 입헌 정치의 부활

1859년 이탈리아 전쟁에서의 패배에 이어 국가 재정 상태의 심각한 위기가 겹치자 프란츠 요제프 1세 황제는 절대주의의 상징인 바흐를 각료 회의 의장에서 해임시키고, 제국 의회(říšská rada; Reichsrat)를 소집하였다. 이로써 오랜 기간 동안 오스트리아 제국을 떠받쳐 온 절대주의 정치 체제가 무너지고, 혁명의 해인 1848년 직후 잠시 동안 시도된 바 있었던 입헌 정치(ústavní politika)가 다시 빛을 보게 되었다.

1860년 10월 20일 프란츠 요제프 1세는 제국 의회 내의 다수를 점하고 있는 귀족들의 건의를 받아들여 제국의 기본법인 10월 문서(říjnový diplom)를 공포하였는데, 이 법령은 제국의 국가 형태를 각 지역의 역사적 권리를 존중하는 연방제 원칙에 기반을 두도록 규정하였다. 그러나 바흐 정권 때 현저하게 하락한 제국의 국제적 위상을 높여 줄 의욕적인 국가 형태로는 역시 중앙 집권적 국가 형태가 보다 합당하다는 판단 하에서, 10월 문서를 중앙 집권적인 모델로 개편하여 다시 공포한 것이 1861년 2월 26일의 2월 헌법(únorová ústava)이었다. 국무대신 슈멜링

(Schmerling, Anton von)이 주도하여 '슈멜링 헌법'이라고도 하는 이 2월 헌법은 당시 제국 의회 내의 소수이면서도 문화적 경제적으로 급격하게 부상하고 있던 자유주의적인 독일 부르주아지와 부르주아 관료 계층의 요구와 지지의 산물이기도 하였다.

국가의 입법권이 부여된 제국 의회는 다시 광역 의회(širší rada)와 제한 의회(užší rada)로 그 기능이 양분 되었는데, 광역 의회는 제국 전체의 입법 사항을 관장하였고, 반면에 제한 의회는 헝가리를 제외한 제국의 여타 지역에 대한 입법 사항을 다루도록 하였다. 이리하여 2월 헌법은 헝가리를 여전히 제국의 한 부분으로 간주하면서도, 헝가리에게는 특별한 자격을 부여하고 있었지만, 헝가리는 이에 만족하지 않았다. 제국 의회는 다시 상원(panská sněmovna)과 하원(poslanecká sněmovna)으로 나눠졌는데, 상원은 세습적인 귀족, 그 공로를 인정받아 군주에 의해 임명된 의원, 그리고 고위 성직자들로 구성되었고, 하원은 제국 내의 각 나라들과 지방에서 보내온 대표들로 구성되었다. 제국 의회의 의사 결정은 상원과 하원의 양원과 군주의 동의를 얻어야 하지만, 제국 의회가 회기 중이 아닐 때는 군주 스스로 결정 할 수 있도록 되어 있었다. 그리고 제국 내 각 나라의 지방 의회(zemský sněm)는 제국 의회의 관할 사항이 아닌 사항들, 즉 농업, 빈민 구제, 공공 건설 및 기타 사항을 관장하고, 교육, 종교, 공공 행정에 대해서는 제국 의회에 제출할 입법 초안을 작성하였다.

그런데 제국 내 각 나라의 지방 의회의 선거는 모든 사람이 평등하게 선거하는 보통 선거가 아니었다. 여성, 재산이 없는 사람, 경제적으로 의존 상태에 있는 사람은 선거에서 제외되었다. 그리고 선거권을 갖는 사람들도 재산과 신분의 정도에 따라서 각기 그 비중이 달랐다. 모든 유권자는 4개의 그룹, 즉 4개의 쿠리아(kurie; curia)로 나눠졌는데, 가장 비중이 큰 것이 대지주들의 쿠리아이고, 그 다음이 상공업자들의 쿠리아, 그리고는 도시 쿠리아와 시골 지역 쿠리아가 있었는데, 후자의 경우에는 그나마도 직접 선거가 아닌 선거인단에 의한 간접 선거의 형태를 띠고 있었다. 결국 이러한 선거 제도는 지방 의회를 소수의 귀족들과 상공인들이 지배하도록 만들었다. 그리고 제국 의회에 보낼 대표를 선출하는 지방 의회에서의 선거에 있어서도 똑같은 쿠리아가 적용되었다. 어떻든 2월 헌법은 아직도 많은 절대주의적 요소들을 간직하고 있었다. 행정, 사법, 입법권의 상호 관계에 대한 설정도 전혀 없었고, 기본적인 시민권에 관한 언급도 없었다.

[그림 49] 구체코당 지도자 프란티셰크 라디슬라프 리게르(바츨라프 브로지크, 탄생 80주년에 즈음하여, 잡지 즐라타 프라하)

1862년 4월 제국 의회가 소집되었다. 여기에는 보헤미아 지역 대표들뿐만 아니라 모라비아 지역 대표들도 참석하였다. 제국 의회는 개인적 자유 및 주거의 자유와 같은 몇몇 기본적인 시민권에 대한 사항, 출판과 시 의회의 권한 등에 관한 일련의 법률에 대해서는 심의하거나 승인하였지만, 슈메를링 정권의 압력으로 2월 헌법의 한계를 넘어서는 사항에 대한 심의는 거부하였다. 독일계 자유주의자들의 반쪽 입헌 정치라는 비난이 결코 틀린 말이 아니었다. 그리고 이 의회에서 체코 대표인 리게르(Rieger, L., 1818~1903)는 기조연설을 통해 시민권과 민족권을 연계시켜 체코 왕국 고유의 권리를 주장하였지만, 제국 의회는 이러한 요구를 일축하였다. 이에 보헤미아 지역 대표들의 대다수는 다음 해인 1863년 6월의 제국 의회에 참여하지 않을 것을 결정하였고, 모라비아 지역 대표들도 1년 후인 그 다음 해에 제국 의회를 떠났다.

제국 의회나 지방 의회에서의 체코 인 대표들의 활동은 미미하였지만, 오베츠(obec)를 단위로 하는 지방 자치 단체에서의 활동은 괄목할만한 것이었다. 통신, 자선 사업, 민족 교육 등 지방 자치 기구에 위임된 사항들이 적지 않았다. 특히 체코 도시 중산층들은 장기적인 안목에서의 자치 행정의 중요성을 깨닫고, 1861년 봄 첫 자치 단체 선거에서 지방 행정 및 지방 경제의 개선과 민족 교육 문제 등을 선거 공약으로 내세워 커다란 성공을 거두었다. 독일인들이 절대 다수를 점하는 국경 지역을 제외한 내륙 지역의 거의 모든 도시에서 체코계 후보들이 독일계 후보들을 제치고 당선이 되었고, 프라하에서도 체코계 대표가 시장이 되었다. 그리하여 시 정부를 장악한 체코 인들은 체코 문화의 창달과 체코 민족의 정치적 권리 신장을 위해 시 재정을 활용할 수 있는 기회를 실로 오랜만에 확보할 수 있게 되었다.

입헌 정치가 시작된 1860년대 이후 체코 문화의 발전은 눈부실 정도였다. '배움과 앎 속에 구원이 있다.'라는 구호 아래 1859~1874년 리게르(Rieger, F. R., 1818~1903)의 체코 민족 최초의 『백과사전(*Slovník naučný*)』이 시리즈로 출판되었고, 절대주의의 붕괴로 되살아난 체코 저널리즘이 국민의 정치의식을 일깨우고 문화의식의 함양에 이바지하였다. 민족 극장 추진 위원회가 다시 활동을 개시하였고, 우선 리게르의 주도하에 임시 극장, 즉 프로자팀니 디바들로(Prozatímní divadlo)를 설립하여 1864년부터 종전의 주 2회 공연하던 체코 어 공연을 매일 공연으로 바꾸었다. 그리고 당시 결사의 자유로 생겨난, 많은 비정치적 단체들 중에서 가장 중요한 것은 역시 1862년 티르시(Tyrš, M., 1832~1884)와 퓌그네르(Fügner, J., 1822~1865)가 창설한 소콜(Sokol)운동이었다. '송골매'라는 뜻의 체코어에서 그 이름을 따온 이 소콜 운동은 '건강한 육체에 건강한 정신'이라는 구호를 캐치프레이즈로 한 체육 운동으로서, 전국적인 조직을 갖는 애국애족 운동으로 발전하였으며, 다른 슬라브권으로도 확산되었다.

이 밖에도 '울림'이라는 의미의 흘라홀(Hlahol)이라는 가요 단체와 1863년에 창설된 예술 단체인 우멜레츠카 베세다(Umělecká beseda)도 유명하였다. 그리고 임시 극장의 지휘자로 있던 작곡가 스메타나(Smetana, Bedřich, 1824~1884)의 초기 오페라들이 등장한 것이 이때였고, 마이(Máj) 그룹의 문인들이 국제주의와 세계주의를 표방하면서 사실주의 경향의 새로운 문학 활동을 왕성하게 전개한 것도 이때였다. 음악에서의 스메타나, 문학에서의 네루다(Neruda, J.), 미술에서의 마네스(Mánes, J.)가 각계를 대표하는 거장들이었고, 유명한 건축가이자 조각가인 흘라프카(Hlávka, J., 1831~1908)가 활동하기 시작한 것도 1860년대였다.

1860년대의 체코 정치도 보수와 진보의 두 진영으로 나눠질 정도로 성장하였다. 기존의 자유주의적 보수계열인 구(舊)체코, 즉 스타로체시

(staročeši)와 민주주의적 진보계열인 신(新) 체코, 즉 믈라도체시(mladočeši)로 양분되었다. 구체코의 정당인 구체코당(staročeská strana)의 공식적인 명칭은 민족당(Národní strana)으로서 1860년부터 1890년까지 존속하였다. 그리고 1874년 구체코당에서 갈라져 나온 신체코의 신체코당(mladočeská strana)의 공식 명칭은 민족 자유당(Národní strana svobodomyslná)으로서, 많은 급진적 민주주의자들을 당원으로 확보하면서 구체코당이 주장하는 체코 귀족들과의 협력을 거부하였고, 구체코당과는 달리 1861년의 폴란드 봉기를 지지하였다. 팔라츠키와 리게르를 대표로 하는 구체코당에 맞서는 신체코당의 지도자는 슬라트코프스키(Sladkovský, K., 1823~1880)로서, 많은 진보적 작가들과 저널리스트들이 참여하는 '민족신문(*Národní listy*)'의 지지를 받았다. 그러나 양 진영은 전체 민족과 관련된 정책에 있어서는 단결된 힘을 과시하였다. 1864년 체코 의회에서 서로가 힘을 합쳐 체코 내의 고등학교를 체코계 학교, 독일계 학교, 혼합계 학교로 나누는데 성공한 것도 그 한 예였다.

[그림 50] 신체코당 지도자 카렐 슬라트코프스키 (얀 빌리메크)

체코 민족의 자결을 위한 기본 강령에는 구체코도 신체코도 견해를 같이 하였다. 오스트리아 제국을 오스트리아와 헝가리가 연대하여 이끌어간다는 이원 군주제(dualismus)의 논의가 한창 진행 중이던 1865년 팔라츠키는 『오스트리아 국가의 이상(*Idea státu rakouského*)』이라는 책자를 발간하여, 오스트리아의 국가 체제는 제국 내의 민족적 구성, 역사적 전통, 경제적 필요에 바탕을 둔 자치적 개체들로 구성되는 연방제가 되어야 한다고 주장하였다. 독일인들과 마자르 인들의 소수가 주도하는 이원 체제는 필시 제국 내의 민족 구성에 있어서 다수를 점하고 있는 슬라브 인들의 반발을 불러일으키게 될 것이고, 이는 다시 바람직스럽지 못한 형태로서의 범슬라브주의(panslavismus)를 촉발하게 될 것이며, 그 종국적인 결과는 쉽게 상상할 수 있을 것이라고 경고하였다. 그 다음 팔라츠키는 "우리 슬라브 인들은 그 결과를 정말로 아픈 마음으로 바라보겠지만, 동시에 두려움 없이 맞을 것이다."라고 말하면서, "우리는 오스트리아가 존재하기 이전에 이미 존재하였고 우리는 오스트리아가 더 이상 존재하지 않을 때에도 존재할 것이다."라고 자신의 책을 끝맺었다. 체코 민족의 미래에 대한 우려에 앞서, 체코 민족이 그 속에서 살아가도록 운명 지워진 국가의 운명에 대한 염려를 담고 있는 팔라츠키의 저서는 이후 체코 인들과 그 지도자들의 정치적 사고를 안내해 주는 지침서가 되었을 뿐만 아니라, 상당 부분 오스트리아 제국의 장래를 미리 내다본 예언서가 되기도 하였다. 가깝게는 오스트리아와 프러시아의 전쟁에서 오스트리아 국가의 장래에 대한 팔라츠키의 우려는 사실로 드러나고 있었다.

1862년 비스마르크(Bismarck, Otto E. L. von)가 각료 회의 의장에 취임한 이래 프러시아의 정책은 독일 통일과 1740년부터 시작된 오스트리아와의 패권 경쟁에 있어서의 결정적인 우위 확보였다. 18세기 중반 이래 시대착오적인 로마 독일 제국(římskoněmecká říše)의 황제라는 타이틀과 나폴레옹 전쟁 이후 독일 연맹(Německý spolek)의 의장이라는 직위로 오스트리아가 형식적인 우위를 점하고 있었지만, 실제적으로는 이미 프러시아에게로 힘의 균형이 기울고 있었다. 대외적으로는 1865년 덴마크 전쟁의 처리를 둘러싸고 프러시아와의 사이에 긴장이 고조되고, 대내적으로는 슈멜링의 통합된 강력한 오스트리아 상(像)이 제국 내의 체코 인, 이탈리아 인, 폴란드 인, 마자르 인들의 각기 다른 이해관계 때문에 흔들거리기 시작하면서 오스트리아는 더욱 비틀거리기 시작하였다.

결국 비스마르크의 능란한 외교는 프랑스와 러시아의 중립을 이끌어 내고 1866년 봄에는 이탈리아와의 동맹도 얻어 내게 되자, 마침내 프란츠 요제프 1세는 대(對)프러시아 선전 포고를 발동하지 않을 수 없게 되었다. 무기와 장비의 현대화에서 한발 앞선 프러시아 군과 대치한 오스트리아 군은 체코 북동부의 흐라데츠크랄로베 시 외곽에서 있었던 사도바 전투(bitva u Sadové)에서 참패함으로써 오스트리아는 독일 연맹에서 축출되고, 양국 간의 헤게모니 전쟁은 종지부를 찍게 되었다.

사도바 전투에서의 패배 이후 오스트리아는 그때까지의 절대주의와 입헌주의를 혼합한 중앙 집권적 국가 체제를 더 이상 유지할 수 없게 되었다. 그리하여 비엔나 당국은 제국의 개편을 가장 강력하게 주장하는 헝가리 인들의 요구를 받아들임으로써 국면 돌파를 시도하였고, 그 결과로 탄생한 것이 1867년의 오스트리아-헝가리 타협(Rakousko-uherské vyrovnání; Ausgleich)이었다. 이제 오스트리아 제국은 오스트리아-헝가리 군주국(Rakousko-uherská monarchie) 혹은 오스트리아-헝가리(Rakousko-Uhersko)로 그 명칭이 바뀌었으며, 제국은 두 지역, 즉 오스트리아, 체코, 갈리치아를 포함하는 지역인 라이타(Leitha, 오스트리아와 헝가리 사이의 국경을 흐르는 강) 이쪽 지역(Předlitavsko; Cisleithania)과 기존의 헝가리 지역인 라이타 저쪽 지역(Zalitavsko; Transleithania)으로 나눠졌다.

그러나 제국의 두 지역은 동일한 군주에 의해, 그리고 전쟁, 국방, 재정, 외교를 공동으로 관장하는 합동 내각에 의해 통합되어 있었다. 어떻든 오스트리아-헝가리 타협의 이원 군주제는 또 다른 형태의 중앙 집권 체제로서, 하나 대신에 둘이라는 차이만 있을 뿐인 '이원 중앙 집권주의(zdvojený centralismus)'라는 비난을 면할 수가 없었다. 물론 이것이 절대적인 중양 집권주의를 의미하는 것은 아니기 때문에 각 지역의 의회는 자신의 권리를 유지하고 있었고, 각 지방의 자치 기구들은 상당한 결정권을 확보하고 있었다.

오스트리아-헝가리 타협이 있은 후 오스트리아 내의 독일계 자유주의자들은 제국을 시민권에 바탕을 둔 의회주의 국가로 전환할 것을 요구하였고, 이러한 요구가 반영된 것이 1867년의 12월 헌법(prosincová ústava)이었다. 이제 제국 의회는 입법권을 갖는 명실상부한 의회로 바뀌어서 제반 법률을 승인하고, 군대의 수와 세율을 조정하면서 내각의 활동을 감독할 수 있게 되었다. 또한 법 앞에서의 평등, 재산권의 불가침, 이주의 자유, 그리고 집회, 언론, 양심, 종교, 학문 연구의 자유 등이 보장되었다. 이밖에 법관의 독립이 선포되고, 제국 재판소(říšský soud)가 설립되었으며, 8년간의 의무 교육이 도입되고, 학교들에 대한 교회의 감독이 폐지되었다. 물론 독일어가 공식적인 국가 공용 언어로 선포되지는 않았지만, 현실적으로는 그러한 특권을 여전히 누리고 있었다.

그러나 12월 헌법이 규정하는 많은 권리와 자유에도 불구하고 절대주의 체제의 요소가 완전히 제거된 것은 아니었다. 군주는 여전히 '신성하고, 불가침적이며, 어느 누구에게도 책임지지 않는, 신의 은총에 의한 통치자'로 군림하고 있었다. 군주는 제국 의회가 회기 중이 아닐 때에는 의회의 기능을 수행하였으며, 최고 군 통수권자로서 군을 지배하며, 외교에 대해서도 절대 권력을 행사하였다. 이밖에 군주가 누리는 강력한 공식적, 비공식적 권위를 고려한다면 군주의 손에 집중된 권력의 크기는 실로 막강한 것이었다.

8.2. 체코 문제와 소극 정치

1866년 프러시아와의 전쟁을 맞은 오스트리아 당국은 그때까지 의회 내에서 반대 투쟁을 전개해 오던 체코와 헝가리 대표들과 협상을 위한 교섭을 시작하였다. 이 교섭에 따라 체코 인들은 전쟁 중 오스트리아에게 충성을 다하였지만, 헝가리 인들은 자치권과 민족의 자유에 대한 우선적인 보장을 내세워 여하한 협조도 거부하였다. 그러나 전쟁이 끝나자 오스트리아 정부는 헝가리의 요구는 수용하면서도 충성을 다한 체코의 요구는 거부하였다. 오스트리아 정부의 이러한 태도는 체코 인들의 강한 반발을 불러일으켰다.

이런 와중에 1867년 팔라츠키와 리게르를 포함한 일련의 체코 정치 지도자들이 모스크바의 민속 전시회에 참가하여 러시아 황제의 영접을 받았고, 1869년에는 리게르가 파리로 가 나폴레옹 3세를 방문한 자리에서 체코 문제에 대한 이해와 도움을 요청함으로써 오스트리아 정부를 자극하였다. 물론 이 두 방문이 아무런 효과도 없이 끝났지만, 체코 정치인들이 펼친 최초의 독자적인 외교 정책이라는 데에 의의가 있었고, 러시아와 프랑스가 향후 1세기 동안 체코 외교의 두 축이 된다는 점에서 시사하는 바가 컸다.

오스트리아-헝가리 타협 이후 체코 내에서는 체코의 국가 권리를 주장하는 반정부 시위가 잇달았다. 1867년 8월 체코 왕의 대관식 때 사용하는 국가 보물을 비엔나로부터 프라하로 옮겨오는 기념 퍼레이드에서 군중들의 시위가 있었고, 1868년 5월 나로드니 디바들로(Národní divadlo), 즉 민족 극장 건립의 정초식에서 시위가 있었으며, 같은 달 체코 민족의 전설적 시조인 체흐(Čech)의 성지가 있는 르지프(Říp) 산에서는 수만 명이 운집하였고, 또한 후스 전쟁의 불세출의 영웅인 지슈카 장군의 승전지인 지슈코프(Žižkov)의 비트코프(Vítkov) 산에서도, 체코 인들의 수호성인인 바츨라프 왕의 기사들이 나라가 위난에 처할 때 이를 구원하기 위해 숨어서 대기하고 있다는 유서 깊은 전설이 어려 있는 블라니크(Blaník) 산에서도 수만 명의 군중들이 운집하여 체코 민족의 영광스런 역사를 기리고 체코 왕국의 권리 회복을 외쳤다.

이러한 군중들의 시위에 고무된 체코 의회 대표들은 1868년 8월 82명 전원의 이름으로 합스부르크 군주국의 위상 변화는 당연히 합스부르크 군주와 체코 민족 간의 협의를 거쳐야 하기 때문에, 제국 의회가 체코 땅의 이름으로 채택한 법률들은 모두가 무효라고 주장하면서 82명 전원이 의회에의 불참을 선언하였다. 모라비아 지역의 대표들도 성명서를 채택하여 일부 지지를 표명하였고, 보헤미아 지역에서의 군중들의 시위가 모라비아 지역에까지 확산되었다. 이에 1868년 10월 비엔나 정부는 프라하와 그 주변 지역에 대한 비상사태 선포로 대응하였지만, 체코 인들의 저항을 완전히 차단할 수는 없었다.

체코 땅이 오스트리아 군주국 내에서 가장 부유한 땅이라는 경제적 측면에서 뿐만 아니라, 이 지역이 프러시아의 침입 경로라는 전략적 측면에서도 체코 인들의 저항은 오스트리아로서는 매우 곤혹스러운 것이었고, 프러시아와의 또 다른 충돌을 배제할 수 없는 상태에서는 더욱 그러하였다. 이에 프란츠 요제프 1세는 체코 문제의 타결을 결심하게 되었고, 체코 왕으로서의 대관식을 통해 체코 민족의 권리를 수용할 것을 표명하였다. 이렇게 하여 체코 민족 대표들과 협상에 들어간 호헨바르트(Hohenwarth, K.) 정권은 1871년 이른바 기본 조항(fundamentální články 혹은 fundamentálky)을 마련하게 되었고, 이를 토대로 소위 말하는 체코 문제 타결(české vyrovnání)에 들어갔는데, 이 기본 조항의 기본 정신은 오스트리아-헝가리의 이원 체제를 오스트리아-헝가리-체코의 삼원 체제로 전환한다는 것이었다.

이러한 기본 조항의 정신에 따라 체코는 1867년의 오스트리아-헝가리 타협을 인정하고, 외교, 재정, 군사에서의 공동 내각도 인정하였다. 그러나 여타의 문제에 있어서는 체코 지역은 체코 정부가 관장하고, 체코 의회의 권한도 확대하며, 체코 내의 체코 인들과 독일인들 간의 문제는 거주지에 따라 지역 행정 구역을 획정하여 해결하도록 하였다. 물론 이러한 기본 조항의 정신은 체코 본토격인 보헤미아 지역에만 적용되는 것이지, 상대적으로 독일인들의 영향력이 강한 모라비아 지역은 근본적으로 독자적인 노선을 견지하였고, 독일인들이 절대 다수를 이루는 실레지아 지역은 체코 문제의 타결에 처음부터 참여를 거부하였다.

어떻든 이러한 기본 조항은 체코 민족의 자결과 자율을 위해서는 분명히 진일보를 의미하는 것이었다. 그렇다고 이것이 체코 내 독일인들에게 하등의 불이익을 가져다주는 것도 아니었다. 그럼에도 불구하고 그들은 거족적인 반대에 나섰고, 베를린 정부까지도 이에 가세하였다. 그리고 이 기본 조항이 오스트리아-헝가리 관계에 전혀 영향을 미치지 않음에도 불구하고, 현상 유지를 구실로 헝가리 또한 강력하게 반대하고 나섰다. 프란츠 요제프 1세는 결국 이러한 압력에 굴복하여 호헨바르트를 해임하였고, 기본 조항도 자연히 무산되고 말았다. 더욱이 1872년의 체코 의회 선거에서도 표의 비중이 월등하게 높은 대귀족들에 대한 독일계 후보들의 매수 작전으로 체코계 후보들이 패배하고 말았다.

이와 같은 상황에서 1873년 체코 정치 지도자들은 비엔나의 제국 의회뿐만 아니라, 프라하의 체코 의회에의 참여도 거부하였다. 이것이 체코 수동 정치 혹은 소극 정치(pasivní politika)의 시작이었는데, 수동적 저항(pasivní rezistence)이라고도 불리는 이 소극 정치를 주도한 사람은 팔라츠키와 리게르였다. 두 사람은 체코 문제는 더 넓은 국제 정치의 구도 속에서, 유럽 열강들의 패권 경쟁의 각축 속에서 그 해결점을 찾아야 하며,

체코로서는 그러한 기회가 올 때까지 모든 권리에 대한 주장을 계속할 수 있기만 하면 된다는 주장을 펼쳤다.

그러나 이러한 소극적인 대응의 성과에 대해 곧 많은 사람들이 의심하기 시작하였다. 자력이 아닌 타력에 의존한다는 입장에는 확실히 문제가 있었다. 그리고 특히 지방 의회에의 참여 거부로 국민들의 일상생활과 관련된 여러 문제들에 있어서 불편을 감수해야만 했고, 여러 경제적 손실과 특히 교육 문제에 있어서의 어려움의 가중으로 수동적 저항은 국민들의 반발을 불러일으켰다. 1873년 모라비아 지역 대표들이 지방 의회에의 참여를 결정하고, 다음 해에는 비엔나의 제국 의회에도 참여하게 된 것은 바로 이러한 배경 때문이었다. 이들은 보다 유연하고 현실적인 정치로써 국민들의 여론에 부응하고 자신들의 입지를 강화할 필요를 느끼고 있었던 것이다.

보헤미아 지역에서도 믈라도체시, 즉 신체코 진영이 모라비아 지역 대표들의 예를 따르겠다고 선언하고 나섰고, 1874년 성탄절을 기해 독립 정당을 창당하였다. 이렇게 탄생한 신체코당은 구체코당과 마찬가지로 그 지지 세력의 기반이 도시 부르주아지이고, 그 정치적 이념이 자유주의인 것은 같지만, 보다 진보적인 색깔을 띠는 점은 달랐다. 그리고 구체코당이 도시 상류층의 지지와 더불어, 특히 신체코당의 출현 이후 교회의 지지가 컸던 반면에, 신체코당은 상공인들의 지지와 더불어, 교사와 학생들을 포함한 주로 반(反)교회적인 인텔리겐치아들의 지지가 컸던 점이 달랐다.

신체코당은 당의 조직과 프로그램이 확고하였다. 체코 의회에의 참여 이외에도 시민권의 확대, 모든 사람들의 투표 참여권 확보, 교육의 발전 등을 강령으로 내걸었다. 신체코당의 이러한 정책을 널리 홍보함에 있어서는 신체코당의 지도자 중의 한 사람인 그레그르(Grégr, J., 1832-1896)가 창간한 '민족 신문(*Národní listy*)'의 힘이 컸다. 이 신문의 편집에는 당대 최고의 작가들인 네루다와 아르베스(Arbes, J.)도 참여하였다.

이렇게 출발한 신체코당이 아직 소수당에 불과하였음에도 불구하고, 빠른 속도로 그 영향력을 확대하여 점차 구체코당에서도 이들의 견해와 현실적인 정책을 지지하는 대표들이 늘어나기 시작하였다. 그리하여 1878년 두 당의 대표들이 신체코당의 현실 정치론에 입각하여 체코 의회에 등원하게 되었고, 이로써 향후의 체코 정치는 소극 정치에 종지부를 찍고 적극 정치 혹은 능동 정치로 돌아 서게 되었다.

8.3. 능동 정치

체코 정치 지도자들이 종래의 수동적이고 소극적인 정치에서 벗어나 적극적인 참여의 능동 정치(aktivní politika)로 돌아 섰을 때 오스트리아 제국의 대내외 정치는 많은 변화에 직면해 있었다.

아우에르스페르크(Auersperg, A.) 정권 아래에서의 오스트리아는 어려운 국면을 극복하고 정치는 다시 활기를 띠기 시작하였다. 그리고 국내 정치에서의 안정은 보다 적극적인 대외 정책에로의 길을 열어 주고 있었다. 이즈음 이미 이탈리아가 독립하고, 통일된 독일이 탄생한 상태에서 오스트리아-헝가리 제국의 진로는 자연히 발칸 반도로 향할 수밖에 없었다. 이리하여 1878년의 베를린 회의는 오스트리아-헝가리 제국의 보스니아와 헤르체고비나에 대한 무력에 의한 점령을 승인하였다. 그러나 남슬라브 인들의 거주지인 보스니아와 헤르체고비나의 병합은 상당수 독일인 자유주의자들의 강한 반발을 불러일으켰다. 슬라브 인들의 거주지인 이 지역을 편입함으로써 그렇지 않아도 슬라브 인들이 수적인 우세를 보이고 있는 제국의 민족 구성을 더욱 슬라브 쪽으로 기울게 하여 독일인들의 지배와 이익을 위협할 것이라는 우려 때문이었다.

이러한 상황에서 아우에르스페르크가 물러나고, 타페(Taaffe, E., 1833~1895)가 정부를 구성해야 할 입장에서 그는 체코 대표들의 지지를 필요로 하였다. 그는 먼저 체코 귀족들의 지지를 얻어낸 다음, 이미 연합 전선을 구축한 상태인 구체코당과 신체코당을 끌어들이는 데에도 성공하였다. 또한 폴란드의 대귀족들과 오스트리아의 가톨릭당의 우익 세력의 지지를 더하여, 1879년 타페는 마침내 자신의 각료 회의 의장에 대한 동의를 얻어낼 수 있었다. 초(超)당적인 정부를 표방하면서 하나씩 하나씩 사안에 따라 난립하는 정당들의 지지를 이끌어내는 타페는 분명히 의심의 여지없는 보수주의자였지만, 사회 안정을 위해서는 과감한 개혁도 주저하지 않았다.

타페 정부의 중소 상공인들에 대한 관심은 물론 자신의 정치적 필요에 의한 것이긴 하지만, 여기에는 자본주의의 발달로 점차 심화되어 가는 부르주아지와 프롤레타리아 간의 양극화 현상을 막아 줄 중산층을 강화하겠다는 의도도 포함되어 있었다. 그는 근로법을 제정하여 1884~1885년부터 근로 시간을 공장에서는 11시간, 광산에서는 10시간, 미성년자는 8시간으로 제한하고, 부녀자의 야간 노동은 금지하였다. 그리고 수년 뒤에는 상해 보험과 질병 보험도 도입하였다. 그의 이러한 노동 정책은 물론 1880년대 전반의 노동 운동에 대한 심한 탄압의 보완적, 혹은 대체적 성격도 없지 않았다.

체코 땅의 대표들은 제국 의회에의 등원에 앞서 언제나 이른바 국가 권리 주장(státoprávní ohrazení)을 잊지 않았다. 이는 자신들의 제국 의회 참여가 자신들의 국가 권리에 대한 포기를 의미하는 것이 아니라는 내용의 선언을 담고 있는, 하나의 형식적인 외교 각서였다. 그런데 이러한 외교적 형식주의는 체코 대표들의 타페 정부에 대한 맹목적인 지지에서도 드러나고 있었다. 자신들의 견해에 어긋나고 유권자들의 이익에 반함에도 불구하고 지지를 위한 지지를 보내는 경우가 없지 않았던 것이다. 타페 정부가 무너지면 체코의 이익에 가장 위협적인 독일인 자유주의자들이 내각을 장악하게 될 것이 확실한 상황에서는 더욱 그러하였다.

이러한 사실을 잘 알고 있는 타페 정부는 체코 대표들에게 많은 양보를 제공할 이유도, 필요도 없었다. 감질나지 않을 정도의 양보인 이른바 '부스러기 양보(drobeček)'만으로도 족하였던 것이다. 가령 별반 중요하지 않은 각료 자리 하나를 체코 인에게 내 준다든지, 혹은 1880년의 이른바 스트레마이르 법령(Stremayrova nařízení)에 따라 보헤미아와 모라비아 지역의 관공서와 법원에서 체코 어와 독일어에 동등한 자격을 부여한 것 등이 그것이었다. 그러나 이 동등한 자격이라는 것도 관공서와 개인의 관계에 있어서 독일인이면 독일어를 사용하고 체코 인이면 체코 어를 사용한다는 것일 뿐이지, 관공서와 관공서간의 행정 언어와 관공서 내의 행정 언어는 여전히 독일어로 한다는 단서가 붙어 있었다. 어떻든 이러한 작은 양보들 중에서 그래도 중요한 것은 1882년에 도입된 프라하 대학의 분리였다. 17세기 초 빌라호라 전투에서의 패배 이후 완전히 독일화(化) 되어버린 이 대학이 독일 대학과 체코 대학으로 나눠짐으로써 향후 체코 교육의 발전에 획기적인 전기가 마련된 셈이었다.

그런데 사실 능동 정치의 가장 중요한 성과는 이처럼 몇몇 양보를 얻어낸데 있는 것이 아니었다. 체코의 정치 지도자들이 체코 의회와 제국의회의 정치 무대를 통해서 합리적인 사고와 전문성에 바탕을 둔 선진된 정치 문화를 배우고 익힐 수 있었다는 점이었다. 소극 정치 시대에는 도덕적인 고결성과 굽힐 줄 모르는 저항성과 선동성이 있으면 족하였지만, 이제는 깊이 있는 전문성과 인내와 타협을 이끌어낼 수 있는 능력이 필요하였다. 또 한 가지 능동 정치가 이바지한 바는 민족과 국가 간의 관계를 재정립하였다는 점이었다. 체코 인들이 오스트리아 제국의 국가 기관에 근무하는 것이 더 이상 반민족적인 행위로 간주되지 않음으로써 체코 인들의 사회적 진출과 지위 향상이 크게 신장되었고, 각 분야에서 체코 인 전문가들이 배출되기 시작하였던 것이다.

1880년대 모라비아를 포함한 체코 땅에서는 독일인들과 체코 인들이 상호간의 민족적 갈등으로 첨예하게 대립하고 있었다. 1880년부터 체코 땅의 체코 인들과 독일인들은 각각 자신들의 민족 교육을 지원하기 위한 기구를 설립하여, 특히 양 민족의 민족 구성이 비슷한 혼합 지역에서의 활동을 강화하였다. 이는 분명히 긍정적인 효과도 없지 않았지만, 오히려 민족 갈등을 증폭시키는 부정적인 효과가 더 컸다. 급진적이고 국수적인 민족주의를 더욱 부채질 하는 결과를 초래하였던 것이다.

한편 일반 대중으로부터의 현격한 지지 감소와 타페 정부의 독일계 자유주의자들에로의 경도에 위기의식을 느낀 리게르의 구체코당은 1889년 비엔나에서 독일계 정당들의 대표들과 이른바 '합의 사항(punktace)'의 협의에 들어갔다. 이 협상안의 요체는 체코 땅을 체코 어 지역과 독일어

지역으로 분리한다는 것으로서, 결과적으로 체코 지역의 독일인들에게 더 많은 권리를 보장해 주되, 그 대신 체코 의회의 선거 제도에서 다소의 양보를 얻어 낸다는 것이었다. 그런데 당시 체코 땅에서의 우위를 계속 유지하기 힘들 것이라고 판단한 체코 땅의 독일인들로서는 이 협상안이 자신들이 집단적으로 거주하고 있는 국경 지대에 자신들만의 특별 구역을 창설코자 하는 자신들의 숨은 의도를 충족시켜 주고 있었기 때문에 이를 승리로 간주 절대적으로 환영하였지만, 체코 인들은 신체코당과 더불어 이를 반대하였다. 1890년 체코 의회에 회부된 이 협상안은 대부분의 구체코당원들 또한 반대하였다. 결국 협상안은 무너지고 구체코당도 이와 운명을 같이 하였으며, 1891년의 선거는 신체코당의 압도적인 승리고 끝났고, 이후의 체코 정치의 주도권도 신체코당에게로 넘어갔다.

8.4. 산업의 발전과 사회 문제

19세기 중반까지만 해도 체코 지역은 여전히 근대 산업 문명의 주변지역에 속해 있었지만, 19세기 후반에는 이미 근대 산업 문명의 중심부에 들어가 있었다. 1880년 경 체코 땅의 산업 생산은 오스트리아 제국 전체 산업 생산의 거의 $\frac{2}{3}$에 이르렀고, 이를 국민 1인당 생산으로 환산해 보면 당시의 프랑스 수준과 비슷하였다. 체코 지역의 이러한 산업 발전의 가장 중요한 원동력은 이 지역 국민들의 높은 교육 수준과 근면성, 그리고 상대적으로 높은 인구 밀도였다. 19세기 중반 체코 땅의 인구는 900만에 육박하고 있었던 것이다. 또한 도로와 철도의 건설로 인한 비교적 잘 정비된 교통망이 체코 지역 산업 발전의 근간이 되었고, 국경 지방의 공업 지역과 내륙 지방의 농업 지역을 포괄하는 국토 개발의 다양성도 내수 시장의 활성화에 이바지 하였으며, 당시 가장 발전된 형태의 기계였던 증기 기계의 에너지원인 석탄의 풍부한 매장도 공업 발전의 견인차가 되었다. 그리고 체코의 공업은 초기에는 전통적인 텍스타일 공업과 유리 공업이 주도권을 쥐고 있었지만, 차츰 기계, 화학, 식료품 공업으로 전환하였고, 농업의 경쟁력도 우수하여 전통적인 농업 국가인 헝가리 등과도 어깨를 겨룰 정도였다. 특히 사탕무와 호프는 유럽 전역을 통해 명성을 얻었다.

증기 기계의 발명으로 제1차 산업 혁명이 시작되었다고 한다면, 전기 모터와 연소 모터의 발명이 제2차 산업 혁명을 가져왔다. 체코의 초기 전기 공업은 아크 램프와 전기 모터 차량의 유명한 디자이너인 크르지지크(Křižík, F.)의 활동에 힘입은 바 큰데, 그는 1900년에 이미 최초의 대형 발전소를 건설하였고, 이에 앞서 1891년에는 프라하 시에 최초의 전차를 운행시켰다. 발명왕 에디슨(Edison, T. A.)의 동업자이자 그 자신이 발명가이기도 한 콜벤(Kolben, Emil, 1862~1943)의 기계 공장은 전기 모터의 생산에 착수하였고, 믈라다볼레슬라프에 위치한 라우린-클레멘트(Laurin a Klement) 회사는 1899년 중부 유럽 최초의 모터 사이클 공장을 건설하였으며, 1906년부터는 자동차를 생산하기 시작하였는데, 후에 이 자동차 공장은 유명한 슈코다(Škoda) 자동차 공장의 모태가 되었다. 그러나 체코 최초의 자동차는 1897년 코프르지브니체(Kopřivnice)의 자동차 공장이 만든 프레시덴트(President)라는 상표의 자동차였다. 유럽에서 가장 오래된 자동차 공장 중의 하나로 꼽히는 이 회사는 1906년부터 시리얼 프로덕션에 들어갔고, 독창적인 상표인 타트라(Tatra) 자동차의 생산에 착수하였다. 체코-모라비아-콜벤-다네크(Českomoravská-Kolben-Daněk; ČKD) 회사는 1907년부터 또 다른 체코 자동차인 프라가 카(Praga car)의 생산에 들어갔고, 1889년에 설립된 체코-모라비아 기관차 공장(Českomoravská strojírna)은 기차의 차량과 엔진을 수출하였다.

[그림 51] 제1차 세계 대전 이전의 콜벤 기계 공장

1869년 오스트리아인 슈코다(Škoda, Emil, 1839~1900)가 체코의 플젠(Plzeň)에서 시작한 슈코다(Škoda) 공장은 1890년 이후 오스트리아 제국 내의 가장 큰 기계 공장과 무기 공장으로 성장하였고, 종업원 수만 해도 3천명을 넘었다. 물론 기계 공업의 이러한 급속한 발전에는 야금 공업의 뒷받침이 있었고, 체코 자본으로 출발하여 오스트리아 제국 내의 손꼽힐 만한 은행으로 성장한 체코 산업 은행(Živnostenská banka; Živnobanka)의 도움도 적지 않았다. 이 시기의 체코 공업, 특히 기계 공업의 발전은 경이적인 것으로서 유럽의 선진 수준과 어깨를 나란히 하였고, 체코 땅의 공업 생산은 오스트리아-헝가리 제국 전체 공업 생산의 60%를 상회하였으며, 1910년 체코 땅의 전체 인구 1천만 중 36%의 농업 종사 인구를 제외한 나머지 대부분이 공업, 수송, 무역 등에 종사할 정도로 체코 땅의 공업화는 실로 괄목할 만한 것이었다.

정치에서의 자유주의의 영향과 경제에서의 시장 경제 원리에 입각한 자유 경쟁 체제의 도입으로 인한 근대 산업 사회의 발전으로 체코 땅의 사회 구성도 매우 다양한 성격을 띠기 시작하였다. 귀족들은 행정, 국방, 외교 분야에서 여전히 자신들의 지위를 유지하고 있었지만 차츰 그 영향력이 약화되었으며, 반면에 도시 부르주아들은 특히 기업 활동에 있어서의 성공으로 가장 큰 영향력을 행사하고 있었고, 교수, 의사, 변호사 등 상류 인텔리겐치아들의 정치와 문화에 미치는 영향력이 점차 확대일로에 있었다. 하지만 오스트리아 군주국이 붕괴될 때까지 그 체제를 떠받쳐 주게 되는 관료들의 사회적 위치는 여전히 막강하였다. 군대와 가톨릭교도 특별한 위치를 차지하고 있었고, 새로운 경제 체제에 성공적으로 적응한 일부 프티부르주아들의 신장은 괄목할 만하였지만, 중소 상공인들은 대기업과의 경쟁에서 많은 숫자가 낙오하였다. 이러한 현상은 농촌 지역에서도 마찬가지여서 일부 성공한 농민과는 달리 많은 소농과 소작농들이 농촌을 떠나 도시의 공장으로 몰려들었다.

인구의 가장 많은 부분을 점하고 있으면서 가장 낮은 사회 계층을 이루는 구성원이 노동자들이었다. 대규모 공장, 광산, 중소기업과 농장의 노동자로 구성된 이들의 생활 조건은 산업화의 초기에 특히 열악하였다.

1859년의 근로법은 고용주에게 유리하도록 되어 있어, 피고용인들이 심지어 1일 16시간의 노동을 강요당하는 경우도 있었다. 물론 1880년대 초 근로법의 개정으로 의무 노동 시간이 상당히 완화되긴 하였지만, 일부 숙련공을 제외한 대다수 노동자들의 임금 수준은 여전히 매우 낮은 수준이었다. 특히 텍스타일 공업과 같은 일부 업종에서는 가장인 남자 한사람의 임금으로는 가족의 생계를 유지할 수가 없어 부인과 어린이의 노동이 불가피하였다. 그리고 노동자들이 대개 40대에 이미 직장에서 은퇴해야 할 정도로 노동자들의 노동 조건, 노동 강도, 급식 상태, 주거 환경 등이 열악하였다. 그러나 기술의 발달로 힘든 노동을 기계들이 대신해 줌으로써 노동 시간이 현저히 감축되는 등, 점차적으로 노동자들의 생활 여건이 향상되어 갔다. 그리고 특히 공장 노동자들이 중심이 된 노동 운동도 노동 환경의 개선과 노동자들의 생활수준 향상에 적지 않은 도움을 제공하였다.

체코 땅의 노동 운동을 거슬러 올라가 보면, 이미 1860년대 중반에 처음으로 기계공과 인쇄공들의 노동조합이 생겨났으며, 1860년대 말부터는 새로운 형태의 조직인 상조 조합들이 탄생하기 시작하였다. 이 조합의 목적은 노동자들 스스로의 힘으로 기술을 쌓고 자금을 모아 기업을 이룩하여 부르주아지를 따라잡는다는 것인데, 1871년 현재 크고 작은 조합의 수가 보헤미아 지역에 279개, 모라비아 지역에 46개에 달하였다. 이중 가장 큰 조합인 프라하의 오울(Oul)은 3천명의 조합원과 6만의 금화를 확보하고 있었다.

1870년대 오스트리아 제국 내에서도 부르주아지의 경제적, 정치적, 문화적 지배를 종식시켜야 한다는 마르크스 사상에 입각한 급진적인 사회주의 운동이 일부 노동계에까지 확산되기 시작하였고, 그 결과로 생겨난 것이 1874년 저지 오스트리아의 노이되르펠(Neudörfel)에서 발족된 오스트리아 사회 민주당(Rakouská sociálně demokratická strana)이었다. 오스트리아 최초의 노동자당인 이 당의 창당에 참여한 74명의 대표들 중에는 10명의 체코 대표도 포함되어 있었으며, 1877년에는 당의 지도부가 비엔나에서 체코의 리베레츠(Liberec)로 옮겨 왔고, 페츠카(Pecka, J. B.)가 발행하는 프라하의 '노동자 저널(*Dělnické listy*)'이 이 당의 기관지 역을 담당하였다.

오스트리아 제국 내의 노동 운동에 있어서 제국 내 최대의 공업 지역인 체코 땅의 프롤레타리아트는 언제나 상당한 영향력을 행사하였다. 1878년에는 체코-슬라브 사회 민주 노동당(Československá sociálně demokratická strana dělnická)이 창당되었고, 페츠카, 자포토츠키(Zápotocký, L.), 조울라(Zoula, N.) 등이 당 지도부를 형성하였다. 당의 목표로는 마르크스주의적 가르침에 따른 노동자 계급의 해방과 자본주의 생산의 국가 생산으로의 대체를 내걸고 있었고, 구체적인 강령으로는 일반 선거의 도입, 미성년자의 노동 금지, 부녀자의 노동 제한과 노동 시간의 단축 등을 포함시키고 있었다.

그러나 제국 내의 사회 민주당은 초기의 성공에도 불구하고 당 내 온건파와 강경파의 대립으로 무너지기 시작하는데, 온건파가 법의 범위 내에서의 투쟁을 주장하는데 반해, 강경파는 당장의 혁명을 꿈꾸고 개별적인 테러리즘을 포함한 무정부주의적 투쟁을 선언하였다. 하지만 강경파의 이러한 투쟁 노선은 무모한 테러리즘에 의한 암살 행위로 이어지고, 이는 다시 오스트리아 정부의 강력한 제재와 탄압을 불러일으켜 결국 당이 와해되기에 이르렀다. 그러나 1888년 오스트리아의 하인펠트(Hainfeld)에서 당의 노선을 온건 노선으로 수정을 가하게 되고, 특히 비엔나의 의사 출신인 아들러(Adler, V., 1852~1918)의 영향에 따라 당의 목표를 가까운 장래가 아닌 먼 장래에 있을 프롤레타리아 혁명을 위한 준비에 두었으며, 차츰 혁명과 폭력을 동일시하기를 거부하면서 혁명을 사회주의 사회로의 점진적인 전환으로 파악하기 시작하였다.

8.5. 체코 사회의 다양화

1891년의 선거에서 대승을 거둔 신(新)체코당은 급진적이고 투쟁적인 노선만으로는 다양한 사회 계층의 요구를 수용할 수 없다고 판단하였기 때문에 보다 온건하고 현실적인 노선으로의 수정을 가하지 않을 수 없었다. 이것이 바로 당시 현실주의자(realista)를 자처하면서 현실적인 정치를 표방하고 나선 마사리크(Masaryk, Tomáš Garrigue, 1850~1937), 카이즐(Kaizl, J., 1854~1901), 크라마르시(Kramář, Karel, 1860~1937) 등을 당 지도부로 영입하게 된 배후 동기였다. 그런데 이들 중 카이즐과 크라마르시는 현실 정치와 능동 정치를 내세워 종래의 체코 국가에 대한 권리 주장을 먼 훗날의 과제로 미루면서, 무엇보다도 체코 민족의 경제적, 문화적 발전을 통한 제국 내에서의 확고한 지위 확보에 당의 최우선 목표를 두었다.

한편 마사리크는 곧 신체코당에서 나와 독자적인 정치 노선을 걷게 되는데, 그의 현실주의(realismus)는 원래 지나치게 보수적인 구(舊)체코당과 지나치게 진보적인 신체코당의 중간이 되는 제3의 정치 세력을 지향하면서, 민족 문제에 지나치게 집착하기에 앞서 우선 경제 및 사회 문제를 풀어 나가도록 하고, 오스트리아를 연방화하기에 앞서 민주화부터 이루어내도록 한다는데 목표를 두고 있었다. 마사리크는 90년대 중반 이후 자신의 현실주의를 지나치게 역사에 의존하려는 역사주의에 맞서는 개념으로 더욱 심화시켰으며, 체코 문제의 해결에 있어서도 현실주의적 원칙을 적용시키려 노력하였고, 체코 민족의 정치적 프로그램을 휴머니즘적 이상에 바탕을 둔 체코 정신과 조화를 이루도록 노력하였다. 마사리크는 또한 이러한 자신의 정치적 이념과 사상을 현실 정치에 접목시키기 위해 자신이 교수로 봉직하고 있는 프라하 대학의 소수 엘리트 지식인들을 규합, 1900년 현실주의 정당(Realistická strana)을 창당하기도 하였다. 그러나 마사리크 개인의 당대의 정치, 사회, 문화 전반에 미친 막대한 영향력과는 달리, 이 당의 영향력은 극히 미약하였다.

교육의 보급과 산업의 발달로 도시에서는 중소 상공업인들을 주축으로 하는 프티부르주아 계급이, 농촌에서는 중소 지주들을 중심으로 하는 중간 계층 농민들이 점차 확대되기 시작하였고, 이들은 기존의 구체코당이나 신체코당의 양당구도에 불만을 표시하면서 자신들의 목소리를 높여갔다. 대자본가와도 다르고 노동자들과도 다른 이들 중산층들은 자본주의에 대해서도 사회주의에 대해서도 동시에 우려를 표시하였고, 자신들이 소속된 중소기업의 보호를 요구하면서 타페 정부의 선거 제도 개혁과 중산층 육성 정책에 힘입어 점차 세력을 확대해 나가면서 새로운 정치 세력으로 부상하였다.

사회 민주당을 제외한다면 사상적으로 그리고 조직적으로 가장 먼저 독자적인 세력을 자임하고 나선 세력이 체코의 대학생들이었는데, 이들은 원래 1880년대 말까지만 해도 신체코당을 지지해 오다가 이 당이 지나치게 현실화, 당리화로 치닫자 지지를 철회하면서 새로운 정치 세력화를 도모하고 나섰다. 이들은 서유럽에 비해 체코와 오스트리아는 아직 많이 낙후되고 뒤떨어져 있기 때문에 근본적인 개혁이 필요하다고 주장하였고, 따라서 이들에게는 언제나 진보주의자(pokrokář)라는 꼬리표가 붙어 다녔다. 이들은 민주적 개혁을 주창하고, 사회 민주주의 사상과 민족주의 강령에 동조하였으며, 그 결의와 비판 정신에 있어서는 현실주의자들과 행동을 같이 하였지만, 보다 직선적이고 즉흥적이었다. 이들의 일부는 '청년'이라는 뜻의 '오믈라디나(*Omladina*)' 잡지를 중심으로 젊은 노동자들과 접촉하면서 점차 급진적으로 기울어져, 반(反)오스트리아적, 반황제적인 시위를 주도하다가 1894년 이들의 지도부를 포함한 67명의 시위 참가자들이 연행되어 투옥됨으로써 이들의 조직도 해체되고 말았다. 그 후 이들의 일부는 사회 민주당으로, 일부는 신체코당으로, 또 다른 일부는 마사리크의 현실주의당으로 통합되면서 각 당의 새로운 활력소가 되었다.

[그림 52] 농민당의 지도자 안토닌 슈베흘라 (작가 미상, 1900년 이전)

1890년대 전반에 이러면 가톨릭의 기독교 세력도 새로운 정치 세력화를 도모하여 1894년에는 기독교 사회주의당(Křest'ansko-sociální strana)을 결성하였으며, 가톨릭 세력이 상대적으로 강한 모라비아를 중심으로 활동에 들어갔고, 비슷한 시기에 보수 계열의 가톨릭당(Katolická strana)이 체코와 모라비아에 각기 독립적으로 탄생하였다. 1903년에는 농촌 지역 농민들의 이익의 대변을 표방한 농민당(Agrární strana)이 창당되었고, 당은 특히 뛰어난 정치 수완가인 슈베홀라(Švehla, Antonín, 1873~1933)의 지도에 힘입어 단기간 내에 급속한 신장을 이룩하였다.

체코 사회 민주당(česká sociálně demokratická strana)도 제국 내의 사회 민주주의 운동과의 연계 속에서 확보된 노동 조건의 개선과 노동자들의 지위 향상으로 착실한 성장을 이루면서, 그 수적 우위를 바탕으로 1897년의 선거에서 급속한 신장을 보였다. 사회 민주당과 신체코당의 요구를 수용한 1896년의 새 선거법의 골자는 기존의 신분적 성격을 띠는 네 쿠리아(curia)에 다섯 번째의 일반 쿠리아를 추가하여, 세금을 내지 않는 일반 노동자들을 포함한 모든 성인 남자들로 하여금 선거권을 행사할 수 있게 한, 일종의 보통 선거제의 도입이었다. 그러나 여성은 아직 선거권을 행사할 수 없었고, 물론 평등 선거도 아니었다.

1897년 선거에서 체코 사회 민주당은 체코 본토격인 보헤미아 지역 전체 유권자의 $\frac{1}{3}$의 지지를 확보하여 신체코당과 어깨를 나란히 하는 정당으로 급부상하였지만, 불평등한 선거 제도 때문에 단지 5명의 대표를 의회로 진출시키는데 그쳤다. 이를테면 다섯 번째의 쿠리아인 일반 쿠리아에 배정된 대표의 수가 총 425명 중 단지 72명에 불과할 뿐만 아니라, 기존의 네 쿠리아에 속하는 사람들도 이 일반 쿠리아에 선거권을 행사할 수 있다든지, 또는 귀족 쿠리아에서 대표 1명을 뽑는데 59표를 얻으면 되는데 반해, 일반 쿠리아에서는 74,000표의 지지가 있어야 한다는 것 등이 당시 선거 제도의 대표적인 모순점이었다.

그러나 체코 사회 민주당과는 달리 신체코당은 제국 의회에서 60명의 대표를 규합하는 가장 큰 교섭 단체로 부상하였다. 이에 바데니(Badeni, K.) 정부는 신체코당을 친정부 그룹으로 끌어들이면서 체코 땅에서의 체코 어의 열세를 어느 정도 만회할 수 있는 새로운 언어 정책을 발표하였지만, 독일인들의 강력한 반발로 그의 언어 정책도 그의 내각도 함께 무너지고 말았다. 결국 1897년 12월 2일 비상계엄이 선포될 정도로 프라하 시는 격렬한 시위장으로 변하였고, 체코 땅에서의 두 민족 간의 갈등은 더욱 더 심화되었다. 이처럼 양 민족 간의 대립이 고조된 분위기 속에서 탄생한 민족 사회주의당(strana národně sociální)은 국제 사회주의를 민족주의에 종속시킬 만큼 체코 민족주의를 주창하였는데, 이로 인해 이 당은 사회 민주당과 잦은 마찰을 빚게 되었고, 오스트리아 국가와 군대 내에도 적지 않은 적대 세력을 갖게 되었다.

18세기에 독자적인 행정 구역으로서의 지위를 상실하였다가 1849년에 이를 다시 회복한 모라비아에서는 상대적으로 뒤늦은 민족주의 운동으로 인해, 그리고 보수 계열 정당들과 가톨릭 세력의 강한 영향력으로 인해 보헤미아 지역과는 달리, 체코 인들과 독일인들 간의 민족적 갈등이 상대적으로 그렇게 강하지 않았기 때문에 1905년 이른바 모라비아 협약(moravský pakt)을 통해 두 민족이 타협을 이루어 낼 수 있었다. 하지만 이 협약은 근본적으로 독일 민족에게 유리하게 설정되어 있는 불평등성 때문에 어디까지나 한시적인 성격을 띨 수밖에 없었다. 이런 와중에 사회 민주당 계열의 정당들을 중심으로 한 평등 선거와 보통 선거에 대한 요구가 거세졌고, 체코 철도 노동자들의 소극적인 저항인 태업이 뒤따랐으며, 1905년 11월에는 전면 파업이 선언되었다. 이러한 상황에서 오스트리아 정부는 선거 제도의 개혁을 수용하지 않을 수 없었고, 1907년 보통 선거권과 평등 선거권이 보장된 새 선거 제도가 도입되었으며, 이 선거에서 사회 민주당이 100만 이상의 유권자들의 지지를 받아 헝가리 지역을 제외한 오스트리아 제국의 최대의 정당으로 급부상하였다. 체코 땅에서도 체코 사회 민주당이 40만의 지지를 얻어 제1당이 되었고, 신체코당은 농민당에게도 뒤지는 부진을 면치 못하면서 결국 제3당의 지위로 밀려나고 말았다.

보통 선거와 평등 선거의 도입은 오스트리아-헝가리 제국의 민주주의 발전을 위해서 뿐만 아니라, 제국의 국가적 안정을 위해서도 대단히 중요하고 획기적인 조치였다. 그런데 제국을 구성하고 있는 여러 민족들에게 있어서 오스트리아-헝가리 제국은 자신들의 경제적 번영을 보장해 줄 광대한 시장으로서, 그리고 동쪽과 서쪽의 열강들의 틈바구니에서 이들 열강들의 패권주의를 막아주고 안정을 확보해 줄 훌륭한 방패막이로서 그 존재 가치가 충분하였다. 따라서 제국 내 보수 계열의 정당들은 말할 것도 없으려니와 사회 민주당과 같은 혁신 계열 정당들도 오스트리아-헝가리 제국의 붕괴를 원하지 않았다. 그리고 민족 간의 갈등도 아직 제국을 와해시킬 만큼 그토록 격렬한 것도 아니었다.

그러나 오스트리아-헝가리 제국으로서는 불행하게도 제국을 결속시키는 구심력보다도 제국을 해체시키려는 원심력이 점점 힘을 더해 가고 있었다. 사소한 민족 간의 대립도 거족적인 갈등으로 확대되어 가고 있었고, 타협보다는 투쟁이 선호되는 정신적 풍토가 지배하기 시작하였다. 이러한 현상은 제국의 장래를 위해 심상히 보아 넘길 수 있는 일이 아니었다. 결국 오스트리아-헝가리 제국은 지속적인 평화, 경제적인 번영, 근원적인 개혁을 전제로 할 때에만 존속할 수 있는 것인데, 제국의 경영을 맡은 상층부는 이를 확보하고 유지하기 위한 능력이나 의지가 결여되어 있었기 때문에 제국의 앞날에는 암운이 감돌고 있었다.

13세기 독일인들의 대대적인 이민으로 시작된 체코 땅에서의 체코 민족과 독일 민족의 공존은 근대적 의미의 민족주의가 등장하기 이전까지는 대체적으로 생산적이고 상호 이익적인 방향으로 발전해 왔지만, 특히 19세기에 들어오면서 그 이전과는 현저하게 다른 양상을 띠기 시작하였다. 근대에 들어오기까지 체코 인들과 독일인들은 경제적으로나 문화적으로 비슷한 수준을 보이고 있었지만, 근대에 진입하면서 공업화의 급속한 진행으로 주로 공업 지역에 살고 있던 독일인들이 절대적인 우위를 확보하게 되었다.

그러나 19세기 후반에 들어오면서 이와 같은 독일인들의 절대적 우위가 점차 흔들리기 시작하는데, 이는 무엇보다도 체코 인들이 빠른 속도로 성장을 보인데 반해, 독일인들은 자신들 거주 지역의 주력 산업인 텍스타일 공업의 쇠퇴로 어려움을 겪고 있었기 때문이었다. 이러한 상황에서 1880년대 타페 정부의 개혁 정책에 불안을 느낀 독일인들이 독일인들의 민족주의 의식을 고취하고 독일어 교육을 장려할 목적으로 교육 협회(Schulverein)를 만들었다. 체코 인들도 이에 뒤질세라 같은 목적의 중앙교육 협회(Ústřední matice školská)를 설립하여 상호 주도권 쟁취를 위한 줄다리기에 들어갔다. 이리하여 오스트리아 제국 내에서는 소수이지만 체코 땅 내에서는 다수인 체코 인들과 오스트리아 제국 내에서는 다수이지만 체코 땅 내에서는 소수인 독일인들 사이에는 체코 민족주의와 독일 민족주의가 첨예하게 대립하게 되었고, 상호 간의 골이 너무나 깊어 같은 땅에 살면서도 두 민족은 거의 격리된 생활을 영위할 정도였다. 극소수의 경우를 제외한다면 독일인들은 체코 문화에 대해, 체코 인들은 독일 문화에 대해 철저한 무관심으로 일관하였다.

두 민족 간의 사이가 소원해지면서 이들의 국가에 대한 관계도 소원해지기 시작하였다. 체코 인들은 독일인들이 주도하는 오스트리아라는 국가가 하등 유쾌할 것이 없지만, 이 속에서 외세를 막아줄 훌륭한 바람막이는 발견할 수 있었다. 그렇다고 오스트리아라는 국가에 헌신할 생각은 조금도 없었다. 따라서 국가가 제공하는 모든 권리와 이익은 최대한 받아 누리려 하면서도 국가를 위한 책임은 지려하지 않았다. 체코 내의 독일인들도 그 정도의 차이가 있다 뿐이지 체코 인들과 비슷한 의식을 갖고 있었다. 오스트리아는 분명히 독일인들이 주도하는 국가이고, 비엔나 정부는 분명히 독일인들의 정부로서 특별한 지위를 누리는 민족임에도 불구하고 제국 내의 여러 다른 민족들에 대한 의식 때문에 이들의 오스트리아 국가에 대한 충성도는 별로 확고하지 못했다. 그리고 이들은 자신들의 오스트리아 국가에 대한 결속력이 점차 느슨해질수록 이해와 도움을 베를린의 독일 제국에서 찾으려 했다. 그러나 도움을 밖에서 구하겠다는 것은 매우 위험한 발상으로서, 이는 결국 제국의 앞날을 위협하는 매우 위험한 요소로 작용할 수밖에 없었다.

8.6. 세기 말과 전전(戰前)의 체코 문화

민족적 대립과 사회적 갈등에서 야기되는 여러 문제들이 인류의 미래에 대한 당초의 낙관주의에 어두운 그림자를 드리우기 시작하였다. 세기 말을 전후하여 등장하기 시작한 새로운 물리학 이론들의 영향으로 종래

확실성과 정확성의 화신으로 간주되어 오던 과학에 대한 믿음도 흔들리기 시작하였다. 프라하 대학 내 독일계 대학에 잠시 머문 적이 있는 아인슈타인(Einstein, A.)의 상대성 이론은 뉴턴의 역학에 기초한 우주의 모습을 바꾸어 놓았고, 오스트리아인 프로이트(Freud, S.)는 이성과 의식에 맞서는 비이성적인 잠재의식에 기초한 정신 분석학을 창설하였다. 급속한 산업의 발전은 미래에 대한 예견을 더욱 어렵게 만들었고, 인간의 불확실성을 더욱 더 심화시켰다. 프라하의 유대인으로서 독일어로 작품 활동을 한 카프카(Kafka, Franz, 1893~1924)의 작품 세계가 바로 이처럼 알 수도 없고 참을 수도 없는 인간의 불확실성의 세계에 초점을 맞추고 있었다.

체코 민족 부흥 운동이 일단락된 19세기 중반 이후의 체코 문화의 목표는 '유럽을 따라 잡자(catch up with Europe)'는 것이었다. 이는 당시 선진된 서유럽을 따라잡자는 것으로서, 결과적으로 19세기 말에 이르면 경제에서 이룩한 서유럽 수준을 문화면에서도 이루어 낼 수 있었다. 적어도 음악, 서정시, 미술 분야의 몇몇 대가들은 세계적 명성을 얻었고, 종래 독일 문화에 종속되다시피 독일 일변도였던 외국과의 문화 교류도 여러 나라로 확대되었다. 눈을 세계로 돌리자는 슬로건 아래 1860년대 네루다(Neruda, Jan, 1834~1891)가 중심이 된 마이 세대(májovská generace)가 출발시킨 문학에서의 세계주의는 1870년대 체흐(Čech, S., 1846~1908)가 중심이 된 루흐 그룹(skupina ruchovců)의 민족에 봉사하는 문학으로서의 민족주의를 촉발하였고, 동시대의 루미르 그룹(skupina lumírovců)은 다시 문학의 코즈모폴리터니즘과 국제주의를 표방하면서 자신들의 문학상의 주제를 멀리 동방을 포함한 타민족의 역사 속에서도 취해 오기도 하고, 세계 고전들의 번역에 심혈을 기울이는

[그림 53] 사실주의 시인 겸 소설가 얀 네루다 (얀 빌리메크)

등 체코 문학의 지평을 넓히는데 크게 이바지하였다. 특히 루미르 그룹의 시인들은 내용보다는 형식이라는 캐치프레이즈를 내걸고 작품의 형식 다듬기에 열중하게 되는데, 예술지상주의를 지향하는 이들의 문학적 기교는 이미 서유럽의 수준을 자랑하고 있었다. 상호 보완적인 개성으로 체코 문학의 수준을 한 단계 끌어 올린 체코 문학의 거인 브르흘리츠키(Vrchlický, J., 1853~1912)와 제이에르(Zeyer, J., 1841~1901)가 이 그룹의 쌍벽을 이루는 대표적인 시인들이었다.

세기 말의 격동하는 마지막 십년인 1890년대의 체코 문학을 대표하는 작가들인 마하르(Machar, J. S.), 브르제지나, 소바 그리고 비평가인 샬다와 크레이치(Krejčí, F. V.) 등이 1895년 체코 모더니즘 선언서(Manifest České moderny)를 발표하면서 체코 문학과 사회 전반의 과감한 개혁을 부르짖고, 진부한 예술적, 정치적 상투성과 모든 종류의 억압에 대한 거부를 표방하였다. 이들의 이상은 자유였다. 새로운 사회는 예술가든 시민이든 각 개인의 자유에 바탕을 두어야 한다는 이들의 사상은 새로운 예술 사조의 탄생을 위한 토양을 제공하였다. 소바(Sova, A., 1864~1928)를 대표로 하는 인상주의(impresionismus)는 사물을 파악함에 있어서 주로 시각적이고 청각적이며 주관적인 인상을 담아내려 하였고, 브르제지나(Březina, O., 1868~1929)와 흘라바체크(Hlaváček, K., 1874~1898)를 대표로 하는 상징주의(symbolismus)는 세상사에 대한 사실주의적이고 직선적인 이해를 지양하면서, 그 정체를 벗길 수도 그 이름을 붙일 수도 없지만 직관으로 느끼고 가리킬 수는 있는 신비성에 대한 추구를 지향하였다. 그리고 카라세크(Karásek ze Lvovic, J., 1871~1951)가 대표인 데카당스(dekadence)는 기존의 사회와 예술과의 완전한 결별을 선언하면서, 세기 말의 불확실한 세계를 병적, 도착적, 허무주의적 주제를 내세워 극단적으로 주관주의적인 입장에서 그려내려 하였다. 한편 체코 모더니즘 선언서를 사실상 주도한 샬다(Šalda, F. X., 1867~1937)는 체코 비평의 거장으로서, 정치가인 마사리크와 역사가인 페카르시(Pekař, J., 1870~1937)와 더불어 1930년대 후반 자신들의 생을 마감할 때까지 체코 인들의 정신생활에 가장 큰 영향력을 행사한 인물이 되었다.

[그림 54] 민족 극장(작가 미상, 1881년 목판화, 오른쪽 측면의 건물은 1864년에 개관된 임시 극장)

19세기 후반에 접어들면서 늘어나는 인구를 수용하기 위한 도시의 발달과 확충으로 특히 공공건물을 포함한 수많은 건물들의 건축과 개축이 필요하게 되고, 이에 따른 건축과 조각의 발전이 수반되는데, 이 시기의 건축과 조각은 대개 과거 르네상스 양식을 다시 재현시키려는 시도의 네오르네상스(novorenesance) 스타일이 주가 되었다. '민족이 자신에게(Národ sobě)'라는 캐치프레이즈 아래 수많은 사람들의 모금에 의해 1881년 프라하의 블타바 강가에 세워졌다가 화재로 파괴된 후, 1883년에 재건된 민족 극장(Národní divadlo)이 바로 이 네오르네상스 건축의 대표격이었다. 19세기 체코 인들의 가장 큰 문화적 행사라고 볼 수 있는 이 민족 극장의 건축을 총지휘한 사람은 조각가 지테크(Zítek, J.)였지만, 풍속화의 거장 알레시(Aleš, M., 1852~1913)와 제니셰크(Ženíšek, F.), 19세기 조각의 대가 미슬베크(Myslbek, J. V., 1848~1922) 등 수많은 예술가들의 참여로 이루어진 합작품이었다. 이밖에 바츨라프 광장을 내려다보고 있는 민족 박물관(Národní muzeum)이 네오르네상스 양식에 속하고, 그 아래 광장의 중앙에 우뚝 솟은 바츨라프 동상도 미슬베크의 같은 양식의 작품이다. 이외에도 과거를 재현하려는 문화적 역사주의는 네오고딕(novogotika)과 네오로만티시즘(novoromantismus)을 낳았는데, 네오로만티시즘의 대표적인 건축은 프라

[그림 55] 바츨라프 광장의 성 바츨라프 동상 (요세프 바츨라프 미슬베크, 1912년)과 민족 박물관(요세프 슐츠 외, 19세기 후반)

하 시 스미호프에 있는 성 가브리엘(sv. Gabriel) 교회와 수도원을 꼽을 수 있고, 네오 고딕의 대표적인 조각으로는 카렐 다리 위의 일곱 조상이 있다.

[그림 56] 알폰스 무하의 봄 (1898년 석판화)

그러나 1890년대에 들어와서 과거의 역사와 전통에 대한 의존과 복귀를 지양하고 새로운 시대의 새로운 요구에 부응한다는 전제 아래 콘크리트, 철, 유리 등 새로운 재료를 이용하고, 역사주의가 허용하지 않는 화려한 장식을 도입하며, 자연과 전원으로의 복귀를 지향하는 새로운 예술 운동이 등장하였는데, 이를 시세션(secese; Secession; Jugendstil) 혹은 아르 누보(Art Nouveau)라고 불렀다. 식물과 꽃과 장식적이고 신화적인 모티브를 배열하여 매우 화려하고 우아한 스타일을 자랑하는 새로운 예술 양식인 시세션, 즉 분리파는 먼저 비엔나와 뮌헨에서 시작되었지만, 곧 체코로 넘어와 프라하도 그 중요한 센터 중의 하나가 되었다. 오랜 기간 파리에서 활동한 무하(Mucha, Alfons, 1860~1939)가 이 화풍으로 세계적인 명성을 얻었으며 시세션 예술 운동의 상징이 되었다. 그리고 이 시세션 양식의 대표적인 건축으로는 프라하 시의 본역(Hlavní nádraží)과 시민의 집(Obecní dům)건물이 있고, 조각으로는 구시 광장에 서있는 미슬베크 작품의 얀 후스 동상을 꼽을 수 있다. 강한 선과 날카로운 기하학적 형상으로 특징져지는 큐비즘(kubismus)은 물론 프랑스에서 유래하였지만, 체코 인 코톄라(Kotěra, J., 1871~1923)가 그 개념을 건축에 적용하였고, 그의 뒤를 이어 고차르(Gočár, J., 1880~1945), 야나크(Janák, P.) 등이 이를 발전시켰다.

회화에 있어서는 특히 프랑스를 위시한 해외 화가들의 영향이 거의 절대적이었는데, 핀카스(Pinkas, S.)와 같은 고전주의 계통의 화가뿐만 아니라, 슬라비체크(Slavíček, A.)와 같은 인상주의 화가에 있어서도 이는 마찬가지였다. 국제적 전통과 해외 영향의 결합으로 성공을 거둔 화가로는 풍경화의 마르자크(Mařák, J.), 카반(Kaván, F.), 인물화와 그래픽의 슈바빈스키(Švabinský, M., 1873~1962) 등이 있고, 제1차 세계 대전 직전에는 체코 큐비즘과 표현주의(expresionismus)가 필라(Filla, E., 1882~1953), 쿠비슈타(Kubišta, B., 1884~1918), 차페크(Čapek, J., 1887~1945), 슈팔라(Špála, V., 1885~1946), 크렘리츠카(Kremlíčka, R.) 등의 화가들에 의해 시작되었다.

[그림 57] 국민악파 작곡가 베드르지흐 스메타나 (작가미상, 1880년 이전)

이 시기의 체코 예술 중 명실상부하게 세계적인 수준에 도달한 분야는 음악이었다. 체코 인들이 가장 사랑하는 국민음악의 거장 스메타나(Smetana, Bedřich, 1824~1884)는 '팔려 간 신부(*Prodaná nevěsta*)', '달리보르(*Dalibor*)', '리부셰(*Libuše*)', '키스(*Hubička*)' 등 주옥같은 오페라를 발표하였고, 자신의 최대 걸작인 교향시 '나의 조국(*Má vlast*)' 외에도 '체코 댄스(*České tance*)'와 같은 아름다운 피아노곡도 내놓았다. 스메타나보다도 국제적인 명성이 더 큰 드보르자크(Dvořák, Antonín, 1841~1904)는 교향곡 '신세계로부터(*Z Nového světa*)'와 '영국 심포니(*Anglická symfonie*)', 교향시 '슬라브 댄스(*Slovanské tance*)', 오페라 '루살카(*Rusalkâ*)' 등의 명곡을 남겼다. 그리고 오페라 '카탸 카바노바(*Káťa Kabanova*)', 광시곡 '타라스 불바(*Taras Bulba*)' 등으로 이름 높은 야나체크(Janáček, Leoš, 1854~1929)도 세계적인 작곡가의 반열에 올랐지만, 피비흐(Fibich, Z., 1850~1900)는 이에 미치지 못하였고, 체코 미학과 음악학의 창시자인 호스틴스키(Hostinský, O., 1847~1910)의 명성은 체코 국경을 거의 넘지 못하였다. 공연 예술에서는 오페라 가수 데스티노바(Destinová, Emma, 1878~1930)가 국제적 명성을 얻었고,

[그림 58] <신세계로부터>의 작곡가 안토닌 드보르자크(1886년)

체코 4중주(Český kvartet)와 체코 필하모니(Česká filharmonie)의 연주도 해외에서 인정을 받았다.

물론 예술적으로나 학문적으로 체코가 내세울 만한 세계적인 명성의 인물과 세계적인 수준의 분야는 극히 제한적이었다. 그러나 체코 인들의 전체적인 문화 수준은 결코 국제적인 수준에 견주어 뒤떨어지는 것이 아니었다. 이는 무엇보다도 세기 말을 전후한 시기에 체코의 문맹률이 유럽에서 가장 낮고, 읽고 쓰는 능력이 가장 높았다는 사실로도 뒷받침되었다. 물론 이러한 결과는 독서를 거족적으로 장려한 민족 부흥 운동기의 계몽 운동의 전통에 힘입은 바 크지만, 무엇보다도 질 높은 교육을 고수한 체코 인들의 교육에 대한 열정 때문이었다. 사실, 교육에 대한 오스트리아 정부의 지원도 적지 않았지만, 체코 교육의 눈부신 발전은 어디까지나 체코 인들의 자발적인 노력의 결과였다. 혁명의 해인 1848년 전까지만 해도 하나도 존재하지 않던 체코 땅 내 체코 인들의 중등학교가 20세기 초에 이르러 74개 학교로 늘어났는데, 이 중 국가가 세운 학교는 31개에 불과하고, 58%에 해당하는 43개 학교가 체코 인들이 힘을 모아 설립한 학교들이었다. 이에 비해 체코 땅의 독일인 중등학교는 총 48개였는데, 이 중 37개는 국가가 설립하고, 23%인 11개만이 독일인들 스스로가 설립하였다. 이처럼 체코 인들의 교육에 대한 열정은 대단한 것이었다. 19세기 후반 체코 문학의 거인인 브르흘리츠키(Vrchlický, J.)의 '우리는 단지 두개의 무기를 갖는다. 책과 교육이 바로 그것이다.'라는 슬로건이 국민 대중 속으로 광범위하게 확산되어 갔던 것이다. 이렇게 하여 제1차 세계 대전이 일어나기 직전의 체코 사회는 이미 기계 공업과 같은 선진된 경제와 더불어 수준 높은 정당들, 그리고 세계적인 수준의 교육 등 사회 전반에 걸쳐 서유럽 선진국들의 뒤에 바싹 다가가 있었다.

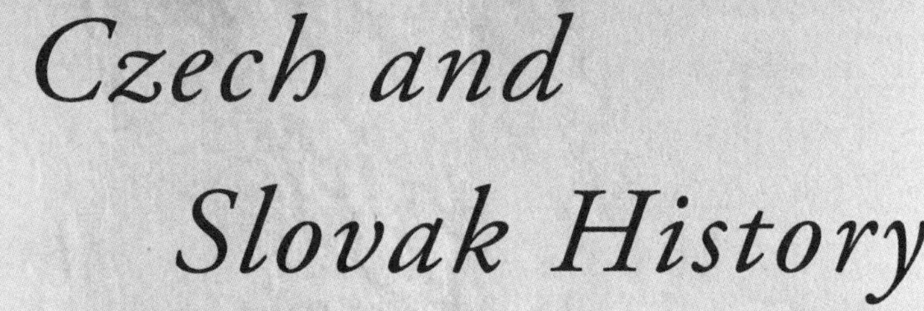
Czech and
Slovak History

근대 슬로바키아 (1790~1914년)

Czech and
Slovak History

근대 슬로바키아 (1790~1914년)

9.1. 슬로바키아 민족 부흥 운동

요세프 2세(Josef II., 1780~1790) 황제의 통치기 말부터 시작한 줄기찬 투쟁의 결과로 헝가리 귀족들은 비엔나 궁중으로부터 상당한 양보를 얻어내고 있었지만, 전반적인 역사의 흐름인 봉건주의의 붕괴를 막을 수는 없었다. 하지만 헝가리 지역의 봉건주의는 합스부르크 제국의 서쪽 지역에 비해 훨씬 그 붕괴 속도가 느렸다. 가장 큰 이유 중의 하나는 헝가리 지역 전체가 봉건 귀족들의 강력한 지배가 보다 용이한 농업 지역이라는 사실이었다. 18세기 말과 19세기 초 중부 유럽의 다른 지역에서는 이미 산업 사회와 시민 사회가 시작되고 있었지만, 헝가리 지역은 아직 후진성을 면치 못하고 있었다.

19세기 전반 슬로바키아 인구의 75%이상이 농노의 부류에 속하는 종속된 농민이거나 땅이 없는 소작민들이었다. 요세프 2세에 의해 도입된 농노제 해방은 이들의 법적 지위는 향상시켰지만, 의무적 강제 노역과 각종 세금은 그대로 남아 있었기 때문에 농민들은 언제나처럼 생활의 어려움을 겪고 있었다. 이에 비해 슬로바키아 인구의 약 4.5%에 해당하는 헝가리 인 귀족들은 각종 혜택을 누리면서 농민들을 착취하고 있었다.

이에 따른 슬로바키아 지역의 사회적 불안은 1831년의 대규모 농민 봉기에서도 드러났다. 그리고 헝가리 지역을 제국의 식량 및 원료의 공급지로 분담지어 놓은 비엔나 정부의 경제 정책도 이 지역의 산업 발전을 더디게 한 요인 중의 하나였고, 자본의 절대적인 부족 또한 이 지역의 산업 발전을 가로막는 장애 요인이 되었다. 따라서 19세기 전반까지만 해도 슬로바키아 지역의 산업은 아직까지 재래적인 수공업에 의존하고 있는 실정이었다.

18세기 말 헝가리 정부의 적극적인 민족 정책에 대응하여 슬로바키아 인들도 슬로바키아 민족 부흥(slovenské národní obrození) 운동을 시작하였다. 그런데 슬로바키아의 민족 운동은 같은 시기의 다른 민족들과는 달리 매우 복잡한 성격을 띠고 있었다. 슬로바키아는 헝가리의 지배하에 있고, 헝가리는 합스부르크 제국에 속해 있기 때문에 슬로바키아 인들은 이중의 지배와 이중의 억압을 받고 있었던 것이다. 원래 헝가리 귀족들이 대(對)합스부르크 투쟁의 수단으로 사용해 온 헝가리 국가라는 개념이 근대에 들어와 민족주의적인 성격을 띠면서 비엔나 정부에 대해서는 방어적인 방패가 되었지만, 헝가리 지역 내 소수 민족들에 대해서는 공격적인 무기로 변하였다. 헝가리는 헝가리 인의 민족 국가가 되어야 한다는 목표 아래 모든 공공 생활에 있어서 헝가리 어의 공용어 도입을 시도하였다. 먼저 귀족의 지배하에 있는 쥬파(župa)에서 시작된 헝가리 어의 공용어화는 1830년대부터는 헝가리 의회가 주도권을 잡고 적극적으로 밀고 나갔는데, 이러한 정책이 가장 철저하게 적용된 곳이 바로 슬로바키아 지역이었다.

18세기 말 계몽주의 사상의 영향을 받은 슬로바키아의 초기 민족 각성자들은 자신들이 속한 종교적 배경에 따라 두 그룹으로 나눠지지만 민족의 역사와 모국어에 대한 관심은 동일하였다. 그리고 양쪽 모두 슬로바키아가 슬라브 민족의 일원이라는 사실에는 인식을 같이하였지만, 신부 베르놀라크 (Bernolák, Anton, 1762~1813)를 정점으로 하는 가톨릭 각성자들은 슬로바키아를 언어적으로 가장 가까운 체코와 별개인 독립적 민족으로 간주하였다. 따라서 이들은 슬로바키아 어의 문어화에 박차를 가하였고, 1790년 베르놀라크가 『슬로바키아 어 문법(*Grammatica Slavica*)』을 출판하여 이른바 베르놀라크 어(bernoláčtina)라고 부르는 슬로바키아 어를 창제하였다. 하지만 이는 서(西)슬로바키아 어 방언을 표준으로 삼은 관계로 중부와 동부 슬로바키아 인들의 이해를 얻지 못해 결국 정착하는데 실패하였다.

[그림 59] 베르놀라크 어의 창제자 안톤 베르놀라크 (작가 미상)

한편 프로테스탄트 진영에서는 자신들의 성서 어(bibličtina)인 체코 어를 여전히 문어로 사용하였다. 이들은 슬로바키아와 체코를 그 언어적 유사성으로 봐 같은 '체코슬로바키아 (československý)' 족으로 간주하였다. 그리고 이들 프로테스탄트 각성자들은 1803년 브라티슬라바 리세(lyceum)에 체코슬로바키아 어문학과(katedra řeči a literatury československé)의 설립 인가를 얻어 내었는데, 이 학과는 이후 슬로바키아 민족 부흥 운동의 중요한 센터가 되었다.

하여간 두 진영이 슬로바키아를 유럽의 다른 민족과 같은 수준의 문화 민족이 되게 하고, 헝가리로부터 평등과 자율권을 확보해 낸다는 것에는 목표를 같이하였지만, 두 진영이 종교적으로나 문화적으로 서로 분열되어 있었다는 사실은 슬로바키아 민족 부흥 운동의 발전을 저해하는 요인으로 작용하였다. 그러나 슬로바키아 민족 부흥 운동이 다른 민족들의 그것에 비해 속도나 강도 면에서 현저히 뒤떨어지는 것은 그 주도 세력의 분열에 앞서 무엇보다도 사회적 기반의 취약성 때문이었다. 슬로바키아는 자신의 귀족을 갖지 못하고 있었고, 도시 부르주아지와 인텔리겐치아는 대부분 민족적으로 중립적인 입장을 취하고 있었으며, 국민의 절대다수를 차지하는 농민들은 각성하기에는 아직 능력도 의지도 부족하였다.

나폴레옹 전쟁으로 슬로바키아 민족 부흥 운동이 일시적인 타격을 받게 되지만, 1820년대에 들어와서 슬라브 연대를 부르짖는 새로운 인물들의 등장으로 다시 활기를 띠기 시작하였다. 억압받는 슬라브 민족들의 협력과 단결을 강조하는 이들 범(汎)슬라브주의자들은 프로테스탄트 시인 콜라르(Kollár, Ján, 1793~1852)와 가톨릭 신부 홀리(Hollý, Ján, 1785~1849)로 대표되는데, 이들의 일부는 1834년 부다페스트에 슬로바키아 어문학 애호 협회(Spolok milovníkov reči a literatúry slovenskej)를 설립하여 상호 협력을 시도하였다.

1830년대 슬로바키아에는 민족의식이 투철한 일련의 신세대 젊은 인텔리겐치아들이 등장하게 되는데, 이들이 바로 슬로바키아 청년당(Mladé Slovensko)이다. 1830년의 프랑스 혁명과 폴란드 봉기의 해방 운동에 크게 고무된 이들 젊은 세대들은 헝가리 내 슬로바키아 인들이 겪고 있는 심한 불평등에 주목하면서, 이를 비판하고 이를 시정하기 위한 노력에 착수하였다. 슬로바키아 청년당의 활동 센터는 브라티슬라바 리세의 학생 서클들로서 이중의 하나가 1829년에 출발한 체코슬로바키아 협회(Společnost československá)였는데, 1836년 헝가리 땅 내의 학생 서클에 대한 금지령이 발동되자 슬라브 연구소(Ústav slovanský)로 이름을 바꾸었고, 이후 슬로바키아 민족 부흥 운동의 중요한 진원지로서의 역할을 다하였다. 그리고 1837년에 조직된 연대(Vzájemnost)라는 이름의 학생 비밀단체의 목적도 슬로바키아 민족의 부흥 운동이었다. 슬로바키아 청년당의 젊은 세대들은 슬라브 연대를 전폭적으로 지지하였고, 슬로바키아와 체코의 민족적 단일성에 대해서도 대체적으로 동의하였다. 1830년대 후반부터 슈투르(Štúr, Ľudovít, 1815~1870), 브르호프스키(Vrchovský, A.), 후르반(Hurban, M.), 호드자(Hodža, M. M., 1811~1870) 등이 이 운동을 주도한 인물들이었다.

1840년대에 들어와서 헝가리 인들의 역내 소수 민족에 대한 탄압이 더욱 거세졌다. 헝가리 의회는 헝가리 땅 내 모든 학교에서 헝가리 어로 가르칠 것을 규정하는 마자르 어에 관한 법안(zákon o maďarštině)을 통과시켰다. 이와 같은 마자르 어화, 즉 헝가리 어화를 통한 역내 타민족들에 대한 마자르화(maďarizace), 즉 헝가리화 정책이 슬로바키아의 프로테스탄트 교회에 대해서도 압박을 가해 오자, 1842년 교회 대표들이 비엔나 정부에 항의서를 보내게 되고, 헝가리 인들은 이를 반역 행위로 규정하여 탄압하였다.

[그림 60] 슬로바키아 청년당의 지도자이자 슬로바키아 어의 창제자 류도비트 슈투르 (작가 미상, 19세기 중반)

1840년대 슬로바키아 청년당의 지도자는 슈투르였다. 독일에서 공부를 마치고 돌아온 그는 지지자들을 규합하여 슬로바키아 민족 부흥 운동에 새로운 전기를 마련하려 노력하였다. 슈투르와 슈투르 지지자들(štúrovci)은 민족 운동 내부의 분열을 단합으로 이끌어 내기 위한 하나의 방편으로 독립적인 슬로바키아 어를 창제하고 공통의 민족 프로그램을 만들 것을 주장하였다. 이들은 이제 체코와 슬로바키아의 체코슬로바키아 단일 민족이라는 가정을 포기하고 슬로바키아 민족의 고유성에 역점을 두고 있었다. 이들로서는 슬로바키아 민중의 교육과 계몽을 위한 목적을 위해서도 슬로바키아 어의 창제가 절실하였던 것이다. 이렇게 하여 1843년 슈투르가 중심이 되어 중부 슬로바키아 방언에 기초한 이른바 슈투르 어(štúrovčina)라고 하는 새로운 문어를 창제하게 되었고, 이것이 바로 오늘날까지 사용되고 있는 슬로바키아 어의 시초가 되었다. 그때까지 베르놀라크 어(bernoláčtina)라고 하는 베르놀라크의 슬로바키아 어를 신봉해 오던 가톨릭교도들도 곧 새롭게 탄생한 슈투르 어, 즉 슈투르의 슬로바키아 어에 가담하였다. 이렇게 하여 슬로바키아 민족 운동의 두 흐름은 점차 합류하기 시작하였다. 그리고 슈투르는 1845년 이제 새롭게 탄생한 슬로바키아 어를 사용한 슬로바키아 민족 신문(*Slovenské národné noviny*)을 창간하여 헝가리 정부의 탄압을 비판하고 헝가리의 민주화를 촉구하였다.

1848년 3월 체코와 오스트리아를 휩쓴 혁명의 물결은 재빨리 헝가리로 건너갔고, 헝가리 내 자유주의적 귀족들이 헝가리 혁명을 주도하였다. 한편 헝가리 내 비(非)헝가리계 민족들은 혁명이 봉건주의를 후퇴시키고 시민의 자유와 권리를 가져다주며, 민족 간의 평등을 확보해 줄 것으로 믿어 이를 크게 환영하였다. 그러나 1848년 4월 헝가리 의회가 채택한 법률은 이러한 기대와는 너무나도 거리가 먼 것이었다. 특히 슬로바키아에 대한 차별이 컸고, 이를 항의하는 슬로바키아 인들이 반역죄로 체포되었다. 시인 크랄(Kráľ, J., 1822~1876)도 이들 중의 한 사람이었다.

1848년의 시민 혁명 기간 중의 슬로바키아 인들의 기본 프로그램은 1848년 5월10일 리프토프스키 성(聖) 미쿨라시(Liptopský sv. Mikuláš), 즉 오늘날의 리프토프스키미쿨라시(Liptopský Mikuláš)의 민족 의회에서 채택되고 그 다음날 인근 온천 도시인 온드라쇼바(Ondrašová)에서 선언된 '슬로바키아 민족의 요구(Žiadosti slovenského národu)'라는 청원서였다. 이 청원서는 헝가리 내 모든 민족들의 평등, 자치권의 확보 및 기본권의 보존을 요구하고 있는데, 가령 슬로바키아 의회의 창설, 슬로바키아 학교의 설립, 슬로바키아 어의 슬로바키아 지역에서의 공용어 도입 등을 핵심적인 내용으로 하고 있었다. 그러나 헝가리 혁명 정부는 이를 반란 행위로 간주하여 그 지도부에 대한 체포에 들어갔고, 슈투르, 후르반, 호드쟈 등은 이웃의 체코 땅으로 피신했다. 후에 체코슬로바키아 애국가의 후반부가 되고, 지금은 슬로바키아 공화국의 애국가가 된 '타트라 산 위에 번개가 치고(*Nad Tatrou sa blýska*)'라는 마투슈카(Matúška, Janko, 1821~1877) 작사의 노래가 당시 헝가리의 탄압에 대항하는 슬로바키아 인들의 애창곡으로 정착한 것이 바로 이때였다. 비슷한 시기에 헝가리 정부는 트란실바니아의 루마니아 인들의 민족 운동을 탄압하였고, 남쪽의 세르비아에도 군대를 파견하였다.

1848년 중반에 이르면 헝가리 땅의 어떠한 민족도 헝가리와의 타협을 이루어 낼 것 같아 보이지 않았다. 남은 것은 단 한 가지 무력으로 저항하는 것이었다. 같은 해 여름부터 비엔나에서는 체코 인들의 도움을 받아 슬로바키아 의용군이 창설되었고, 슬로바키아 민족 회의(Slovenská národní rada)가 조직 되었다. 비록 실패로 돌아가긴 했지만, 그 해 6월 초의 프라하 슬라브 회의(Slovanský sjezd)에서는 슈투르를 위시한 슬로바키아 대표들이 오스트리아 정부군에 맞서 프라하 혁명군의 시가전에서 연대하여 싸운 경험이 있었다. 1848년 9월 중순 슬로바키아와 체코 의용군은 서부 슬로바키아를 침입하였고, 9월19일 미야바(Myjava)의 민족 회의에서 슈투르는 슬로바키아 인들의 헝가리 정부에 대한 복종을 포기하고 정치적 독립을 선언하였다. 물론 이러한 캠페인이 제대로 성공을 거두지는 못했지만 반(反)헝가리 투쟁의 교두보는 마련한 셈이었다.

1848년 가을 헝가리는 매우 복잡한 상황에 빠져들었다. 헝가리 내의 피지배 민족들은 자신들의 억압 상태를 벗어나기 위해 헝가리를 상대로 전쟁에 들어갔고, 헝가리는 자신의 독립을 쟁취하기 위해 오스트리아 정부와 황제에 맞서 전쟁을 벌렸다. 이러한 상황에서 슬로바키아 인들은 오스트리아 황제군의 편에 서서 헝가리를 상대로 싸웠다. 이번에도 체코 인들의 도움이 있었다. 1848년 12월 슬로바키아 의용군은 북부와 중부 및 동부 슬로바키아의 일부를 해방시켰다. 그러나 이 해방 구역은 곧 오스트리아 황제군의 손으로 넘어가고 말았다.

1849년 3월 슬로바키아 대표들은 황제와 오스트리아 정부에게 슬로바키아 민족의 자치권과 슬로바키아의 비엔나 정부에의 직속을 요청하는 서한을 제출하였다. 8월 헝가리 혁명군의 진압 이후에도 같은 요청을 반복하였다. 그러나 황제와 오스트리아 정부는 이를 거부하였고, 1849년 11월 슬로바키아 인들의 기대는 수표로 돌아가고 말았다. 바흐(Bach, A.)의 절대주의는 헝가리 어 대신에 독일어를 공용어로 도입하였고, 1853년의 황제 칙서(císařský patent)는 로보타(robota), 즉 강제 노역과 기타 의무들은 폐지시키는 대신, 자신이 복속되었던 이전의 봉건 영주에게 고액의 현금을 변제할 것을 부과하여 농민들의 실망과 원성을 샀다.

이리하여 1850년대 중반부터 슬로바키아 어는 가톨릭교와 프로테스탄트 교회에 소속된 중등학교에서 빠른 속도로 사라져 갔다. 가톨릭교의 고위 성직자들뿐만 아니라 헝가리 인 들이 지배하고 있는 프로테스탄트 교회의 상층 지도부도 슬로바키아 어에 대한 탄압을 가속화하였다. 그리고 대부분의 슬로바키아 민족 운동 지도자들이 공직 생활에서 추방되었다. 슈투르와 호드쟈를 비롯한 일부는 경찰의 감시 아래에 들어갔다. 이리하여 1850년대 후반의 슬로바키아 정치는 깊은 나락 속으로 빠져들고 있었다.

19세기 전반의 슬로바키아 문화는 슬로바키아 민족 부흥 운동에 힘입어 상당한 활기를 띠면서 성과를 올리고 있었다. 그러나 고전주의와 낭만주의 경향의 문학이 주도한 이 시기의 슬로바키아 문화는 슬로바키아 사회의 전반적인 낙후성, 가톨릭과 프로테스탄트로 양분되어 있는 종교적, 정치적 분열 등으로 그 발전에는 한계가 있었다. 따라서 아직 본격적인 면모의 잡지보다는 문집의 성격을 띠는 연감이 유행하였는데, 『조라(*Zora*)』, 『니트라(*Nitra*)』 등이 대표적인 것들이었다. 『슬라바의 딸 (*Slávy dcera*)』로 슬러브권의 명성을 얻은 콜라르는 이 시기 최대의 슬로바키아 시인이었지만, 그는 체코 어로 썼다. 하지만 그의 슬로바키아 민속 시 선집은 슬로바키아 문학에 공헌한 바가 컸다. 홀리(Hollý, J. 1785~1849)는 민족 서사시인 『스바토플루크(*Svatopluk*)』, 『치릴로-메토디아다(*Cyrilo-Metodiáda*)』, 『슬라브(*Sláv*)』의 시인으로, 고전의 번역가로 가톨릭 진영을 대표하였다. 그러나 보다 수준 높은 슬로바키아 문학의 시작은 새로운 슈투르 세대(štúrovská generace)에 의해 이루어졌다. 특히 시에서 높은 문학성을 보인 할루프카(Chalupka, Samo, 1812~1883), 크랄(Kráľ, Janko, 1822~1876), 슬라트코비치(Sládkovič, A., 1820~1872), 보토(Botto, J., 1827~1876) 등의 작품들은 민족 해방적인 성격을 띠면서 19세기 후반에 들어와서 절정에 이르렀다. 이중 할루프카는 슬로바키아 드라마의 선구자이기도 하였고, 산문에서는 칼린치아크(Kalinčiak, Ján, 1822~1871)가 두각을 보였다. 1842년 호드자 등이 중심이 되어 리토프스키미쿨라시에서 결성한 타트린(Tatrín) 클럽은 문화와 계몽 사업을 위한 단체로서, 1848년 이후 슬로바키아 문화 활동의 중심이 되었다. 슈투르의 『슬로바키아 어학(*Nauka reči slovenskej*)』도 이 클럽의 지원으로 출판되었다.

19세기 초반의 건축은 고전주의 영향이 두드러졌다. 그런데 슬로바키아에서는 이 고전주의 양식이 체코 쪽에서보다도 교회 건축에 더 많이 적용되었는데, 코마르노와 브라티슬라바의 가톨릭 교회, 반스카비스트리차와 레보차, 코시체 등의 프로테스탄트 교회 건축물들이 대표적이었다.

그리고 몇몇의 슬로바키아 온천 도시들도 고전주의 양식을 도입하였는데, 피에슈타니, 슬리아츠, 트렌치안스케테플리체, 스므르다키 등이 그들이었다. 신낭만주의와 신고딕 양식의 건축은 초기에는 주로 도시 건축물에서 도입되다가 19세기 후반에는 널리 확산되었다.

다른 지역에서와 마찬가지로 이 시기의 슬로바키아 조각은 좋은 여건을 갖추고 있지 못하였다. 따라서 아버지 두나이스키(Dunajský, V.)와 아들 두나이스키(Dunajský, L.), 페렌치(Ferenczy, Š.), 알렉시(Alexy, K.)와 같은 뛰어난 조각가들은 여건이 더 좋은 부다페스트로 가서 활동하였다. 한편 슬로바키아 민족 부흥 운동기의 대표적인 화가들인 보훈(Bohúň, P. M. S., 1822~1879)과 클레멘스(Klemens, B., 1818~1873) 등은 프라하로 건너가 프라하 아카데미에서 공부하였고, 조국 슬로바키아로 돌아온 후에는 체코 민속 예술의 전통을 거울삼아 슬로바키아 민속 예술의 전통을 확립하였다. 또한 많은 화가들이 비엔나 예술 학교에서 수학하였다. 그러나 체코와는 대조적으로 이 시기의 슬로바키아 음악은 두드러진 편이 못되었다. 교회 음악과 합창곡에서 상당한 성과가 있었고 민속 음악이 매우 풍부한 정도였다.

9.2. 근대 슬로바키아

19세기 후반 슬로바키아는 근대 시민 사회의 형성과 관련한 많은 사회적 변화를 맞이하고 있었다. 그러나 헝가리와 그 속에 포함된 슬로바키아가 여전히 유럽의 농업 지대라는 사실에는 변함이 없었다. 1853년 강제 노역의 폐지로 봉건주의는 자취를 감추었지만, 대부분의 토지는 영주들의 수중에 그대로 남아 있었다. 그리고 강제 노역의 폐지 등의 대가로 더 많은 부를 손에 넣은 대지주들은 농지를 더욱 더 넓히거나 새로운 사업을 벌이기도 하면서 세력을 확대해 나갔다. 반면에 이제 막 자유를 얻은 일반 농민들은 더욱 더 영세해진 영농 규모로 인해 대지주들과의 경쟁을 이기지 못해 소작농이 되거나 임금농으로 전락하였으며, 빚을

지고 농촌을 떠나 도시의 공장으로 혹은 외국으로 이민을 떠나는 사람들이 속출하였다. 이농 현상이 가장 심하였던 동부 슬로바키아 지역만 해도 19세기 말까지 약 15만 명이 이민을 떠났고, 이들의 행선지는 대부분 미국이었다.

슬로바키아의 낙후성이 가장 잘 드러나는 분야가 공업 부문이었다. 19세기 후반에서 20세기 초에 이르기까지 슬로바키아의 공업 발전은 매우 더뎠고, 그나마도 불균형적이었다. 철강업과 이와 관련된 제철 공업은 여전이 슬로바키아의 주력 산업으로 남아 있었는데, 매년 전체 헝가리 원철 생산의 70~75%를, 주철이나 압연 제품의 약 60%를 슬로바키아가 점유하고 있었다. 그리고 전통적 산업인 금, 은, 동의 채광과 가공도 계속되고 있었다. 이에 비해 기계 공업과 금속 공업의 기반은 매우 취약하였다. 19세기 말에 브라티슬라바와 코시체 등지에 발전소가 생기고, 질리나에 전기 및 기계 공장이 설립된 정도였다. 따라서 전반적으로 20세기 초까지도 슬로바키아는 농업 국가의 틀에서 벗어나지 못하고 있었다.

19세기 후반에서 20세기 초까지의 기간 동안 슬로바키아의 산업에서 슬로바키아 인 출신의 기업인이 차지하는 비중은 매우 낮았다. 그나마도 슬로바키아 인 기업인들이 진출하는 분야는 주로 식료품, 제재, 피혁 분야 등에 한정되어 있었다. 하지만 가내 공업이나 행상과 소매상에 종사하는 비중은 매우 컸다. 그리고 슬로바키아 인 기업의 대부분의 자본은 헝가리 인들이 지배하고 있었다. 금융업에서도 이러한 현상은 마찬가지였는데, 슬로바키아 인 자본의 점유율은 지극히 낮았다. 슬로바키아 최초의 은행은 1868년 투르치안스키 성(聖) 마르틴(Turčianský sv. Martin), 즉 오늘의 마르틴(Martin)에 설립된 저축 은행이었는데, 이 은행은 후에 루좀베로크의 대출 은행과 마르틴의 타트라 은행(Tatra banka)을 병합하여 전국적인 점포망을 갖추게 되었다. 그러나 19세기 말에서 20세기로 넘어가는 기간 동안 슬로바키아 인 은행의 자본 점유율은 약 14%에 불과하였고, 헝가리, 독일, 오스트리아, 체코 은행들이 나머지를 차지하고 있었다. 특히 체코 은행은 20세기 초에 들어오면서 더욱 투자를 증대하여 취약한 슬로바키아 은행을 지원함과 동시에 슬로바키아를 교두보로 헝가리와 발칸 지역으로 진출하였다.

이처럼 외국 자본의 지배라는 어려운 환경 속에서 형성되기 시작한 슬로바키아 인 부르주아 계급은 근대 슬로바키아 시민 사회의 발전을 담보해 주는 중요한 구성원 중의 하나로 성장해 갔지만, 도시와 농촌의 중소 상공업자들이 주를 이루는 이들 슬로바키아 인 부르주아 계급은 특히 헝가리 기업과 헝가리 자본의 위협 앞에서 그 활동이 제약을 받을 수밖에 없었다. 결국 슬로바키아 민족의 부흥과 슬로바키아 민족의 생존을 위한 투쟁은 슬로바키아 민족의식으로 무장된 소수의 슬로바키아 인텔리겐치아가 맡을 수밖에 없었다.

1859년 이탈리아와의 전쟁에서의 패배로 바흐의 절대주의 정권이 무너지고, 이듬해에 10월 문서(Říjnový diplom)로 헌법 정치가 부활됨으로써 헝가리 땅은 상당한 자치를 누릴 수 있게 되었다. 옛날의 행정 기구들이 되살아나면서 마자르화(maďarizace), 즉 헝가리화의 추진도 더욱 더 강렬해졌다. 자연히 이에 대응하는 슬로바키아 민족 운동도 더욱 더 힘을 더해 갔고, 1861년 3월 부다페스트에서는 '부다페스트 소식(*Pešťbudínské vedomosti*)'이라는 이름으로 슬로바키아 민족을 대변하는 잡지가 발행되었다. 6월에는 투르치안스키 성 마르틴에서 대규모 민족 회의가 열리고 여기에서 슬로바키아 민족 각서(Memorandum národu slovenského)라는 정치 프로그램이 채택되었다. 닥스네르(Daxner, S. M., 1822~1892)와 프란치스치(Francisci, J., 1822~1905) 등이 중심이 되어 기초한 이 각서는 슬로바키아 민족에게 하나의 독자적인 민족으로서의 자주성과 평등성을 보장해 줄 것을 요구하면서, 슬로바키아 인들의 자치를 실현하고 슬로바키아 어를 슬로바키아의 행정, 재판, 교육 등 공공 생활의 영역에서 공용어로 채택해 줄 것을 촉구하였다. 1861년 여름 헝가리 의회가 해산된 상태에서 다소의 수정이 가해진 이 각서는 비엔나의 황제에게 직접 제출되었다.

비엔나 정부는 물론 이 각서를 받아들이지 않았다. 그 대신 마티차 슬로벤스카(Matica slovenská), 즉 슬로바키아 협회의 설립 요구만은 받아들였다. 이리하여 1863년 8월 4일 투르치안스키 성 마르틴의 전체 총회에서 설립을 보게 된 슬로바키아 협회는 향후 슬로바키아 민족 운동과 계몽 운동의 본거지가 되었다. 또한 투르치안스키 성 마르틴, 벨카레부차(Veľká Revúca), 클라슈토르포트즈니에봄(Kláštor pod Znievom)의 세 곳에 추가로 생긴 3개의 슬로바키아 김나지움도 슬로바키아 민족 지도자들의 양성에 크게 공헌하였다.

1866년 대(對)프러시아 전쟁에서의 패배로 인해 탄생된 1867년의 오스트리아-헝가리 타협(rakousko-maďarské vyrovnání)은 슬로바키아 민족 운동의 발전에 결정적인 타격을 가하였다. 오스트리아-헝가리 이원 군주국의 탄생으로 헝가리는 완전한 독립을 쟁취하였으나, 헝가리의 지배를 받는 다른 민족들의 예속은 더욱 더 심화되었다. 1868년 헝가리 의회가 통과시킨 법률은 헝가리 민족의 독단적인 지배를 분명히 하였다. 헝가리인이 아닌 민족들에게는 평등도 자주도 주어지지 않았고, 교육과 문화생활 영역에서 부여된 다소간의 언어 정책적인 양보도 실제에 있어서는 지켜지지 않았다.

오스트리아-헝가리 타협으로 슬로바키아 민족 운동 진영은 양분되었다. 잡지 '부다페스트 소식'을 중심으로 형성된 구그룹(Stará škola)에 맞서 1868년 초 신그룹(Mladá škola)이 결성되었다. 후르반, 닥스네르, 프란치스치 등을 대표로 하는 구그룹은 1861년의 각서의 프로그램에 집착하면서 인민 대중의 정치 세력화에는 관심이 없고, 단지 외부로부터의 도움에 의존하고 있었다. 이들은 제일 먼저 황제와 비엔나 정부로부터의 도움을 기대하고 있었고, 그 다음 제정 러시아 차르 정부의 보호 속으로 들어가는 슬라브 연대에 의지하고 있었다. 이 구그룹은 1868년 슬로바키아 민족당(Slovenská národní strana)으로 출범하였다.

민족지인 '슬로바키아 신문(*Slovenské noviny*)'을 중심으로 모인 신그룹의 대표에는 팔라리크(Palárik, Ján, 1822~1870)와 같은 인텔리겐치아들뿐만 아니라, 건축가 보불라(Bobula, J. N.) 와 포즈데흐(Pozdech, J.)와 같은 기업인들도 포함되어 있었는데, 이들은 보다 자유주의적인 경향을 띠고 있었다. 이들은 슬로바키아의 이익을 위해서라면 헝가리 정부나 반대파와의 협상도 마다하지 않았고, 슬로바키아 자치에 대한 요구도 수정 혹은 포기할 각오가 되어 있었으며, 슬로바키아 중등학교를 살리기 위한 청원과 서명 운동을 통해 광범위한 일반 대중의 지지를 확보하려 하였고, 이들의 정치의식과 민족의식을 일깨우려 노력하였다. 그러나 구체적인 프로그램의 부족과 구그룹과의 끊임없는 알력, 그리고 더 심해져 가는 헝가리화의 압력으로 1875년 결국 신그룹은 해체되고 마는데, 이들 중의 일부는 구그룹의 슬로바키아 민족당으로 합류하고, 특히 기업인들을 포함한 일부는 헝가리 진영으로 넘어갔다. 무자비한 마자르화, 즉 헝가리화의 결과로 1874년 3개의 슬로바키아 김나지움이 폐쇄되었고, 1년 후에는 슬로바키아 협회, 즉 마티차 슬로벤스카의 활동도 금지되었다. 이 협회는 반국가 단체로 규정되어 해체되었으며, 협회의 자산은 국가에 귀속되었다. 이러한 조치는 프란츠 요제프 1세 황제의 재가를 받아 이루어졌는데, 이로써 비엔나 궁정과 정부는 헝가리와의 타협 이후 슬로바키아 문제는 전적으로 헝가리 정부에 일임한다는 사실을 분명히 하였다.

[그림 61] 마티차 슬로벤스카 본부(마르틴, 창립 145주년에 즈음하여)

이에 헝가리 정부는 슬로바키아의 헝가리화를 위한 별도 기구를 만들었고, 유치원에서 각종 성인 단체에 이르기까지의 교육, 그리고 각종 문화 기관과 신문 및 잡지들의 언론 매체를 이용한 조직적인 헝가리화를 추진하였으며, 슬로바키아 아동들의 헝가리 지역으로의 강제 이주도 서슴지 않았다. 이리하여 15년간의 티사(Tisza, Kálmán) 정부(1875~1890년)가 끝났을 때 슬로바키아는 민족적인 생존 그 자체를 위협 받는 처지가 되었다. 그리고 1884년 슬로바키아 후보와 유권자들에 대한 직접적인 테러와 기타 불리한 여건들로 인한 선거에서의 패배는 슬로바키아 민족당으로 하여금 헝가리 의회 선거에의 불참이라는 소극 정치로 내몰았고, 이러한 소극적인 저항은 슬로바키아 정치를 더욱 위축시키는 결과를 초래하였다.

이처럼 슬로바키아의 중등학교가 폐쇄되고 문화 단체들의 활동이 금지된 상황에서 슬로바키아 인들은 이웃의 체코 지역으로 눈을 돌리게 되었고, 슬로바키아 젊은이들의 체코 중등학교, 직업학교, 그리고 프라하 대학에 입학하는 숫자가 점차 늘어갔다. 그리고 1882년 프라하에서는 이들 유학생들이 중심이 되어 중부 슬로바키아의 대표적인 민속 마을인 데트바(Detva)에서 이름을 따온 데트반(Detvan)이라는 학생 클럽을 조직하여 슬로바키아 민족 운동을 전개하였는데, 후에 슬로바키아의 정치와 문화계의 지도적인 인물들 중에는 이 클럽의 회원들이 다수 포함되어 있었다. 그리고 프라하 대학의 마사리크 교수의 제자들이 중심이 되어 1896년 프라하에서 결성한 체코슬로바키아 연맹(Československá jednota)은 슬로바키아의 민족 운동을 일보 진전시켜 체코와 슬로바키아의 연대 운동으로 이끌어 가면서 향후 두 민족 간의 통합을 향한 초석을 놓았다.

1890년 헝가리화의 기수인 티사 정부의 붕괴는 헝가리 내 비(非)헝가리계 민족들의 정치적 운신의 폭을 넓혀 주었고, 상호 협력 체제의 구축에 활력을 불어넣었다. 1895년 부다페스트에서 소수 민족 공동 회의가 개최되었고, 슬로바키아에서만도 200명 이상의 대표가 참석하였다. 이 회의는 마자르 인만의 헝가리를 거부하면서, 헝가리 내 억압받는 소수 민족들의 평등권 보장, 집회와 표현의 자유, 보통 선거권의 부여 등으로 대표되는 민주주의적 기본권의 보장을 결의하였다. 그러나 헝가리 정부는 이 집회의 조직자들을 탄압하였고, 이러한 조치는 해외로부터의 항의를 불러일으켰다.

1890년대부터 슬로바키아 정치계는 여러 세력으로 다원화되기 시작하였다. 1896년 의회 선거에의 참여를 시도하였다가 실패한 후 슬로바키아 민족당은 양분되었다. 흘린카(Hlinka, Andrej, 1864~1938), 유리가(Juriga, F., 1874~1950), 콜라르(Kollár, M.), 스키차크(Skyčák, F.) 등의 가톨릭 성직자 그룹(klerikální skupina)은 민족당 지도부에 반기를 들고 색깔이 유사한 헝가리 인민당(Lidová strana)에 가담하였지만, 이 당의 지도부가 슬로바키아의 민족 문제에 대한 당초의 약속을 지키지 않자 독자적인 노선을 걷게 되었다.

슬로바키아 민족당의 보수적인 지도부에 반발하여 반기를 들고 독자적인 세력화를 시도한 또 다른 그룹은 자유주의적 사상의 젊은 인텔리겐치아들로서, 이들은 1898년 스칼리차(Skalica)에서 창간호가 발행된 '목소리'란 뜻의 '흘라스(*Hlas*)'를 중심으로 세력을 규합하였다. 이들은 주로 프라하에서, 그리고 비엔나와 드물게는 부다페스트에서 대학 공부를 한 젊은 지식인들로서, 가톨릭 성직자 그룹에 대해서도 비판적인 태도를 견지하면서 일반 대중의 정치적, 민족적 세력화를 도모하고 민주 슬로바키아의 토대를 마련한다는 데에 목표를 두고 있었다. 프라하의 체코슬로바키아 연맹과의 긴밀한 협조를 지향한 이 그룹의 대부분의 지도자들은 당시 체코의 보다 민주적인 정치, 특히 마사리크의 현실주의 정치로부터 사상적인 영향을 많이 받았다. 블라호(Blaho, Pavol, 1867~1927)와 슈로바르(Šrobár, Vavro, 1867~1950)를 지도자로 한 이 그룹의 구성원들이 비록 모두가 똑같은 견해를 갖는 것은 아니었지만, 대부분이 다시 살아나기 시작한 체코와 슬로바키아의 민족적 통합 운동에 동조하였으며, 체코슬로바키아주의(čechoslovakismus) 운동의 슬로바키아 측 파트너가 되었다. 이들은 마르크스주의와 성직주의(klerikalismus)를 모두 거부하면서도 사회 문제의 해결에 있어서는 노동당계와 사회 민주당계와의 연대를 추구하였다. 그러다가 젊은 신세대의 정치적 대변자로서의 역할을 다한 잡지 '흘라스'가 1904년 폐간되자, 이들은 정치와 문화의 종합지를 표방한, 경향이라는 뜻의 '프루디(*Prúdy*)'를 중심으로 다시 결집하였다.

20세기 초 슬로바키아 사회에 등장한 또 다른 하나의 정치 세력은 노동 운동 조직이었다. 슬로바키아 노동 운동을 대표하는 슬로바키아 사회 민주당원들(slovenští sociální demokraté)은 1880년 창당된 헝가리 전(全)노동당(Všeobecná dělnická strana Uherska)의 일원으로서 활동의 중심지를 부다페스트로 삼고 있었는데, 여기에서 체코 사회 민주당원들의 도움을 받아 1897년 슬로바키아 최초의 노동 잡지들인 '신시대(*Nová doba*)'와 '오로라(*Zora*)'를 발행하였다. 그런데 헝가리 전(全)노동당의 지도부가 슬로바키아 민족 문제와 슬로바키아 노동자들의 문제에 대해서 미온적인 태도를 취하자, 1905년 슬로바키아 사회 민주당원들은 체코 측의 도움을 받아 독립을 선언하였고, 활동의 중심지도 브라티슬라바로 옮겨 왔다. 그러다가 1년 후에 다시 헝가리 전(全)노동당으로 복귀하게 되지만, 독자적인 조직은 그대로 유지하였다. 레호츠키(Lehocký, E., 1876~1930)와 보레크(Borek, E., 1880~1924) 등이 대표적인 지도자들이었다.

20세기 초의 슬로바키아 정치는 외면적으로는 여전히 보수적인 슬로바키아 민족당이 주도하고 있는 것처럼 보였지만, 내면적으로는 이미 그 지위가 흔들리고 있었다. 자유주의적인 젊은 인텔리겐치아 그룹과 가톨릭의 성직자 그룹이 독자적인 정치 세력화를 선언한 상태에서, 무드론(Mudroň, P., 1835~1914), 둘라(Dula, M., 1846~1926), 바얀스키(Vajanský S. H., 1847~1916)를 정점으로 하는 민족당의 지도부는 이미 정치적 고립 속에서 주도권을 상실하였다. 특히 성직자 그룹의 영향력이 증대되어 이들은 마침내 1913년 슬로바키아 인민당(Slovenská ľudová strana)을 창당하였다.

1907년과 1909년 헝가리 의회는 새로운 법률을 제정하여 이제 슬로바키아의 초등학교와 문화 영역에까지도 헝가리화를 추진함으로써 헝가리화의 철저화와 헝가리화의 완결을 위한 마무리 작업에 착수하였다. 헝가리 쪽의 이러한 조치는 체코 측의 민족주의를 자극하여 슬로바키아에 대한 지원과 관심을 고조시키게 되었고, 체코슬로바키아 연맹의 도움으로 두 지역의 국경에 가까운 슬로바키아의 루하초비체(Luhačovice)에서 매년 회합을 갖고 상호 협력과 연대를 도모하였다. 이리하여 제1차 세계 대전의 전야에 이미 체코와 슬로바키아의 민족 지도자들 사이에서는 두 민족의 정치적 통합에 대한 가능성이 논의되기 시작하였다.

19세기 후반에서 20세기 초에 이르는 기간 동안 슬로바키아 인들이 헝가리화의 거센 풍랑 속에서 자신들의 민족적 정체성을 확인할 수 있었던 유일한 분야가 문화 분야였다. 이 시기의 슬로바키아 문화는 무엇보다도 문학과 일부 학문 분야에서 괄목할만한 발전이 있었는데, 문학에서는 1880년대부터 사실주의가 도입되었고, 흐비에즈도슬라프(Hviezdoslav, P. O., 1849~1921), 바얀스키(Vajanský, S. H., 1847~1916), 쿠쿠친(Kukučín, M., 1860~1928), 타요프스키(Tajovský, J. G., 1874~1940), 포드야보린스카(Podjavorinská, S., 1872~1951) 등이 이 시기를 대표하는 작가들로서, 이들의 작품은 근대 슬로바키아 문학의 고전이 되었다.

슬로바키아 민족의 정통성에 대한 관심은 자연히 언어학, 역사학, 문학, 민속학 분야의 학문적 연구를 촉진시켰고, 연구 업적에 대한 출판은 1875년 그 활동이 중지될 때까지 마티차 슬로벤스카, 즉 슬로바키아 협회가 지원하였다. 그러다가 1895년부터는 나중에 슬로바키아 민족 박물관의 전신이 되는 슬로바키아 박물관 협회(Muzeálna slovenská spoločnosť)가 부분적으로 이를 대체하였다. 그리고 자연 과학 분야에서 국제적으로 알려진 인물로는 식물학자들인 로이스(Reuss, G.), 홀루비(Holuby, J. Ľ.), 크메트(Kmeť, A.)와 지리학자 슈투르(Štúr, D.)가 있고, 무선전신 기술의 선구자 무르가시(Murgaš, J.), 천문학자 슈테파니크(Štefánik, M. R., 1880~1919) 등은 해외에서 활동하였다.

음악 분야에서는 특히 민속 음악에 대한 관심이 높았는데, 모이제스(Moyzes, M., 1872~1944)와 슈나이데르-트르나프스키(Schneider-Trnavský, M., 1881~1958) 등이 대표적인 수집가이자 정리자였다. 19세기 후반부터 아마추어 음악 공연단이 발족되어 아마추어 연극 공연단과 더불어 도시와 농촌의 문화생활을 돕고 민족의식의 고취에 이바지하였다. 물론 브라티슬라바의 전문 극장들은 독일어나 헝가리 어로 공연하였다. 그리고 벨라(Bella, J. L., 1843~1936)는 19세기의 가장 유명한 슬로바키아 작곡가로서 슬로바키아 최초의 오페라인 '땜장이 빌란트(*Kováč Wieland*)'를 비롯하여 많은 오페라와 관현악곡을 남겼다. 미술에서는 스쿠테츠키(Skutecký, D.), 초르다크(Čordák, L.), 안기알(Angyal, V.) 등의 작품이 유명하였고, 조각가로는 라홀라(Lahola, F.), 건축에서는 특히 유르코비치(Jurkovič, D., 1868~1947)가 명성을 얻었다.

20세기 초의 슬로바키아 예술계에는 사상적으로나 형식적으로 새로운 경향의 예술을 추구하는 움직임이 등장하게 되는데, 이것이 바로 슬로바키아 모더니즘(Slovenská moderna) 운동이었다. 그런데 이 운동의 프로그램은 문학을 포함한 슬로바키아 예술 전반에 걸친 고립성을 극복하고, 이를 현대 서유럽 수준으로 끌어올린다는 것으로서 이 운동을 주도한 대표적인 인물로는 시인 크라스코 (Krasko, Ivan, 1876~1958)와 예센스키(Jesenský, Janko, 1874~1945)를 꼽을 수 있다. 그러나 일부 미술인들도 함께 참가하고 있는 이운동의 본격적인 활동은 아무래도 1918년 제1차 세계 대전이 끝나고 자유 체코슬로바키아가 탄생한 이후에 가서야 이루어지게 된다.

Czech and Slovak History

Czech and Slovak History

제10장

체코슬로바키아 공화국 (1918~1939년)

Czech and
Slovak History

체코슬로바키아 공화국 (1918~1939년)

제10장

10.1. 제1차 세계 대전 중의 체코와 슬로바키아

1914년 6월 28일 보스니아의 사라예보에서 발생한 오스트리아-헝가리 제국의 왕위 계승자인 프란티셰크 페르디난트(Ferdinand d'Este, František) 황태자에 대한 저격은 제1차 세계 대전의 직접적인 동기가 되었다. 그 뒤 1개월 후인 7월 28일 오스트리아-헝가리 제국이 세르비아에 대해 선전을 포고하자 곧 러시아가 오스트리아에 대해 전쟁을 선포하였고, 독일이 즉각적으로 러시아에 대한 전쟁을 선포함과 동시에 벨기에와 프랑스를 공격하자, 영국이 이에 개입하게 되면서 유럽 대륙의 거의 모든 나라가 순식간에 전쟁에 휘말리게 되었다. 이렇게 하여 오스트리아-헝가리와 독일이 주축이 되고, 후에 터키와 불가리아가 가담하게 되는 동맹국(centrální mocnosti)에 맞서는 연합국(dohodové mocnosti) 측에는 처음에는 중립을 견지하던 미국까지도 가담함으로써, 당초 오스트리아와 세르비아 간의 전쟁으로 출발한 전쟁은 말 그대로의 세계 대전으로 확산되었다.

그런데 세계 대전이 일어나자 체코 내의 독일인들은 열렬한 애국심을 발휘하면서 전선을 향해 출발하게 되지만, 체코 인들로서는 같은 슬라브

족인 세르비아와 러시아를 상대로 싸운다는 것이 무척 괴로운 일이 아닐 수 없었다. 그리하여 이들 중의 일부는 노골적인 반전운동을 전개하기도 하고, 징집을 기피하거나 전선을 이탈하여 러시아군과 세르비아군으로 자발적인 포로가 되어 넘어가는 사례가 속출하였다. 그리고 전시 체제의 강압 정치에 반대하는 단식 투쟁과 폭동적인 시위도 불사하였지만, 모두 오스트리아-헝가리 군대에 의해 무자비하게 진압되었다.

전쟁은 체코 민족과 더불어 민족을 대표하는 정치 지도자들을 매우 곤혹스럽게 만들었다. 세계 대전이 일어나기 전인 19세기 말과 20세기 초 체코 인들은 자신들 스스로가 상당한 정도의 정치적, 경제적, 문화적 상승을 이루면서 기존의 독일화로부터 점차 해방되어 가는 추세 속에서 대체적으로 합스부르크 군주국에 대한 긍정적인 태도를 견지하고 있었다. 물론 권력의 중앙 집권화와 관료적 행정 체제에 대한 불만이 없지 않았지만, 머지않은 장래에 체코 민족도 제국 내에서 자신들의 역량에 걸맞는 자치와 평등을 확보할 수 있을 것이라는 믿음을 갖고 있었다. 이 시기의 지성을 대표하는 마사리크(Masaryk, T. G.)가 현실주의적 사고를 바탕으로 각 방면에서 체코 인들의 역량을 발휘하고 결집하여 거족적으로 체코 민족의 힘을 키워 나갈 것을 주창한 것도 같은 맥락에서였다.

그러나 전쟁의 발발로 체코 민족과 그 지도자들은 선택의 기로에 서게 되었다. 이에 신(新)체코당의 크라마르시(Kramář, K.)는 신슬라브주의(neoslavismus)를 내세워 체코 민족이 소극적인 저항으로 일관하기만 해도 머지않아 러시아의 차르 군대가 체코 민족과 슬로바키아 민족을 해방시키게 될 것이고, 양 민족은 러시아의 로마노프 왕조 하의 대(大)슬라브 제국으로 통합할 수도 있을 것이라고 주장하였다. 그러나 이러한 주장에 동조하는 체코와 슬로바키아 정치인은 극히 소수에 불과하였다.

한편 전시 체제의 군사 독재 정권에 의한 탄압이 가중되자 체코 안의 많은 정치인들이 이에 굴복하여 비엔나 정부의 전쟁 정책을 지지하고 나섰다. 이들은 물론 전쟁 기간 중의 협력이 전후 체코 민족의 평등권 확보와 제국의 연방화에 기여할 것이라는 환상에 집착하고 있었다. 이러한 환상은 특히 체코 사회 민주당의 지도부에 가장 광범위하게 확산되어 있었고, 가톨릭교와 밀착되어 있는 가톨릭당은 이러한 환상과는 관계없이 무조건 오스트리아 정부를 지지하였다. 다른 정당들은 행동을 자제하면서 관망하는 자세였다. 그렇다고 체코 정치인들에 대한 오스트리아 정부의 감시와 탄압이 철회된 것은 아니었다. 1915년 크라마르시, 라신(Rašín, A.) 등과 같은 정치 지도자들이 체포되었고, 두 사람 외 몇몇은 국가 반역죄로 사형에 처해 졌지만, 1916년 프란츠 요제프 1세가 68년이라는 오랜 재위 기간을 끝으로 서거하자 새로 등극한 카렐 1세 (Karel I.; Karl I, 1916~1918)는 이의 집행을 정지시켰다.

그런데 마사리크는 당시 대부분의 체코 정치인들과는 전적으로 다른 입장을 취하였다. 그는 국내외 정세에 대한 나름대로의 분석을 통해 일단 전쟁이 발발한 이상 합스부르크 군주국 내에서의 체코 문제 해결이란 어렵다고 보고 적극적인 반(反)합스부르크 항쟁을 위한 광범위한 준비에 착수하였다. 그는 1914년 12월 체코를 떠나 해외에서의 동지 규합에 들어갔고, 국내에 남은 현실주의 당을 중심으로 한 그의 동지들은 나중에 체코 마피아(česká Maffie)로 알려진 비밀 단체를 조직하여 체코 내의 동정을 밖으로 알려 주었다. 마사리크를 정점으로 하는 이들의 유일한 희망은 연합국이 승리하고 오스트리아-헝가리 제국이 붕괴되며, 이로 인해 체코슬로바키아라는 새로운 국가가 건설될 수 있는 여건이 마련되는 것이었다.

당시 프랑스, 영국, 러시아, 그리고 특히 미국 지역에 200만 명에 달하는 체코와 슬로바키아 해외 교포들이 거주하고 있었는데, 이들은 체코와 슬로바키아를 결합시켜 체코슬로바키아를 탄생시킨다는 구상에 즉각적인 찬성을 보임과 동시에 나중의 체코슬로바키아 군단(československé legie)의 전신이 되는 군사 조직에 착수하였고, 마사리크가 주도하는 민족 위원회(Národní komitet)에 적극적으로 참여하였다. 한편 마사리크는 얀 후스의 서거 500주년

[그림 62] 체코슬로바키아 군단의 문장 (사자는 체코, 대십자가는 슬로바키아 상징)

이 되는 1915년 7월 6일을 기해 제네바에서 오스트리아-헝가리 제국에 대한 항전을 공식적으로 선언하였다. 그리고 동년 9월 체코에서 망명 온 베네시(Beneš, Edvard, 1884~1948)와 당시 파리에 체재하고 있던 슬로바키아 출신 천문학자인 슈테파니크(Štefánik, Milan Rastislav, 1880~1919)와 더불어 민족 위원회를 체코슬로바키아 민족 회의(Československá národní rada)로 발전시켜 자신이 의장이 되고 베네시가 서기를 맡도록 하였다.

해외에서의 체코슬로바키아 독립 운동의 두 가지 목표 중 하나는 독립적인 체코슬로바키아 국가의 창건이라는 구상을 연합국 측에 널리 홍보하여 전쟁의 목적 중의 하나로 포함시키는 것이고, 다른 하나는 체코슬로바키아 군단을 창설하는 것이었다. 그러나 연합군은 오스트리아-헝가리 제국의 와해를 오랫동안 전쟁의 목표에서 제외해 놓고 있었다. 중부 유럽의 안정을 위해서는 오스트리아-헝가리 제국의 유지가 도움이 된다는 것이 서방측의 판단이었다. 어떻든 러시아 차르 정부의 불신으로 지연되어 오던 체코슬로바키아 군단이 1917년 2월 혁명 후에 체코와 슬로바키아 전쟁 포로와 탈영병들을 중심으로 마침내 러시아 땅에서 창설을 보게 되었고, 다음 해인 1918년에는 병력의 수가 5~6만에 달하였다. 그리고 프랑스에서 약 1만, 이탈리아에서 약 2만에 가까운 체코슬로바키아 군단이 조직되어 동부 전선의 군단과 더불어 서부 전선에서 연합국 측에 가담하여 수차례의 전투를 수행함으로써 체코슬로바키아 독립 국가의 창설에 일익을 담당하였다.

한편 체코와 슬로바키아의 국내 정치는 수동적인 정치로 일관하였다. 심지어 제국 의회 대표들로 구성된 체코 연맹(Český svaz)은 1917년 1월 31일 성명을 발표하여 연합국 측이 전쟁의 목표 중의 하나에 포함시키고 있는 '체코슬로바키아 인(Čechoslovák)'들의 해방을 비난하였다. 이는 물론 친(親)오스트리아적인 기회주의 정치의 대표적인 사례에 속하였다.

그럼에도 불구하고 이 시기의 체코 국내 정치 일각에서는 독자적인 목소리가 나오기 시작하였는데, 국내외 정세의 변화도 이에 한 몫을 하였다. 그리고 새로 황제 자리에 오른 카렐 1세는 일부나마 의회 정치를 부활시키지 않을 수 없었고, 이는 체코 정치에 다시 활기를 불어넣기 시작하였다. 그리하여 기존의 체코 연맹의 정책에 반대하는 작가들을 포함한 문화계 대표자들이 정치 일선에 나서게 되고, 1917년 5월 17일 체코 작가들의 성명서(Manifest českých spisovatelů)를 발표하면서 목소리를 높였다. 220명의 작가, 학자, 저널니스트가 서명한 이 성명서는 체코 민족의 권리 보전에 대한 결의와 시민권의 즉각적인 회복에 대한 요구를 담고 있었다. 그리고 이 성명서에 고무된 체코 연맹도 마침내 5월 30일 성명을 발표하여 제국의 연방화와 체코 국가의 자치를 요구하였는데, 이 국가 속에는 체코 땅은 말할 것도 없고 슬로바키아도 함께 포함시킬 것을 요구하였다.

1917년 4월 전쟁이 종반을 향해 달리고 있을 무렵, 그때까지 중립적인 입장을 고수하고 있던 미국이 연합국 측에 가담함으로써 동맹국 측은 커다란 위협에 직면하게 되지만, 10월 러시아에서의 혁명의 발발로 독일이 동부 전선의 병력을 가까스로 서부 전선에 투입할 수 있게 되면서 전쟁은 다시 균형을 유지하는 듯하였다.

한편 1918년 3월 새로 탄생한 러시아의 소비에트 정부와 독일 정부 간의 평화 조약 체결로 이제 더 이상 동부 전선에서 싸울 수가 없게 된 체코슬로바키아 군단은 시베리아를 횡단하여 블라디보스토크에서 배를 타고 서부 전선의 프랑스로 이동하는 대장정에 올랐다. 이리하여 시베리아 횡단의 대장정 중 체코슬로바키아 군단은 이를 저지하려는 소비에트 러시아의 붉은 군대, 즉 적군(赤軍)과 자연히 충돌을 빚게 되었고, 백군(白軍)이 아닌 외국군으로서는 적군과 싸운 최초의 군대가 되었다. 그리고 소비에트 러시아의 적군에 가담한 일부 체코슬로바키아 군단은 후에 체코슬로바키아의 적군인 공산군의 모태가 되었다.

1918년 5월 이후의 국내외 정세는 체코 인들과 슬로바키아 인들의 민족 해방을 위한 투쟁에 새로운 전기를 마련해 주었다. 연합국 측은 오스트리아-헝가리 제국과의 비밀 협상이 무위로 돌아가고 합스부르크 군주국의 독일에 대한 의존이 숙명적이라는 판단이 서게 되자, 오스트리아-헝가리 제국의 보전이라는 당초의 목표를 수정하지 않을 수 없게 되었다. 오스트리아-헝가리 정부도 점차 가격해지는 국민들에 대한 통제력을 점차 상실해 가고 있었으며, 5월 1일 노동절을 기해 체코 땅의 각지에서 시위가 있었고, 이들의 구호 중에는 사회주의 국가의 건설이라는 슬로건도 들어 있었다. 노동절 시위는 슬로바키아의 리프토프스키 성 미쿨라시에서도 있었으며, 이들은 슬로바키아와 체코의 통합을 요구하기도 하였다. 그 후에도 시위와 파업이 뒤따랐고, 여기에는 체코와 슬로바키아의 민족적인 위상의 변화에 대한 요구가 으레 포함되어 있었다. 하지만 아직도 이러한 요구가 명백하게 오스트리아-헝가리 제국으로부터의 완전한 독립을 의미한다고는 볼 수 없었다.

이러한 상황에서 오스트리아 정부는 제국의 연방화를 심각하게 고려하기 시작하였고, 특히 오스트리아 내 독일인들이 자신들만의 독립 국가 창설을 주장하고 나선 국면에 있어서는 더욱 더 그러하였다. 하지만 헝가리 정부는 비록 비(非)헝가리계 민족 대표들과의 대화에는 참여하면서도 연방화만은 여전히 거부하였다. 그러나 이들이 제국의 연방화를 받아들이든 받아들이지 않든, 그것과는 관계없이 역사는 제국의 해체를 향해 움직이고 있었고, 단지 시간상의 문제가 남아 있을 뿐이었다.

10.2. 체코슬로바키아의 탄생

1918년 여름 전쟁이 막바지를 향해 치닫고 있을 무렵 체코와 슬로바키아 민족의 해방에 대한 전망이 더욱 더 구체화되기 시작하였다. 그리하여 해외에서의 독립 투쟁이 더욱 박차를 가하고 있는 동안 국내의 상황도 전환을 맞고 있었다. 7월 13일 프라하에서 소집된 민족 위원회(Národní výbor)는 기존의 친(親)오스트리아적인 정책을 완전히 포기하고 독립 국가의 창설을 위한 준비에 들어갔다. 체코의 영향력 있는 모든 정당들이 참여한 민족 위원회의 구성은 1911년의 선거 결과에 따라 사회민주당이 10명, 농민당이 9명, 신체코당을 중심으로 한 소수 정당 연합이 9명, 국가 사회당 4명, 현실주의 당 4명, 구체코당과 가톨릭당이 각각 1명씩으로 구성되었으며, 의장은 크라마르시가, 부의장은 슈베흘라(Švehla,

A., 1873~1933)와 클로파치(Klofáč, V. J., 1868~1942)가 맡았다. 이리하여 민족 위원회는 대외적으로는 파리에 있는 체코슬로바키아 민족 회의와 긴밀한 연락을 취하고, 대내적으로는 각 시와 군의 민족 위원회와 결속을 공고히 하였다.

1918년 7월 마침내 프랑스 정부가 체코슬로바키아 민족 회의를 체코슬로바키아 민족의 대표 기구로 인정하자 곧 영국, 미국, 이탈리아 등도 프랑스의 예를 따랐다. 10월 1일 베네시는 체코슬로바키아 민족 회의를 체코슬로바키아 임시 정부로 개편한다고 연합국 측에 통보하였고, 10월 18일 마사리크는 워싱턴 선언(Washingtonská deklarace)으로 알려진 체코슬로바키아 독립 선언을 미국 정부에 전달하였다. 한편 프라하에서는 10월 28일 오스트리아-헝가리 제국의 항복 소식이 전해지자 시민들이 궐기하여 체코슬로바키아의 독립을 선언하였으며, 민족 위원회가 혁명 정부를 접수함과 동시에 체코슬로바키아 국가를 탄생시켰다.

한편 슬로바키아 내에서는 사회 전반의 낙후성과 정치 기반의 취약성으로 체코와의 독립 국가 창설에 대한 이론적이고 실제적인 준비가 미비한 상태였다. 오히려 해외의 슬로바키아 동포들이 적극적으로 나서서 1918년 5월 30일 미국의 피츠버그에서 체코 동포들과 회동하여 체코와 슬로바키아의 통합에 합의하였다. 그런데 피츠버그 협약(Pittsburská dohoda)으로 알려진 이 합의문에는 슬로바키아가 자신의 정부, 의회, 법원을 갖는다는 슬로바키아의 광범위한 자치에 대한 규정을 담고 있었는데, 이 규정은 이후 독립 체코슬로바키아에서 그 실현을 둘러싸고 상당한 파란을 불러일으키기도 하였다. 하여간 해외 동포들의 활동에 힘입어 이후 슬로바키아의 국내 정치도 점차 체코와의 통합 쪽으로 기울어지면서 체코슬로바키아 연맹, 슬로바키아 가톨릭당, 슬로바키아 사회 민주당 등이 차례로 이에 가세하였다. 이리하여 1918년 10월 30일 투르치안스키 성 마르틴에서 소집된 슬로바키아 민족 회의 (Slovenská národní rada)는 슬로바키아와 체코의 민족적 통합을 지지하는 슬로바키아 민족 선언(Deklarace slovenského národa)을 채택하게 되었다. 슬로바키아 정치 대표들은 순수한 자신들의 의지에 따라, 그리고 2일 전 프라하에서 있었던 체코슬로바키아 독립 선언에 대해서 알지도 못한 상태에서 체코와의 공동 국가 창설을 선언하게 되었던 것이다. 그리고 이 마르틴 선언(Martinská deklarace)은 슬로바키아 민족이 인종적으로 체코슬로바키아 단일 민족의 일원이라는 사실도 동시에 선언하였다.

체코와 슬로바키아의 독립 선언만으로 체코슬로바키아 국가의 탄생이 모두 다 끝나는 것은 아니었다. 독일과 오스트리아와의 국경 지대에 살고 있던 체코 땅의 독일인들은 새로운 체코슬로바키아 국가를 인정하기를 거부하고 오스트리아 국가에, 혹은 경우에 따라서는 독일 국가에 편입되기를 희망하였다. 그러나 이러한 노력은 이들 독일인들의 거주 지역이 정치적, 지리적, 경제적으로 체코 땅에서 분리될 수 없는 불가분의 체코 땅이라는 점 때문에 성공을 기대할 수 없었다. 더욱이 연합국 측으로서는 승전국의 일원인 체코슬로바키아를 희생시켜 가면서 패전국인 오스트리아와 독일의 영토를 확장시킬 일에 동조할 수는 없는 노릇이었다. 그리하여 도이치뵈멘(Deutschböhmen), 수데텐란트(Sudetenland), 도이치쉬드뫼렌(Deutschsüdmähren), 뵈메르발트가우(Böhmerwaldgau) 등 네 곳의 독일인 거주 지역은 1918년 11월과 12일 사이에 체코슬로바키아 군대에 의해 별다른 어려움 없이 점령되었다. 한편 슬로바키아 민족 회의가 독립을 선포하는 시각에도 슬로바키아 전역은 헝가리의 지배를 받으면서 헝가리 군대의 점령 하에 있었다. 1918년 10월 31일의 부다페스트 혁명과 11월 11일의 종전(終戰)에도 불구하고 상항은 바뀌지 않았다. 체코슬로바키아로서는 군사적 수단에 의한 강제적인 접수만이 유일한 방편이었다. 그러나 이러한 시도도 처음에는 실패로 돌아갔다가 1919년 1월에 가서야 이탈리아와 프랑스군의 도움을 받아 가까스로 성공할 수 있었다. 또한 체코와 폴란드와의 국경 지대인 톄신(Těšín; Cieszyn) 지방에 대한 양국의 영유권 분쟁도 좀처럼 합의에 이르지 못하다가 1920년 파리 평화회담에서 연합국 측의 중재로 지하자원이 풍부한 이 지방을 서로 양분하는 선에서 일단락되었지만, 분쟁의 불씨는 여전히 남아 있었다.

이에 비해 슬로바키아 동쪽의 카르파티아 산록인 포트카르파트스카 루스(Podkarpatská Rus), 즉 서브카르파티아 루테니아(Sub-Carpathian Ruthenia)

혹은 서브카르파티아 우크라이나(Sub-Carpathian Ukraine)의 체코슬로바키아 편입은 매우 순조로웠다. 물론 연합국 측의 결정도 있었지만, 무엇보다도 이곳 주민들과 정치 지도자들의 체코슬로바키아에로의 편입에 대한 자발적인 동의가 있었기 때문이었다. 이 지역의 편입으로 체코슬로바키아는 이제 루마니아와 국경을 마주하게 되면서 두 나라가 헝가리를 동과 북에서 둘러싸는 형국을 만듦으로써 두 나라의 안보를 보다 튼튼히 할 수 있게 되었다. 연합국 측도 바로 이러한 점에 착안하고 있었던 것이다. 그러나 이 루테니아 지역은 이후 제2차 세계 대전 중 소련군이 점령하면서 체코슬로바키아에서 떨어져 나가 우크라이나 공화국의 일원으로 편입되었다.

신생 체코슬로바키아도 중부 유럽의 다른 나라들처럼 다(多)민족 국가였다. 1921년의 인구 조사에 의하면 총인구 13,613,172명 중 체코 인이 6,850,000명(51%), 슬로바키아 인이 1,910,000명(14.5%)으로 두 민족을 합한 인구가 총인구의 65.5%라는 다수를 차지하고 있었고, 나머지 소수 민족으로 독일인 3,123,000명(23.4%), 헝가리인 745,000명(5.6%), 그리고 루테니아 인, 우크라이나 인, 러시아 인이 합쳐서 461,000명(3.4%), 유대인 180,000명(1.3%), 폴란드 인 75,000명(0.6%)이었고 나머지는 집시 등이었다. 그런데 대부분의 이들 소수 민족들도 체코와 슬로바키아 인들처럼 자신들의 학교를 가지면서 고유의 민족 문화 발전을 위한 평등한 권리를 누리고 있었으며, 정치적인 생활에 있어서도 아무런 차별이 없었다. 1929년의 헌법은 이들에게 중부 유럽의 어떠한 국가들보다도 더 많은 자유와 권리를 보장해 주고 있었다. 그럼에도 불구하고 민족 문제는 당시의 체코슬로바키아 정부가 당면한 가장 어려운 문제 중의 하나였다. 자신들이 거주하고 있는 국경 지대의 체코 땅을 분리하려는 시도에서 실패한 독일인들은 체코슬로바키아 국민 의회에의 참여를 거부하고 오스트리아 의회 선거에의 참여를 주장하면서 체코슬로바키아를 자신들의 국가로 인정하려 하지 않았다.

체코 민족과 슬로바키아 민족 간의 관계도 매우 미묘하였다. 독립 국가의 쟁취라는 투쟁의 과정에서 구체화되기 시작한 체코슬로바키아 단일 민족이라는 전제가 독립 이후에는 새로운 국면에 봉착하게 되었던 것이다. 당시 정치적, 경제적, 문화적으로 체코에 비해 현저하게 낙후된 슬로바키아 인들에게는 체코 인들의 독주가 못마땅하였다. 더욱이 슬로바키아 고유의 역사와 현실에 대한 이해가 부족한 일부 체코 정치 지도자들이 슬로바키아 인들의 민족 감정을 자극하여 결국에는 슬로바키아 자치 운동과 나아가 슬로바키아 분리주의 운동에 단초를 제공하였다. 물론 당시 슬로바키아의 낙후된 교육, 행정, 경영, 투자 등에서의 체코 인들의 눈부신 활약과 공헌이 슬로바키아 인들의 이러한 민족주의 감정에 가려 제대로 평가를 받지 못한 점이 없지 않았다.

1918년 11월 민족 위원회는 여러 정당들의 대표들을 다시 보강하여 혁명 국민 의회(Revoluční národní shromáždění)로 명칭을 바꾸어 첫 회의에서 국가의 공화국 형태를 선포하고, 체코슬로바키아 공화국(Československá republika)의 초대 대통령으로 마사리크(Masaryk, T. G., 1850-1937)를 선출하였다. 체코슬로바키아 독립 운동을 주도한 독립의 영웅인 마사리크는 이후 1935년 노령으로 은퇴할 때까지, 그리고 은퇴 후 1937년 서거할 때까지 초당적 인물로서 체코슬로바키아 정치를 주도하였으며, 그의 높은 인품과 풍부한 지혜, 그리고 그의 인본주의적 도덕 정치는 국내에서 뿐만 아니라 국외에서도 평가받고 칭송받았다. 체코슬로바키아의 국가 형태가 내각 중심제와 대통령 중심제의 혼합형이기 때문에 대통령의 권한이 매우 제한적이라는 사실을 감안한다면, 마사리크 대통령의 정치적 지도력은 더욱 더 돋보였다.

[그림 63] 체코슬로바키아 공화국 초대 대통령 토마시 가리그 마사리크(1918년)

혁명 국민 의회가 임명한 최초의 체코슬로바키아 정부는 여러 정당의 대표들이 참여하는 연립 정부로서 각료 회의 의장, 즉 수상에는 크라마르시(Kramář, K.), 외무부 장관에는 베네시(Beneš, E.),

국방부 장관에는 슈테파니크(Štefánik, M. R.)가 임명되었다. 그리고 1920년 2월에 제정된 체코슬로바키아 공화국 헌법은 프랑스 혁명에서 선언된 시민의 권리와 자유를 포괄하고 있을 뿐만 아니라, 프랑스 제 3공화국 헌법과 미국 헌법의 영향을 받으면서 동시에 합스부르크 군주국하의 오스트리아와 체코 헌법의 유산도 간직하고 있었다. 더욱이 이 헌법은 서유럽의 선진된 민주주의 국가들보다 한발 앞서 새로운 민주 사회의 요구에 부응하는 새로운 시민의 권리와 자유를 규정하고 있는데, 노동의 권리와 사회 보장의 권리, 여성의 참정권, 결혼, 모성, 가정 보호 등이 그것이었다. 체코슬로바키아가 향후 20년 가까이 중부 유럽과 동부 유럽에서 유일하게 민주주의 정치를 실현할 수 있었던 배후에는 이처럼 훌륭한 헌법의 뒷받침이 있었기 때문이었다. 그리고 체코슬로바키아 헌법이 국민의 대표들로 구성되는 상원과 하원이라는 국민의 대의 기구에 최종적인 권력을 부여하는 내각 책임제의 성격이 강함에도 불구하고, 국가가 정치적 안정을 유지할 수 있었던 것은 어디까지나 복수 정당제의 도입과 그 정당 대표들에 의한 연립 정부의 안정적이고 화합적인 운영의 결과라 할 수 있을 것이다.

체코슬로바키아는 탄생할 때부터 선진 공업국으로 출발하였다. 체코슬로바키아가 오스트리아-헝가리 제국 영토의 단지 21%(140.394km^2)를 물려받은 데 비해, 산업 생산력은 60~70%를 물려받았던 것이다. 특히 석

[그림 64] 1928~1938년의 체코슬로바키아 공화국 전도

탄, 유리, 텍스타일, 신발 등 몇몇 분야에서는 이보다 더 높은 비율을 넘겨받았고, 기계 공업도 비슷하였다. 그런데 체코슬로바키아의 공업은 대부분 체코 쪽에 집중되어 있었던 데 비해, 전통적인 농업 국가인 헝가리에 속해 있었던 슬로바키아의 산업은 농업 중심에서 탈피하지 못하고 있었고, 서브카르파티아 루테니아는 유럽 전체에서도 가장 낙후된 지역에 속하는 등 지역적인 편차가 매우 심하였다. 하지만 면적이나 인구에 있어서 그리고 지역적인 위치에 있어서 루테니아의 경제는 체코슬로바키아의 전체 경제에 별다른 영향을 미치지 못하였던 것과는 달리, 슬로바키아 지역의 후진성은 체코슬로바키아 단일 민족 구성에 커다란 장애 요인으로 작용하였고, 이는 다시 체코 지역과의 민족적 갈등을 촉발하는 주된 원인이 되었다.

10.3. 체코슬로바키아의 발전(1920~1929년)

제1차 세계 대전 후 체코슬로바키아 외교 정책의 목표는 유럽의 국제 질서를 확립해 주고 발전을 보장해 줄 베르사유 평화 체제의 일원이 됨으로써 체코슬로바키아의 국제 정치적인 위상을 확고히 하는 것이었다. 따라서 연합국 측, 특히 프랑스와의 우의를 돈독히 하는 것이 최대의 외교적 과제였고, 어느 정도의 성공이 있었다.

그러나 1920년 당시 체코슬로바키아가 국경을 접하고 있는 이웃 국가들과의 관계는 매우 복잡하였다. 테신 지방을 둘러싼 폴란드와의 국경 분쟁은 강대국들의 결정에 의해 일단락되었지만, 양국 간의 근본적인 관계 개선은 답보 상태에 있었고, 역시 국경을 맞대고 있는 독일과 오스트리아와는 별다른 문제는 없었지만, 그렇다고 우호적인 관계도 아니었다. 그리고 1920년 볼셰비키 군대와 전쟁 상태에 있었던 체코슬로바키아 군단이 시베리아를 횡단하여 고국으로 돌아온 이후에도 소비에트 러시아와의 관계 정상화는 이루어지지 않았다. 이후 1922년 경제적 필요에 의해 양국 간의 상호 통상 조약은 체결되었지만, 이것이 소비에트 정부에 대한 공식적인 인정으로 발전되지는 못하였다. 남쪽의 헝가리와는 여전히 적대적인 관계가 계속되고 있었고, 가장 짧은 국경으로 접경을 이루고 있는 루마니아만이 유일하게 체코슬로바키아와 우호적인 관계에 있었다.

그런데 1921년 오스트리아-헝가리 제국의 마지막 군주였던 카렐 1세가 두 차례에 걸쳐 헝가리 왕위에 대한 복위를 시도함으로써 중부 유럽의 국제 정세에 파란을 불러일으켰다. 이에 합스부르크 제국의 복원과 헝가리의 잃어버린 영토에 대한 권리 주장을 우려한 체코슬로바키아, 유고슬라비아, 루마니아 세 나라는 1921년 상호 방위 조약을 체결하게 되는데, 이것이 소위 말하는 소(小)삼국 협정(Malá dohoda)이었다. 이 협정의 조직을 주도한 사람은 체코의 외무 장관 베네시로서 헝가리로부터의 위협에 대한 방어뿐만 아니라 유럽 정치에 있어서 세 나라의 국제적 지위 강화를 그 목적으로 하고 있었다.

1920년 2월에 제정된 헌법을 바탕으로 한 5월의 총선으로 체코슬로바키아의 정치적인 안정은 더욱 공고해졌다. 선거에 참여한 여러 정당들 중에서 체코슬로바키아 사회 민주당[Československá sociální demokracie, 정식 명칭은 체코슬로바키아 사회 민주 노동당(Československá sociálně demokratická strana dělnická)]의 성공은 놀랄만한 것으로서, 총 유효 투표자의 26%에 가까운 159만 표를 얻어 제1당이 되었다. 이는 2위로 부상한 독일 사회 민주당의 득표율이 11%라는 사실과 비교해 볼 때 더욱 돋보이는 결과였다. 그러나 당시 전후의 경제적 어려움 속에서 노동자들의 사회적 욕구를 대변하는 이들 두 정당은 심한 내적 갈등을 겪으면서 사회적 개혁 진영과 러시아의 볼셰비키 정당을 지향하는 혁명 진영으로 양분되고 있었다. 이러한 당 내 사정 때문에 농민당[Agrární strana, 정식 명칭은 농민 및 소농민 공화당(Republikánská strana zemědělského a malorolnického lidu)]과 더불어 1919년 여름부터 이른바 적록색 연립 정부(rudozelená koalice)를 주도해 온 체코슬로바키아 사회 민주당이 1920년 가을 연립 내각에서 자퇴함으로써 중도적인 체르니(Černý, Jan, 1874~1959)를 수반으로 하는 과도 정부가 출범하게 되었다. 그리고 1920년 말 이미 별도의 정당으로 갈라선 체코슬로바키아 사회 민주당의 마르크스주의적 좌파가

1921년 체코슬로바키아 공산당(Komunistická strana Československa)으로 정식 출범함으로써 체코슬로바키아 사회 민주당의 세력이 현저하게 약화되면서 향후 체코슬로바키아 정치의 주도권은 농민당으로 넘어가게 되었다.

체르니 과도 정부는 공식적으로는 정당으로부터 독립적이었지만 실제적으로는 다섯 정당의 연립 정부적인 성격을 띠고 있었고, 외형적으로는 여기에 참여하는 5개 정당이 동등한 권리를 행사하도록 되어 있었지만 내면적으로는 언제나 농민당이 우위에 있었다. 농민당의 우위는 중도 국가를 지향하는 국가 권력 구조상의 성격 때문이기도 하였지만, 당 대표인 슈베흘라(Švehla, A., 1873~1933)의 탁월한 지도력에 힘입은 바가 적지 않았다. 어떻든 체르니 과도 정부를 이어 받은 슈베흘라 과도 정부의 정치에 주도적으로 참여한 5개 정당을 대표하는 이른바 '5인방(Pětka)'에는 농민당의 슈베흘라 이외에도, 뛰어난 재정 전문가인 체코슬로바키아 국민 민주당(Československá národní demokracie)의 라신(Rašín, A., 1867~1923), 체코슬로바키아 인민당(Československá strana lidová)의 슈라메크(Šrámek, J., 1870~1956), 체코슬로바키아 사회 민주당의 베히녜(Bechyně, R., 1881~1948), 체코슬로바키아 국민 사회주의당(Československá strana národně socialistická)의 스트르지브르니(Stříbrný, J., 1880~1955)가 포함되어 있었다. 그 후 1922년 이들 5개 정당들이 이끌어가던 과도 정부를 청산하고 연립 정부가 출범하자 농민당의 슈베흘라가 행정부의 수반인 각료 회의 의장에 취임하게 되고, 이로써 이데올로기 보다는 실용적인 중도 노선을 표방하는 농민당이 이후 계속해서 수상 직을 맡게 되면서 체코슬로바키아의 정치를 주도하게 되었다.

연립 내각에의 참여를 거부하는 정당에는 좌파적인 성격의 정당들과 민족주의적인 색채가 강한 정당들이 포함되어 있었는데, 슬로바키아 인민당(Slovenská ľudová strana)은 후자의 범주에 속하였다. 슬로바키아 인민당은 1918년의 체코슬로바키아 공화국 탄생과 더불어 출범한 연립 정부에는 참여하였음에도 불구하고, 1919년부터는 야당의 위치에 서면서 지속적으로 슬로바키아의 자치를 요구하였다. 슬로바키아 인민당의 이러한 입장은 체코슬로바키아 단일 민족을 지향하는 체코 지역 정치 세력과의 마찰을 빚으면서 장차 두 민족 간의 민족적인 갈등의 소지를 잉태하고 있었다. 체코슬로바키아 내 독일계 정당들도 체코슬로바키아 국가의 출발부터 반국가적인 입장을 견지하였다. 하지만 이들은 시간이 흐름에 따라, 그리고 무엇보다도 현실적이고 실제적인 이유들로 인해 자신들의 민족주의적인 태도를 완화시키면서 체코슬로바키아 쪽의 유사한 정당들과 정치적 연대를 모색하게 되는데, 독일 농민당, 독일 인민당, 독일 사회 민주당 등이 이에 속하였다. 그러나 독일 민족 사회주의 노동당, 독일 민족당 등은 계속해서 반(反)체코슬로바키아적인 민족주의를 포기하지 않았다.

한편 체코슬로바키아 공산당의 반정부적인 입장은 특별한 성격을 띠고 있었다. 창당 초기의 당의 지도적인 이론가였던 슈메랄(Šmeral, B., 1880~941)이 체코슬로바키아 공화국을 계급투쟁의 다음 단계를 위한 필연적인 체제로 간주하였음에도 불구하고, 시간이 흐름에 따라 체코슬로바키아 공화국을 제3인터내셔널(Třetí internacionála)의 정신에 입각하여 이해하려 하였는데, 이 제3인터내셔널은 체코슬로바키아 공화국을 타도되어야 할 제국주의 체제인 베르사유 체제의 부산물로 파악하고 있었던 것이다. 노동계와 많은 지식인들의 지지를 받은 공산당의 성장은 초기에는 실로 괄목할만한 것이었지만, 강경파와 온건파의 대립으로 그 세력이 약화되게 되는데, 특히 1929년부터 세력의 약화가 더욱 현저하였다. 이 해에 많은 온건파 지식인들이 당으로부터 쫓겨났으며, 이때부터 당을 공산주의 인터내셔널의 지령에 전적으로 종속시키고 모스크바에 의존시키려는 강경파가 득세하면서 당은 내리막길을 걷게 되었다.

1925년 제2차 총선의 결과는 사회주의 계열 정당들(socialistické strany)의 퇴조와 시민 계열 정당들(občanské strany)의 부상이었으며, 제1당이 된 농민당의 뒤를 근소한 차로 추격한 체코슬로바키아 공산당의 제2당으로의 급부상이었다. 당시 정부에 대해 불만을 가진 상당수 국민들이 공산당에 표를 던졌고, 1921~1923년의 경제적 불황으로 인한 노동자들의 어려운 생활과 실업의 증가 또한 중요한 요인으로 작용하였다. 그러나 체코슬로바키아 공산당이 연립 정부에의 참여를 거부하였기 때문에 1926

년 농민당, 인민당, 기업당 등의 시민계열 정당들로 연립 내각이 구성되었다. 이 연립 내각의 특기할만한 점은 1925년 슬로바키아 인민당에서 당명을 변경한 흘린카의 슬로바키아 인민당(Hlinkova slovenská ľudová strana)이 짧은 기간이나마 그 일원으로 참여하였을 뿐만 아니라, 독일계의 두 정당도 참여함으로써 체코슬로바키아 국가 탄생 이후 처음으로 체코슬로바키아 내 소수 민족의 대표가 내각의 각료로 입각하게 되었다는 점이고, 이로써 이들의 체코슬로바키아 국가에 대한 공식적인 인정이 이루어졌다는 점이었다.

체코슬로바키아 공화국 탄생 10주년이 되는 1928년의 시점에서 체코슬로바키아가 정치적, 경제적, 문화적으로 이룩한 성과는 괄목할만한 것이었다. 그러나 불행하게도 이때에 벌써 세계 공황의 여파로 체코슬로바키아 경제에도 불황의 어두운 그림자가 드리우기 시작하였고 국내 정치에 있어서도 그늘진 곳이 생기기 시작하였다. 슬로바키아에서는 슬로바키아 인민당의 이론가인 투카(Tuka, V., 1880~1946)의 주도로 슬로바키아 자결 운동이 다시 일기 시작하였다. 그는 체코슬로바키아 국가 탄생의 출발이 되는 1918년 가을의 마르틴 선언에는 정식으로 채택되지 않은 비밀 사항의 부가 조항이 있었는데, 그 내용은 향후 10년 이내 슬로바키아의 자치의 도입이라는 것이었다. 그러면서 그는 이 조항이 실현되지 않은 상태에서의 1928년 이후의 슬로바키아는 체코슬로바키아 국가에 대한 법적 관계가 성립하지 않는다고 주장하면서 슬로바키아의 자결권을 요구하였다. 이러한 주장으로 투카는 반국가 행위와 간첩 행위 혐의로 재판에 회부되어 15년의 장기형을 선고받게 되었고, 이에 대한 항의로 1929년 가을 흘린카의 슬로바키아 인민당은 연립 정부에서 탈퇴하였다.

전후의 경제적 어려움과 불황을 딛고 일어선 체코슬로바키아의 경제는 1920년대 중반부터 점차 활기를 띠기 시작하면서 1925년에는 산업 생산이 전쟁 전인 1913년의 수준을 회복하였고, 1929년 세계 공황의 시작 때까지 대단한 호황을 누렸다. 보다 선진된 기술을 바탕으로 하는 새로운 공장들이 건설되었고, 특히 제화 공업의 바탸(Baťa)와 기계 및 자동차 공업의 슈코다(Škoda)와 같이 새로운 경영 기법의 도입으로 생산성의 제고에 성공한 기업들이 늘어나면서, 이들이 체코슬로바키아 경제를 상승시키는 견인차가 되었다. 그리고 1930년대 초반까지 거의 모든 산업체와 80%이상의 가정에 전기가 공급되었고, 국민들의 생활수준도 향상되었다. 실업률도 현저히 감소되었으며, 실업자에 대한 실업 수당도 이른바 겐트 제도(gentský systém)에 따라 노동조합들과 연계하여 국가가 지급하였다. 이 시기의 체코슬로바키아는 대부분의 생산 지수와 국민 소득 지수에서 세계 10위에서 15위 내에 포함되었고, 국민 1인당 소득 면에서는 이웃한 헝가리는 말할 것도 없고 오스트리아, 이탈리아 등을 앞설 정도의 선진된 경제를 자랑하였다.

10.4. 경제 위기에서 정치 위기까지(1929~1939년)

국가 탄생 10주년을 긍정적인 평가 속에서 보낸 체코슬로바키아는 1929년을 기점으로 전환기에 접어든다. 세계적인 공황이 몰고 오는 경제 위기(hospodářská krize)에 앞서 체코슬로바키아의 국내 정치에도 새로운 변화가 일기 시작하는데, 슬로바키아 인민당에서 극우적인 가톨릭 신부 흘린카((Hlinka, Andrej, 1864~1938)의 이름을 붙여 당명을 변경한 흘린카의 슬로바키아 인민당의 자결권 요구와 체코슬로바키아 국가 사회주의당의 민족주의 강화는 농민당과 인민당의 실무 내각의 몰락을 가속화시키면서 조기 총선을 몰고 왔다. 물론 총선의 결과는 역시 1920년대 초반부터 내각을 이끌어 온 농민당의 강세로 나타났지만, 농민당을 위시한 시민 계열의 정당들은 공산당의 상대적인 후퇴 속에서 다시 부상한 사회주의 계열 정당들과 광범위한 연립 내각을 구성하지 않을 수 없었고, 그 결과 독일 사회주의 민주당도 포함된 8개 정당의 연립으로 구성된 이른바 광역 연립 정부(široká koalice)가 탄생하게 되었다.

세계 경제의 위기는 체코슬로바키아 경제에도 깊은 상헌을 남겼다. 1929년부터 나타나기 시작한 생산의 감소는 1930년에 와서는 광범위하게 확산되었고, 1932년과 1933년에 최고조에 달한 체코슬로바키아 경제의 불황은 다른 나라와는 달리 보다 더 오래 지속되었다. 40%의 감소를 가져온 산업 생산은 말할 것도 없거니와, 농업, 재정, 금융 등 경제 전반에 걸친 불황이 뒤따랐다. 이러한 어려움은 세계 공황에서 오는 여파뿐만 아니라, 국내 산업 구조의 불균형과 특히 경쟁 상대인 독일에 비해 상대적으로 낮은 기술화 수준과 같은 체코슬로바키아 경제 자체의 구조적 결함 때문이기도 하였다. 산업의 부문별로 본다면 중공업보다는 경공업의 타격이 막심하였는데, 특히 독일인들이 집단적으로 거주하고 있는 체코슬로바키아 국경 지역에 집중되어 있는 텍스타일 공업의 타격이 가장 컸다. 이리하여 독일인 거주 지역의 극심한 불황은 독일인들의 대량 실업 사태를 빚게 되었고, 이는 다시 독일인들의 민족주의를 촉발하였다. 다민족 국가에서의 경제 위기가 정치 위기(politická krize)로 발전하는 순간이었다. 또한 농업에서의 불황은 농업을 위주로 하는 슬로바키아와 서브카르파티아 루테니아에 가장 심한 타격을 안겨다주 었고, 이 지역의 극단적인 민족주의자들은 이를 자신들의 정략적인 목적에 이용하였다.

경제적 불황의 가장 심각한 결과는 고용의 감소와 실업의 증가였다. 1933년 공식적인 통계로는 체코슬로바키아의 실업자 수가 1백만에 달하는 것으로 되어 있지만, 실제로는 이보다 30% 정도 더 많은 실업자를 보유하고 있었던 것으로 추정되었다. 그리고 실업자의 증가로 인한 수요의 감소는 공급을 위축시켰고, 이는 다시 국가 재정을 압박하여 사회적인 불안을 가중시켰다. 또한 실업, 빈곤, 기아는 민중들의 급진적인 시위를 유발하였고, 연립 내각에 참여하지 않음으로써 경제 위기에 대한 책임으로부터 자유로운 공산당은 이를 정략적으로 이용하였다. 이리하여 1930년대 초반은 전국적으로 노동자들의 시위가 잦고 시위 군중과 진압 경찰 간의 충돌이 빈번하였다. 이중 대표적인 것으로는 1931년 체코 북동부의 프리발도프(Frývaldov; 오늘날의 예세니크 Jeseník) 지방의 석공 시위대와 진압 부대 간의 유혈 충돌 사건, 1932년 체코 북부 지방의 모스트(Most)에서 발생한 2만5천 광산 노동자들의 해고에 항의한 파업 돌입 사건 등을 들 수 있다.

이와 같은 사회적, 경제적 불안은 정치적 긴장을 고조시키게 되는데,

특히 극좌의 공산당과 극우의 민족주의적 파시즘이 서로 대치하면서 자유 민주주의와 의회 민주주의를 위협하고 있었다. 이러다 보니 정부 내에서도 우파 세력이 득세하면서 일련의 자유를 제한하는 법안이 마련되기도 하였다. 그런데 체코슬로바키아의 민족주의적 파시즘은 어디까지나 정치적 소수로서 정치의 주도 세력으로부터 벗어나 있었던 것과는 대조적으로, 체코슬로바키아 내 독일인들의 극단적인 민족주의는 1933년 이웃 독일에서의 히틀러의 등장과 더불어 새로운 국면을 맞으면서 그 세력이 급격하게 성장하였다. 체코슬로바키아에서의 히틀러 정치의 대변 기구로 전락한 독일 민족당과 독일 민족 사회주의 노동당은 선동적이고 반국가적인 행위로 해산의 위기에 처하자 스스로 당을 해체하여 수데텐 독일 애국 전선(Sudetoněmecká vlastenecká fronta)을 결성하였다가, 1934년 4월 수데텐 독일당(Sudetoněmecká strana; Sudetendeutsche Partei)으로 명칭을 변경하였다. 고등학교 체육 교사인 헨라인(Henlein, Konrad, 1898~1945)을 대표로 한 이 당은 향후 체코슬로바키아 정치에 일대 파란을 몰고 오는 장본인이 되었다.

한편 슬로바키아에서는 흘린카의 슬로바키아 인민당이 민족주의의 구호 아래 슬로바키아 자치의 목소리를 높이고 있었고, 1933년 니트라에서 있은 슬로바키아 영토 내에서의 최초의 교회 설립 1100주년 기념행사는 반체코, 반체코슬로바키아, 반국가적인 구호들로 얼룩졌다. 체코 쪽에서도 체코슬로바키아 국민 민주당(Československá národní demokracie)이 일련의 파시스트 그룹과 연대하여 1934년 국민 통일당(Národní sjednocení)을 창설하였다. 다른 한편에서는 독일 민족주의와 슬로바키아 민족주의에 대항코자 하는 이 당의 극단적인 민족주의와 반민주주의적 노선에 맞서 일련의 민주주의 계열의 정당들, 진보적인 사회주의 계열의 정당들, 그리고 소콜(Sokol)과 같은 사회단체의 대표들이 마사리크의 휴머니즘적 민주주의 이념을 지지하고 따른다는 취지에서 대통령의 관저가 있는 성에서 이름을 따와 흐라트(Hrad) 그룹을 결성하였다.

국내 정치가 경제 위기에서 정치 위기를 향해 가고 있는 동안 국제 정치에 있어서도 중대한 변화가 일고 있었다. 국제 경제의 불황과 국제 정치의 분열이 베르사유 평화 체제의 붕괴를 가속화시킴으로써 이 체제에 의존하고 있는 체코슬로바키아의 안전이 심각한 위협을 받게 되었다. 나치 독일이 점점 더 공격적인 정책으로 체코슬로바키아의 안전을 위협하였고, 헝가리와 폴란드도 이에 편승하여 체코슬로바키아에 대한 영토적 요구의 충족을 도모하였다. 이에 프랑스와의 방위 조약과 소(小)삼국 협정만으로는 국가의 안전 보장에 허점이 있다고 판단한 베네시 대통령은 소련 외무 장관 리트비노프(Litvinov, M.)의 유엔을 토대로 하는 집단적 안보론을 받아들여, 1934년 소련에 대해 외교적으로 승인하고 외교 관계를 수립함과 동시에 1935년 체코-소련 방위 조약을 체결하였다. 그러나 이 방위 조약은 체코-프랑스 방위 조약의 이행을 전제로 한다는 단서가 붙어 있었다.

그런데 이때에 벌써 서구 열강들의 이해 속에는 중부 유럽 약소국가들에 대한 안전 보장은 포함되어 있지 않았다. 이들의 나치 독일에 대한 유화 정책은 이미 약소국가들의 희생을 전제로 하고 있었다. 그리하여 1937년에 이르면 벌써 체코슬로바키아가 국제적으로 고립 상태에 빠져들고 있다는 징조가 곳곳에서 나타나고 있었다. 제1차 세계 대전 이후 중부 유럽의 안전을 확보해 주고 보장해 주었던 서구 열강들이 이제 나치 독일의 팽창주의 정책에 길을 터주고 있었던 것이다. 1938년 나치 독일에 의한 오스트리아 병합에 대한 승인이 대표적인 예였다. 그리고 바로 다음 순서가 체코슬로바키아였다. 나치는 우선 내부로부터의 붕괴에 목표를 두고 있었는데, 구실은 체코슬로바키아 내 독일인들의 이익과 안전을 보장한다는 것이었다. 3년 전의 총선에서 체코슬로바키아 내 독일인들의 압도적인 지지를 받아 체코슬로바키아 내 최대의 정당이 된 수데텐 독일당은 이미 히틀러의 '제5열(pátá kolona)'이 되어 있었고, 당의 임무는 후방에서 나치 독일의 침입을 위한 빌미를 마련하는 것이었다.

수데텐 독일당의 헨라인 추종자들이 외치는 구호인 '제국의 품 안으로(heim ins Reich)'가 의미하는 이른바 수테텐 지방(Sudety; Sudetenland)의 독일 제국에의 편입은 체코슬로바키아로서는 도저히 받아들일 수 없는 요구였다. 그러나 영국과 프랑스 정부는 이를 받아들일 것을 강요하였다.

1938년 9월 19일의 최후통첩은 만일 체코슬로바키아가 이를 받아들이지 않을 경우 서구 열강들은 체코슬로바키아에게 아무런 군사적 원조를 제공하지 않을 것이라는 내용을 담고 있었다. 그렇다고 히틀러의 대군을 맞아 체코슬로바키아 단독으로 싸울 수도 없는 노릇이었다. 마침내 히틀러의 전쟁 위협 속에서 9월 29일 뮌헨에서는 독일의 히틀러, 이탈리아의 무솔리니, 영국의 체임벌린, 프랑스의 달라디에가 모여 이른바 수데텐 지역이라고 하는 체코슬로바키아 국경 지역을 독일에게 양도할 것을 결정하였다. 뮌헨 지령(Mnichovský diktát)혹은 뮌헨 협정(Mnichovská dohoda)이라고 불리는 이 협정을 통해 서구 열강들은 체코슬로바키아에 대한 나치 독일의 요구를 모두 받아들임으로써 결국 나치 독일에 굴복한 셈이 되었고, 체코슬로바키아는 사실상 국가로서의 존재를 상실하였다.

뮌헨 협정으로 체코슬로바키아는 국가 방위에 대한 능력을 완전히 상실하였다. 10월 초 이른바 수데텐 지방이라고 하는 체코의 북쪽, 서쪽, 남쪽의 삼면의 국경 지역을 나치 독일이 떼어 갔고, 곧 테신(Těšín)지방 전체와 오라바(Orava)와 스피시(Spiš) 지역의 일부를 폴란드가 점령하였으며, 11월 12일에는 남부 슬로바키아와 서브카르파티아 루테니아의 광범한 지역을 헝가리가 무력으로 병합하였다. 이렇게 하여 체코슬로바키아는 전체 영토의 30%에 육박하는 40,939km^2와 500만의 인구를 잃었는데, 이중에는 125만의 체코 인들과 슬로바키아 인들도 포함되어 있었다. 이러한 행위는 말할 것도 없이 모두가 국제법의 위반일 뿐만 아니라, 동시에 국내법적으로도 위헌이었다. 체코슬로바키아 국민의회가 이를 결코 승인한 일이 없었던 것이다.

[그림 65] 뮌헨 협정의 서명자들 (좌로부터 체임벌린, 달라디에, 히틀러, 무솔리니)

이렇게 하여 당시 중부 유럽과 동부 유럽의 유일한 민주주의 국가로서

‘민주주의의 섬’으로 불리던 체코슬로바키아가 일시에 몰락하였다. 그리고 이로써 사실상 서구의 민주주의 전체에 대한 위협의 전주곡이 시작되었음에도 불구하고 서구 열강들은 도대체 이를 받아들이려 하지 않았다.

물론 이후에도 체코슬로바키아는 당분간 공식적으로는 독립 국가로 존재하였다. 하지만 실제적으로는 독립 국가로서의 행세를 전혀 할 수 없었다. 서구 열강들이 뮌헨 협정에서 새로운 국경을 보장하겠다는 당초의 약속도 이행하지 않았다. 1938년 10월 5일 베네시 대통령은 사임과 동시에 외국으로의 망명길에 올랐고, 흘린카의 슬로바키아 인민당은 프라하 정부의 위기를 이용하여 10월 6일 질리나에서 슬로바키아의 자치를 선언하였으며, 티소(Tiso, Jozef, 1887~1947)가 슬로바키아 자치 정부의 수반이 되었다.

한편 프라하에서는 1938년 11월 12일 새로운 헌법이 채택되고, 기존의 체코슬로바키아 (Československo)를 체코-슬로바키아(Česko-Slovensko; Czecho-Slovakia)로 국명을 변경하면서 체코와 슬로바키아의 연방 국가로 전환하였고, 11월 30일 하하(Hácha, Emil, 1872~1945)가 대통령에, 베란(Beran, Rudolf, 1887~1954)이 수상에 취임하였다. 이리하여 이른바 제2 공화국(druhá republika)이 출범하게 되지만, 이의 붕괴는 단지 시간상의 문제만 남겨 놓고 있을 뿐이었다.

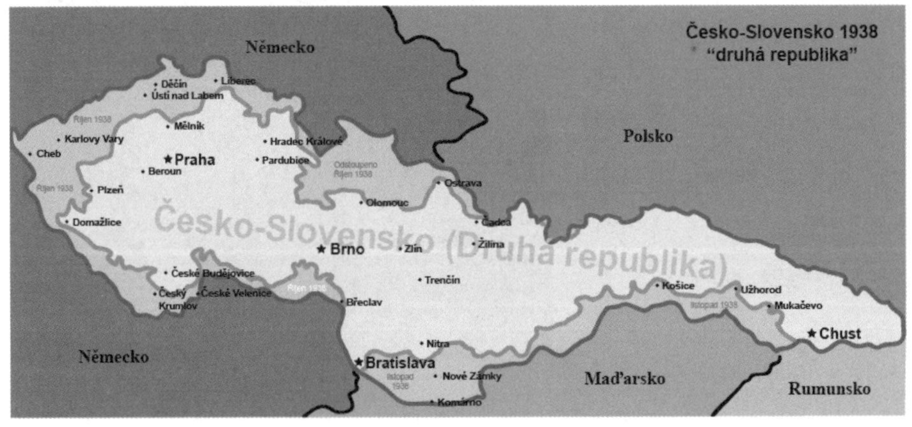

[그림 66] 체코-슬로바키아 공화국 (제2 공화국, 1938.11.30~1939.3.14)

10.5. 양차 세계 대전 간의 체코슬로바키아 문화(1918~1939년)

독립된 체코슬로바키아 공화국의 탄생은 체코와 슬로바키아의 문화 발전에 획기적인 전기를 마련해 주었다. 체코 문화는 민족 부흥이라는 민족주의의 굴레에서 완전히 해방될 수 있었고, 독일 문화의 지배에 대한 방어적인 입장에서 벗어날 수 있었다. 슬로바키아도 헝가리 문화의 종속으로부터의 해방은 마찬가지였다. 그리고 정치적 민주주의가 보장해 주는 예술 활동의 자유도 이 시기의 체코슬로바키아 문화가 황금기를 구가할 수 있도록 든든한 토대를 제공하였다.

이 시기의 체코와 슬로바키아 문화의 발전은 교육의 발전과 불가분의 관계에 있었다. 체코 지역에서는 이전의 교육 제도를 새로이 개편하고, 슬로바키아 지역에서는 체코 인들의 도움을 받아 전적으로 새로운 교육망을 구축함으로써 당시 체코슬로바키아의 교육은 세계적인 수준을 자랑하였다. 특히 체코 땅의 문맹률이 제로에 가까울 정도로 높은 교육 주준을 과시할 수 있었던 것은 이와 같은 교육 제도의 개편뿐만 아니라, 체코 인들의 의식에 깊게 뿌리박혀 있던 교육에 대한 숭상의 정신과 교육으로부터 출발한 민족 부흥 운동의 전통이 뒷받침하고 있었기 때문이었다.

양차 세계 대전 간의 체코슬로바키아에는 기존의 프라하의 카렐 대학교 이외에도 1919년 새로이 설립된 브르노의 마사리크 대학교와 브라티슬라바의 코멘스키 대학교 등 15개의 대학이 존재하였는데, 이중에는 프라하의 독일인 대학인 카렐-페르디난트 대학(Karlo-Ferdinandova univerzita)과 그리고 소련과 폴란드로부터 이민 온 우크라이나 인, 러시아 인, 유대인들을 위한 세 개의 대학도 포함되어 있었다. 대학을 중심으로 발달된 인문학과 과학 분야에서 세계적으로 인정을 받은 분야로는 동방학, 폴라로그래피, 일련의 의학 분야를 꼽을 수 있었

[그림 67] 브르노 마사리크 대학의 마사리크 동상

고, 체코 실증주의 역사학의 창시자인 골(Goll, J., 1846~1929)의 전통을 계승하고 있는 페카르시(Pekař, J.), 슈스타(Šusta, J.), 칼리스타(Kalista, Z.), 그리고 실증주의 철학의 크레이치(Krejčí, Z.), 코자크(Kozák, J. B.) 등이 주목할 만한 인문학자들이었다. 그러나 이러한 공식적인 철학과는 달리 급진적이면서 주관적인 이상주의ㅍ자인 클리마(Klíma, Ladislav, 1878~1928)는 자기 자신을 신(bůh)으로 경험할 수 있다는 에고솔리즘(egosolismus)을 제창하였다. 초현실주의적인 경향을 강하게 띠면서 세계의 부조리와 인간의 내면 세계의 문제들을 폭로하는 그의 아포리즘, 경구, 드라마와 소설은 오늘날까지도 논의와 주목의 대상이 되고 있다.

[그림 68] <R.U.R.>의 작가 카렐 차페크 (1936년)

제1차 세계 대전을 직접적으로 경험한 1890년대 세대들은 한편으로는 인간 존재의 어둡고 비이성적인 측면에 치중하고, 다른 한편으로는 정의로운 사회 건설을 위한 새로운 가치 창조를 강조하는 양면성을 보였다. 서구의 여러 예술적 흐름을 자율적으로 그리고 아무런 제약 없이 마음껏 수용할 수 있었던 이들 1890년대 세대들 중, 특히 차페크(Čapek, Karel, 1980~1938)는 실용주의 철학의 상대주의와 깊은 휴머니즘 정신에 바탕을 둔 작품들로 세계적인 명성을 얻었다. 그는 특히 인간의 노동을 대신해 주는 인조인간을 주인공으로 내세운 공상 과학 드라마 『R. U. R.(*Rossum's Universal Robots*)』을 통해 인간의 기계 문명에 대한 맹신과 과학만능주의를 시의 적절하게 경고하였고, 로봇(robot)이

[그림 69] <착한 병사 슈베이크>의 작가 야로슬라프 하셰크 (1922년)

라는 새로운 말을 인류에게 선사하였다. 전쟁의 부조리와 무의미성을 고발한 해학 풍자 소설인 하세크(Hašek, Jaroslav, 1883~1923)의 『착한 병사 슈베이크의 세계 대전 중의 모험(*Osudy dobrého vojáka Švejka za světové války*)』 또한 전 세계적인 언어로 번역되면서 세계적인 고전의 대열에 올랐다. 반추라(Vančura, V., 1891~1942)는 자신의 정치적, 사회적, 경제적 혁명관으로 그리고 1921년에 창당된 체코슬로바키아 공산당의 멤버로서 좌파적 아방가르드 운동의 지도적인 인물이 되었다. 그러나 자신의 작품에 있어서는 정치적 이데올로기와는 무관한 표현주의적, 초현실주의적 경향을 띠는 독특한 작품 세계를 구축하였다. 반추라와 더불어 예술 그룹 데베트실(Devětsil)을 중심으로 활동한 좌파적 아방가르드 예술가들 중 시인 볼케르(Wolker, Jiří, 1900~1924)는 체코 프롤레타리아 문학의 선구가 되었고, 노이만(Neumann, S. K.)과 마예로바(Majerová, M.) 등은 사회주의 혁명 문학의 개척자가 되었다.

프롤레타리아 문학과 같은 이데올로기적인 색체의 문학에 대한 반동으로, 그리고 프랑스의 초현실주의로부터의 영감을 받아 타이게(Teige, K., 1900~1951)의 주도로 시작된 포티에즘(poetismus; Poetism)은 유일하게 국제적으로 인정받은 체코 기원의 아방가르드 예술 사조로서, 시를 위시한 시, 즐거움의 시, 생활의 시, 놀이로서의 시를 표방하였다. 포에티즘 문학의 대표자들로는 후에 노벨 문학상을 수상하게 되는 사이페르트(Seifert, Jaroslav, 1901~1986)를 비롯하여 네즈발(Nezval, V., 1900~1958), 비블(Biebl, K., 1898~1951), 호라(Hora, J., 1891~1945)와 같은 시인들과 반추라, 콘라트(Konrád, K., 1899~1971)와 같은 소설가들을 꼽을 수 있을 것이다. 역시 이 시대의 대표적인 시인들에 속하는 할라스(Halas, F., 1901~1949)와 자바다(Závada, V., 1905~1982)는 포에티즘의 문학적 기법에는 동조하면서도 포에티즘의 밝고 즐겁고 경쾌한 시와는 대조적인 어둡고 우울하며 사색적인 시에 치중하였다.

한편 좌익 계열의 이데올로기적인 무신론에 대항하는 세력으로 등장한 것이 가톨릭 그룹의 작가들인데, 이들은 상징주의 시인 브르제지나(Březina, O.)의 전통에 의지하면서 정신주의와 신비주의에 바탕을 둔 작품들을 발표하였다. 두리흐(Durych, J., 1886~1962), 데믈(Deml, J., 1878~1961), 자흐라드니체크(Zahradníček, J., 1905~1960)가 이 그룹을 대표하였다. 홀란(Holan, V., 1905~1980)과 흐루빈(Hrubín, F., 1910~1971)도 사색적이고 신비주의적인 경향의 시인들이었다.

체코 비평의 거장인 샬다(Šalda, F. X., 1867~1937)는 체코 문학의 편협성과 지방주의를 경계하면서 차페크와 더불어 문화의 국제주의를 옹호하였다. 그는 국수적인 민족주의와 가톨릭주의의 우파에 대해서 뿐만 아니라, 사회적 정의라는 이상을 내세워 민주주의를 부정하려는 좌파들에 대해서도 가차 없는 비판을 가하였다. 이밖에 노바크(Novák, A.)와 피셰르(Fischer, O.)도 이 시대의 뛰어난 비평가였으며, 문학 이론가인 무카르조프스키(Mukařovský, Jan, 1891~1978)는 프라하 구조주의(pražský strukturalismus) 문학 이론의 창시자로서 서구 구조주의 문학 이론의 선구가 되었고, 러시아에서 이민을 와 프라하에서 20년간 살면서 무카르조프스키와 더불어 프라하 언어학 서클(Pražský lingvistický kroužek)을 주도한 야콥슨(Jacobson, Roman, 1896~1982)은 구조주의 언어학의 선구가 되었다. 특히 무카르조프스키는 문학의 형태와 구조에 대한 강조와 문학 작품의 미적 기능의 자율성에 대한 강조를 문학 작품의 사회적 문맥과 결부시킨 자신의 구조주의 문학 이론을 마하, 넴초바, 네루다, 차페크, 반추라와 같은 대표적인 체코 작가들의 작품 분석에 적용하여 주목을 받았다.

[그림 70] 구조주의 문학이론의 선구자 얀 무카르조프스키 (1932년 이전)

체코의 연극도 양차 세계 대전 간의 체코 문화의 발전에 일익을 담당하였는데, 민족극장(Národní divadlo)과 프라하 시립 극장(Městské divadlo)의 전통적인 연극 이외에도, 좌파 계열의 젊은 세대들이 주도하는 앙가주망 극장들의 사회 참여 극이 있었고, 보스코베츠(Voskovec, J., 1905~1981)와 베리흐(Werich, J., 1905~1980)의 해방 극장(Osvobozené divadlo)에서는 현대적인 연극 형태에다 정치적인 풍자와 서민적 놀이 및 카바레를 결합시킨 실험극을 공연하였다. 1923년부터 정규적인 라디오 방송이 시작되었고, 영상 예술 시대를 여는 초기 무성 영화의 성공적인 작품으로는 1926년 하셰크의 소설을 각색한 '착한 병사 슈베이크(*Dobrý voják Švejk*)'가 있었으며, 1930년부터는 유성 영화의 제작도 활발하였다.

[그림 71] 작곡가 레오시 야나체크 (율리우스 펠리칸, 올로모우츠)

제1차 세계 대전 이전에 이미 낭만주의 음악을 거부하고 나선 젊은 음악가들은 서구의 모더니즘을 수용하였지만, 모라비아 지방에서는 전후에도 낭만주의가 아직 남아 있었다. 모더니스트들의 일부는 독일의 표현주의 음악에 경도되고, 일부 아방가르드 음악가들은 낭만주의 이전의 음악에 귀의하면서 네오바로크, 네오르네상스, 특히 신고전주의 음악에 심취하였다. 모라비아의 민속 음악을 현대적으로 수용한 세계적인 작곡가 야나체크(Janáček, Leoš, 1854~1928)가 체코 현대 음악을 대표하였고, 드보르자크의 제자이자 사위인 수크(Suk, Josef, 1874~1935)도 당대를 대표하는 음악가였다. 이들 외에도 예제크(Ježek, J., 1906~1942)와 주로 프랑스와 미국에서 활동한 마르티누(Martinů, B., 1890~1959)가 있었고, 노바크(Novák, V.)는 프라하 콘서바토리 교수로 재직하면서 모이제스(Moyzes, A.), 수혼(Suchoň, E.), 치케르(Cikker, J.)와 같은 슬로바키아 작곡가들에게 많은 영향을 주었다.

이 시기의 미술에 있어서는 서구의 모더니즘적 경향들 이외에도 세기말에 시작된 시세션(secese), 즉 분리파 계열의 예술가들이 여전이 활동하고 있었는데, 이 운동의 상징적인 무하(Mucha, Alfons, 1860~1939)는 특히 포스터나 플래카드에, 그리고 건물의 벽면이나 천장, 책, 보물, 가구 등에 이를 적용하여 이른바 '무하 스타일(styl Mucha)'이라는 독창적인 예술 세계를 구축할 정도로 세계적인 명성을 얻었고, 샬로운(Šaloun, L.)과 빌레크(Bílek, B.)가 그의 뒤를 쫓아 분리파의 상징주의를 뒤따랐다. 체코 입체파(kubismus)는 쿠비슈타(Kubišta, B., 1884~1918), 필라(Filla, E., 1882~1953), 작가 카렐 차페크의 형인 요세프 차페크(Čapek, Josef, 1887~1945), 즈르자비(Zrzavý, J., 1890~1977) 등에 의해 독창적인 발전을 보았다. 악마 신앙과 판타지와 신비의 세계에 의해 영감을 받은 코블리하(Kobliha, F.)와 바할(Váchal, J.)의 그래픽아트는 표현주의(expresionismus)의 영향이 뚜렷하였고, 슈티르스키(Štyrský, J.)와 제2차 세계 대전 후에 프랑스에서 활동한 토아옌(Toyen, 본명은 마리에 체르미노마 Marie Čermínová, 1902~1980)은 체코 포에티즘과 초현실주의(surrealismus) 회화를 대표하였다. 조각에 있어서는 미슬베크(Myslbek, J. V.)의 가장 뛰어난 제자인 슈투르사(Štursa, J.)가 두각을 나타냈고, 마르자트카(Mařatka, J.), 카프카(Kafka, B.), 슈파니엘(Španiel, O.) 등도 그의 훌륭한 제자들이었다. 상징주의 경향의 이들과는 달리 구트프로인트(Gutfreund, O., 1889~1927)는 체코 큐비즘 조각의 대표자가 되었다.

건축에 있어서의 모더니즘은 현대인의 생활을 가장 잘 표현할 수 있는 새로운 건축 재료와 구성의 도입으로 특징지어졌다. 이러한 체코 모더니즘 건축의 대표적인 인물로는 코테르(Kotěr, J., 1871~1923)를 들 수 있겠는데, 그의 콘스트락티비즘(konstruktivismus), 즉 구성주의에는 고차르(Gočár, Jan 1880~1945)와 호홀(Chochol, J.)이 동참하였다. 이후 고차르는 체코 큐비즘 건축의 대표자가 되었고, 장식주의(dekorativismus), 기능주의(funkcionalismus), 어바니즘(urbanismus) 경향의 건축에 있어서도 탁월한 업적을 남겼다. 그런데 20세기 초 일련의 건축가들이 건축은 예술이 아니라는 명제 하에 건축의 유용성과 실용성을 강조하는 순수주의적인 입장을 취하였지만, 이에 반대하는 구성주의는 1928년 브르노의 '현대 문화 엑스포(Výstava soudobé kultury)'를 통해 다시 주도권을 잡을 수 있었다. 물론 모더니즘 이외에도 역사주의적인 스타일의 영향과 현대화된 신고전주의 스타일의 영향을 받은 건축도 있었다.

새로운 체코슬로바키아의 탄생은 체코 쪽에서보다는 슬로바키아 쪽의 문화에 더 많은 활기와 활력을 불어넣게 되는데, 이는 새로운 국가의 탄생으로 슬로바키아가 극심한 헝가리화의 굴레에서 해방될 수 있었기 때문이다. 새로운 슬로바키아의 새로운 행정 체계와 교육 체계의 도입으로 슬로바키아 지식인들을 슬로바키아 인들의 손으로 길러낼 수 있게 되었고, 슬로바키아 문화가 기존의 방어적 입장을 벗어나면서 자율적인 입장에 설 수 있게 되었다. 물론 체코슬로바키아 단일 민족이라는 범주 속에서의 체코슬로바키아 단일 문화에 반대하는 일부 슬로바키아 인들은 슬로바키아 문화의 독립을 계속해서 주장하였다. 하지만 체코슬로바키아라는 단일 국가 아래서의 체코 문화와 슬로바키아 문화의 교류는 양쪽 모두에게 주는 득이 적지 않았다.

물론 체코 쪽의 도움에 힘입은 바 크지만 이 시기의 슬로바키아 교육의 발전은 실로 괄목할만한 것이었다. 1918년 이전의 슬로바키아에는 슬로바키아 어로 교육하는 중등학교가 아예 하나도 없었고, 몇몇 교회 소속의 학교들을 제외한다면 슬로바키아 어를 가르치는 초등학교도 전무한 상태였는데, 체코슬로바키아 공화국 출범 이후 수백 개의 슬로바키아 초등학교와 수십 개의 중등학교가 새로이 문을 열었으며, 1919년에는 브라티슬라바에 슬로바키아 최초의 종합 대학인 코멘스키 대학교(Komenského univerzita)가 설립되었다. 물론 이와 같은 슬로바키아 교육의 비약적인 발전은 체코에서 건너 온 체코 인 교사들과 교수들의 도움이 없이는 불가능한 일이었다. 가령 코멘스키 대학교의 출범 당시 이 대학의 교수진에는 단지 3명의 슬로바키아 인 교수가 포함되어 있을 뿐이었다.

1875년 헝가리 정부에 의해 강제 해산을 당하였던 마티차 슬로벤스카(Matica slovenská), 즉 슬로바키아 협회의 부활도 슬로바키아 문화와 학문 발전을 위해 지대한 공헌을 제공하였다. 1919년에 부활된 마티차 슬로벤스카는 얼마 되지 않아 전국적인 조직으로 확대되었고, 1942년 설립되는 슬로바키아 학문 및 예술 아카데미의 초석을 놓았으며, '마티차 슬로벤스카 저널(*Zborník Matice slovenskej*)'이라는 논문집을 발행하여 코멘스키 대학의 '브라티슬라바(*Bratislava*)'라는 학술지와 쌍벽을 이루면서 양차 세계 대전 간의 슬로바키아 학문 발전에 일익을 담당하였다. 1920년 브

[그림 72] 슬로바키아 민족 극장 (브라티슬라바)

라티슬라바에 설립된 슬로바키아 민족 극장(Slovenské národné divadlo)과 1925년에 출범한 음악 및 드라마 아카데미(Hudebná a dramatická akademia), 1937년 동부 슬로바키아의 거점 도시인 코시체에 설립된 동부 슬로바키아 민족 극장(Východoslovenské národné divadlo) 역시 이 시기의 슬로바키아 문화 발전에 크게 이바지하였다.

이 시기의 슬로바키아 문학 활동은 유례없는 번성을 누렸는데, 1930년대 초반에 이르면 슬로바키아 어로 발행되는 각종 정기 간행물의 수가 2백 종이 넘었다. 이들 중에는 물론 일련의 창작문학 잡지들도 포함되어 있었는데, 특히 1881년에 창간되었다가 폐간된 '슬로바키아 전망(*Slovenské pohľady*)'이 다시 복간되어 슬로바키아 어로 써진 창작물들뿐만 아니라 세계 문학에 대한 소식과 번역물들을 게재하였다. 문학 경향에 있어서는 비판적인 사실주의 계열의 쿠쿠친(Kukučín, M., 1860~1928), 타요프스키(Tajovský, J. G., 1874~1940), 예센스키(Jesenský, J., 1874~1945)가 자신들의 전성기를 맞고 있었고, 20세기 초반에 시작되어 제1차 세계 대전 이전까지 유지된 모더니즘 경향이 1918년 독립 이후에도 계속이 되는데, 시 부문에서의 크르츠메리(Krčméry, Š., 1892~1955), 라주스(Rázus, M., 1888~1937), 소설 부문에서의 치게르-흐론스키(Cíger-Hronský, J., 1896~1960), 피굴리(Figuli, M., 1909~1995), 슈반트네르(Švantner, F., 1912~1950) 등이 세계 대전 이전의 모더니즘을 계승하면서 이를 더욱 발전시켜 나갔다. 1920년대에는 체코 문학의 경우와 마찬가지로 일련의 작가, 시인, 문학 이론가들이 잡지 '군중(*Dav*)'을 중심으로 좌파 문학 운동을 전개하였는데, 시인 노보메스키(Novomeský, L., 1904~1976)가 이들을 대표하였고, 1930년대 후반에는 시인 크르츠메리(Krčméry, Š., 1892~1955), 쟈리(Žáry, Š., 1918~2007), 브레지나(Brezina, J., 1917~1997), 파브리(Fabry, R., 1915~

1982) 등이 슬로바키아 초현실주의 그룹을 형성하였다. 크르츠메리는 비평가, 문학사가, 번역가로도 활동하였고, 므라스(Mráz, A.), 피슈트(Pišut, M.)도 이 시기를 대표하는 비평가들이었다.

슬로바키아 현대 회화는 누구보다도 먼저 벤카(Benka, M., 1888~1971), 풀라(Fulla, L., 1902~1980), 알렉시(Alexy, J., 1894~1970), 갈란다(Galanda, M., 1895~1938), 바조프스키(Bazovský, M., 1899~1968) 등에 의해 대표되는데, 이들은 무엇보다도 슬로바키아 고유의 전통과 서구 모더니즘을 결합하여 독특한 예술 세계를 구축하였다. 유르코비치(Jurkovič, D. S., 1868~1947)는 민속 건축의 여러 요소들을 병행하여 수용하였고, 소콜(Sokol, K., 1902~)은 그래픽아트 분야에서 세계적인 명성을 획득하였다. 프라하 예술 아카데미에서 공부하고 돌아온 슈나이데르-트르나프스키(Schneider-Trnavský, M., 1881~1958)와 모이제스(Moyzes, M., 1872~1944) 등이 이 시기의 슬로바키아 현대 음악을 대표하는 작곡가들로 활동하였고, 1920년 브라티슬라바에 설립된 슬로바키아 필하모니는 슬로바키아 민족 음악의 발전에 크게 기여하였다.

독립 국가의 창설과 더불어 생겨나기 시작한 많은 예술 단체들도 슬로바키아의 예술 발전에 지대한 공헌을 제공하였는데, 대표적인 단체들로는 1920년 마르틴에서 발족된 슬로바키아 예술가 단체(Spolok slovenských umelcov), 브라티슬라바에 본부를 두고 태어난 슬로바키아 예술 베세다(Umelecká beseda slovenská), 1923년의 슬로바키아 작가 단체(Spolok slovenských spisovateľov) 등을 꼽을 수 있을 것이다. 영화와 방송의 발전 또한 이 시기의 슬로바키아 대중문화 발전의 견인차가 되었는데, 제1 공화국이 끝날 즈음인 1930년대 말에 이르면 슬로바키아 전역의 영화관의 수가 2백이 넘었다. 물론 초기에는 대부분 체코 영화를 포함한 외국 영화들이 상연되었지만, 점차 슬로바키아 창작 영화의 수가 늘어났는데, 체코 출신의 감독 겸 사진작가인 플리츠카(Plicka, K.)가 이 시기의 슬로바키아 영화를 대표하였다. 이렇게 하여 양차 세계 대전 사이의 슬로바키아는 예술과 교육을 포함한 문화의 전반에 걸쳐 역사상 유례없는 황금기를 구가하였다.

[그림 73] 프란츠 카프카 (지기스문트 야코비, 1906년)

제1차 세계 대전 이전에는 지배 문화였던 독일인들과 헝가리 인들의 문화가 세계 대전 후에 새로이 탄생한 체코슬로바키아에서는 소수 민족 문화로 전락하면서 방어적인 입장을 취하게 되고, 그 성과 역시 별로 주목할 만한 것이 못되었다. 그러나 서브카르파티아 루테니아 민족은 자신들의 역사상 유례없는 민족 문화의 부흥을 누렸다.

또 하나 빛나는 문화적 성과를 올린 소수 민족이 체코 내의 유대인들이었는데, 프라하 출신의 독일계 유대인들의 문화에 속한 사람들 중 키시(Kisch, E. E.), 릴케(Rilke, R. M.), 베르펠(Werfel, F.) 등은 체코를 떠나 해외에서 활동하였지만, 죽기 1년 전 치료 차 체코를 떠났다가 죽고 난 후 프라하로 되돌아 온 카프카(Kafka, Franz, 1883~1924)는 프라하에서 나고 프라하에서 성장하였으며, 줄곧 프라하를 배경으로 활동하였다. 프란츠 카프카는 비록 작품을 독일어로 썼지만, 그의 삶과 그의 작품의 정신적 배경은 어디까지나 체코 문화에 속하였다. 그리고 카프카의 친구로서 역시 프라하에서 태어나 제2차 세계 대전으로 텔아비브로 망명하기까지 프라하에서 활동한 브로트(Brod, Max)는 카프카는 말할 것도 없고, 소설가 하셰크, 작곡가 야나체크를 최초로 세계에 알림으로써 체코 문학과 체코 음악의 세계화에 크게 이바지한 프라하 유대인이었다.

Czech and Slovak History

Czech and
Slovak History

제11장

제2차 세계 대전 (1939~1945년)

Czech and
Slovak History

제2차 세계 대전 (1939~1945년)

11.1. 체코슬로바키아의 소멸과 레지스탕스 운동

1938년의 뮌헨 협정 이후 나치 독일의 단기적인 목표는 체코슬로바키아를 해체하고 점령하여 이를 토대로 중부 유럽을 지배한다는 것이었지만, 장기적인 목표는 중부 유럽을 발판으로 삼아 유럽 전체를 손아귀에 넣고 세계를 제패한다는 것이었다. 뮌헨 협정을 성공적으로 이끈 히틀러는 체코슬로바키아에 대한 정치적, 군사적, 외교적 압박을 가중하면서 체코슬로바키아 내부의 동조 세력을 통한 내부로부터의 분열과 붕괴를 획책하였다.

[그림 74] 슬로바키아 공화국 초대 대통령 요제프 티소 (작가 미상, 1936년경)

히틀러는 우선 1939년 3월 13일 슬로바키아 민족주의자인 티소(Tiso, Jozef, 1887~1947)가 이끄는 슬로바키아 대표단을 베를린으로 불러들여 슬로바키아의 즉각적인 독립을 제안하였고, 이를 받아들이지 않을 경우 슬로바키아의 운명에 대한 결정은 헝가리의 수중으로 넘어가게 될 것이라고 위협하였다. 이리하여 그 다음 날인 1939년 3월 14일 히틀러의 요청에 부응한 티소의 슬로바키아는 슬로바키아가 독립 국가임을 선언하였다. 슬로바키아가 자신의 역사상 처음으로 슬로바키아 국가(Slovenský štát)이라는 이름으로 독립 국가가 되는 역사적인 순간이었다.

같은 날 체코-슬로바키아 공화국 대통령인 하하(Hácha, Emil, 1872-1945)가 히틀러의 초청으로 베를린에 도착하였지만, 이때에는 이미 독일 군대가 모라비아의 오스트라바와 미스테크 등의 북부 국경 지대를 점령한 상태였다. 히틀러는 하하에게 독일 군대에 의한 체코 땅의 나머지 지역에 대한 점령을 통보하면서 이에 대한 동의를 강요하였고, 다음 날인 1939년 3월 15일 독일 군대는 체코 땅에 진입하였다. 그리고 그 다음 날인 1939년 3월 16일 체코 땅에 대한 독일의 보헤미아-모라비아 보호령 (Protektorát Čechy a Morava)이 선포되면서 체코는 독일 제국에 편입되었다. 한편 동쪽에서는 헝가리 군대가 서브카르파티아 루테니아와 슬로바키아 동부 지역의 일부를 무력으로 점령하였다. 이렇게 하여 20년 동안 지속되어 온 체코슬로바키아라는 나라는 소멸되었고, 이후 체코 인들과 슬로바키아 인들은 제2차 세계 대전이 끝나고 다시 체코슬로바키아라는 공동의 국가가 회복될 때까지 각기 다른 길을 걷게 되었다.

보헤미아-모라비아 보호령은 외형적으로는 자치를 보유하고 자체 정부를 갖고 있었지만, 외교권도 없고 자체의 군대도 보유할 수 없었다. 대통령직은 하하가 계속해서 수행하였고, 수상직은 베란(Beran, R.,), 엘리아시(Eliáš, A.,) 등 네 사람이 차례로 승계하였다. 물론 나치 히틀러의 장기적인 목표가 체코 민족을 없애고 체코를 독일화하여 체코 땅을 독일 제국에 완전히 편입시키는 것이었지만, 단기적으로는 체코 인들의 노동력과 체코 땅의 경제적 잠재력을 최대한으로 전쟁을 위해 동원하는 것이었다. 사실 제2차 세계 대전의 전 기간을 통해 체코 땅은 히틀러 독일의 가장 중요한 산업 기지이자 병참 기지 중의 하나였다.

상당수의 슬로바키아 인들에게 슬로바키아 국가의 탄생은 슬로바키아 독립이라는 오랜 숙원의 달성을 의미하는 것이었으나, 실제로는 슬로바

[그림 75] 아돌프 히틀러와 에밀 하하의 회담(베를린, 1938년 3월 14~15일)

키아의 독립이라는 것은 환상에 불과하였다. 나치 독일의 부추김에 의해 탄생한 슬로바키아 공화국은 처음부터 나치 독일의 정치적, 경제적, 군사적 위성 국가의 그 이상도 그 이하도 아니었던 것이다. 그리고 1939년 7월에 채택된 헌법 또한 전체주의적인 성격의 범주를 벗어나지 못하고 있었다. 의회가 형식적으로는 국가의 최고 기관으로 되어 있었지만, 국가 위원회와 대통령인 티소의 그늘에 가려 제 기능을 수행할 수 없었고, 흘린카의 슬로바키아 인민당 (Hlinkova slovenská ľudová strana)이 국가 기관의 요직을 독점하고 있었다.

제2차 세계 대전 중의 슬로바키아 정치에서는 급진적인 친(親)나치주의 그룹이 등장하여 슬로바키아 민족 사회주의를 내걸고 자신들의 공식 이데올로기로 교권주의(klerikalismus)와 민족주의를 표방하면서, 특히 체코와 헝가리 민족에 대한 반대를 강조하였다. 이리하여 독립 슬로바키아 정부가 취한 첫 조치 중의 하나가 모든 체코 인들의 슬로바키아로부터의 추방이었다. 어떻든 우선은 대다수의 슬로바키아 인들에게 있어서 슬로바키아 독립 국가의 출발이 만족스러운 것이었다. 나치 독일의 위성 국가로서 나치 독일의 전쟁에 필요한 군수 물자를 공급함으로써 발생되는 전쟁 특수는 슬로바키아의 공업과 농업에 급속한 붐을 가져왔고, 체코 인들의 추방으로 슬로바키아 인들의 고용이 향상되었으며, 위성 국가로서 나치 독일로부터 제공받는 보호는 헝가리의 잠재적인 위협에 대한 훌륭한 방패막이가 되었다. 이러한 상황 속에서 슬로바키아에서의 반(反)나치 저항 운동은 전쟁의 말기까지 매우 저조할 수밖에 없었고, 그나마도 소극적인 수준에 머물렀다.

체코슬로바키아가 붕괴된 1939년 3월에서 1939년 9월 1일 독일의 폴란드 침공으로 제2차 세계 대전이 시작되기까지의 기간 동안 유럽 대륙에서는 상대적인 평화 기간이 지속되고 있었지만, 나치 독일의 침공으로 나라를 잃은 보헤미아-모라비아 보호령에서는 독일에 대한 저항의 기운이 움트기 시작하였다. 나치 독일의 침공이 있은 1939년 봄부터 특히 체코 민족의 역사적 전통과 문화적 전통을 거국적으로 기리고 기념함으로써 체코 민족의 자긍심을 북돋우고, 체코 민족의 정체성을 굳건히 함과 동시에 이를 점령자에 대한 간접적인 저항의 수단으로 삼고자 하였다.

이리하여 1백 년 전에 요절한 체코의 낭만주의 시인 마하(Mácha, K. H.)의 유골을 프라하 비셰흐라트 국민 묘지로 옮겨오는 이장 행사, 체코인들이 가장 사랑하고 아끼는 국민 음악가 스메타나와 종세의 종교 개혁자이자 민족 지도자인 후스의 기일 기념행사, 체코 인들의 전설적인 시조인 체흐(Čech)의 전설이 깃든 르지프(Říp) 산으로의 순례 여행 등에 대규모의 군중이 운집함으로써 무언의 레지스탕스 운동이 시작되었다. 그러나 이러한 소극적인 저항 운동은 1939년 가을에 접어들면서 9월 30일 전차 종사자들의 스트라이크, 10월 28일 체코슬로바키아 독립 기념일을 기한 체코 전역에 걸친 대대적인 시위 등으로 이어지면서 체코 내에서는 긴장감이 감돌기 시작하였다. 특히 10월 28일의 시위에서 총상을 입고 사망한 프라하 카렐 대학교 학생인 오플레탈(Opletal, Jan)의 장례 행렬에서의 대규모적인 대학생들의 시위에 대해 나치 정권은 11월 17일자로 대학생 간부들을 처형하고, 대학을 폐쇄하며, 1천명 이상의 대학생들을 수용소로 추방함으로써 체코의 지식인, 교육, 문화 전반에 걸친 본격적인 탄압에 착수하였다.

한편 이와 때를 같이하여 체코 사회의 일각에서는 조직적인 반나치 저항 단체들이 조직되기 시작하였다. 구정치인들인 전직 각료들을 중심으로 조직된 '정치 사령부'라는 뜻의 페우(Politické ústředí-PÚ)는 해외에서 활동하고 있는 베네시 대통령과의 긴밀한 연계투쟁을 지향하였고, 체코 내 지하 군사 조직인 '민족 수호'라는 뜻의 오엔(Obrana národa-ON)은 향후 체코슬로바키아 군대의 창설을 목표로 하였으며, 상대적으로 광범위한 정치적, 사회적 계층이 망라된 '우리 충성하리라 청원 위원회'라는 뜻의 페베베제트(Petiční výbor Věrni zůstaneme-PVVZ)는 전국적인 지하 조직망을 토대로 체코슬로바키아 공화국의 재건을 계획하고 준비하였다. 그 후 1940년 초에 이 세 단체는 '국내 저항 중앙 위원회'라는 뜻의 우베오데(Ústřední vedení odboje domácího-ÚVOD)로 통합하였고, 베네시의 망명 정부는 이를 국내 저항 운동의 대표 기구로 승인하였다. 한편 체코슬로바키아 공산당은 전쟁의 발발 직후 히틀러의 독일과 스탈린의 소련 사이에 상호 불가침 조약이 체결되자, 모스크바의 지령에 따라 이전까지 견지해 오던 반(反)독일의 화살을 서방의 연합군과 베네시 대통령을 비롯한 서방에서 독립 운동을 수행하고 있는 체코슬로바키아 독립 운동가들에게로 돌렸다. 하지만 이러한 태도는 1941년 6월 독일의 소련에 대한 선전 포고와 때를 같이하여 자연스럽게 나치에 대한 저항 운동으로 다시 방향을 전환하였다.

1939년 3월 나치 독일에 의한 체코슬로바키아의 붕괴 이후 폴란드, 프랑스, 미국 등지에 흩어져 있던 체코슬로바키아 망명자들을 중심으로 해외에서의 체코슬로바키아 독립 운동이 시작되었다. 이들의 활동 목표는 정치적으로는 뮌헨 협정 이전의 체코슬로바키아의 회복이고, 군사적으로는 대(對)독일 무장 항쟁이었다. 그러나 뮌헨 협정의 준수를 고집하는 프랑스 정부와 영국 정부의 태도로 인해 수차례에 걸친 체코슬로바키아 임시 정부의 창설에 대한 노력이 좌절로 돌아갔다. 그러다가 1939년 10월 중순 베네시를 중심으로 한 체코와 슬로바키아의 망명 정치인들은 마침내 본부의 소재지를 파리로 하는 체코슬로바키아 민족 위원회 (Československý národní výbor-ČSNV)를 창설하였고, 10월 28일 체코슬로바키아 독립 기념일을 전후한 체코 국내에서의 대규모 시위와 나치 독일의 대대적인 탄압을 계기로 프랑스 정부와 영국 정부는 이 위원회를 조건부로 인정하기에 이르렀다. 그 후 1941년 여름 독일의 소련 침공으로 체코슬로바키아 망명 정부에 대한 서방측의 인정이 가속화되기 시작하였는데, 1941년 7월 소련과 체코슬로바키아 망명 정부 간에 조약이 체결되었으며, 곧 영국과도 비슷한 성격의 조약이 체결되었고, 같은 달 미국 또한 체코슬로바키아 망명 정부를 공식적으로 인정하기에 이르렀다.

한편 1939년 4월 폴란드에서 결성된 최초의 체코슬로바키아 독립군은 그 후 폴란드의 함락과 더불어 대부분 파리로 옮겨갔다가 프랑스가 나치의 수중에 떨어지자 망명 정부와 더불어 다시 영국으로 건너오게 되는데, 특히 1940년 가을 독일의 영국 대공습 때의 체코슬로바키아 조종사들의 활약은 가장 성공적인 전투 중의 하나로 기록될 정도로 명성을 날렸다. 그 외에도 체코슬로바키아 독립군은 소련 지역의 동부 전선에서, 중동 지역 전선에서, 그리고 북부 아프리카 전선에서 연합군을 도와 용감하게 싸웠다.

이처럼 체코와 슬로바키아 인들의 해외에서의 정치적, 군사적 활약에 고무되고 국제 질서의 변화에 맞추어 체코 국내에서도 새로운 저항 운동이 일기 시작하였다. 1941년 여름 보헤미아-모라비아 보호령에서는 산업 전반에 걸친 파업과 태업이 빈발하였다. 또한 스탈린 정부의 대(對)독 항전으로 체코슬로바키아 공산당 역시 이에 동참함으로써 나치 독일에 대항하는 체코와 슬로바키아 민족의 레지스탕스 운동은 하나로 통합되게 되었다. 그런데 한 가지 특기할만한 사실은 이때부터 이미 체코슬로바키아 공산당은 하나로 통합된 레지스탕스 운동 조직을 향후 해방된 체코슬로바키아 국가의 권력 구조를 장악하는데 십분 활용한다는 전략과 전술을 수립해 놓고 있었다는 점이었다.

한편 베를린 정부는 보헤미아-모라비아 보호령 내에서의 레지스탕스 운동 전선의 통합과 강화에 대한 대응책으로 노이라트(Neurath, K.) 총독을 하이드리히(Heydrich, R.)로 교체하고 그 다음 날인 1941년 9월 28일부로 체코 전역에 계엄령을 선포함과 동시에 보호령 정부 수반인 엘리아시(Eliáš, A.)를 비롯한 수백 명을 체포해서 처형하고, 수천 명을 나치 수용소로 추방하였으며, 체코 내에서의 저항 운동을 뿌리째 말살하기 위한 공포 정치를 도입하였다. 이에 런던으로 본부를 옮겨간 체코슬로바키아 망명 정부는 하이드리히를 암살하기로 하고 영국으로부터 체코 낙하산 대원을 체코에 공중 투하하여 1942년 5월 27일 프라하에서 마침내 총독 암살에 성공하였다. 체코 낙하산 병사들의 성공적인 작전은 연합군 측 국가들의 즉각적인 지지와 환호를 받았지만, 체코 국내에서는 나치 정부의 대대적인 보복이 뒤따랐다. 1,500명의 민간인들이 무참하게 살해되었으며, 어린이와 부녀자를 포함한 수천 명의 양민들이 체포되었고, 저격병들의 출신지로 알려진 리디체(Lidice)와 레쟈키(Ležáky) 마을은 완전히 파괴되어 마을 전체가 사라져 버렸다.

그러나 이러한 공포 정치 속에서도 저항 운동의 불씨가 완전히 꺼져버린 것은 아니었기 때문에 1942년 가을이 되면서 새로운 저항 운동의 불씨가 서서히 되살아나기 시작하였고, 해외에서도 체코슬로바키아 회복을 위한 독립 운동에 새로운 전기가 마련되고 있었다. 1942년 8월 영국 정부는 드디어 뮌헨 협정의 파기를 선언하였고, 9월 프랑스 망명 정부도 이에 동참하면서 1938년 9월 이전의 체코슬로바키아의 회복을 위해 최선을 다할 것을 선언하였다.

11.2. 체코슬로바키아의 회복

1943년 후반부터 유럽에서의 전세가 점차 반전되기 시작하면서 벌써 연합국 측의 승리를 내다 볼 수 있게 되었다. 이에 따라 전후의 체코슬로바키아에 대한 논의가 활발해지기 시작하였고, 1943년 12월 베네시 대통령의 모스크바 방문이 이루어졌으며, 여기에서 우호와 상호 원조 그리고 전후의 협력을 다지는 양국 간의 조약이 체결되었다. 그런데 이 조약은 종전 후 다시 태어나는 체코슬로바키아가 자신의 독립과 안전을 소련에 크게 의존한다는 체코슬로바키아의 새로운 외교 노선을 의미하는 것이었다. 뮌헨 협정에서 영국, 프랑스 등 서방측의 희생양이 된 경험이 생생한 체코슬로바키아로서는 자연스러운 선택이었다.

그리고 베네시는 모스크바에서 이곳에 본부를 두고 있는 체코슬로바키아 공산당의 고트발트(Gottwald, K.)를 비롯한 당 지도자들과 전후 체코슬로바키아의 위상에 대한 중대한 논의를 진행하였다. 베네시는 공산당 지도자들과의 협상 과정에 있어서 여러 가지 정치적 위험을 인식하지 못한 바는 아니었지만, 공산주의자들도 결국은 민주주의 정치로 돌아설 것이라는 다분히 주관적인 판단을 전제로 협상에 임하고 있었다. 그는 공산주의자들이 내각에 참여함으로써 혹시 있을지도 모를 내전을 미리 방지할 수 있을 것이고, 책임 정치의 의무 때문에 그들도 자신들이 표방하고 있는 혁명이라는 것을 실제로 현실 정치에 도입하지는 못할 것으로 믿고 있었다. 그는 또한 전후의 체코슬로바키아 내정에 소련이 지나치게 간섭하지 않을 것이고, 스탈린의 소련도 점차 민주화의 길을 걷게 될 것이라고 믿었다. 그러나 그의 이러한 믿음은 결국 모두가 잘못되고 오류에 빠진 믿음으로 드러나고 말았다.

베네시 일행의 공산당 지도자들과의 협상에서는 견해의 일치를 보는 부분과 그렇지 못한 부분이 동시에 있었다. 양측은 결국 전후의 체코슬로바키아 공화국이 민족 전선(Národní fronta)에 토대를 둔다는 합의에 도달하게 되었고, 이에 따라 전후 체코슬로바키아 공화국의 권력 구도에 있어서 공산당, 사회 민주당, 민족 사회주의당이 이끄는 좌익 세력이 주도하게 될 것임도 분명해졌다. 공산당은 제2차 세계 대전 이전에 최대 정당 중의 하나였던 우익의 농민당의 많은 간부들이 나치에 협력하였다는 이유를 내세워 이 당의 대표성을 반대하였고, 중도적인 입장을 표방하는 정당들의 입지도 현저히 약화시켰다. 양측은 나치 협력자들의 재산 몰수와 대규모 산업체들의 국유화에는 의견의 일치를 보았으나, 새로운 형태의 권력 기관과 통치기관이 될 각종 민족 위원회(Národní výbor)들의 성격과 권한에 대해서는 각기 의견이 달랐다. 베네시는 이들 기구들의 비민주주의적인 성격에 주목하였고, 이들의 공산주의자들에 의한 권력 장악 수단으로의 이용 가능성을 우려하였다. 슬로바키아 민족의 위상에 대해서도 서로 견해를 달리하였는데, 베네시가 구태의연하게 체코슬로바키아 단일 민족을 고집한 반면에, 공산주의자들은 슬로바키아 민족의 민족적 독자성에 대한 정당한 요구를 수용하자는 쪽이었다.

어떻든 양측의 협상 과정을 통해 전후의 체코슬로바키아가 소련의 영향권 속으로 들어가게 될 것이고, 국내 정치에 있어서도 좌익 세력이 주도하게 될 것이라는 사실이 분명해진 상태에서, 향후의 체코슬로바키아 레지스탕스 운동과 국제 정세의 변천 과정도 공산주의자들에게 유리한 국면으로 전개되고 있었다. 체코슬로바키아 사회의 전반적인 추세 또한 사회주의와 민주주의가 공존할 수 있다는 믿음 아래에서 좌익 쪽으로 기울고 있었기 때문에, 결과적으로 전후 해방된 체코슬로바키아가 얼마 지나지 않아 공산주의 혁명을 맞게 되는 것은 결코 우연이 아니었다.

하이드리히 암살 이후의 삼엄한 계엄령하의 공포 정치가 어느 정도 느슨해지는 틈을 타서 체코 내에서는 다시 불법적인 지하 단체들의 레지스탕스 운동이 고개를 들기 시작하였다. 레지스탕스 운동은 주로 빨치산 투쟁의 성격을 띠게 되는데, 특히 공산주의자들의 빨치산 운동이 돋보였다. 그런데 소련의 경험과 지도를 받는 이들의 빨치산 운동은 반나치 운동의 일환이었을 뿐만 아니라, 체코슬로바키아 공산당의 정치적 영향력 확대와 전후 체코슬로바키아 정치에서의 주도권 장악을 위한 수단이기도 하였다. 또한 런던에 본부를 둔 체코슬로바키아 광복군의 활동도 점차 강화되기 시작하여, 1944년 초에는 체코슬로바키아 낙하산병들이 영국 공군의 도움을 받아 다시 체코 땅에 투입되어 국내 레지스탕스 운동과의 연대를 도모하였다.

한편 독일 제국의 위성 국가가 된 슬로바키아에서는 티소의 독재 정권에 대항하는 저항 세력의 등장을 기대하기가 어려웠으나, 독일군의 패배가 예상되기 시작하는 1943년 말에 이러러 벌써 슬로바키아에서도 반나치 저항 운동이 태동하기 시작하였다. 이리하여 1943년 12월 크리스마스를 기해 슬로바키아의 농민당, 민주당, 공산당 지도자들이 모여 조직에 합의한 슬로바키아 민족 회의(Slovenská národní rada)는 1944년부터 슬로바키아 민족 봉기(Slovenské národní povstání)를 준비하기 시작하였다. 그리고 이 슬로바키아 민족 회의의 정치 프로그램에는 나치와 티소 정권의 독재 정치에 대한 투쟁 이외에도 향후 체코와 슬로바키아의 동등한 권리

[그림 76] 슬로바키아 민족 봉기군 병사들 (1944년 가을)

에 입각한 공동 국가의 창설과 공화국의 민주적 운영에 대한 요구도 포함되어 있었다.

그런데 슬로바키아 민족 봉기는 필요한 사전 준비가 다 이루어지기 이전에 시작되었다. 소련의 붉은 군대와의 공동 작전 계획이 구체화되기 이전인 1944년 여름에 이미 슬로바키아 빨치산 부대들의 활동이 개시되었던 것이다. 물론 이들 빨치산 부대에는 소련에서 잠입해 온 체코슬로바키아 군인들이 대거 참전하고 있었다. 이에 민족 봉기를 단독으로 진압하기 어렵다고 판단한 티소 정부의 요청으로 8월29일 나치 독일 군대가 슬로바키아 영토에 진입하기 시작하였다. 봉기의 중심지는 슬로바키아 중부의 반스카비스트리차(Banská Bystrica)로서, 이곳은 또한 슬로바키아 민족 회의의 소재지이기도 하였는데, 이 회의는 9월 1일 체코와 슬로바키아 인들의 공동 국가의 회복과 해방된 지역에서의 정치적 권력의 장악을 선언하였다. 런던의 망명 정부에서도 체코슬로바키아 지원군이 슬로바키아 봉기에 가담하였다. 그러나 슬로바키아 국경을 넘기 위한 소련과 체코슬로바키아 연합 군대의 노력이 무위로 끝난 상태에서, 1944년 10월 27일 외부로부터의 도움이 차단된 반스카비스트리차는 많은 사상자를 내면서 결국 함락되고 말았다. 비록 슬로바키아 민족 봉기가 실패로 끝나고 말았지만, 봉기에 참전한 일단의 슬로바키아 인들이 슬로바키아의 친나치 정권을 거부하였고, 향후 체코와 슬로바키아의 협력에 의한 공동 국가 건설을 향한 초석을 다졌다는 점에 이 봉기의 역사적 의의가 있다.

1944년 벌써 전쟁은 종반을 향해 치닫고 있었다. 남쪽에서는 이탈리아가 해방되었고, 서쪽에서는 7월의 노르망디 상륙 작전의 성공에 이어 9월에는 프랑스, 벨기에, 남부 네덜란드를 해방시킨 연합군이 베를린을 행해 동진하고 있었다. 동쪽에서는 소련의 붉은 군대가 자신의 영토와 폴란드를 해방시킨 여세를 몰아 베를린을 행해 서쪽으로의 진격을 거듭하여, 1945년 4월에 엘베 강을 건너면서 동진해 오던 서방의 연합군과 합류하게 되고, 연이은 베를린의 함락과 더불어 5월 8일 독일군의 무조건 항복으로 유럽에서의 제2차 세계 대전은 막을 내리게 되었다.

[그림 77] 1945년 5월 프라하 봉기군 추모비(요세프 말레요프스키, 1984년)

이처럼 체코슬로바키아 밖에서의 전쟁이 종전을 향해 가고 있는 것과 때를 같이하여 보헤미아-모라비아 보호령 내에서도 레지스탕스 운동이 그 강도를 더해가고 있었다. 슬로바키아에서의 민족 봉기 운동에 고무된 체코 중부 고지대의 체스코모라프스카 브르호비나(Českomoravská vrchovina)에서는 1944년 가을 빨치산 운동에 의한 해방 구역이 건설되기 시작하였고, 1945년 4월 말경에 이르러서는 보헤미아 동부, 남부, 복부 지역과 모라비아의 남부 지역에서도 빨치산에 의한 해방 구역이 건설되기 시작하였다. 그리고 이때에는 이미 미국 군대가 남쪽에서, 소련 군대가 북동쪽에서 체코 국경을 넘어 진격해 들어오고 있었고, 5월 1일 중부 모라비아의 프르제로프에서의 봉기를 필두로 전국 각지에서 반나치 봉기가 일기 시작하였는데, 5월 5일 체코 민족 회의(Česká národní rada)가 주도한 프라하 봉기(Pražské povstání)가 절정을 이루었다.

같은 날인 5월 5일 미국의 제3군이 체코 국경을 넘어 도마즐리체를 지나 클라토프, 스트라코니체, 플젠, 마리안스케라즈녜를 차례로 해방시켰다. 사령관인 아이젠하워(Eisenhower, D. D.) 장군은 미국 군대가 블타바 강과 라베 강까지 진격해 들어갈 것을 소련군 사령부에 제안하였다. 하지만 소련군의 안토노프(Antonov, A. I.) 장군은 이를 거절하면서 5월 6

일 소련군이 프라하 작전을 개시할 것이라고 통보하였다. 동시에 안토노프 장군은 미국 군대가 체스케부뎨요비체-플젠-카를로비바리 선상에서 머물 것을 요구하였고, 아이젠하워 장군은 이에 동의하였다. 왜냐하면 프라하의 해방이 체코슬로바키아의 장래를 위해 중요한 의미를 갖는다는 사실을 충분히 알고 있었지만, 대독일 연합 전선에 있어서의 소련과의 협력 체제와 특히 아직 끝나지 않은 대일본 전쟁에 있어서의 협력 체제의 붕괴 가능성에 대한 우려를 표명하고 있는 서방 정치 지도자들의 견해를 존중하지 않을 수 없었기 때문이었다.

한편 5월 7일 프랑스의 랭스(Reims)에서 독일 제3 제국의 대표들이 항복 문서에 조인하고 있는 동안에도 프라하에서는 바리케이드를 사이에 두고 독일군과의 시가전이 계속되고 있었다. 5월 8일 마침내 체코 민족 회의 대표들과 독일군 대표 간에 독일 무장군의 항복과 퇴각로의 확보에 대한 의정서가 체결되었으며, 5월 9일 이른 아침을 기해 소련군 탱크가 제일 먼저 프라하로 진격해 들어왔고, 체코슬로바키아 해외 독립군의 일부도 프라하에 입성하였으며, 체코슬로바키아 해외 비행단의 일부도 체코슬로바키아 땅에 착륙하였다. 5월 10일에는 슬로바키아의 코시체에서 선언된 체코슬로바키아 코시체 정부(československá košická vláda)가 프라하에 입성하였으며, 그 다음 날 체코 민족 회의로부터 권력을 이양 받았다. 이리하여 6년 동안 끌어온 전쟁이 끝나면서 체코슬로바키아 공화국이 다시 회복되었다.

11.3. 점령기하의 체코슬로바키아 문화

나치 독일의 점령과 전쟁은 체코 인들의 삶을 완전히 바꾸어 놓았다. 체코 인들은 이제 자신의 땅에서 2등 국민으로 전락하고 말았으며, 나치와 게스타포의 감시와 박해, 위협과 회유 속에서 하루하루를 살아가야 했다. 체코 땅은 특히 나치 독일의 가장 중요한 후방 병참기지 중의 하나로서 영국 공군과 후에는 미국 공군의 전략적인 폭격의 대상이 됨으로써, 시민 반공 대원으로서의 복무라든가, 공습경보와 그에 따른 대피, 야간의 등화관제 등이 특히 도시 주민들의 매일의 일상사가 되었다. 역설적인 것은 나치 독일의 압제하에 허덕이면서도 연합군의 승리를 기뻐하고 환호하는 것으로 위안을 삼고 있던 체코 인들이 연합군의 공습과 폭격의 대상이 되어야만 했다는 사실이었다.

전쟁이 점점 더 깊어 가자 전쟁의 어두운 그림자가 점령지 시민들의 정신 건강에도 그림자를 드리우면서 사람들이 신비주의와 영혼주의를 찾고, 종교와 철학에 귀의하며 과거로 돌아가는 복고주의가 성행하고 있었지만, 다른 한편에서는 전쟁의 암울한 그림자 속에서도 체코 민족 특유의 유머와 해학을 잃지 않으면서 여전히 예술을 사랑하고 나라 잃은 울분을 스포츠 등에 대한 열의로써 삭이려 하였다. 당시 체코 인들의 국기라 할 수 있는 축구와 아이스하키의 인기는 실로 대단한 것으로서, 수도 프라하에서는 스파르타(Sparta) 팀과 슬라비아(Slavia) 팀이 쌍벽을 이루면서 국민들을 열광시켰고, 슬라비아 팀의 비찬(Bican, J.)은 명실공이 당대 유럽 최고의 선수로서 체코의 대중적인 영웅이 되었으며, 1947년과 1948년 두 차례에 걸쳐 세계를 제패한 체코 아이스하키 팀의 토대도 이 시기에 다져졌다. 이외에 체조와 육상에서도 세계적인 선수들이 배출되었는데, 전후 올림픽에서의 4관왕이 된 육상 선수 자토페크(Zátopek, Emil, 1922~2000)도 1940년대 초부터 두각을 나타내기 시작하였다.

점령과 전쟁의 역경 속에서도 체코 문화는 그 역동성과 활기 속에서 이례적인 성과를 거두었다. 체코 문화는 전통적으로 민족이 위기에 처할 때마다 민족의 정치적 투쟁과 긴밀한 관계를 맺어왔고, 나치 점령기라는 어려운 상황을 맞아 다시 한 번 중요한 사명을 맡게 되었다. 즉, 체코 문화는 체코 인들의 피난처가 되고, 상처받은 자존심의 위안처가 되고, 점령자들과의 투쟁에 있어서의 비밀 무기가 되고, 민족 수호의 기수가 될 것을 자임하였다. 체코 문화는 다행스럽게도 에둘러서 표현할 수 있는 자신만의 고유한 표현 수단과 형태를 사용하고, 보호령 체제하의 상대적인 문화적 자율 정책을 십분 활용하고, 체코 어의 내밀한 표현과 구체적인 예술 작품들의 은밀한 상징체계를 제대로 이해하지 못하는 독일인 검열관들의 언어적 장벽을 충분히 이용하면서 자신만이 할 수 있는 역할을 충분히 다하였다.

따라서 이 시기의 체코 문화의 전반적인 모습은 애국적인 경향을 띠게 되었고, 민족의 과거, 영광스러운 전통, 민족적 인물들에 대한 회귀에 몰두하였다. 특히 점령 초기에는 체코 민족의 역사적 전통과 역사적인 인물들을 기리는 행사들이 애국심의 고취와 나치 독일에 대한 간접적인 저항의 수단으로 대규모로 거행되었다. 체코 민족의 역사, 특히 19세기의 체코 민족 부흥 운동과 체코 고전에 대한 관심이 비상하였던 것은 결국 체코 민족의 역사와 정체성을 찾자는 역사주의의 발로였던 것이다.

이러한 분위기 속에서 일련의 역사서들과 역사를 테마로 한 작품들이 등장하였다. 뛰어난 역사학자인 크로프타(Krofta, K., 1876~1945)는 점령기 초에 벌써 『불사의 민족(*Nesmrtelný národ*)』이라는 제목의 역사서를 저술하여, 그 속에 빌라 호라 이전부터 체코 민족 부흥 운동 기간까지의 체코 인들의 시련의 역사와 이를 딛고 일어서는 의지의 역사를 생생하게 담고 있으며, 후에 나치 수용소에서 목숨을 바친 작가 반추라(Vančura, V., 1891~1942)는 다른 작품을 미뤄두고 『체코 민족의 역사적 무대(*Obrazy z dějin národa českého*)』라는 역사적 서사시의 집필에 착수하였다.

[그림 78] 작가이자 반나치 저항 운동가 블라디슬라프 반추라 (작가 미상)

19세기 중반의 팔라츠키의 『체코 민족의 역사』가 재출판을 거듭하는 동안에, 언어학자 마테시우스(Mathesius, V., 1882~1945)는 자신이 편찬한 『우리의 땅 체코가 유럽과 인류에게 무엇을 주었는가(*Co daly naše země Evropě a lidstvu*)』 라는 책의 서문에서 체코 민족이 유럽 민족들의 주고받기 문화에서 자신의 몫을 충분히 다하였을 뿐만 아니라, 오히려 받은 것보다 더 많이 주었노라고 씀으로써 체코 문화에 대한 체코 인들의 자긍심을 일깨워 주고 북돋워 주었다. 이외에도 우수한 작가들의 역사 소설도 체코 인들의 애국심에 호소하였고, 슐츠(Schulz, K., 1899~1943)의 대표작인 1942년의 『돌과 아픔(*Kámen a bolest*)』도 내면적 정신뿐만 아니라 외적 조건들에 대한 영웅적, 실존적 투쟁의 예술관을 바탕으로 당시의 시대정신의 반영에 부응하였다.

민족의 위기의식과 조국에 대한 새로운 시각이 가장 생생하게 반영된 문학 장르가 시였다. 당대 최고의 체코 시인들이 체코 민족의 고전과 그 작가들을 기리고 회상하는 시집들을 나치 점령 초기인 1939~1940년에 집중적으로 출간하였다. 호라(Hora, J.)의 『바이올리니스트 얀(*Jan houslista*)』, 할라스(Halas, F.)의 『우리의 부인 보제나 넴초바(*Naše paní Božena Němcová*)』, 네즈발(Nezval, V.)의 『도시를 지나 5분(*Pět minut za městem*)』, 사이페르트(Seifert, J.)의 『보제나 넴초바의 부채(*Vějíř Boženy Němcové*)』와 『빛으로 옷을 입은 부인(*Světlem oděná*)』이 대표적인 시집들이었다. 그리고 나치 앰뷸런스에 깔려 비극적인 생을 마감한 오르텐(Orten, Jiří, 1919~1941)이 여러 지하 출판물을 통해 익명으로 발표한 시들은 인간의 불안과 소외를 감동있게 다루고 있는데, 이는 당시의 시대 상황에 대한 반영을 의미하는 것이었다. 물론 그는 알레고리적인 시들 외에도 전쟁과 점령지의 현실에 노골적으로 저항하는 시들도 썼지만, 이들은 모두 종전까지 그 출판을 기다려야 했다.

1939~1945년의 점령기 체코 문학에서 주도적인 장르 중의 하나가 심리소설이었는데, 르제자치(Řezáč, V., 1901~1956), 하블리체크(Havlíček, J.), 하누시(Hanuš, M.), 글라자로바(Glazarová, J.) 등의 작품이 이에 속하였다. 인간의 내적 갈등, 개인과 사회의 알력, 인간 심리 내부에서의 과거와 현재의 갈등 등을 포함한 인간의 심리적 문제를 다루고 있는 이들 작품들 중에서 르제자치의 1940년 소설 『검은 빛(*Černé světlo*)』, 1942년 소설 『증인(*Svědek*)』 등이 가장 대표적이다.

이 시기에 예술을 통한 민족의식의 고취와 저항 정신의 고무에 있어서 체코 드라마와 극장의 위치는 특별한 것이었다. 점령기 초부터 부리안(Burian, E. F., 1904~1959)의 D39-D41 극장(divadlo D39-D41)은 노골적인 반나치 메시지로 문화적 저항 운동의 횃불을 올렸고, 겉으로 봐서는 전혀 정치적이 아닌 네즈발(Nezval, V.)의 1940년 소설 『마농 레스크(*Manon Lescaut*)』와 디크(Dyk, V.)의 1915년 소설 『쥐 몰이꾼(*Krysař*)』의 각색도 당시의 시대 상황 속에서 새로운 의미로 읽히면서 감동을 안겨다 주었다. 하지만 부리안의 D39-D41 극장은 결국 1941년 초 나치에 의해 폐쇄된 최초의 체코 극장이 되었고, 단장이자 안무가인 이르시코바(Jirsíková, N.)는 결국 나치의 집단 수용소로 보내졌다. 그러나 프라하의 민족 극장(Národní divadlo)을 위시한 많은 극장들과 브르노와 올로모우츠를 위시한 각 지역 중심 도시들에서의 크고 작은 극장들은 나치의 검열에도 불구하고 체코 민족의식과 애국심을 고취하는 메시지를 계속해서 전달하였고, 특히 프라하의 젊은 세대들 사이에서는 아방가르드 소극장들이 인기를 끌었다. 그 중 '99를 위한 소극장'이라는 의미의 디바델코 프로 데바데사트 데볘트(Divadélko pro 99)와 '풍차'라는 의미의 볘트르니크(Větrník)가 대표적인 것들로서 많은 배우들이 이곳을 통해 배출되었다. 그러나 전쟁 말기인 1944년 9월 1일을 기해 나치는 이들을 포함한 체코의 모든 극장들에 대한 폐쇄령을 내렸다.

대중성과 관객의 동원, 그리고 기동성에 있어서 뛰어난 영화 예술 또한 체코 인들의 애국심 고취와 전쟁에 찌던 피(被)점령민들의 정서 순화에 크게 이바지 하였는데, 19세기 작가 넴초바의 소설에서 따온 영화 '할머니(*Babička*)'와 1871년 콜린(Kolín) 시에 취주악단을 창설한 지휘자이자 작곡가인 크모흐(Kmoch, F., 1848~1912)의 일대기를 그린 '그는 체코 음악가였고(*To byl český muzikant*)'라는 영화는 1940년도 최대 관객을 동원하면서 반나치 운동의 숨은 메시지를 전달하였다. 예술성이 돋보이는 영화로는 '터빈(*Turbína*)', '불나비(*Noční motýl*)' 등이 있었고, 당대를 다룬 영화들도 전쟁과 점령이라는 현실을 의식적으로 피하면서 초 시간 속에서 극적인 행위를 진행시켰다.

음악 역시 체코 인들의 정서를 달래고 민족혼을 일깨우는데 크게 공헌하였다. 체코 민족의 고전 음악 중에서 특히 스메타나의 작품들, 그 중에서도 특히 '나의 조국 (*Má vlast*)'은 체코 민족의 자존심의 상징이 되었다. 그러나 곧 나치 정부는 먼저 그의 오페라 '리부셰(*Libuše*)'와 '체코 땅의 브란덴부르크인들(*Braniboři v Čechách*)'을, 그 다음 교향시 '나의 조국' 중에서 마지막 두 곡인 '타보르(*Tábor*)'와 '블라니크(*Blaník*)'를 금지시켰다. 클래식, 교향악단, 합창단에 대한 관심뿐만 아니라 취주악단이나 대중음악에 대한 관심도 높았으며, 재즈 음악은 체코 젊은 세대들 사이에서 저항의 수단으로 이용되기도 하였다. 점령기하임에도 불구하고 체코 음악인들이 의욕적인 활동을 전개한 결과, 1939~1945년 사이에 약 20편의 오페라, 30편의 칸타타, 30편의 교향곡이 만들어졌다. 이중 비츠팔레크(Vycpálek, L.)의 '체코 레퀴엠(*České requiem*)', 하누시(Hanuš, J.)의 칸타타 '땅이 말한다(*Země mluví*)', 노바크(Novák, V.)의 교향시 '심연(*De profundis*)', 역시 하누시의 '불꽃(*Plameny*)', 그리고 나치 감옥에서 만들어진 카렐(Karel, R.)의 '할아버지 브셰볘트의 세 황금 머리카락(*Tři zlaté vlasy děda Vševěda*)'이 가장 많이 알려졌다.

이 시기의 조형 예술 또한 전쟁의 고통이 아무리 심하고 나치의 탄압이 제 아무리 거세다 하더라도 민족의 정체성을 수호하기 위한 투쟁의 대열에서 방관자일 수는 없었다. 1938~1939년 사이에 차페크(Čapek, J., 1887~1945)의 '불(*Oheň*)'과 '그리움(*Touha*)'이라는 연작과 필라(Filla, E., 1882~1953)의 '싸움과 투쟁(*Boje a zápasy*)'은 나치 점령기하의 조국의 슬픈 운명과 자신들의 참담한 시련에 대한 예견을 담고 있고, 화가 무지카(Muzika, F.), 크랄(Král, J.), 이로우데크(Jiroudek, F.), 마셰크(Mašek, V.), 조각가 드보르자크(Dvořák, K.), 포코르니(Pokorný, K.), 베네시(Beneš, L.) 등의 작품들은 전쟁과 점령의 공포, 그리고 고통 받는 민족의 비극을 감동 깊게 그리고 있다. 이 시기에 활동을 개시한 조형 예술, 특히 화가들의 동인 그룹인 10월의 7인(Sedm v říjnu)과 르호타크(Lhoták, K.)가 주도한 그룹 42(Skupina 42)의 활약 또한 주목할 만한 것이었다.

점령기하의 예술인들과 지식인들은 법이 허용하는 범위 내에서의 합법적인 투쟁만으로 만족하지 못하고 지하 조직을 통한 비합법적인 투쟁도 동시에 전개하였다. 소설가 반추라가 의장으로 있던 지식인 민족 혁명 위원회(Národně revoluční výbor inteligence)에는 시인 할라스(Halas, F.), 조각가 마코프스키(Makovský, V.), 배우이자 공연 예술 아카데미(Akademie múzických umění-AMU) 교수인 풀파노바(Půlpánová, B.), 문학 비평가이자 카렐 대학 교수인 체르니(Černý, V.), 역시 비평가인 바츨라베크(Václavek, B.) 등이 참여하였고, 소설가 베네시(Beneš, K. J.)는 우리 충성하리라 청원 위원회(PVVZ)에서 활약하였으며, 할라스, 홀란(Holan, V.) 등의 일부 시인들은 지하 출판물에 기고하였고, 화가 프라이시크(Preissig, V.)는 지하 잡지인 '투쟁으로(*V boj*)'의 발행에 참여하였다. 그러나 이들 중 반추라, 바츨라베크, 프라이시크는 나치 수용소에서 목숨을 잃었고, 이들 이외에 나치 독일의 교수대나 수용소에서 생을 마감한 문인, 예술가들은 부지기수였는데, 작가 폴라체크(Poláček, K.), 크라토흐빌(Kratochvíl, J.), 연출가 스크르지반(Skřivan, J.), 스테이스칼(Stejskal, J.), 스티보르(Stibor, O.), 배우 레텐스카(Letenská, A.), 작곡가 카렐(Karel, R.), 하슐레르(Hašler, K.), 화가 차페크(Čapek, J.), 크랄(Král, J.), 보야체크(Vojáček, F.), 비들로(Bidlo, F.), 조각가 드보르자크(Dvořák, Z.) 등이 대표적이었다. 물론 감옥행의 신세를 진 사람은 이루 헤아릴 수가 없을 정도였다.

제2차 세계 대전 기간 중 조국을 떠나 해외에서 활동한 문화 예술인도 상당수에 달하였는데, 가령 영국에서의 극작가 랑게르(Langer, F.), 연출가 라마치(Lamač, K.)와 바이스(Weiss, J.), 미국에서의 체코 현대 연극의 선구자인 보스코베츠와 베리흐, 작곡가 예제크(Ježek, J.), 소설가 호스토프스키(Hostovský, E.), 소련에서의 작곡가 네예들리(Nejedlý, V.) 등이 대표적인 사람들로서, 이들도 체코 문화의 발전에 일익을 담당하였다.

예술에서와는 달리 점령기하의 과학과 학문에 있어서의 타격은 실로 막대하였다. 1939년 11월의 대학 폐쇄령에 이어 전쟁의 수행을 위해 필요한 일부 기관들을 제외한 모든 학문 연구 기관들은 문을 닫았다. 더욱이 점진적인 독일화를 거쳐 종국적으로는 체코 교육의 말살을 지향하는 나치 점령 정부의 교육 정책으로 인해 이 시기의 체코 교육은 위기에 처해 있었다. 나치 정부는 대학의 폐쇄에 이어 중등교육에 대해서도 제한을 가하기 시작하여 일련의 중등학교들, 특히 인문계 고등학교인 김나지움들을 점차적으로 폐쇄해 나갔다. 점령지의 식민지화를 도모하는 점령 정부 당국으로서는 민족의식이 강한 지식인들을 배출하게 될 고등교육과 중등교육의 문을 차단하려는 것은 당연한 일이었다. 더욱이 대부분의 지식인들이 여러 형태의 투쟁에 가담하고 있는 상황 아래에서는 더욱 그러하였다. 따라서 수많은 체코의 지식인들이 나치 수용소와 감옥으로 보내졌고, 이들의 상당수가 거기에서 유명을 달리하였다.

이 기간 중의 슬로바키아 문화에는 두개의 흐름이 공존하였다. 한편으로는 슬로바키아 민족의식을 강화하고 칭송하는 보수적인 가톨릭 세력과의 연대 하에서 전체주의 정부가 주도하는 문화가 있었고, 다른 한편으로는 일종의 초현실주의적인 성격을 띠는 아방가르드 경향의 문화가 있었다. 특히, 포니찬(Poničan, J.), 스므레크(Smrek, J.), 플라프카(Plávka, A.), 코스트라(Kostra, J.), 예센스키(Jesenský, J.), 피굴리(Figuli, M.), 흐로바크(Chrobák, D.), 슈반트네르(Švantner, F.) 등의 시와 산문들이 독창성과 더불어 저항 정신과 휴머니즘 정신이 돋보였다. 조형 예술에 있어서도 지배 이데올로기에 종속시키려는 나치와 슬로바키아 위성 국가의 의도는 성공할 수 없었다. 벤카(Benka, M.), 풀라(Fulla, Ľ.), 콤파네크(Kompánek, V.), 흘로쥬니크(Hložník, V.), 마예르니크(Majerník, C.)의 그림과 조각, 모이제스(Moyzes, A.), 수혼(Suchoň, E.), 치케르(Cikker, J.) 등의 음악은 지배 이데올로기에 저항하고 예술성과 휴머니즘 정신을 동시에 추구하면서 슬로바키아 문화의 자존심을 고수하였다.

Czech and Slovak History

전후(戰後)의 체코슬로바키아 (1945~1992년)

Czech and
Slovak History

전후(戰後)의 체코슬로바키아 (1945~1992년)

12.1. 민주주의 투쟁(1945~1948년)

1945년 5월 10일 피르링게르 (Fierlinger, Z.)를 수반으로 하는 코시체 정부가 프라하에 입성한 일주일 후 베네시(Beneš, Edvard, 1884~1945) 대통령이 망명지인 런던으로 부터 모스크바와 슬로바키아의 코시체를 거쳐 프라하에 도착하였다. 그런데 1945년 4월 5일에 채택된 코시체 프로그램(Košický program)은 체코슬로바키아의 정치, 경제, 사회 전반에 걸쳐 혁명적인 변화를 가져다 주었다. 좌익계 정당들과 좌익 이데올로기에 의해 주도된 이 프로그램의 성격은 당시 인민 민주주의(lidová demokracie)로 불렸는데, 이는 그 외형적인 유사성에도 불구하고 1920년 헌법에 규정된 의회 민주주의(parlamentní demokracie)와는 근본적으로 달랐다. 그리고 대외 정책은 소련과의 우호와 연대를 중시하는 친소 정책을 지향하였는데, 이는 물론 뮌헨 협정

[그림 79] 에드바르트 베네시 대통령(1942년)

에서의 서방측의 배신에 대한 쓰라린 경험과 또 다른 독일의 위협에 대한 우려가 크게 작용한 때문이었다.

코시체 프로그램이 우익계 정당들, 특히 농민당과 슬로바키아 인민당의 당원들이 대거 나치에 협력하고 체코와 슬로바키아 민족의 이해를 해쳤다는 이유로 이들의 부활을 금지한 것은 비민주적인 처사였다. 특히 이들 정당들이 전쟁 이전에 전체 국민의 과반수의 지지를 받고 있었다는 사실을 감안할 때 더욱 그러하였다. 새로운 정당의 탄생은 민족 전선(Národní fronta)에 참여하고 있는 정당들만이 결정할 수 있게 하고, 비록 후에 의회를 통한 반대 세력이 등장하게 되지만, 정부에 대한 반대를 봉쇄한 것도 초입법적이고 비민주적인 처사였다. 더욱이 공산주의자들은 정당들뿐만 아니라 제반 사회 기구들의 통합까지도 기도하였으며, 그 결과 노동조합의 통합을 이루어낼 수 있었고, 이렇게 하나가 된 노동조합은 자포토츠키(Zápotocký, A., 1884~1957)의 지도 아래 강력한 정치 세력으로 부상하였다.

전후 정치의 원칙은 국민적 통합이었다. 이는 제1 공화국의 비극적인 종말의 주된 원인 중의 하나가 정치 세력들 간의 불화와 단결의 부재 때문이라는 확신에서 출발한 것이었는데, 이러한 생각이 모스크바에서의 합의를 거쳐 공산당의 주도로 코시체 프로그램에서 구체화된 것이 민족 전선이었다. 그런데 공산주의자들은 정부와 민족 전선에서 합의된 사항들을 의회의 의원들과 정당 간부들에 대해서도 구속력을 갖도록 함으로써, 민족 전선을 의회와 정부의 위에 서는 일종의 초법적 기구로 만들었고, 비(非)공산당 계열의 정당들이 민족 전선을 합의 도출을 위한 장치로 간주한데 반해, 공산주의자들은 이를 단지 자신들의 독점적 권리 확보를 위한 수단으로 인식하였다.

1945년 10월 25일 대통령령에 의해 은행, 보험 회사, 광산을 포함한 주요 기간산업과 식료품 산업, 즉 전체 산업의 $\frac{2}{3}$가 국유화됨으로써 민간 부분 경제는 종전의 주도적인 지위를 상실하게 되었다. 그 이전인 6월 21일에는 토지 개혁의 제1 단계 조치가 역시 대통령령에 의해 취해졌으며, 독일인, 나치 협력자, 매국노들의 압수된 토지, 특히 국경 지대의 토지가 소작농들과 소농들에게 분배되었다. 이렇게 하여 체코와 슬로바키아의 사회적 구성에 현저한 변화가 초래되는데, 공장주와 대지주의 상류층, 노동자와 소작농의 하류층간의 계층적 차이가 약해지거나 없어지고, 그 대신 소농, 소상인, 근로자의 새로운 계층이 대거 등장하면서, 이들 사이에서는 단연코 공산당이 가장 큰 영향력을 행사하게 되었다.

코시체 프로그램이 비록 슬로바키아 인들의 연방화 요구는 거부하였다 하더라도 슬로바키아 민족의 독자성과 슬로바키아 민족 회의(Slovenská národní rada)의 자치적 권리 기구로서의 인정을 바탕으로 체코슬로바키아 공화국을 상호 동등한 권리를 갖는 체코 민족과 슬로바키아 민족의 공동 국가로 선언한 것은 매우 적절한 조치였다. 하지만 1945년 8월 포츠담 회담에서의 체코슬로바키아 내 독일인의 축출에 관한 결정이 있기 이전에 독일인들에게 행한 자의적인 가해와 추방은 국제 사회의 비난을 면치 못하였다. 1946년 1월부터 국제기구의 감시 하에 정식적인 추방이 시작된 이후 전체 독일인 추방자수는 약 270만 명에 이르는 것으로 추산되었으며, 그 결과 전쟁 이전에 슬로바키아를 제외한 체코 인구의 약 30%를 차지하던 독일인의 인구 비율이 1950년에는 약 1.8% 정도로 급감하였다. 그러나 포츠담 회담은 슬로바키아 지역의 헝가리 인들에 대해서는 독일인과 같은 추방을 인정하지 않음으로써, 전전에 슬로바키아 인구에 대한 헝가리 인의 비중이 약 17%이던 것이 1950년에 약 10% 정도의 수준으로 감소하는데 그쳤다.

1945년 10월 28일에 출발한 체코슬로바키아 공화국 임시 국민 의회는 대통령령에 의존하는 과도기적 정부를 청산하면서 베네시를 대통령으로 선출하였고, 동시에 제2기 피르링게르 정부를 출범시켰다. 그 후 그의 정부는 그 다음 해 총선으로 출범한 새로운 정부에 의해 대체되었다.

1946년 5월의 총선은 예상한 바대로 체코슬로바키아 공산당의 승리였다. 공산당은 민족 전선에서의 주도권을 십분 활용하고, 우익과 나치 협력자들에 대한 공포 분위기를 조성하며, 독일인, 헝가리인, 나치 협력자들의 몰수된 재산을 분배받은, 특히 국경 지대의 새로운 정착민들의 지지를 거의 독점적으로 확보하고, 공산주의 종주국인 소련과 체코슬로바키아의 해방군으로서의 붉은 군대에 대한 당시 국민들 사이의 인기를 적절히 이용하는 등, 공산당의 총선에 대한 준비는 치밀하고 조직적이었다. 1백만이 넘는 당원수를 자랑하는 공산당의 득표는 체코 지역 전체 투표자수의 40%를 넘어섰고, 그 다음은 체코슬로바키아 국민 사회주의당 약 23%, 체코슬로바키아 인민당 약 20%, 체코슬로바키아 사회 민주당 약 15% 순이었다. 그리고 슬로바키아에서도 공산당이 30% 이상의 득표율을 기록하면서 체코슬로바키아 전체에서의 공산당의 득표율이 38%를 넘어 제1당이 됨으로써 공산당 의장인 고트발트(Gottwald, Klement, 1896~1953)를 수반으로 하는 새로운 정부가 구성되었고, 내무 장관직을 위시한 중요한 각료직들을 공산당이 차지함으로써 이후 정국은 공산당의 독주를 저지하려는 비공산당 계열 정당들의 노력과 맞물려 긴장이 감돌기 시작하였다.

1947년 3월 세계를 민주 진영과 비민주 진영으로 양분하고 나선 트루먼 독트린(Trumanova doktrína)에 이어, 같은 해 6월 국무 장관 마셜(Marshall, G. C.)이 전쟁으로 황폐화 된 유럽의 경제 부흥을 위한 원조 계획을 발표하자, 소련은 이를 미국의 영향력 확대를 위한 전략으로 간주하여 자신의 동맹국들을 결속하는 강력한 블록 체제로 대응하였다. 이리하여 전쟁 중에 형성되었던 반나치 협조 체제가 붕괴되면서 유럽은 이제 1946년 처칠(Churchill, W.)이 연설에서 규정한 바 있는 이른바 철의 장막(železná opona)에 의해 둘로 나뉘지고, 세계는 냉전(studená válka) 체제로 진입하였다.

한편 마셜 원조 계획에 대한 소련의 진의를 제대로 파악하지 못한 체코슬로바키아가 소련 블록 국가들 중 유일하게 마셜 원조 계획에의 참여를 선언하지만, 모스크바로 달려간 고트발트를 단장으로 한 체코슬로바키아 대표단이 스탈린을 접견한 후 이를 즉각 취소하였다. 체코슬로바키아가 소련의 수중으로 깊숙이 빠져 들어가는 역사적인 순간이었다. 그러나 이 역사적인 순간을 체코슬로바키아의 일반 국민들은 전혀 알 길이 없었다. 이러한 중요한 사안이 체코슬로바키아의 의회에서 조차도 논의된 적이 없었던 것이다. 단지 체코슬로바키아 대표단의 프라하 귀경을 필름에 담은 주간 뉴스가 체코슬로바키아와 소련 간에 가일층의 경제적 협력을 위한 지극히 유익한 합의가 있었다고만 보도하였을 뿐이었다.

소련 블록의 강화와 반미 정책을 체코슬로바키아 공산당이 자신들의 권력 장악을 위한 좋은 기회로 파악하고 있었던 것과는 대조적으로, 비공산당 계열의 정당들은 구태의연하게 독일의 위협을 내세워 친소련 정책의 당위성을 주장하였다. 이들은 소련이 자기 이익을 위해서라면 체코슬로바키아의 민주주의쯤은 간단히 희생시킬 수 있을 것이라는 사실에 대해서는 아무런 인식도 없었다.

1947년 가을부터 체코슬로바키아의 정치는 민주주의를 지키기 위한 투쟁으로 접어들었다. 절대 권력을 장악하기 위한 공산당의 기도가 시작되었기 때문이다. 당시 공산당으로서는 3개의 가능성이 존재하였는데, 첫째는 다음 해로 예정되어 있는 총선에 참여하여 승리를 거두는 것인데, 이를 믿는 당 간부는 극소수에 지나지 않았다. 그 다음 대안은 당내의 좌파 인사들을 포섭하여 비공산당 정당들을 분열시키는 것으로서, 고트발트를 비롯한 가장 많은 당 간부들의 지지를 받았다. 마지막 대안은 총선 이전에 이른바 '조직적인 대중 운동'을 전개하여 힘의 균형을 바꾸어놓는 것으로서, 자포토츠키 등이 이를 지지하였는데, 실제로 공산당은 이를 목적으로 1948년 2월 22일과 2월 28일을 일정으로 각각 노동자 대회와 농

[그림 80] 공산주의 지지 시위 군중 (1947년 9월 18일)

민 대회를 소집하였다. 공산당은 언제 어디에서나 자신들의 영향권 안에 있는 모든 사회 기구들과 자신들이 장악하고 있는 경찰과 같은 권력 기구들을 반대 세력의 제압을 위한 방편으로 사용할 수 있는 준비 태세를 이미 갖추고 있었던 것이다.

이러한 상황에서 1947년 가을부터 국민 사회주의당, 인민당, 민주당이 비공산당 연합을 구축하였으나 이때는 이미 시기적으로 때가 늦었고, 베네시 대통령이 이 연합 세력에의 참여를 거부한 상태에서 구심점이 되어 줄 지도자도 없었다. 더욱이 코시체 프로그램으로 출발한 이른바 인민 민주주의 체제가 근본적으로 의회 민주주의가 아닌 상태에서 공산당은 문제해결을 자신들이 우세를 확보하고 있는 '거리 위의(na ulici) 정치', 즉 장외 정치에 의존하였다. 그러나 비공산당 연합 세력은 명확한 프로그램도 없이 공산당을 민족 전선에 끌어들여 의회 정치와 선거를 통한 입지 확보만을 기도하였다. 슬로바키아 공산주의자들 역시 비공산당 계열의 민주 정당들에 대한 와해를 도모함에 있어서 체코 지역 공산주의자들의 예를 따라 노동조합과 농민조합을 끌어들였다. 1948년 초에 접어들면 이미 정부, 의회 등 각 분야에서의 협조 체제는 붕괴되고, 민족 전선의 기능도 사실상 정지되었다. 인민 민주주의 정치 체제가 위기에 봉착한 것이다.

1948년 2월 비공산당 계열의 정당들이 체코에서의 모스트 스파이 사건(mostecká špinonážní aféra)과 크르츠만 사건(krčmaňský případ), 그리고 슬로바키아에서의 슬로바키아 음모 사건(spiknutí na Slovensku)을 통한 비공산당 계열 인사들에 대한 반국가 행위 피소에 대한 해명을 요구하면서 조사 위원회 구성을 들고 나오자, 공산당계 내무 장관인 노세크(Nosek, V.)는 수도 프라하에서의 경찰에 대한 완전 장악을 의미하는, 6명의 경찰 간부에 대한 공산당원으로의 전원 교체로 맞섰다. 정부는 2월 13일자로 이를 금지하고 있는 정부 결정의 이해를 촉구하였으나, 노세크는 이를 받아들이기를 거부하였다. 이에 국민 사회주의당, 인민당, 민주당의 비공산당 계열의 정당들은 정부의 결정이 받아들여지지 않을 경우, 자기 당 출신 각료들이 전원 사표를 제출할 것을 결정하였다. 그러나 이러한 결정은 비공산당 정당들이 공산당과의 싸움에 있어서 아직도 의회 민주주의적 방법을 통한 투쟁이라는 지극히 환상적인 생각에 얼마나 사로잡혀 있고, 사표 제출 이후에 대한 구체적 계획이 없이 얼마나 즉흥적으로 대응하고 있으며, 공산당이 이미 유리한 여건 속에서 모든 준비를 갖추고 있는 상황을 고려하지 못한 채 얼마나 무모하게 대처하고 있나를 여실히 보여주는 행동이라 하겠다.

비공산당 계열 정당들의 지극히 미숙한 대응과는 달리 공산당은 이미 정부 내 핵심적인 권력 기구들을 모두 장악하고 있었고, 최단 시일 내에 수도 프라하를 휩쓸 수 있는 대중 동원 능력을 갖추고 있었을 뿐만 아니라, 강력한 지도력을 갖춘 지도부도 갖추고 있었다. 그리고 이때는 벌써 체코슬로바키아와 서방과의 관계는 근본적으로 단절되어 있었고, 서방 정치인들은 체코슬로바키아를 소련 블록의 일원으로 기정사실화 하고 있었다.

이러한 상태에서 1948년 2월 20일 비공산당 계열 3개 정당의 12명 각료들이 정부의 결정이 이행되지 않음을 내세워 사표를 제출하였다. 그들은 베네시 대통령이 이를 받아들이지 않을 것이고, 또 이로써 공산당에 압력을 가하여 새로운 총선을 이끌어 내거나 아니면 공산당이 뒤로 물러설 것으로 믿었다. 그러나 공산당은 오히려 대통령으로 하여금 이들의 사표를 수리하도록 압력을 가하였다. 이와 동시에 공산당은 정부의 위기 상태를 선언하고, 2월 21일과 2월 22일 이틀 동안의 대규모 군중집회를 통해 비공산당 각료들의 사표 수리와 고트발트의 제안에 따른 새로운 정부 구성에 대한 지지를 결의하고, 이틀 후의 총파업도 결의하였다. 고조되는 긴장 속에서 내전의 위협과 소련의 개입을 우려한, 이제 병약하고 노쇠한 베네시 대통령은 1948년 2월 25일 공산당의 요구를 받아들여 비공산당 계열 각료들의 사표를 수리하고, 고트발트에 의해 미리 조각된 거의 공산당 계열 일색으로 구성된 새 내각을 임명하였다. 고트발트는 프라하의 구시 광장에 운집한 군중 앞에 나아가 '반동 세력의 패배(porážka reakce)'를 선언하였다. 공산주의자들에 의한 쿠데타, 즉 2월 정변(Únorový převrat)이 성공하는 역사적인 순간이었다. 단지 극히 소수의

[그림 81] 시위 군중 앞에 선 공산당 지도자 클레멘트 고트발트 (바츨라프 광장, 1948년 2월 25일)

대학생들이 베네시 대통령과의 면담을 요구하면서 강압적인 수단에 의한 공산당의 정권 탈취에 항의를 표시하였을 뿐이었다. 대부분의 국민들은 침묵으로 일관하였는데, 그들은 당시 자신들의 앞날을 점칠 수 있는 능력도 의지도 없었다.

12.2. 공산 정권의 탄생과 스탈린주의(1948~1963년)

1948년 2월 정변 이후의 체코슬로바키아 사회는 빠른 속도로 공산당에 의한 일당 독재의 전체주의 사회로 전환하였다. 많은 주민들, 특히 노동자들과 150만에 달하는 공산당 당원들이 이른바 '2월의 승리(únorové vítězství)'의 열광을 경험하고 있는 동안, 기존의 중산층들은 불안감을 감추지 못하였다. 정치적 숙청과 저항 세력에 대한 무자비한 탄압이 시작되었고, 불과 몇 달 동안에 20만이 넘는 비공산당 계열 지지자들이 민족위원회, 관공서, 학교, 군대, 경찰서 등에서 직위 해제되었다가, 그 후 대부분이 실직하였다. 그리고 75만에 가까운 사람들이 실직 상태를 막아보려고 공산당에 입당하였다.

1948년 5월 9일 의회는 새 헌법을 승인하였다. 그러나 베네시 대통령은 국가 권력의 노동 계급에 의한 장악을 규정하고 있으며, 새로운 선거법을 포함하고 있는 이 헌법의 서명을 거부하였다. 의회는 민족 전선이 제시한 후보들만으로 구성되었고, 대의 기관으로서의 기능도 상실하였다. 결국 베네시 대통령은 6월 초 사임하였고, 공산당 서기장인 고트발트(Gottwald, Klement, 1896~1953)가 대통령직을 승계하고, 수상은 자포토츠키가 이어받았다. 사법부도 독립을 잃으면서 검찰이 이를 좌지우지하였다. 모든 헌법 기관은 공산당의 결정을 수행하는 대행 기구로 전락하였고, 중앙 집권화로 인해 하부 구조인 각종 민족 위원회들도 독자적인 기능을 상실하였으며, 기존의 슬로바키아 자치 기구들 또한 프라하 중심의 중앙 집권화에 밀려 그 기능이 무력화 되었다.

공산당에 의한 정치적 독재는 국가 권력 기구들의 견제 기능을 박탈하였다. 소수의 지배그룹은 헌법적, 법률적 책임의 밖에 있었다. 당과 국가의 중요한 자리에는 20만~25만 명에 이르는 충직한 노동자들을 데려다 앉혔다. 그리고 내각을 포함한 국가 요직에 들어와 있는 소련 고문관들 또한 초법적인 사람들이었다. 특히 군과 경찰에서의 이들의 영향력은 실로 막강한 것이었다. 이러한 사실은 체코슬로바키아 정치가 소련의 조종 아래에 종속되어 있다는 결정적인 증거가 되었다. 이렇게 하여 공산당과 그 지도부는 법적인 근거와 정당성을 초월하여 국가 권력을 독점적으로 장악하고 있었다.

공산 정권(komunistický režim)에 대한 저항의 목소리는 곧 침묵으로 바뀌었다. 공산 정권의 초기에는 시민의 권리와 자유를 헌법에 써놓은 그대로 믿고 정권과 마찰을 빚다가 곤욕을 치른 시민들이 적지 않았다. 세상이 얼마나 급격하게 변하였는지를 모르고 있었던 것이다. 그럼에도 불구하고 1948년 여름의 제11차 전국 소콜(Sokol) 대회와 9월의 베네시 대통령 장례식에서는 반정부 시위가 있었다. 이에 고트발트와 당서기장 슬란스키(Slánský, R., 1901~1952)는 이른바 '매서운 과정(ostrý kurs)' 이라는 지침을 만들어서 반동 세력을 탄압하고 길들여 나갔다. 교회에 대한 탄압도 예외가 아니었다. 우선 체코 가톨릭과 교황청과의 관계를 끊어 놓으려 하였고, 1949년에는 법으로써 가톨릭을 국가의 통제 아래에 두었으며, 1949~1951년에는 가톨릭의 출판을 금지하고 신부들을 감옥에 가두기 시작하였다.

불법, 숙청, 체포는 체코슬로바키아 공산 정권의 권력 유지 수단으로써의 일상사가 되었고, 특히 1948년 이후 수년간에 그 정도가 극심하였다. 독재 체제로의 전환과 사회의 혁명적인 변화를 위해 강제와 전횡이 필연적으로 수반되었다. 당 지도부는 권력 기반을 보다 확고히 해야 할 필요가 있었고, 소련과 유고슬라비아와의 분열, 한국 전쟁의 발발 등으로 국제 정세가 긴장 국면으로 접어든 상태에서 공포 정치를 한층 더 강화하였다.

이토록 증대되는 공포 정치의 사상적 배경은 스탈린의 사회주의를 위한 계급투쟁의 강화라는 이론이었다. 이리하여 구정치인, 지식인, 가톨릭 신부들에 대한 정치 재판을 통한 숙청뿐만 아니라, 스탈린의 지령에 따르는 공산당 내의 숙청도 뒤따르게 되는데, 1952년 반국가 음모로 기소되어 처형된 공산당 서기장 슬란스키 외 11명의 당 간부들에 대한 숙청이 대표적인 경우였다. 후에 프라하의 봄으로 알려진 개혁 운동이 시작되는 1963년에 가서 그는 무혐의로 복권이 되지만, 2월 정변 이후에 저질러진 많은 죄악들에 대해 책임이 큰 그가 자신의 동료들에 의해, 그것도 자신이 범하지도 않은 죄로 인해 처형된 사실은 역사적 패러독스임에 틀림이 없었다. 하여간 1948년 이후 계속된 숙청으로 희생된 사람의 수는 20만에서 28만 명으로 추산되고 있는데, 체코슬로바키아는 숙청의 횟수와 내용, 희생자의 수에 있어서 당시 인민 민주주의(lidová demokracie)를 표방한 공산 국가들 중 단연 선두 그룹에 속하였다. 그러다가 1953년 3월 스탈린과 고트발트가 9일을 간격으로 죽고 난 후 숙청의 규모와 횟수가 줄어들기 시작하였다. 그 해 4월 의회는 자포토츠키(Zápotocký, A., 1884~1957)를 대통령으로 선출하였고, 수상은 시로키(Široký, V.), 공산당 서기장은 노보트니(Novotný, A.)가 승계하였다.

1948년 2월의 정권 장악 이후 공산 정권은 곧 경제의 국유화에 나섰다. 이 해 말에 이르면 이미 근로자의 95% 이상이 국가 소유의 직장에서 일하게 될 정도로 그 속도가 매우 빨랐다. 이에 비해 사회주의 경제로의 전환에 있어서 필수적이라 할 수 있는 농업의 집단화(kolektivizace)는 농민들의 반발로 그 추진 속도가 매우 느렸고, 1949~1953년의 제1차 집단화의 성과는 별로 신통한 것이 못되었다. 하지만 1955~1958년의 제2차 집단화가 끝날 즈음에는 농업의 집단화도 이미 80% 이상에 달했다. 이렇게 하여 민간 경제가 소멸된 체코슬로바키아 경제는 소련의 모델에 따라 중앙으로부터의 계획에 의해 움직이는 중앙 계획 경제 체제로 전환하였고, 1949년부터 제1차 5개년 계획이 시작되었다. 그리고 같은 해에 소련이 주도하는 동유럽 상호 경제 원조 회의(Rada vzájemné hospodářské pomoci-RVHP/COMECON)에 가입함으로써 소련 경제에 대한 체코슬로바키아 경제의 종속이 한층 더 심화되기 시작하였다. 그리고 체코슬로바키아의 코메콘(COMECON) 가입은 전통적으로 공업국인 체코슬로바키아가 전통적으로 농업 국가들인 회원국들을 경제적 파트너로 맞게 되는 결과를 가져와, 무역의 대부분을 역내 교역에 의존할 수밖에 없는 체코슬로바키아 경제로서는 상당히 큰 타격을 감수하지 않을 수 없었다.

1950년 후반 소련은 체코슬로바키아로 하여금 군사력을 대폭적으로 증가할 것을 요청하였다. 이에 따라 1949년에 11만 명이던 병력이 1953년에는 23만 명으로 늘어났다. 이는 유럽 전역에 사회주의를 건설하겠다는 스탈린의 계획에 따른 군비 증강의 일환이었다. 더욱이 1955년에는 바르샤바 조약기구(Varšavská smlouva)의 창설로 체코슬로바키아도 회원국이 되었고, 체코슬로바키아 군대는 전적으로 소련의 모스크바 정부의 이해에 종속되게 되었다. 또한 체코슬로바키아 산업의 중공업 중심으로의 대대적인 개편이 뒤따랐는데, 이는 소련 블록의 병참 기지로서, 그리고 무기 생산 기지로서의 체코슬로바키아의 역할 때문이었다. 그러나 이러한 무기 공업을 중심으로 하는 중공업에 대한 과도한 투자는 경공업과 소비재 산업의 심각한 퇴조로 이어지면서 일반 국민들의 생활을 압박하게 되었다. 여기에다 1953년 6월에 실시한 화폐 개혁이 겹쳐, 이를 항의하는 소요가 128개의 공장에서 일어났고, 플젠 시 노동자들의 스트라이크는 군대와 민병대를 동원하여 가까스로 진압할 수 있었다.

이는 공산 정권의 집권 후 최초의 시련을 의미하는 것이었다. 정부의 즉각적인 대응은 물론 강경책이었다. 그러나 자포토츠키가 모스크바를 다녀온 후 당은 이른바 '새로운 과정(nový kurs)'을 준비하였는데, 1953년 9월에 공포된 이 과정에 따르면 중공업의 완화와 소비재 산업과 농업의 확대, 국민 생활수준의 향상이라는 경제 개혁 프로그램을 담고 있었다. 새로운 정책은 1954~1955년 사이에 소비재의 공급 확대, 가격 인하, 임금 수준의 향상, 사회의 안정이라는 성과를 가져왔다. 그리고 1955년부터 정치 재판을 통한 숙청도 잦아들기 시작하였고, 전국적인 체육 행사인 제1회 스파르타키아드(Spartakiáda)도 대성공이었다. 이리하여 1955년 말에 이르러 대통령 자포토츠키와 당 서기장 노보트니는 경제 문제의 해결이 모든 어려움을 해결한 것으로 믿었다.

두 사람은 위기가 보다 깊다는 사실을 모르고 있었고, 알 능력도 없었다. 사회가 동요하기 시작하였다. 이번에는 정치적인 문제가 관건이 되어 있었다. 1956년 2월의 제20차 소련 공산당 대회에서 흐루시초프(Chruščov, N.)는 스탈린의 죄상을 폭로하고 격하하였다. 체코슬로바키아 공산당 지도부에서도 소련 공산당의 예를 따를 것인지를 두고 논쟁이 격화되었다. 이와 관련하여 몇몇 공산당 간부들이 비판을 받았고, 일부에서는 비상 당 대회의 소집을 요구하고 나섰다. 공산당 밖에서도 요구들이 터져 나왔다. 노동조합들은 근로자들의 보호를 위한 권리와 그리고 관리 층과의 동등한 권리를, 젊은이들은 젊은 세대의 권익 보호를 주장하였으며, 가톨릭교가 활동을 개시하고, 비공산당 계열의 정당들이 신규 당원들의 모집에 착수하였고, 대학생들도 언론의 자유와 서방 언론 매체에의 접근 허용 등 자신들의 요구를 들고 나왔다.

공산당 지도부와의 가장 큰 충돌은 1956년 4월의 제2차 작가 대회에서였다. 특히 시인 사이페르트(Seifert, J.)와 흐루빈(Hrubín, F.)의 연설이 있은 후 정치적 탄압에 대한 공개적인 비판이 나오고, 창작의 자유와 사회의 전반적인 민주화에 대한 요구가 제기되었다. 특히 민족의 양심으로서의 작가들의 사명에 대한 선언은 공산당 간부들의 강한 불만을 불러일으켰고, 곧 작가들에 대한 탄압이 시작되었다. 한편 소련 공산당 제20차 전당 대회에 대한 토론을 마감하면서 체코슬로바키아 공산당은 우선 공장들의 요구 사항을 수용하여 중앙 집권화의 완화와 분권화를 약속하였고, 슬로바키아 민족 기구들의 자율권 확대에도 동의하였다.

1956년 5월에 접어들어 체코슬로바키아는 평온을 되찾았다. 7월의 폴란드 포즈난 봉기와 10월의 헝가리 봉기도 체코슬로바키아 땅에서는 반향이 없었다. 공산당 내의 보수파들은 시의적절한 조치가 위의 두 나라에서와 같은 위기를 야기하지 않았다고 믿었다. 실제로 체코슬로바키아의 대체적인 사회 분위기는 공산당에 대한 일반적이든 급진적이든 반대 분위기가 아직 지배적인 것은 아니었다. 그리고 당 내에서도 아직 개혁 세력의 부상은 시기상조였고, 당은 보수파의 주도하에 단결되어 있었다. 최근 몇 년간의 호전된 경제 상태도 사태의 안정에 공헌하였다. 심지어 노보트니와 시로키는 지도부의 이름으로 헝가리 사태에 대한 군사적 개입에의 참여를 제안하였다. 중부 유럽 국가들이 힘을 모아 소련에의 의존 상태를 완화시킬 수 있는 가능성이 보이는 시기에 체코슬로바키아는 반동적인 역할을 수행하려 하였던 것이다. 체코슬로바키아는 발트 해에서 아드리아 해로 이어지는 소련 제국 서부 전선의 가장 견고하고 충성스러운 중앙 보루였다.

그럼에도 불구하고 1953~1957년의 위기가 전체 사회에 미친 영향은 간과할 수가 없었다. 공산당 체제 또한 예외가 아니었다. 권력의 분권화가 시작되었고, 경제 운용에 있어서도 중앙 통제 체제의 완화를 통한 새로운 체제가 시도되었다. 공식적 이데올로기에 대한 의구심이 일어나기 시작하였고, 일련의 허구성도 폭로되었다. 공산당 내에서도 지도부와 소련에 대한 불신이 완전히 사라진 것이 아니었다. 1956년의 여러 사태가 분명히 보다 사려 깊은 당료들에게 경각심을 불러 일으켰던 것이다. 그러나 이들도 자신들만이 미래의 발전을 확보할 수 있고, 사회는 자신들이 하는 방식대로 따르기만 하면 된다는 오류에서 아직 벗어나지는 못하고 있었다.

1956년의 지극히 짧고 온건한 탈(脫)스탈린주의가 끝난 후 체코슬로바키아 사회는 다시 통제와 탄압의 스탈린주의(stalinismus)로 복귀하였다. 원래 자주 외교 노선을 추구하는 유고의 티토주의를 모스크바 정권이 낮추어 지칭한 이른바 '수정주의(revizionismus)'에 대한 반대 캠페인의 물결이 휩쓸고 지나갔다. 주로 공산당 내의 지식인 출신 당료들이 수정주의자로 몰렸는데, 체코 지역에서는 이른바 유고슬라비아 그룹(jugoslávská skupina), 슬로바키아 지역에서는 트로츠키 그룹(trockistická skupina)의 수정주의자들이 조작되었다. 1957년 말 자포토츠키의 사후 노보트니(Novotný, A., 1904~1975)가 대통령으로 선출된 직후 새로운 숙청(nová čistka)이 시작되었다. '계급적으로, 정치적으로 신뢰할 수 없는 자들'을 제거하는 목적의 이 숙청으로 수만 명이 관계와 학계로부터 추방되었고, 비록 처벌의 정도와 그 잔인성이 완화된 것은 사실이지만, 경찰에 의해 연행된 사람의 수는 10만 명이 넘었다. 특히 문화인들과 지식인들에 대한 탄압이 강화되었다.

권력의 중앙 집권화는 1960년에 채택된 새 헌법에서 더욱 뚜렷하게 드러나는데, 새 헌법은 그때까지 있어온 슬로바키아 자치에 대한 일련의 규정을 없애버렸다. 당의 지도적인 역할(vedoucí úloha strany)에 대한 규정을 담고 있는 이 새로운 사회주의 헌법은 체코슬로바키아의 사회주의 토대 건설의 종료를 선언함과 동시에, 사회주의 공화국의 시작을 선언하였다. 국가의 공식적인 명칭도 체코슬로바키아 사회주의 공화국(Československá socialistická republika-ČSSR)이 되었다. 그토록 열망하던 사회주의 사회가 소련 블록에서는 소련에 이어 두 번째로 체코슬로바키아에도 도래하였음을 공식적으로 선언한 역사적인 순간이었다. 이리하여 이론상으로는 머지않아 공산 사회에로의 진입도 가능하게 되었다.

그러나 사회주의 사회의 도래와 공산 사회에로의 진입은 어디까지나 이론에 지나지 않았다. 적어도 전후에 성장한 새로운 세대들은 이론과 실제, 정치적 선언과 실제적인 국민 생활과의 괴리를 정확하게 파악하고 있었다. 비록 공산 정권하에서의 일방적인 교육이긴 해도 보다 많은 교육을 받은 이들 세대는 공산 정권의 성격과 능력에 대해 구세대와 같은 환상을 가지지 않았다. 대부분 2급 시민이라 할 수 있는 비당원(nestraník)의 신분을 유지하고 있는 이들은 전반적으로 체제에 비판적이고 비우호적이었다. 자동차와 여행을 즐기고 재즈와 같은 현대적인 음악과 자유스러운 사고를 좋아하는 이들 젊은 세대들은 정권의 지도부를 형성하는 기성세대들에게는 매우 껄끄러운 존재들이었다.

사회주의 사회의 도래를 선언한 노보트니 정권으로서는 싫든 좋든 자유화의 물결을 거슬러 올라갈 수는 없었다. 1960년 사면으로 약 8백 명에 이르는 죄수들이 풀려났고, 새로이 구성된 복권 위원회는 1950년대 스탈린주의의 공포 정치와 죄악상에 대한 보고를 공포하기 시작하였다. 스탈린주의에 대한 비판은 정권에 대한 비판으로 이어지기도 하였고, 이론가들은 이제 수정주의에 대한 비판에서 교조주의에 대한 비판으로 전환하였다. 마르크시즘에 대한 새로운 해석을 포함한 신사고들이 회자되기 시작하였고, 전통적인 가치들의 회복과 서구와의 관계 개선, 소련의 경직된 이데올로기의 굴레로부터의 탈출이 논의되기 시작하였다. 이러한 논의와 비판이 바로 1960년대 전반기 체코슬로바키아 사회의 모습이었고, 이른바 '프라하의 봄(Pražské jaro)'으로 가는 개혁 운동의 시작이었다.

12.3. 개혁 운동과 프라하의 봄(1963~1968년)

1960년대 초 체코슬로바키아 경제는 거의 위기 상황이었다. 생산의 저하, 농산물 수입 등으로 인한 국가 예산의 압박, 국민 소득의 감소가 심각한 상태에 이르렀다. 제3차 5개년 계획(1961~1965년)은 완전한 실패였다. 당과 국가의 지도부는 그 원인을 과도한 지출, 소비 증대, 중국과의 무역 감소 등에 돌리면서 중앙 통제 경제의 강화, 지출의 감소, 소련 경제에의 의존 확대 등으로 대응하였다. 이리하여 1965년에 가서 일시적으로 호전을 보였지만 경제적 위기의 내적 원인들이 제거된 것은 아니었다. 근원적인 원인은 사회주의 경제 체제 자체의 구조적인 모순에 있었지만, 지도부는 이를 공개적으로 인정하려 하지 않았다. 체코슬로바키아 경제는 이미 구매력을 충족시킬 수 없는 공급의 부족 현상으로 지하 경제가 심각한 상태에 놓여 있었고, 불법적인 지하 경제가 몰고 오는 각종 경제 범죄와 부패, 도덕성의 파괴는 차츰 우려할만한 수준으로 발전하고 있었다. 그리고 서구로부터의 관광객의 증가와 서구로 여행을 가는 체코와 슬로바키아 인들의 증가로 서구 자본주의 사회의 실상과 이에 비추어 본 자신들의 허상에 대한 자각이 국민들 사이에 퍼져 나가기 시작하였다.

또한 경제적 위기 상황이 몰고 온 사회적 충격으로 인해 이를 극복하기 위한 연구와 토론이 당 내외에서 일기 시작하였다. 제2차 세계 대전 이후 경제적으로 가장 나쁜 한 해로 기록되는 1963년부터 일련의 개혁적인 성향의 지식인들이 체코슬로바키아 경제의 구조적인 문제를 제기하고 나섰다. 1963년 2월 경제학자 셀루츠키(Selucký, R.)는 중앙 계획 경제 자체에 대한 의문을 제기하였다. 그는 '계획의 우상화'를 '개인의 우상화'에 빗대어 그 폐해를 지적함으로써 계획 경제와 스탈린주의를 동시에 공격하였다. 또한 11월의 한 세미나에서는 사회주의 경제 체제의 개선책으로 시장 경제 원리의 도입을 조심스럽게 제기하였고, 12월의 당 중앙 위원회에서는 과학 아카데미 경제 연구소 소장인 시크(Šik, Ota, 1919~2004)가 소련 경제 모델의 포기와 더불어 계획 경제와 시장 경제의 혼합형을 제시하였다. 이리하여 1964년에 구성된 위원회의 검토를 거쳐 1965년 당 중앙 위원회가 승인한 이른바 '신경제 모델'이라는 시크의 경제 개혁(ekonomická reforma) 프로그램은 중앙의 계획 경제를 대폭적으로 제한하여 생산, 투자, 가격, 임금의 가이드라인을 제공하는 수준으로 줄이고, 대신 공급과 수요의 원칙에 의한 생산과 가격의 결정, 이윤의 추구와 임금의 차등화라는 시장 경제 원리를 도입한다는 것이었다. 그러나 이러한 개혁 프로그램은 체코 경제의 일시적인 호전과 프라하의 봄이라는 정치적 개혁 운동의 와중에서 거의 적용도 되어보지 못한 채 무산되고 말았다.

집단주의에 대한 개인의 소외와 저항을 상징하는 카프카(Kafka, F.)에 대한 국제회의가 1963년 봄 프라하에서 개최되고, 그와 그의 작품이 복권됨으로써 문화와 예술에서의 자유화가 시작되었듯이, 정치에 있어서도 1963년은 개혁적인 움직임이 일기 시작한 한 해였다. 즉, 계획 경제에 대한 비판과 더불어 공산당의 관료적 통제와 이데올로기적인 획일성에 대한 비판이 제기되었다. 1949~1954년의 숙청에 대한 조사가 다시 이루어지고, 슬란스키(Slánský, R.)와 같은 희생자들의 일부는 복권이 되었으며,

정부 내의 일련의 강경파 간부들이 보다 젊고 진보적인 인사들로 교체되었다. 시로키(Široký, V.) 내각이 레나르트(Lenárt, J.) 내각으로 바뀐 것도 같은 맥락에서였다. 당의 지도부에서도 보다 젊은 세대로의 교체가 이루어지고 있었다. 가령, 1945년 이전부터 활동한 고위 당 간부로는 당 서기장인 노보트니 한 사람 밖에 없었다. 1962년을 기준으로 볼 때 당원의 $\frac{2}{3}$가 1948년 2월 이후 세대들이었다. 가장 현저한 현상은 이른바 '당의 사상적, 정치적 통일'의 점차적인 와해였다. 당의 일각에서는 변화와 개혁과 더불어 새로운 환경에의 부응에 대한 요구가 제기되었다. 그러나 노보트니를 정점으로 하는 보수파로서는 당의 권력 기반 및 특권의 유지가 최우선 과제였기 때문에 두 세력 간의 분열은 불가피하였고, 이는 결과적으로 당의 통제 기능의 현저한 약화를 초래하였다.

이리하여 스탈린주의의 철권통치 아래에서의 20년에 가까운 세월이 흐른 이때에 와서야 비로소 억압되고 침묵을 강요당한 시민 사회의 회생 가능성이 엿보이기 시작하였다. 시민 사회의 부활에 대한 지지는 일부 공산당원들의 입을 통해서도 제기되기 시작하였는데, 이들은 대개가 그러하듯이 제반 특권을 누리고 남을 지배하기 위한 동기 때문에 당에 들어간 사람들이 아니었다. 시민 사회에 대한 각성은 특히 1965년부터 두드러졌다. 여러 조직과 단체들은 새로운 사회적 역할을 모색하면서 기존의 '당의 톱니바퀴(převodová páka strany)'로서의 기능에 대한 극복을 시도하였다. 물론 성과는 각기 달랐다. 가령 노동조합들의 자치력 회복에 대한 일련의 시도는 지도부의 저항으로 무산되었다.

1967년 2월에는 공산당의 가장 중요한 젊은이들의 전위 조직인 청년연맹(Svaz mládeže)에서도 비슷한 시도가 있었다. 회원의 절반을 잃고 심각한 위기 상태에 빠진 연맹이 젊은이들의 관심을 끄는 조직으로 다시 태어나기 위해 변신을 시도하였지만, 그 성과는 미미하였다. 물론 연맹의 개혁에 대한 요구는 1965년 대학생 회원들에 의해 이미 제기된 바 있었다. 이에 비해 체육 단체들의 상황은 매우 달랐다. 개혁파들이 지도부를 장악하였던 것이다. 재향 군인 단체들도 회원들의 명예 회복과 숙청으로 희생된 회원들의 복권을 요구하였고, 비공산당 계열 정당들도 권력에의 참여를 요구하고 나섰다. 교회도 비정치적 활동에 국한하여 목소리를 높였다. 그리고 이론대로라면 마르크스주의의 가르침에 의해 이미 깨끗하게 청산되어 있었어야 할 도덕적인 문제들의 심각성이 제기되면서, 특히 작가, 화가, 음악가, 연기자, 연극 및 영화 종사자들 등 각종 문화 예술 단체들의 약진이 돋보였다. 이들 단체들에 대한 공산주의 이데올로기의 통제는 사실상 거의 효력을 잃고 있었다.

이와 같이 여러 시민 단체들이 자신의 목소리를 높이고, 자신들의 요구를 관철할 수 있었던 것은 오랜 통제의 속박을 떨치고 일어선 일반 국민들의 여론이라는 배경이 있었기 때문이었다. 당시 여론의 형성을 주도하는 언론과 방송 매체들이 이미 개혁을 향해 가고 있었던 것이다. 공산당 계열의 출판 매체를 제외한 일반 신문과 잡지들, 특히 '문학 신문'이라는 뜻의 '리테라르니 노비니(*Literární noviny*)'와 '문화생활'이라는 의미의 '쿨투르니 지보트(*Kulturní život*)'가 개혁 세력을 대변하였다. 그리고 공산주의 이데올로기의 가르침을 가장 많이 받고 성장한 젊은 세대들이 가장 먼저 반정부 시위를 주도하였고, 당국과 경찰의 거친 진압은 일반 시민들의 거센 항의를 유발하였다. 1967년 10월의 프라하 시 스트라호프 기숙사에서의 대학생들의 시위가 대표적인 예였다.

슬로바키아에서는 민족주의적인 정치 운동이 1960년대 개혁 운동의 가장 큰 이슈가 되었다. 이 운동은 슬로바키아 민족의 괄목할만한 사회적인 지위의 신장과 이를 인정하지 않으려는 체코의 민족주의적 공산주의자들 간의 갈등에 의해 더욱 더 증폭되었다. 어떻든 슬로바키아의 지식인들은 1963년의 개혁적인 움직임을 강한 민족주의적인 정치 운동으로 전환하는데 성공하였다. 민족주의자로 몰려 감옥에 갇혔던 후사크(Husák, G.) 등이 풀려난 것이 이때였다. 두프체크(Dubček, Alexander, 1921~1992)를 정점으로 하는 슬로바키아의 공산당 지도부가 이를 지지하였던 것이다. 사실 체코 출신의 노보트니와 슬로바키아 출신의 후사크 사이의 권력 투쟁은 체코의 민족주의적 정치인들의 슬로바키아 정치인들에 대한 비우호적인 태도의 가장 두드러진 표현에 불과하였다. 그리고 슬로바키아의 대다수 주민들과 슬로바키아의 공산당 지도부 및 간부들의 대다수도 이미 노보트니에 대한 반대뿐만 아니라 체코 인들에 대한 반대로도 돌아서 있었다.

[그림 82] 프라하의 봄 개혁 운동의 주역 알렉산드르 두프체크 (1989년 12월)

1967년의 체코슬로바키아는 소수의 당 간부들과 경찰력의 힘을 근간으로 하는 전체주의 정치 체제가 곳곳에서 문제점을 노정하고 있었고, 경제 개혁도 난관에 봉착하였으며, 문화계에 대한 당의 통제력도 한계에 달한 상태에서 사회 전반에 걸친 보다 근원적인 개혁을 필요로 하고 있었다. 공산당 내에서는 두프체크, 체르니크(Černík, O.), 콜데르(Kolder, D.), 시크, 크리겔(Kriegel, F.), 스므르코프스키(Smrkovský, J.) 등을 위시한 개혁파와 노보트니를 정점으로 하는 보수파로 나뉘어져 마찰을 빚다가 결국 개혁파의 승리로 끝났다. 이들은 공산당의 개혁뿐만 아니라 사회 전반에 대한 강력한 개혁 운동(reformní hnutí)을 지지하였다. 당 내의 반대 세력을 제압하기 위한 마지막 수단으로 노보트니는 마침내 1967년 말 모스크바 정권으로부터의 도움을 요청하지만 무위로 돌아가고, 1968년 1월 5일 당서기 직을 개혁파의 기수인 두프체크에게 물려주지 않을 수 없었다.

공산당 내의 개혁파의 승리는 사회 전반으로 확산되어 1968년 3월 초 이미 검열이 정지되었고, 과거의 정치적 실책들에 대한 비판이 봇물 터지듯 쏟아져 나왔다. 시민 사회가 되살아나고 새로운 사회단체들이 탄생하였다. 민주적 사회주의의 실현을 표방한 비공산당 참여 클럽(Klub angažovaných nestraníků-KAN)이 생겨났고, 정치적 재판으로 숙청된 사람들이 K-231이라는 단체를 조직하였으며, 사회 민주당이 재창당의 준비에 착수하였다. 공산당 간부들에 대한 교체와 당 지도부의 변화가 있었고, 3월 말에는 국민 의회가 스보보다(Svoboda, Ludvík, 1895~1979)를 대통령으로, 스므르코프스키를 의장으로 선출하였으며, 내각도 개혁파인 체르니크가 이끌게 되었다. 이리하여 보수파의 지도자인 노보트니는 당과 정부 양쪽에서 모두 실권하게 되고, 체코슬로바키아 사회는 이제 새롭게 태어나기 위한 광범위한 개혁 운동에 접어들었다. 이른바 '프라하의 봄(Pražské jaro)'이 도래한 것이다.

이러한 추세에 병행하여 공산당이 마련한 액션 프로그램(akční program)은 장차의 체코슬로바키아 정치 체제의 기본 원칙을 제시하였는데, 이는 실제적인 권력 분산에 기초한 다원주의 정치 체제를 근간으로 하고 있었다. 따라서 공산당의 지도적 역할과 공산당에 의한 권력의 독점을 비판하였으며, 명실상부한 복수 정당제의 도입을 추구하였다. 그리고 비록 제한적이기는 하지만 시민권의 회복과 체코와 슬로바키아의 연방 공화국 체제로의 전환도 액션 프로그램이 내건 중요한 프로그램이었다.

1968년 1월에 시작된 체코슬로바키아 사회의 개혁 운동은 흔히 개혁 운동이 그러하듯이 초기의 혁명적인 열정이 식으면서 5월에 들어와 위기에 직면하였다. 많은 사람들에게 개혁 프로그램은 프로그램으로만 머물고 있었고, 초기의 관심과 참여도 현저히 줄었으며, 개혁에 반대하는 세력들은 기회를 만난 듯 활동을 강화하였다. 공산당 내의 노보트니에 반기를 들었던 1월의 연합 세력에 분열이 생기고, 빌랴크(Biľak, V.), 콜데르, 인드라(Indra, A.) 등은 더 이상의 개혁에 제동을 걸고 나섰다. 공산당 중앙 위원회는 개혁적인 우파 세력의 부상을 경고하였고, 개혁 세력은 액션 프로그램의 실현, 새로운 법률의 준비, 9월 9일로 예정된 비상 당대회의 소집에 대한 요구로 맞섰다. 이리하여 우파 세력의 부상에 대한 좌파 세력의 견제와 개혁 운동의 좌절에 대한 위협과 불안으로 인해 개혁 운동을 주도하던 지식인들은 성명서를 발표하게 되었다. 1968년 6월 27일 공산당 전국 지구당 대회를 하루 앞두고 '노동자, 과학자, 농민, 그리고 모두에게 부치는 2000어 선

ročník I.
27. června 1968
číslo
18
Literární noviny
ročník XVII. č. 18
cena 1.20 Kčs

LL

LITERÁRNÍ LISTY

TÝDENÍK SVAZU ČS. SPISOVATE[LŮ]

toto číslo vychází v nákladu 300000 výtisků

DVA TISÍCE SLOV

O koho se opřít

[그림 83] 2000어 선언 (리테라르니 리스티, 1967년 6월 27일)

언(2000 slov)'이라는 이름으로 발표된 이 성명서는 지식인들의 요청으로 작가 바출리크(Vaculík, L.)가 기초한 것으로서, 개혁이 사회의 하부 구조까지 침투하지 못하고 있다는 사실을 지적하면서, 시민들로 하여금 개혁에 대한 장애물들의 제거에 적극적으로 나서 줄 것을 호소하였다. 1948년 이후 체코슬로바키아의 정신적, 물질적 퇴보와 경제적, 정치적 쇠퇴의 원인을 공산주의 체제의 모순에 돌리고 있는 이 성명서를 당과 국가는 공식적으로 거부하였지만, 일반 시민들은 즉각적인 지지로 화답하였다.

공산당의 일당 독재를 시정하여 정치적으로 다원주의와 민주주의를 도입하고, 경제적으로 시장 경제의 원리를 도입하려는 프라하의 봄이라는 개혁 운동의 정신적 배경은 민주적인 사회주의의 새로운 모델을 창조하는 것으로서, 이른바 '인간의 얼굴을 한 사회주의(socialismus s lidskou tváří)'의 건설이 그 목표였다. 체코슬로바키아의 이러한 개혁 운동은 물론 서구로부터 공감과 반향을 불러일으켰지만, 당시의 국제적 상황에서 공감 이상의 지지를 얻지는 못하였다. 한편 체코슬로바키아가 편입되어 있는 소비에트 블록은 체코슬로바키아의 이탈을 허용할 용의가 없었다. 소련은 자신이 주도하는 소비에트 블록의 권력 약화를 우려하였고, 특히 국경을 접하고 있는 폴란드와 동독은 체코슬로바키아의 개혁 운동이 자신들의 국민들에 미칠 영향을 우려하였다.

이리하여 소비에트 블록의 공산당들은 1968년 3월의 모임에서 체코슬로바키아 공산당 지도부에게 반혁명의 위험을 경고하였고, 5월의 모스크바 회담은 체코슬로바키아 대표단에게 반혁명 세력에 대한 강력한 대응을 촉구하였으며, 이후의 모임에서는 체코슬로바키아에 대한 군사적 개입이 논의되기 시작하였다. 그리고 6월부터 시작된 체코슬로바키아 땅에서의 소련 군대의 훈련은 체코슬로바키아 내 개혁 세력에 대한 위협을 목표로 하고 있었다. 군사적 해결을 위한 계획이 점차 구체화되기 시작하였던 것이다. 이리하여 체코슬로바키아 공산당 지도부가 참여하기를 거부한 7월 중순의 바르샤바 회의의 다섯 나라, 즉 소련, 폴란드, 동독, 헝가리, 불가리아는 체코슬로바키아 사태를 파국적인 것으로 규정하고, 이른바 '브레즈네프 독트린(Brežněvova doktrína)'의 기초가 되는 사회주의와 사회주의 공동체의 이익을 지키기 위한 이웃 사회주의 국가의 내정에 개입할 권리와 의무를 내세워 체코슬로바키아 사태에 대한 개입을 선언하였다. 체코슬로바키아 공산당 지도부는 바르샤바 회의 5개국의 체코슬로바키아 내정에 대한 간섭을 거부하였고, 체코슬로바키아 국민들은 공산당 당 지도부의 이와 같은 외세의 간섭에 대한 저항에 거국적인 지지를 보냈다. 체코슬로바키아의 국가적 독립과 존엄이 달려 있는 문제인 만큼 함께 힘을 합하였던 것이다.

1968년 7월 말 슬로바키아의 치에르나나트티소우(Čierna nad Tisou)에서 있은 소련과의 쌍무 협정에서도 두프체크를 위시한 개혁파 지도자들은 바르샤바 조약 기구와 코메콘에 대한 체코슬로바키아의 책임은 다할 것을 맹세하면서도, 개혁 프로그램의 포기는 거부하였다. 그러나 공산당 지도부 내의 반개혁 세력의 견제도 만만치 않았다. 8월에 들어와 다음 달인 9월에 예정된 당 대회에서 반개혁 세력의 대부분이 당 지도부에서 탈락될 것이라는 소문이 나돌기 시작하였다. 반개혁 세력이 주도한 군사 위원회의 보고서도 이를 확인하였다. 모스크바 정부로서는 이제 체코슬로바키아 내의 반개혁 세력과 연대하여 무력행사에 의한 사태 해결을 내다 볼 수밖에 없었다.

1968년 8월 20일의 체코슬로바키아 공산당 중앙 위원회에서는 체코슬로바키아 내 반개혁 세력과 소련 정부 간에 사전에 수립된 쿠데타 계획에 따라 콜데르, 빌랴크, 인드라 등이 반혁명 세력에 대항할 군사적 도움을 요청하는 결의안의 채택을 강력하게 제안하였다. 그러나 이는 개혁 세력의 저지로 성공하지 못하였다. 하지만 이 시각에 이미 소련이 주도하는 바르샤바 조약군은 체코슬로바키아 국경을 향해 진격해 오고 있었고, 자정을 넘는 8월 21일 새벽에는 6천여 대의 탱크로 무장한 75만의 군대가 체코슬로바키아의 국경을 넘어섰다. 나중에 브레즈네프 독트린으로 정리되는 사회주의 이익을 보호하기 위한 사회주의 우방에 대한 군사적 개입이 실현되는 순간이었다.

동맹국에 의해 점령된 체코슬로바키아의 공산당과 국가 대표들인 두프체크, 체르니크, 스므르코프스키, 크리겔, 시몬(Šimon, B.), 슈파체크

(Špaček, J.) 등은 즉시 소련으로 끌려갔다. 그러나 자신들의 침입을 합법화해 줄 체코슬로바키아 공산당 내 반개혁 세력에 의한 꼭두각시 정부의 수립이라는 점령자들의 희망은 쉽게 이루어지지 않았다. 오히려 동맹국의 점령에 반대하는 체코와 슬로바키아 인들의 거센 반발에 직면하였다. 특히 방송의 역할이 돋보이는, 체코와 슬로바키아 인들의 대중적인 저항은 점령자와의 여하한 협력도 저지하였고, 모스크바에 억류된 체코슬로바키아 정치인들을 보호해 주는 든든한 배후 세력이 되어 주었다. 그러나 공포와 위협 속에서 진행된, 억류된 체코슬로바키아 정부 지도자들과 모스크바 정부 간의 회담은 결국 모스크바 의정서(moskevské protokoly)라는 불명예 조약으로 종결되고 말았다. 유일하게 크리겔이 서명하기를 거부한 이 의정서의 내용은 당시 공개되지 않았지만, 사회주의 사회의 이익을 보호하기 위한 체코슬로바키아 영토 내의 소련군의 주둔을 규정하는 1970년의 조약은 바로 이 의정서의 정신에 입각한 것이었다. 물론 모스크바 의정서의 체결 이후에도 체코슬로바키아 내에서는 점령군에 대항하는 저항이 계속되지만, 프라하의 봄으로 상징되는 개혁 운동을 다시 되돌릴 수는 없었다.

[그림 84] 시위 군중에 둘러싸인 소련군 탱크 (프라하, 1968년 8월 21일 직후)

12.4. 개혁 운동의 실패와 정상화(1968~1989년)

소련군이 중심이 된 5개국 바르샤바 조약군의 체코슬로바키아 점령은 체코슬로바키아 군대와 경찰 내의 소련군 첩보원들의 도움을 받아 아무런 무력적인 저항도 없이 성공적으로 이루어졌다. 그러나 동맹국에 의한 동맹국의 점령이라는 이 성공적인 군사 작전은 장기적으로 보면 사실상 동맹 체제의 붕괴라는 전략적 실패를 의미하는 것이었다.

점령군이 체코슬로바키아 국경을 넘어서려는 1968년 8월 20과 21일의 밤사이 프라하의 비소차니에 있는 체코-모라비아 콜벤-다네크(Českomoravská-Kolben-Daněk)기계공장, 즉 체카데(ČKD)에서는 체코슬로바키아 공산당 제14차 당 대회가 열리고 있었다. 각계각층으로부터 약 1200명의 대의원들이 참석한 이 비상 당 대회는 당 지도부의 점령군에 반대하는 결정을 지지하면서 새로운 중앙 위원회를 선출하였다. 그러나 대부분의 슬로바키아 대의원들은 이 대회에 참석하지 않았는데, 이후 체코와 슬로바키아는 8월의 점령을 두고 서로의 대응이 달랐다. 그리고 공산당의 예를 따라 체코슬로바키아 정부와 의회도 점령군에 동조하는 세력의 점령에 대한 합법화 시도를 단호히 저지하였고, 외무장관 하예크(Hájek, J.)는 유엔 안전 보장 이사회를 통해 공식적인 항의 성명으로 소련군에 의해 주도된 점령의 부당성을 지적하고 규탄하였다.

소련 정부와 모스크바에 억류되었던 체코슬로바키아 정치 지도자들 사이에서 체결된 모스크바 의정서에 대한 국민들의 실망은 대단히 큰 것이었지만, 체코슬로바키아 정치 지도자들에 대한 국민들의 믿음과 성원은 여전하였다. 그러나 8월 말 체코슬로바키아 공산당의 슬로바키아 지역 조직인 슬로바키아 공산당(Komunistická strana Slovenska)의 비상 당 대회 소집을 계기로 소련의 점령군에 저항하는 체코와 슬로바키아 국민들의 하나 된 투쟁에 금이 가기 시작하였다. 후사크(Husák, G.)가 주도한 이 비상 당 대회는 중앙 위원회의 선출과 국가의 연방화 이외의 사항에 대한 비소차니 당 대회의 결정에 대한 동의를 거부하였던 것이다. 그러나 이러한 결정은 체코슬로바키아 공산당이 정부를 장악하고 있는 국가 권력 체제상의 성격에 비추어볼 때 그 실제적인 의미는 미약하였다.

소련군의 점령 아래에서도 두프체크 정권은 개혁 프로그램 중에서 경제적인 개혁만이라도 살려내기 위해 지속적인 노력을 기울였고, 그 결과 최저 연금의 인상과 주 5일 노동제의 확보에 성공하였다. 1968년 12월에는 기업체들의 새로운 역할을 규정하고 있는 액션 프로그램의 기본 정신에 대한 승인을 얻어 내는데도 성공하지만, 날로 긴박해지는 정치 문제로 인해 그 실천은 뒷전으로 밀려나고 말았다. 점령군의 압박이 날로 가중되고 상당 기간 동안 체코와 슬로바키아 인들의 정신적 지주가 되어준 스보보다 대통령이 프라하의 봄의 개혁 운동 이전 상태로의 복귀를 의미하는 이른바 '정상화(normalizace)' 정책에 대한 지지로 돌아 섰음에도 불구하고, 체코슬로바키아 국민들의 소련군에 대한 저항과 개혁 운동에 대한 지지는 확고하였다. 그리고 개혁 운동의 정치 프로그램 중 유일하게 체코와 슬로바키아의 연방화(federalizace)가 1968년 10월 말 의회의 결정을 거쳐 1969년 1월 1일부터 시행에 들어간 것도 개혁 운동에 대한 국민들의 확고한 지지 때문이었다. 그리고 노동조합들로 하여금 소련의 압력에 반대하는 공산당 지도부에 대한 지지 대회를 갖도록 이끈 것도 두프체크를 정점으로 하는 개혁 세력의 성공이었다.

그러나 전체적인 흐름에서 보면 1968년 8월 말을 기점으로 대부분의 다른 바르샤바 조약군은 철수하고 거의 소련군으로 구성된 점령군이 차

[그림 85] 체코슬로바키아 사회주의 공화국의 연방화 (1969~1990년)

층 체코슬로바키아의 국내 정치를 장악해 나갔다. 그리고 11월 말에 이르면 체코슬로바키아 공산당 지도부 내에도 친소파가 득세하면서 공세를 취하기 시작하였다. 소련의 조종하에 이른바 '사회의 정화(očista společnosti)' 작업이 시작되고, 당 지도부에서는 제일 먼저 크리겔, 프르흘리크(Prchlík, V.)가 추방되었고, 스므르코프스키도 국회 의장직을 사퇴하지 않을 수 없었다. 개혁 운동의 유지와 지탱이 불가능하리라는 생각이 대내외적으로 만연하였다. 소련군의 침공에 대한 서방 사회의 규탄도 형식적인 선에서 그침으로서 체코슬로바키아가 소련 블록의 불가분의 일원이라는 사실을 내세워 이를 묵인하려 하였고, 형식적인 규탄이나마 시간의 흐름에 따라 잦아들면서 '프라하의 봄'은 점차 '잊힌 봄'이 되어 가고 있었다. 이러한 분위기 속에서 많은 체코와 슬로바키아 인들이 이민을 떠나게 되었고, 특히 자질과 능력을 갖춘 지식인들의 대량 이민은 향후 체코슬로바키아 사회의 발전에 적지 않은 손실을 안겨다 주었다.

1968년 1월 개혁파의 연대에 의해 노보트니 체제를 무너뜨리고 두프체크 체제를 출범시킨 지 꼭 1년이 되는 1969년 1월의 체코슬로바키아는 하루가 다르게 개혁 운동이 시작되기 이전의 상태로 되돌아가고 있었다. 그럼에도 불구하고 그 되돌아가는 속도가 너무 느리다고 판단한 소련 지도부는, 특히 프라하의 봄을 주도한 인물들에 대한 탄압을 한층 더 강화하기 시작하였다. 이러한 분위기는 특히 젊은이들에게 극단적인 절망감과 반발심을 불러일으켰고, 1969년 1월 16일 카렐 대학교 철학부 학생 팔라흐(Palach, Jan, 1948~1969)의 분신자살로 폭발하였다. 그의 분신은 곧 자이츠(Zajíc, J.)와 플로체크(Plocek, F.)의 분신으로 이어지면서 체코슬로바키아 사회를 경악시켰고, 1월 25일에 있은 팔라흐의 장례 행렬은 점령군에 항의하는 체코와 슬로바키아 인들의 시위 행렬이 되었다.

[그림 86] 얀 팔라흐의 학생증 (카렐 대학교, 1968년)

한편 결정적인 기회를 엿보던 소련 정부는 1969년 3월 20일 세계 아이스하키 선수권 대회 결승전에서 체코슬로바키아 대표 팀이 소련 대표 팀을 격파한 후 프라하 등지에서 체코 시민들이 격렬한 시위를 벌리자, 이를 구실로 삼아 체코슬로바키아 공산당 지도부의 교체에 착수하였다. 그런데 이날의 시위에서는 소련 항공사 아에로플로트(Aeroflot)의 프라하 사무실이 파괴되기도 하였는데, 파괴를 주도한 사람들의 신원은 결국 밝혀지지 않았지만 불순한 의도의 선동자들에 의한 행위일 가능성이 높은 것으로 추정되었다. 물론 비슷한 시위가 체코의 다른 지역에서도 있었다. 결국 소련 정부의 강력한 항의로 체코슬로바키아 공산당 중앙 위원회는 1969년 4월 17일자로 개혁파 지도자 두프체크를 퇴진시키고, 슬로바키아의 야심적인 정치가인 후사크(Husák, Gustáv, 1913~1991)를 당 서기장으로 선출하였다. 이리하여 후사크 정권의 표현에 따르면 이른바 '반동(reakce)'과 '반혁명(kontrarevoluce)'의 시기가 가고 '진정한 사회주의 시기(období reálného socialismu)'가 도래하게 된 것이다.

[그림 87] 얀 팔라흐와 얀 자이츠 추모비 (바츨라프 광장)

후사크 체제의 출범은 수십 명의 개혁파 인사들과 수정주의자들의 당 중앙 위원회로부터의 축출로 시작되었다. 그리고 8월의 소련군 침공 1주년을 기한 대규모 군중 시위는 무장 경찰의 발포로 수십 명의 사상자를 내며 간단히 진압되었다. 9월 말의 당 중앙 위원회는 두프체크와 스므르코프스키도 중앙위원으로부터 축출함과 동시에, 공산당과 체코슬로바키아 사회 전반에 걸친 대규모 숙청에 착수하였다. 1971년 봄까지 계속된 이 숙청에서 약 50만 명의 공산당원들이 당원 자격을 상실하였으며, 군

지도부의 17%와 경찰 간부의 $\frac{1}{3}$ 가량이 교체되었다. 그러나 무엇보다도 가장 큰 타격을 입은 분야는 역시 학문, 예술, 문화 분야였다. 그리고 지역적으로는 슬로바키아 지역이 체코 지역에 비해 그 숙청의 정도가 훨씬 낮았다. 물론 숙청으로 새로 생긴 자리는 신진 세력으로 채워졌지만, 이 중에서 보다 중요하고 보다 보수가 좋은 자리는 이른바 노멘클라투라(nomenklatura)에 속하는 공산당 당원들의 몫이었다.

소련의 지령과 조종에 따라 움직이는 체코슬로바키아 정치의 현실을 문서로 확인한 것이 1970년 5월의 체코슬로바키아-소련 상호 원조 협력 조약(Smlouva mezi SSSR a ČSSR o vzájemné pomoci a spolupráci)인데, 소련군 부대의 증파에 관한 비밀 조항까지 포함하고 있는 이 조약의 체결로 체코슬로바키아는 소련의 명실상부한 속국이 되었다. 따라서 당과 국가의 간부직은 모스크바의 지령을 충실히 따르는 인물들로 채워졌는데, 이들 중에서는 빌랴크(Biľak, V.)의 영향력이 가장 막강하였다. 그는 이른바 '정상화(normalizace)' 운동의 이론가인 포이티크(Fojtík, J.)와 더불어 1970년 12월 '제13차 체코슬로바키아 공산당 대회 이후 당과 사회의 위기적 사태로부터의 교훈'이라는 긴 이름의 지침서를 내놓았다. 이 지침서는 개혁 운동 이전의 정상을 되찾겠다는 이른바 정상화 운동에 이론적 근거를 제공한 네오스탈린주의(neostalinismus), 즉 신(新)스탈린주의 선언으로서, 향후 20년간 당의 기본적인 이데올로기 교본이 되었다. 프라하의 봄의 개혁 운동을 전후한 체코슬로바키아의 역사를 완전히 거꾸로 보고 있는 이 지침서는 소련의 침공을 '형제적, 인터내셔널적 원조(bratrská a internacionální pomoc)'로, 1968~1969년의 사태를 '반혁명'으로 규정하였다.

1971년 11월 정상화 시기의 최초의 선거는 공산당으로서는 예상 밖의 성과를 가져왔다. 그런데 사전의 철저한 숙청을 통해 얻은 공산당과 민족 전선의 후보들에 대한 거의 100%에 가까운 지지는 외면상으로는 정상화 운동의 완전한 성공을 의미하는 것이지만, 다른 한편에서 보면 인민들의 정치적 무관심과 선거의 강제성을 드러내 보이는 것이었다. 경찰의 비밀 정보원과 당의 앞잡이들에 의한 엄밀한 감시 속에서 치러진 선거는 국민들이 다른 목소리를 내지 못하게 막아 버렸고, 사회단체들에 대한 철저한 통제는 인민들의 불만의 표출을 원천적으로 차단해 버렸다.

한편 1968년 프라하 비소차니에서 있었던 제14차 당 대회를 취소하면서 새로이 개최된 1971년 5월의 공식적인 제14차 당 대회에서 후사크는 정상화가 완료되었음을 선언하고, 이를 확고하게 지키는 것만이 향후 당이 취해야 할 과제라고 역설하였다. 1975년에는 대통령직까지도 넘겨받게 된 후사크 정권의 최대 목표는 현상 유지였다. 위성 국가에서의 평온과 현상의 유지는 종주 국가로서도 또한 바라는 바로서, 소련은 상징이 될 만한 원조로써 이에 보답하였다. 즉, 소련은 1974년 초반부터 운행에 들어간 프라하 시의 지하철 건설에 대한 원조를 제공하였고, 1978년 체코 우주인 레메크(Remek, V.)의 소련 우주선 탑승을 주선하였다. 그리고 후사크 정권 스스로도 이른바 정상화 정권의 출범과 후사크 자신에 의해 선언된 '진정한 사회주의 시기'의 시작을 기리고 상징하기 위해 대형 건축물들을 건설하기 시작하였는데, 프라하 시의 지하철 건설과 고속 도로 건설, 그리고 당 대회용의 용도와는 이름이 걸맞지 않는 프라하 시의 문화 궁전(Palác kultury), 브라티슬라바 시의 성곽 개축과 다뉴브 강을 가로지르는 교량 건설 등이 대표적인 것들이었다. 물론 이와 같이 인민들의 관심을 끌기 위한 대형 건축물의 건설은 전국의 각 지방에까지도 확산되었다.

개혁 운동을 좌절시키고 정상화 운동을 출발시킨 후사크 정권과 배후의 소련 정부로서는 인민들의 생활수준 향상이 가장 중요한 과제 중의 하나였다. 중앙에서의 계획에 토대를 둔 철저한 통제 경제가 생산의 증대를 가져오는 등, 처음에는 일단 성공적인 것으로 보였다. 그러자 이에 자신을 얻은 정부는 소비주의를 부추기고 물질주의를 권장하며, 심지어 근무 정신의 태만과 점증되는 암시장에 대해서도 관용적인 태도로 임하였다. 하여간 1970년대 초반의 국민 생활수준은 꾸준한 상승 추세를 타고 있었고, 경제에서의 성공이 정치적, 문화적 압제에 대한 얼마간의 보상을 제공하는 듯하였다. 그러나 1970년대 중반에 접어들면서 소비를 장려하는 소비주의가 정치적 탄압에 대한 보상 제도로서의 기능을 상실하게 되었다. 통제 경제 체제를 유지하면서 투자와 생산을 지속적으로 늘려가려는 후사크 정권의 노력이 한계점에 다다른 것이다. 게다가 1973~1974년의 석유 파동도 체코슬로바키아 경제의 어려움을 가중시켰다. 그 자체가 부패한 정권이 부추기는 물질주의는 오히려 냉소주의, 탐욕, 가족 이기주의, 부패, 노동 규율의 타락과 같은 부작용을 초래하였다. 결국 경제적 쇠퇴와 생활수준의 퇴보는 체코슬로바키아 사회를 정치적 자유도 없고, 경제적 번영도 없는 사회로 만들어 가고 있었던 것이다.

통제 경제하의 체코슬로바키아 경제는 시간이 흐를수록 그 병폐가 깊어갔다. 만성적인 재투자의 부족으로 기계와 설비들의 노후화는 거의 모든 공장으로 확산되었으며, 기술 수준의 낙후, 유통 구조의 후진성, 낮은 생산성은 생산품의 질적 저하를 초래함은 물론이고, 생산가의 상승을 유발하였다. 그리고 공산권을 상대로 해야 하는 역내 경제의 특성상 다양한 제품을 생산하지 않을 수 없고, 이는 체코슬로바키아와 같은 작은 경제 규모의 나라로서는, 특히 원료와 에너지 자원을 수입에 의존해야 하는 형편에서는 능력의 한계를 넘는 것이었다. 그리고 특히 슬로바키아에 집중되어 있는 거대한 무기 공장들과 같이 에너지 수요가 높은 중공업의 에너지 수요를 충당하기 위한 과도한 원자력 발전소들의 건설과 거대한 가프치코보-너지마로시(Gabčíkovo-Nagymaros) 댐 건설 공사는 투자 재원을 극도로 고갈시키고, 심각한 환경 문제를 유발하였다. 그런데 실적 위주의 경제가 몰고 오는 생태계의 파괴와 환경오염에 관한한 북부 체코 지방의 사정이 가장 열악하였다. 특히 이 지역에 집중되어 있는 화학 발전소들이 뿜어내는 분진은 대기를 완전히 오염시켜 이 지역과 인근 지역의 생태계에 대한 파괴는 말할 것도 없고, 주민들의 생존까지 위협할 정도로 심각한 것이었다.

체코슬로바키아는 다른 사회주의 국가에 비해 대외 부채는 별로 많지 않았다. 그 대신 아시아와 아프리카 등지의 사회주의 국가들에 대한 경제 원조를 위해 국력의 상당 부분을 희생해야만 했다. 더욱이 이들 국가들이 체코슬로바키아로부터 수입하는 공산품과 설비에 대한 미지불 금액의 증가는 체코슬로바키아의 국제 수지를 압박하였다. 물론 제3세계 국가들에 대한 무기와 탄약의 수출, 생산가 이하의 출혈 수출, 풍부한 자원인 목재의 수출 등이 균형 수지의 유지에 적지 않은 도움이 되었다. 그러나 1980년대 중반부터 체코슬로바키아의 경제 위기는 더욱 심화되어 갔다. 근본적인 개혁이 없이는 해결할 수 없는 한계점에 달하였음에도 불구하고, 후사크 정권은 이를 외면하였다. 1985년 3월 고르바초프(Gorbačov, M.)의 등장과 함께 불어 닥친 개혁(perestrojka)과 개방(glásnošt)의 바람도 체코슬로바키아에서는 불지 않았다. 1987년 후사크 대신 야케시(Jakeš, M., 1922~)가 당 제1서기 직을 이어 받았지만 역시 아무런 변화가 없었다. 뒤늦게나마 아다메츠(Adamec, L.) 수상이 개혁의 필요성을 깨닫고 이를 시도하였으나, 그의 개혁은 실현에 옮겨 보지도 못한 채 이미 동유럽 대혁명의 거대한 파도 속에 파묻히고 말았다.

1968년 프라하의 봄이 무산되고 이른바 정상화가 시작되었을 때 새로운 체제에 반대하는 개인과 그룹이 없지는 않았지만, 이들의 활동은 극히 미미하였고 지속적이지도 못하였다. 그리고 체제에 반대하거나 거슬리는 인사들에 대한 수차례의 형식적인 재판을 통한 투옥이 있었지만, 이 또한 1950년대의 그것에 비교할 수 있는 정도는 아니었다. 1970년대 중반까지의 체코슬로바키아 사회는 후사크 정권의 의도대로 평온과 정상을 유지하고 있었다. 그러나 반대의 목소리를 영원히 잠재울 수는 없는 것으로서, 1977년 1월 1일 다양한 계층을 대표하는 일련의 인사들이 모여 체코슬로바키아가 가입하고 있는 유엔 헌장과 체코슬로바키아도 참여하고 있는 1975년 헬싱키 선언이 보장하는 인권, 그리고 체코슬로바키아 헌법이 보장하고 있는 인권을 체코슬로바키아 정부가 제대로 준수할 것을 요구하면서 77 헌장(Charta 77) 그룹을 출범시켰다. 243명의 서명에 의한 선언서 채택으로 출발한 이 그룹의 서명자 중에는 1968년 프라하의 봄 때 공산당 중앙 위원회 서기였던 믈리나르시(Mlynář, Z.), 역시 중앙 위원이었던 슬라비크(Slavík, V.), 2000어 선언의 기초자였던 작가 바출리크(Vaculík, L.)와 작가 코호우트(Kohout, P.) 등이 포함되어 있었다. 그리고 제2차 세계 대전 이후 가장 저명한 체코의 사상가이자 철학가인 파토츠카(Patočka, J.), 1968년 당시 외무 장관이던 하예크(Hájek, J.), 1989년의 체코슬로바키아 혁명을 주도하고 대통령이 되는 극작가 하벨(Havel,

V.) 등은 이 그룹을 사실상 주도한 대변인들이었다.

77 헌장 그룹은 인권의 침해를 감시하고, 인간의 자유와 권리를 강화하고 보호하기 위한 대안을 제시하며, 이러한 문제들로 인해 분쟁이 발생하였을 때에 조정자 역을 담당한다는 것을 목표로 제시하고 있었음에도 불구하고, 후사크 정권은 매우 과민한 반응을 보였다. 체코슬로바키아 주둔 소련군과 비밀경찰에 의존하고 있는 정권의 취약성을 엿보게 하는 대목이었다. 그리하여 서명자들의 일부는 직장을 잃거나 여러 가지 불이익을 감수해야 했고, 일부는 감옥을 드나들어야 했다. 가령, 처음부터 이 그룹을 주도한 하벨의 경우 3차례에 걸친 5년여의 감옥 생활의 고초를 겪어야 했다. 물론 체코슬로바키아의 언론에는 77 헌장의 선언서가 공식적으로 공개된 바가 없었지만, 정부는 언론을 동원하거나 서명 운동을 통해 반(反)헌장(Anticharta) 운동을 대규모로 전개하였다. 그러나 이러한 어려움에도 불구하고 77헌장 그룹의 서명자 수는 꾸준히 늘어나 1985년에는 약 1200명, 1989년에는 1886명에 이르고, 발표한 성명서의 수도 70건이 넘었다.

그리고 이 그룹과 긴밀한 연계 속에서 1978년에 결성된, 부당하게 처벌받은 피해자들을 위한 변호 위원회(Výbor na obranu nespravedlivě stíhaných-VONS)도 정부에 의한 개인의 인권 침해에 대한 보고서를 작성하고 성명을 발표함으로써 피해자들에 대한 도움을 제공함과 동시에, 전체주의 정권의 부당성을 고발하고 폭로하였다. 그러나 77 헌장을 필두로 한 반체제 그룹의 가담자가 국민의 지극히 일부에 불과하였고, 대다수의 국민이 침묵으로 일관하였다는 사실은 전체주의 사회하에서의 체코슬로바키아 반체제 운동의 한계성을 의미하는 것이었다. 하지만 77 헌장으로 대표되는 체코슬로바키아의 반체제 운동이 제2차 세계 대전 이후 체코슬로바키아가 통과하지 않으면 안 되었던 스탈린주의와 네오스탈린주의의 길고 긴 어둠의 터널을 밝혀 준 작은 등불이 되었던 사실은 간과할 수 없다. 이웃한 폴란드의 경우가 노동자들이 중심이 된 대규모적인 반체제 운동이었던 것과는 달리, 체코슬로바키아의 경우는 소규모 지식인들이 중심이 된 소규모적인 반체제 운동에 불과했지만, 이 운동이 1968년의 프라하의 봄 운동의 정신을 계승하면서 1989년의 민주 혁명으로 가는 길고 긴 어둠의 길을 밝혀 준 희망의 등불이 되어준 것은 틀림없는 사실이었다.

12.5. 전후(前後)의 체코슬로바키아 문화(1945~1989년)

제2차 세계 대전 직후의 체코슬로바키아는 정치적, 경제적 어려움에도 불구하고 학문과 문화 분야에서의 괄목할만한 발전을 이룩하였다. 전쟁으로 막혔던 바깥 세계에로의 문이 활짝 열림으로써 중단되었던 학문적, 문화적 교류가 활발하게 진행되었다. 서유럽과의 학술, 문화 교류뿐만 아니라 소련과의 학술, 문화 교류도 크게 증대되었다. 여러 학술 분야의 세계적인 학자들의 프라하 왕래가 빈번해졌고, 일련의 이름 있는 학술 대회들이 프라하에서 개최되었다. 당대의 이름 있는 문학, 음악, 영화 분야의 작품들이 그때그때 소개되었고, 세계적인 예술가들이 프라하를 방문하였으며, 1946년 봄부터 시작된 프라하의 봄 국제 음악 축제(Mezinárodní hudební festival Pražské jaro)는 세계 각지의 음악 애호가들과 연주가들이 참여하는 국제적인 음악행사로 정착하였다.

제2차 세계 대전이 끝나는 1945년부터 1948년 공산 정권이 들어서기까지의 체코슬로바키아 문화계의 특징 중의 하나는 좌파 계열과 우파 계열 간의 상호 경쟁적 공존이며, 양 진영 간의 활발한 논쟁이었다. 많은 작가들과 예술인들이 전쟁 이전의 경향에 따라 좌파 예술을 지지하면서 우파 계열의 작가들과 맞섰다. 프라하 대학의 철학부에서는 철학자 코자크(Kozák, J. B.)와 비평가 체르니(Černý, V., 1905~1987)가 마르크시즘에 대한 강한 비판을 제기하였는데, 좌파 계열의 대변지인 '창작(*Tvorba*)'과 '문화 정책(*Kulturní politika*)'이 문화의 혁명적 역할에 역점을 두었던 것과는 달리, 체르니의 '비평 주간(*Kritický týdeník*)'과 페로우트카(Peroutka, F.)의 '오늘(*Dnešek*)'은 문화의 독자적 역할을 강조하면서 활발한 논쟁을 전개하였다. 그리고 체코 아방가르드 문학의 탁월한 이론가인 타이게(Teige, K.)

도 사회주의 사회 건설의 도구로서의 사회주의 리얼리즘 문학에 반대하는 입장을 표방하면서 논쟁에 가담하였다.

전후에 발간된 산문 중에서는 나치 수용소에서 희생당한 푸치크(Fučík, J., 1903~1943)의 『교수대로부터 쓴 르포르타주(*Reportáž psaná na oprátce*)』가 전쟁의 생생한 체험을 바탕으로 쓴 감동 깊은 순교서로서 국내외 독자들의 심금을 울렸다. 무하(Mucha, J.)와 드르다(Drda, J.)의 소설들도 전쟁의 쓰라린 경험을 소재로 하였다. 그러나 전후의 체코 문학을 주도한 장르는 역시 서정시였다. 사이페르트, 홀란, 자바다, 미쿨라셰크(Mikulášek, O.) 등이 시집을 출간하였고, 보다 젊은 세대들인 하우코바(Hauková, J.), 카이나르(Kainar, J.), 콜라르시(Kolář, J., 1914~2000) 등은 그룹 42(Skupina 42)의 일원으로서 매일의 일상에 대한 문학적인 소재화를 추구하였다. 이 중 콜라르시는 1959년 이후 시작을 거의 포기하고 콜라주 미술로 전향하였다. 부리안(Burian, E. F., 1904~1950)이 자신의 D 34 극장(divadlo D 34)을 통해 주로 좌파 경향의 정치적 세타이어 극을 무대에 올렸고, 보스코베츠와 베리흐는 1948년 공산 정권의 등장으로 활동을 중단할 때까지 자신들의 V+W 극장(Divadlo V+W)을 통해 주로 감상주의, 쇼비니즘, 섐아트(sham art), 속물근성을 통렬하게 풍자하는 사회 풍자극을 무대에 올렸다.

전후의 체코 비평은 네예들리(Nejedlý, Z.)의 마르크스주의 비평과 체르니와 할루페츠키(Chalupecký, J.)의 반(反)마르크스주의 비평의 대립 구도 속에서 초이념적인 무카르조프스키(Mukařovský, Jan, 1891~1975)의 구조주의 미학에 입각한 구조주의 비평이 가장 큰 영향력을 행사하였다. 러시아 형식주의, 19세기 체코의 미학 이론가인 호스틴스키(Hostinský, O.), 20세기 전반기 체코 비평의 거장 샬다의 영향을 바탕으로 무카르조프스키는 예술의 모든 구성 요소가 불가분의 상관관계 속에서 역동적으로 결합되어 있다는 총체론적 구조(holistická struktura)로서의 예술이라는 구조주의적 예술론을 구축하였다. 동시에 그는 미적 규범과 미적 표준이 변증법적 발전 과정을 거치면서 끊임없이 변천한다는 독창적인 예술 발전론을 전개시켰는데, 이러한 그의 예술론은 1948년에 출간된 『체코 시학

노트 I, II, III(*Kapitoly z české poetiky I, II, III*)』, 1966년에 나온『미학 연구(*Studie z estetiky*)』, 1982년의『시학 연구(*Studie z poetiky*)』 등에 집대성되었다.

조형 예술도 전쟁 이전의 활동을 회복하였다. 즈르자비(Zrzavý, J.), 티히(Tichý, F.) 등의 구세대 화가들 이외에도 홀라르 그룹(spolek Hollar)의 그로스(Gross, F.), 스메타나(Smetana, J.), 지브르(Zívr, L.) 등이 그룹 42와의 연계 속에서 활발한 활동을 전개하였다. 1947년 11월 프라하에서 열린 국제 초현실주의 전시회에는 체코의 초현실주의 그룹인 그룹 라(Skupina Ra)에 속하는 화가들인 지크문트(Zykmund, V.), 이스틀레르(Istler, J.), 티칼(Tikal, V.) 등이 작품을 출품하였다.

슬로바키아의 화가들 중에서는 소콜(Sokol, K.), 풀라(Fulla, L.) 등이 꾸준한 활동으로 국제적인 명성을 얻었고, 마예르니크(Majerník, C.), 무드로흐(Mudroch, J.), 체르미츠키(Čermický, L.), 시메로바(Šimerová, E. M.) 등도 이 시기의 슬로바키아를 대표하는 화가들이었다. 슬로바키아 그래픽 아트는 이 시기에 들어와 전성기를 구가하는데, 이는 소콜, 흘로쥬니크(Hložník, V.), 브루노프스키(Brunovský, A.), 칼리(Kálly, D.), 가죠비치(Gažovič, V.), 온드레이츠카(Ondrejčka, K.) 등의 활약의 결과였다. 그리고 20세기 팝아트의 선구자인 앤디 워홀(Warhol, Andy)의 본명은 안드레이 바르홀라(Varchola, Andrej)로서 슬로바키아 이민 가족을 부모로 피츠버그에서 태어났는데, 그의 부모의 고향인 동부 슬로바키아의 메드질라보르체(Medzilaborce)에는 그에게 헌정된 박물관이 있다. 이 시기의 대표적인 슬로바키아 조각가들로는 코니아레크(Koniarek, J.), 바르트파이(Bártfay, T.), 코스트카(Kostka, J.), 마트헤(Mathé, I.), 스노페크(Snopek, L.) 등을 들 수 있다.

1945년 영화 산업의 국유화로 인한 초반의 부진에도 불구하고 체코슬로바키아 영화는 높은 수준을 유지하였는데, 이를테면 스테클리(Steklý, K.) 감독의 '사이렌(*Siréna*)'은 1947년 베니스 영화제에서 최고상을 받았다. 이외에도 크르슈카(Krška, V.)의 '유혹하는 강(*Řeka čaruje*)', 프리치(Frič, M.)의 '차페크 이야기들(*Čapkovy povídky*)', 라도크(Radok, A.)의 '머나먼 길(*Daleká cesta*)' 등이 우수 영화로 인정받았다. 그리고 트른카(Trnka, J.)와 티를로바(Týrlová, H.)로 대표되는 유명한 체코 애니메이션 영화 학파가 국제적인 명성을 얻기 시작한 것도 이때였다.

인류 최대의 비극으로 꼽히고 있는 제2차 세계 대전이라는 전쟁으로부터 그리고 나치의 강점으로부터 해방된 전후 시대, 즉 작가 슈크보레츠키가 '나일론 시대(nylonový věk)'라고 부르는 전후 시대의 고조된 분위기를 가장 직설적으로 표현한 것이 재즈 음악이었다. 전쟁 말기 이미 유럽에 주둔하고 있던 미군 병사들에게 뉴스와 음악을 송파하는 미군 방송인 압세(ABSE)를 통해 주로 젊은 층에 파고들어 이들을 사로잡은 재즈 음악은 전후의 체코 음악을 지배하였다. 블라흐(Vlach, K.)의 오케스트라가 체코 팬들에게 재즈 음악을 소개하였고, 그는 또한 미국에서 돌아온 베리흐와 더불어 그때까지만 해도 새로운 장르인 '마술 항아리(*Divotvorný hrnec*)'라는 뮤지컬을 체코 무대에 올렸다.

나치 점령기에서 해방된 체코슬로바키아 문화는 이제 새로운 도약의 채비를 채 갖추기도 전에 1948년의 2월 정변을 기점으로 기나긴 동면기에 접어들고 말았다. 예술을 통한 혁명 의식과 사회주의 의식의 함양이라는 정치적 실용성과 선동성에 바탕을 둔 사회주의 리얼리즘(socialistický realismus)은 체코슬로바키아의 문화 전반을 질식시키기에 충분하였다. 1934년 제1차 소비에트 작가 연맹 이래 사회주의 예술의 지침서가 된 이 사회주의 리얼리즘, 즉 사회주의 사실주의는 말이 사실주의이지 실제로는 피상적이고 판에 박은 듯한 선전적 사실주의로서, 예술의 여하한 실험성은 배제하면서도 값싼 감상주의와 공허한 수사로 가득한 공장 소설이라든가 반제국주의 멜로드라마만을 양산하여 예술을 정치적 선전 도구로 전락시키고 말았다. 모든 문화생활의 척도가 된 사회주의 리얼리즘은 부르주아적인 서구 예술과의 단절을 의미하는 것으로서, 특히 서구의 모더니즘 문학, 모더니즘 예술, 재즈와 록 음악 같은 현대 음악을 금기시하였다. 그리고 현재까지의 독립적인 예술 문화 단체들은 모두 해산되고, 이들은 다 중앙의 통제를 받는 체코슬로바키아 작가 연맹(Svaz československých spisovatelů)으로 통합되었으며, 학술 단체들은 체코슬로바키아 과학 아카데미(Československá akademie věd)로 통합되었다. 물론 이들은 모두가 소련의 모델에 따른 것으로서 대부분의 학술 및 문화 교류도 소련과의 사이에서 이루어졌다.

체코와 슬로바키아의 전후 지식인들의 상당수는 헌신적인 공산주의자들이었다. 이들은 노동자들에게 혁명 의식을 불어넣기 위한 노력에 열성을 아끼지 않았다. 스탈린주의의 엄격한 문화적 규범이 이들에게 환멸을 안겨준 것은 사실이지만, 그렇다고 사회주의 이상을 포기한 것은 아니었다. 그러다가 1960년에 접어들면서 이들은 보다 진보적인 젊은 세대의 지식인들과 더불어 이른바 '인간의 얼굴을 한 사회주의'라는 슬로건을 내걸고 사회주의 리얼리즘의 도그마를 극복하기 위한 개혁 운동에 동참하였다. 예술과 문화에서도 소위 말하는 '해빙기'가 도래한 것이다. 이렇게 하여 1963년의 국제 카프카 학회에서 1968년의 소련군 침공에 이르기까지의 지극히 짧은 기간이지만 '작은 황금기'로 불릴 정도로 예술과 문화의 발전은 실로 눈부신 것이었다.

이 기간의 예술은 스탈린주의 아래에서는 상상도 할 수 없는 것들이었다. 카프카의 부조리 문학, 수정주의 마르크시즘, 실존주의, 부조리 극, 블랙 유머, 프리섹스 등의 영향이 뚜렷하였다. 우선 새로운 문학을 표방한 이 시기의 체코 문학은 소설이 주도하였는데, 슈크보레츠키(Škvorecký, Josef, 1924~)는 『비겁자들(*Zbabělci*)』을 통해 재즈 음악의 대중문화를 소련의 지령 문화에 대비시키면서 새롭고 보다 개성적인 가치를 모색하고 있는 젊은이들을 그렸다. 바출리크(Vaculík, Ludvík, 1926~)의 『도끼(*Sekyra*)』는 당에 대해 거짓을 말하든지 아니면 침묵하든지를 강요받고 있는 한 젊은 저널리스트의 심리적 갈등 관계를 다룬 소설이고, 클리마(Klíma, Ivan, 1931~)의 『침묵의 시간(*Hodina ticha*)』은 시민들의 진정한 요구와 필요에 냉담한 사회주의 체제를 신랄하게 비판한 소설이다.

유머와 그로테스크 문학의 대가인 흐라발(Hrabal, Bohumil, 1914~1997)은 하셰크(Hašek, J.) 문학의 진정한 계승자로서 그로테스크하고 코믹한 유형의 인물들을 그리고 있는데, 때로는 초현실주의의 극단적인 경지에까지 다다르곤 한다. 그의 단편집 『땅에 떨어진 진주(*Perlička na dně*)』와 『별난 사람들(*Pábitelé*)』은 그로테스크한 상상과 화려한 말씨로 자신의 존

[그림 88] 작가 보후밀 흐라발 (1988년)

재 가치를 기형화시키는 괴벽스러운 주인공 페핀(Pepin) 아저씨를 등장시키고 있고, 『엄중히 감시받는 열차(*Ostře sledované vlaky*)』는 자신의 성적 무능을 극복하고 나치 독일의 탄약 수송 열차를 폭파시킴으로써 자신도 모르는 사이에 전쟁 영웅이 되는 한 젊은이의 비극적 삶을 그로테스크한 필치로 그리고 있다. 푸크스(Fuks, Ladislav, 1923~1994)의 『테오도르 문트스토크(*Pan Theodor Mundstock*)』는 집단 수용소의 고난을 극복하기 위해 미리 고된 훈련 과정을 밟아 오던 한 늙은 유대인이 자신을 수용소로 실어가기 위해 도착한 수송 트럭에 깔려 죽는다는 아이러니 소설로서, 파토스와 유머와 그로테스크가 충만한 소설이다.

이 시기의 체코 문학은 쿤데라(Kundera, Milan, 1929~)의 소설 『농담(*Žert*)』의 출간으로 절정에 달했다고 볼 수 있겠는데, 특히 스탈린주의와 스탈린주의에 희생된 젊은이들의 삶과 사랑을 냉소적인 시각으로 조명하고 있는 이 소설은 루이 아라공으로부터 금세기 가장 위대한 소설 중의 하나라는 평가를 받으면서 세계 대부분의 주요 언어들로 번역됨으로써 세계 문학의 유산이 됨과 동시에 체코 문학의 국제적 위상을 높이는데 크게 이바지하였다. 정치와 섹스가 교모하게 교직되어 있고 극단적인 아이러니가 주류를 이루는 소설 『농담』의 분위기는 그의 단편 모음집인 『우스꽝스런 사랑들(*Směšné lásky*)』 속에서도 유지되고 있는데, 이러한 쿤데라 소설의 특징은 그의 모든 소설을 일관하고 있는 특징이기도 하다. 파랄(Páral, Vladimír, 1932~) 역시 쿤데라와 마찬가지로 섹스의 희비극적 측면과 블랙 유

[그림 89] 작가 밀란 쿤데라 (1980년)

머에 치중하면서 사회주의의 모순을 폭로하고 있는 소설가로서, 『투석기(*Katapult*)』, 『연인과 살인자(*Milenci a Vrazi*)』 등의 작품이 있다. 인간의 극단적인 소외를 다룬 린하르토바(Linhartová, Věra, 1938~)도 이 시기의 뛰어난 소설가 중의 한사람이었다.

한편 전후의 슬로바키아 문학의 가장 인기 있는 주제는 전쟁 중의 빨치산들의 대(對)나치 독일군에 대항한 유격전과 1944년의 슬로바키아 봉기였다. 그 후 1948년 공산 정권의 수립 이후에는, 체코의 경우와 마찬가지로, 사회주의 리얼리즘에 입각한 문학이 주류가 되고, 1953년 스탈린과 고트발트의 사망 이후에는 반(反)스탈린주의 문학도 등장하기 시작한다. 베드나르(Bednár, A., 1914~1989)의 1954년 소설 『유리 봉우리(*Sklený vrch*)』가 그 시작이라면, 1956년 소설 『시간과 분(*Hodiny a minúty*)』에서는 스탈린주의의 위선과 부패에 대한 노골적인 적개심이 드러나고 있다. 헤츠코(Hečko, F., 1905~1960)의 소설 『적포도주(*Červené víno*)』는 농촌 풍경을 담고 있고, 야시크(Jašík, R., 1919~1960)의 『성 알쥬베타 광장(*Námestie svätej Alžbety*)』은 전쟁 중의 슬로바키아 유대인들의 사랑과 수난을 그리고 있다. 공산주의 작가로 출발한 타타르카(Tatarka, D., 1913~1989)는 『순응의 악마(*Démon súhlas*)』에서 반스탈린주의 경향으로 전향하였고, 1968년 소련군 침공 이후에는 슬로바키아의 대표적인 반체제 인물이 되었다. 그러나 이 시기의 가장 대표적인 슬로바키아 반체제 작가로서 해외에 가장 많이 소개된 작가가 므냐츠코(Mňačko, Ladislav, 1919~1994)인데, 공산주의 작가에서 전향한 그는 1968년 소련군 침공 이후 탄압을 피해 오스트리아로 망명하였다. 특히 예술가들의 예술적 자유에 대한 정부 당국의 통제를 강력하게 비난하고 있는 그의 1963년 소설 『지연된 르포르타주(*Oneskorené reportáže*)』는 스탈린주의의 탄압을 조명하고 있고, 1967년 소설 『권력의 맛(*Ako chutí moc*)』은 권력의 상층부를 차지하고 있는 자들의 권력 남용에 초점을 맞추면서 공산 정권의 잘못에 대한 통렬한 비판을 담고 있다. 야룬코바(Jarunková, K., 1922~)는 성장 소설로 명성을 얻은 이 시기의 대표적인 여류 소설가였다.

전후 세대의 체코 시인들 중에서는 드보르자크(Dvořák, L.), 스카첼

(Skácel, J.), 디비시(Diviš, I., 1924~1999), 노바크(Novák, L.) 등의 활동이 두드러졌고, 전전 세대인 사이페르트와 흐루빈은 프라하의 봄의 개혁 운동에 적극적으로 동참하였다. 홀란(Holan, V., 1905~1980)이 오랜 침묵을 깨고 1963년 한 해에 세 권의 시집을 출간하면서 지도적인 체코 시인의 자리를 회복하였고, 사이페르트 또한 긴 침묵을 깨고 1967년 『종들의 주조(*Odlévání zvonů*)』와 『핼리 혜성(*Halleyova kometa*)』이라는 두 권의 시집을 출간하면서 그해에 '국민 예술가(národní umělec)'의 칭호를 받았다.

이 시기의 슬로바키아 시를 대표하는 노보메스키(Novomeský, Laco, 1904~1976)도 1964년 '국민 예술가'의 칭호를 획득하였는데, 공산주의자로 출발한 그는 1920년대의 프롤레타리아 시, 1930년대의 체코 포에티즘의 영향을 받는 시의 시기를 지나 공산 정권의 출범 이후인 1952년에는 이른바 '부르주아 민족주의'라는 죄목으로 투옥되기도 하였다. 그의 1964년 시집 『저기 그리고 다른 곳으로부터(*Stamodtial' a iné*)』은 바로 그때의 감옥살이 경험에 대한 회상을 담고 있다. 슬로바키아 초현실주의 시의 대표자 중의 한 사람인 파브리(Fábry, R., 1915~1982)의 1946년 시집 『나는 다른 누구이라(*Ja je niekto iný*)』는 탁월한 이미저리를 자랑하고 있고, 발레크(Válek, M.)와 루푸스(Rúfus, M.)의 시는 1950년대 후반의 반스탈린주의 정신을 대변하였다. 그리고 코바치크(Kováčik, M.), 하우고바(Haugová, M.), 레헤노바(Lehenová, T.) 등은 전후 세대의 소장파 시인 그룹에 속했다.

[그림 90] 시인 라초 노보메스키 (1937년)

이 시기의 체코 드라마는 카프카와 부조리극의 영향이 뚜렷한데, 클리마(Klíma, Ivan, 1931~)의 『성(*Zámek*)』은 카프카 소설의 제목을 의도적으로 따온 것이다. 체코 부조리극의 거장인 하벨(Havel, Václav, 1936~2011)의 『가든파티(*Zahradní slavnost*)』와 『비망록(*Vyrozumění*)』은 모두 야단스러우면서도 무의미한 언어와 관제의 인공 언어가 어떻게 인간성을 말살시키고 있는가를 역설적으로 그리고 있다. 코호우트(Kohout, Pavel, 1928~)와 토폴(Topol, Josef, 1935~)도 이 시기의 대표적인 희곡 작가들이었다. 카르바시(Karvaš, Peter, 1920~)는 이 시기 슬로바키아를 대표하는 희곡 작가들 중의 한 사람으로서, 제2차 세계 대전을 전후한 1940년대의 그의 희곡은 실존주의적인 경향이 강하고, 1950년대는 사회 참여적이며, 1960년대의 희곡은 전체주의 체제와 개인 사이의 관계를 조명하고 있다. 특히 1970년에 나온 희곡 『절대적 거부(*Absolútny zákaz*)』는 하벨의 경우처럼 부조리극을 지향하고 있는데, 이 작품으로 인해 그는 공식 문학으로부터 추방되었다. 1960년대의 프라하는 수많은 소극장과 카바레와 더불어 세계에서 실험 극장의 가장 활발한 센터 중의 하나로서, 현대극에 관심 있는 연극인들의 순례지가 되었다. 프라하 마임 스쿨, 피알카(Fialka, L.)의 난간 극장(Divadlo na zábradlí), 트른카(Trnka, J.)의 인형 극장 등도 당시 체코 연극의 명성을 높이는데 크게 이바지하였다.

1966년 클로스(Klos, E.)가 '중심가에 있는 상점(*Obchod na korze*)'으로, 1967년 멘젤(Menzel, J., 1938~)이 '엄중히 감시받는 열차(*Ostře sledované vlaky*)'로 두 차례에 걸쳐 아카데미 최우수 외국 영화상을 수상함으로써 1960년대의 체코 영화는 전성기를 구가하였다. 그리고 1960년대의 이른바 '뉴 웨이브(Nová vlna)' 운동으로 알려진 체코의 새로운 영화 운동을 주도한 기라성 같은 감독들 중에서는 1968년 미국으로 건너가서 1977년 '뻐꾸기 둥지 위로 날아간 새(*One Flew over the Cuckoo's Nest*)'로, 1984년 '아마데우스(*Amadeus*)'로 아카데미 최우수상을 수상한 포만(Forman, M., 1932~)의 활동이 가장 두드러졌다. 이들 외에도 녜메츠(Němec, J.), 야스니(Jasný, V.), 스호름(Schorm, E.), 히틸로바(Chytilová, V.)와 슬로바키아의 우헤르(Uher, Š.), 야쿠비스코(Jakubisko, J.) 등도 당대의 이름난 감독들이었으며, 림(Liehm, A. J.)은 가장 유명한 영화 평론가였다.

음악에 있어서는 도비아시(Dobiáš, V.), 사이델(Seidel, J.), 슬라비츠키(Slavický, K.) 등이 드보르자크와 야나체크의 전통을 이어받아 이름 있는 작곡가들이 되었고, 쿠벨리크(Kubelík, R.), 안체를(Ančerl, K.), 노이만(Neumann, V.) 등이 국제적 명성을 얻은 지휘자들이었다. 또한 프라하,

브르노, 브라티슬라바의 음악 학교들을 졸업한 일련의 직업적인 연주가들도 세계적 명성을 얻는데 성공하였다.

1960년대의 프라하는 유서 깊은 카페나 노천 갤러리에서 자신의 그림을 전시하고 있는 젊은 예술가들로 성황을 이루었으며, 젊은 대학생들과 지식인들이 카페에 모여 새로 등단한 시인들의 최신 작품의 낭독을 듣거나, 소극장에서는 당국이 의심스런 눈초리로 보고 있는 실험극이나 풍자극의 관람에 열중하였으며, 1950년대 말 스탈린주의의 극성이 차츰 누그러들면서 되살아나기 시작한 재즈 음악에 대한 열기로 으레 젊은 세대들이 모이는 집회소에서는 당국의 눈치에도 아랑곳없이 언제나 재즈 음악이 울려 나오고 있었다. 이처럼 당시 각 분야에 걸친 예술적 열기는 실로 대단한 것이었다.

예술가들이 창작의 자유를 확보하기 위해 출발한 예술에서의 개혁 운동은 자연히 정치 운동으로 연계되면서 당국과의 마찰이 빈번해졌다. 가령 체코슬로바키아 작가 연맹의 기관지인 '리테라르니 노비니(*Literární noviny*)'는 당국과의 빈번한 마찰 끝에 1967년 작가 연맹 제4차 대회를 끝으로 문화공보부에 의해 압수되는 신세가 되고 말았다. 그리고 이 대회에서 바출리크, 쿤데라, 클리마, 림 등이 정부의 정책에 대한 공개적인 비판을 제기하였고, 당국은 이들을 공산당으로부터의 추방으로 대응하였다. 또한 작가들을 포함한 대부분의 지식인들이 프라하의 봄의 개혁 운동에 동참하였으며, 일련의 작가들은 개혁 운동의 최선두에서 이를 주도하였다. 바출리크의 '2000어 선언'이 이러한 활동의 가장 대표적인 경우였다.

1968년 8월 프라하의 봄이 무산되고 소위 말하는 '정상화(normalizace)'가 도래함으로써 체코슬로바키아의 문화는 또 한 차례의 후퇴를 맞게 된다. 프라하의 봄의 개혁 운동에 동참했던 대부분의 지식인들이 침묵을 강요당하거나 체코슬로바키아를 떠나야만 했다. 공공 도서관은 특권을 누리는 작가와 학자들의 저서들로 만원을 이루었고, 광장과 기타 공공장소의 여기저기에는 레닌, 고트발트, 기타 공산주의 위인들의 볼품없이 크기만 한 동상들이 자리를 차지하기 시작하였다. 모든 예술과 학문 활동은 감시와 통제 아래에 들어갔고, 1950년대 스탈린주의 체제하의 현상이 그대로 반복되어 나타났다. 문화는 다시 공식 문화, 비공식 문화, 망명 문화의 세 갈래로 나뉘어졌다. 단지 1950년대와 다른 점이 있다면 사회주의 이상을 신봉하던 예술인과 지식인들의 대부분이 1970년대에 와서는 공식적인 활동을 금지당한 점이었다. 반면에 재능과 능력이 미치지 못하는 예술가들이 대량으로 생산해 내는 공식 문화의 유산들은 넘칠 정도로 범람하였으나, 시간의 흐름과 더불어 이들은 쓰지 못할 물건들로 전락해 버리고 말았다.

1970년대 후반 이른바 정상화의 정착으로 안정을 되찾은 후사크 정권이 예술인들에 대한 초기의 엄격한 통제의 고삐를 어느 정도 완화하면서 그때까지 발표가 금지된 작가들의 작품들이 등장하기 시작하는데, 이들의 대부분은 당국의 사전 검열과 작가 자신의 미리 알아서 행동하기 식의 자율적인 검열 과정을 거친 작품들이었다. 흐라발(Hrabal, B., 1914~1997)의 작품이 바로 이러한 자율적인 검열을 거친 대표적인 경우인데, 따라서 그의 작품은 대개 같은 작품일지라도 공식적인 작품, 지하 출판이나 해외 출판 작품, 1989년 공산 정권이 붕괴된 이후 보완과 수정을 거친 최종본이라는 세 개의 작품으로 나누어지는 경우가 빈번하였다. 소설가 중의 소설가로 불리면서 당시 인기 정상의 흐라발은 1968년 프라하의 봄에 가담했던 자신의 과거 전력에 대한 자아비판을 발표한 연후에야 그 대가로써 1976년 8년 만에 소설 『헤어컷(*Postřižiny*)』을 발표할 수 있었다. 이후 흐라발의 소설은 공식 경로를 통해 혹은 지하 출판과 해외 출판을 통해 지속적으로 출간되면서 국내외에서 가장 주목받는 체코 소설가 중의 한사람이 되었는데, 그의 『부드러운 야만인(*Něžný barbar*)』은 화가 보우드니크(Boudník, V.)와의 젊은 날의 우정에 대한 회상을 다루고 있고, 『나는 영국 왕을 모셨지(*Obsluhoval jsem anglického krále*)』는 삶의 아름다움과 공포라는 불가분의 공존 관계를 블랙 유머를 곁들여 그려내고 있으며, 『너무나도 시끄러운 고독(*Příliš hlučná samota*)』은 공산 체제 이전의 서적이라는 이유 때문에 귀중한 책들을 파기해야 하는 폐지 공장 직공의 이야기를 다룬 자전적인 소설이다. 이외에도 『시간이 멈춰버린 도시

(*Městečko, kde se zastavil čas*)』와 3부작 『집에서의 결혼식(*Svatby v domě*)』, 『이력서(*Vita nuova*)』, 『공터(*Proluky*)』가 있다. 흐라발과 더불어 체코 내에서 1970년대에 공식적인 출판을 허가받은 작가로서 당시 흐라발에 버금가는 인기를 누린 소설가가 파벨(Pavel, Ota, 1930~1973)인데, 그의 『아름다운 사슴들의 죽음(*Smrt krásných srnců*)』과 『나는 어떻게 물고기를 만났는가(*Jak jsem potkal ryby*)』라는 두 권의 단편집에 나오는 이야기들은 체코의 자연을 배경으로 때로는 희극적이고 때로는 비극적인 모습으로 펼쳐지기도 하는데, 작가 자신의 자전적인 요소를 바탕으로 이야기를 풀어나가는 이야기꾼으로서의 면모는 흐라발 문학과 맥을 같이한다.

1980년 홀란의 죽음으로 사이페르트(Seifert, Jaroslav, 1901~1986)가 1920년대 이래 체코 시단을 주도해 온 마지막 노시인이 되었다. 프라하의 봄 이후 후사크 정권에 맞서 줄기차게 대항해 온 사이페르트는 77헌장의 서명자가 됨과 동시에 자신의 작품의 출간을 지하 출판과 해외 출판으로 유출하였다. 그런데 이러한 저항이 오히려 당국의 관용을 유발하여 그의 작품에 대한 체코 국내 출판이 가능하게 되었고, 『역병 기념비(*Morový sloup*)』, 『피커딜리의 우산(*Deštník z Piccadilly*)』, 『시인되기(*Býti básníkem*)』가 연이어 출간되는데, 이중 『역병 기념비』는 체코 민족의 역사와 운명에 대한 묵시록을 담고 있고, 후자의 두 시집은 시인 자신의 삶과 작품에 대한 회상을 담고 있다. 그는 1948년과 1968년의 두 차례의 정변을 거치면서도 해외로의 이민의 길을 택하지 않고 조국에 머물면서 압제와 탄압에 굴하지 않고 투쟁하였다. 그리하여 한편으로는 창작의 자유를, 다른 한편으로는 자신의 문학적 이상을 실현하기 위해 평생을 바쳐 온 노시인의 업적은 1984년 노벨 문학상의 수상으로 정당한 평가를 받았다.

[그림 91] 시인 야로슬라프 사이페르트 (1984년 노벨 문학상 수상)

1968년 이후 국내에 머물고 있던 문인들 중 홀란과 더불어 미쿨라셰크, 스카첼,

베리흐 등이 정도의 차이는 있을망정 공식 문학에서 제외된 것과는 달리, 파랄, 푸크스, 네프(Neff, V.), 그리고 당시 젊은 세대의 기수 쟈체크(Žáček, J.) 등은 커다란 인기를 누렸다.

한편 체코에 비해서 1968년의 정치적 여파가 훨씬 적었던 슬로바키아 문학은 정상화 정책에도 불구하고 대체적으로 단절 없는 발전을 이룩할 수 있었다. 1970년대 이후의 작가들 중에서는 시쿨라(Šikula, V., 1936~)가 1976~79년의 삼부작 소설 『대목수들(*Majstri*)』로 명성을 얻었는데, 이 소설은 1944년 봉기를 배경으로 슬로바키아의 서정적인 농촌 풍경을 담고 있고, 발레크(Ballek, L., 1941~)는 『조수(*Pomocník*, 1977년)』, 『아카시아(*Agáty*, 1981년)』, 『삼림 극장(*Lesné divadlo*, 1987년)』에서 헝가리와의 국경을 마주하고 있는 농촌 마을의 삶을 연대기적으로 기록하고 있다. 요하니데스(Johanides, J., 1934~2008)는 이 시기의 가장 독창적인 작가로 평가받고 있는데, 그의 1983년 역사 소설 『말 조련사 마레크와 헝가리 교황(*Marek koniar a uhorský pápež*)』은 섬세한 심리 묘사와 풍부한 이미저리로 명성을 얻었다. 빌리코프스키(Vilikovský, P.)와 슬로보다(Sloboda, R.)도 이 시기의 슬로바키아 문학을 대표하는 작가들이고, 미타나(Mitana, D., 1946~)는 단편집 『개 같은 날들(*Psie dni*, 1970년)』과 장편 소설 『게임의 끝(*Koniec hry*, 1984년)』으로 호평을 받았다. 펠데크(Feldek, L.), 솔로비치(Solovič, J.) 등도 주목을 받은 작가들이고, 그렌델(Grendel, L.), 시메츠카(Šimečka, M.), 피슈탸네크(Pišťanek, P.)는 1980년대에 등단한 대표적인 신진 소설가들이다.

이 시기의 체코 문학 중 아동 문학의 발전 또한 특기할 만한데, 체코의 아동 문학은 차페크와 반추라와 같은 대표적인 작가들도 관심을 기울일 정도로 오랜 전통을 가지고 있는데다, 1948년 이후에는 정치적 이유로 순수 문학에 종사할 수 없게 된 우수한 작가들이 아동 문학가들의 대열에 동참함으로써 더욱 좋은 작품을 생산해 낼 수 있었다. 1977년 칸 영화제에서 수상한 카히냐(Kachyňa, K.)의 아동 영화도 당시의 체코 아동 예술의 수준을 대변하였다.

많은 문인, 학자, 예술인들이 당국의 감시와 탄압 속에서도 자신들의 작품을 타자나 수기에 의존하는 지하 출판을 통해 발표하였다. 다양한 분야에 걸쳐 수백 권의 책을 간행한 대표적인 사미즈다트(samizdat), 즉 지하 출판으로는 '맹꽁이 자물쇠'라는 뜻의 '페틀리체(*Petlice*)'와 '급행'이라는 뜻의 '엑스페디체(*Expedice*)'가 유명하였다. 또한 점차 지하 출판으로 된 전문지들도 등장하면서 역사를 다룬 '역사 연구(*Historické studie*)'가 나왔고, 문학, 정치, 문화 분야의 종합지인 '창문(*Vokno*)'과 '리볼베르 리뷰(*Revolver revue*)'가 있었으며, 기존의 '리도베 노비니(*Lidové noviny*)'는 당국의 출판 허가를 얻기 위한 노력을 계속하였지만 성공을 거두지는 못하였다. 그리고 망명 체코 인들의 해외 출판사로는 쾰른의 인덱스(Index), 취리히의 콘프론타체(Konfrontace), 작가 슈크보레츠키 부부가 운영하는 토론토의 68 출판사(68 Publishers)가 유명하였고, 파리에서 티그리트(Tigrid, P.)가 발행한 잡지 '증언(*Svědectví*)'도 국내의 비공식적인 지하 출판 문화와 해외에 흩어져 있는 체코슬로바키아 이민들 사이를 연결해 주는 교량 역할을 훌륭히 수행하였다.

체코슬로바키아 국내에 머물면서 지하 출판의 사미즈다트를 통해 작품을 발표해 온 대표적인 작가로는 바출리크, 클리마, 하벨 등을 들 수 있다. 그런데 이들 중 2000어 선언의 기초자인 바출리크(Vaculík, L., 1926~)는 신문 문예란의 칼럼들을 모은 『봄은 여기에(*Jaro je tady*)』, 『8월의 해(*Srpnový rok*)』와 더불어 『기니피그들(*Morčata*)』과 『체코 해몽서(*Český snář*)』라는 두 권의 소설을 남기고 있는데, 마지막의 『체코 해몽서』는 공산 정권하에서의 자신을 포함한 체코 지식인들의 저항을 일기 형식과 연대기 형식을 빌려 쓴 특이한 장르의 소설로서 암담한 시절의 미래에 대한 예언서이다. 클리마(Klíma, I., 1931~)는 단편 모음집인 『하룻밤의 연인들(*Milenci na jednu noc*)』, 『나의 유쾌한 아침(*Má veselá*

[그림 92] 극작가 바츨라프 하벨(1990~2000년대 연방 공화국 및 체코 공화국 대통령 역임)

jitra)』, 『나의 첫사랑(*Moje první lásky*)』, 장편집 『사랑과 쓰레기(*Láska a smetí*)』, 희곡집 『게임(*Hry*)』 등을 남겼고, 반체제 운동과 작품 활동을 고집스럽게 병행해 온 하벨(Havel, V., 1936~2011)은 게이(Gay, J.)의 작품을 패러디한 『거지 오페라(*Žebrácká opera*)』를 출간한 이후 『접견(*Audience*)』, 『시사회(*Vernisáž*)』, 『항의(*Protest*)』로 이어지는 세 희곡을 발표하였다. 작가 자신의 자전적 이야기를 배경으로 하면서 세 사람의 바네크(Vaněk)가 등장한다하여 '세 바네크 희곡'으로 불리기도 하는 이 세 희곡은 작가의 반체제 운동에 찬사를 보내면서도, 그의 정치적 견해를 좋게는 분별없는 행동으로, 나쁘게는 범죄로 간주하면서 당국의 잘못을 눈감아 주는 위선적인 사회에 대한 따가운 냉소에 초점을 맞추고 있다. 뛰어난 아이러니로 세계 연극인들의 사랑을 받으면서 지속적으로 무대에 오르고 있는 이 세 희곡 이외에도 하벨의 작품으로는 1980년에 나온 『라르고 데솔라트(*Largo desolato*)』, 『유혹(*Pokoušení*)』 등의 희곡과 정치 에세이집인 『권력 없는 자들의 권력(*Moc bezmocných*)』과 옥중 서한집인 『올가에게 보내는 편지(*Dopisy Olze*)』 등이 있다.

체코를 떠나 해외 망명지에서 작품 활동을 이어간 수많은 작가들 중 대표적인 작가로는 슈크보레츠키, 쿤데라, 코호우트 등을 들 수 가 있다. 이들 중 캐나다의 토론토를 활동 무대로 삼은 슈크보레츠키(Škvorecký, J., 1924~)는 『탱크 대대(*Tankový prapor*)』를 통해 사회주의 이데올로기의 무절제와 모순을 유머 있는 필치로 폭로하고 있는데, 하셰크의 소설 『착한 병사 슈베이크의 세계 대전 중의 모험』의 영향이 뚜렷하다. 그리고 1968년 소련군의 침공 이후의 정신적 쇼크를 다루고 있는 『기적(*Mirákl*)』은 차페크 식의 탐정 소설 수법을 도입하고 있고, 소설의 타이틀이 사회주의 작가의 역할을 규정한 스탈린의 어록을 의도적으로 패러디하고 있는 『인간 영혼의 기사 이야기(*Příběh inženýra lidských duší*)』는 전쟁과 소련군의 침공으로 인한 이민 생활의 역경을 살아가는 주인공의 심리적 변화와 갈등을 심도 있게 추적하고 있는 그의 대표작으로서, 슈크보레츠키 자신의 자전적 요소가 뚜렷하다.

1975년 이후 프랑스 파리에서 활동하고 있는 쿤데라(Kundera, M.,

1929~)의 두 번째 소설 『생은 다른 곳에(*Život je jinde*)』는 혁명적 이상주의에 도취된 한 서정시인의 비극적인 삶을 그리고 있고, 『이별의 왈츠(*Valčík na rozloučenou*)』는 권력을 빼앗기고 권력에 의해 짓밟힘을 당한 자들이 권력을 획득하기 위한 수단으로 성과 사랑을 이용하는 희비극적인 소설이다. 또 『웃음과 망각의 책(*Kniha smíchu a zapomnění*)』은 1968년 프라하의 봄의 비극과 연이은 전체주의적 탄압을 스스로 경험한 작가의 자전적 요소가 사랑과 에로티시즘이라는 주제의 환상적인 요소와 조화를 이루면서 재미있고 의미 깊게 읽을 수 있는 소설을 만들고 있고, 가벼움과 무거움, 영혼과 육체, 키치, 목가(牧歌), 영원회귀와 같은 주제들을 내세워 중심 주제인 존재의 참을 수 없는 가벼움을 드러내 보이고 있는 소설 『참을 수 없는 존재의 가벼움(*Nesnestitelná lehkost bytí*)』은 명실상부한 쿤데라 문학의 대표작이며, 불멸(*Nesmrtelnost*)도 그의 후기 문학의 문제작이다. 쿤데라 문학의 특징과 묘미는 위트와 아이러니와 지성이 넘치고, 코미디와 섹스와 정치가 교묘하게 교직되고 교차하면서 재미와 사유를 동시에 제공한다는 점이다.

이웃한 비엔나가 활동 무대인 코호우트(Kohout, P., 1928~)의 드라마 『가련한 살인자(*Ubohý vrah*)』는 살인 행위를 은폐하기 위해 정신병자를 가장하다가 실제로 정신병의 지경에 이르고 마는 살인자의 이야기를 다루고 있고, 이 밖에 독일의 그루샤(Gruša, J., 1938~2011), 스위스의 베이보다(Vejvoda, J., 1940~) 등이 해외 망명 작가들 중 보다 젊은 세대를 형성하였다.

정상화 이후의 체코 영화는 1960년대의 황금기에는 훨씬 미치지 못한다 하더라도 여전히 상당한 수준을 유지하였다. 해외에서는 포만(Forman, M.)을 위시해서 야스니(Jasný, V.), 헤르츠(Herz, J.), 녜메츠(Němec, J.) 등 프라하 영화 학교 출신들이 1960년대 체코 영화의 명성을 지켜가고 있었고, 국내에서는 '헤어컷(*Postřižiny*)'의 멘젤(Menzel, J.), '늑대의 굴(*Vlčí bouda*)'의 히틸로바(Chytilová, V.) 등이 수준 높은 작품으로 간신히 전통의 명맥을 이어갔다. 한편 슬로바키아에서는 홀리(Holý, M.), 야쿠비스코(Jakubisko, J.), 우헤르(Uher, Š.) 등이 색다른 주제와 연출로서 역시 1960

년대의 전통을 계승하였다.

1970년대와 1980년대의 체코 연극도 문화의 다른 분야에서와 마찬가지로 혹은 더 많이 규제를 받지 않을 수 없었지만, 그럼에도 불구하고 일련의 극장들은 상당히 높은 수준을 유지하였다. 특히 1970년대 말부터 스튜디오 극장들의 활동이 돋보이는데, 여기에는 프라하의 치노헤르니 클럽(Činoherní klub), 나자브라들리(Na zábradlí), 세마포르(Semafor), 브르노의 나프로바스쿠(Na provázku), 우스티나트라벰의 치노헤르니 스튜디오(Činoherní studio), 리베레츠의 입실론카(Ypsilonka) 등이 대표적인 극장들이었다. 한편 공식적인 연극에서 제외된 사람들은 자신들만의 지하 극장을 가지고 있었는데, 자신들의 아파트나 카페에서 비공식적인 공연을 갖기 때문에 '아파트 극장(bytové divadlo)'이라고도 부르는 이러한 극장들에서 하벨의 작품과 같은 사미즈다트 연극이 공연되었다. 그리고 80년대 후반부터는 공식적인 극장도 아니고 비공식적인 지하 극장도 아닌 극장들이 공식 문화와 비공식 문화를 동시에 거부하는 새로운 세대들에 의해 생기기 시작하였다.

미술계에서는 화가 코페츠키(Kopecký, B.), 조우베크(Zoubek, O.) 등이 정치적 이유로 작품의 전시와 주문이 금지된 반면에, 코블라사(Koblasa, J.), 콜라르시(Kolář, J.) 등은 이민을 떠났다. 그러나 1980년대에 접어들어 미술계에 대한 엄격한 감시가 차츰 누그러들기 시작하면서 국내외 유명 화가들의 작품 전시회가 점차 빈번해졌다. 한편 정치적 이데올로기 문제 때문에 받는 어려움의 정도가 가장 덜한 분야가 음악 분야로서, 각 분야의 연주가들이 높은 수준

[그림 93] 오페라 가수 에디타 그루베로바 (프라하 루돌피눔, 2008년 5월)

을 자랑하고 있었고, 작곡 부문에서도 에벤(Eben, P.), 하벨카(Havelka, S.) 등이 국제적인 명성을 얻었다. 특히 이 시기에 슬로바키아의 오페라 예술은 체코의 그것에 비해 월등히 높은 수준을 유지하였는데, 베냐츠코바(Beňačková, G.), 그루베로바(Gruberová, Edita, 1946~), 드보르스키(Dvorský, P.) 등이 국제적인 명성을 얻은 슬로바키아 출신의 오페라 가수들이었다.

1948년 공산 정권이 출범한 이후 체코슬로바키아의 교육과 학문은 비록 이데올로기의 경직성으로 말미암아, 특히 사회 과학과 인문 과학 분야에서 심각한 타격이 있었음에도 불구하고 자연 과학을 비롯한 많은 분야에서 상당한 발전이 있었다. 그러나 1968년 8월 소련군의 침공 이후 수천 명의 학자, 과학자, 기술자들이 대량으로 이민을 떠남으로써 체코슬로바키아의 교육과 학문은 모든 분야에 걸쳐 심각한 타격을 입지 않을 수 없었다. 학교 교원의 지나친 여성화와 교사들의 사회적 권위의 저하도 교육의 발전에 장애가 되었고, 수학과 자연 과학에 대한 지나친 강조는 학문의 균형적인 발전을 저해하였으며, 이른바 정상화라는 명목으로 대학의 우수한 교원들에 대한 대대적인 숙청과 체제 순응적인 사람들로의 교체는 출신 성분에 따른 신입생의 선발과 더불어 대학의 질을 현저하게 저하시킴은 물론이고 학위에 대한 신뢰도를 떨어뜨렸다. 이러한 현상은 체코슬로바키아 과학 아카데미와 같은 연구 기관에서도 마찬가지였다. 그리고 설비와 실험 기구의 노후화와 전문 서적의 부족도 학문의 질을 저하시키는 원인이 되었다.

[그림 94] 물리화학자 야로슬라프 헤이로프스키 (1959년 노벨 화학상 수상)

그러나 이러한 어려움에도 불구하고 일련의 자연 과학 분야 에서는 상당한 수준에 도달한 분야가 없지 않았는데, 가령 카렐 대학교 교수로서 물리화학자인 헤이로프스키(Heyrovský, Jaroslav, 1890~1967)가 폴라로그래피, 즉 전기분해 자기

법의 발견으로 1959년도 노벨 화학상을 수상하였다. 그런데 자연 과학과는 달리 이데올로기의 저촉을 받아야만 하는 인문 과학 분야에서는 공식적인 학교 이외에도 비공식적인 학교가 존재하였는데, 소위 말하는 '비공식 대학(neoficiální univerzita)', 혹은 '지하 대학(underground university)' 혹은 '나는 대학(flying university)'이 그것이었다. 당국의 감시를 피해 수시로 장소를 옮겨야 하기 때문에 붙여진 '나는 대학'의 교수와 학생들은 개인의 아파트나 지하실 혹은 창고에 모여서 강의와 세미나를 갖기도 하고 자유 토론을 통해 서로 새로운 지식을 나누어 가졌다.

12.6. 벨벳 혁명과 체코슬로바키아 연방 공화국 (1989~1992년)

1989년 11월의 이른바 '벨벳 혁명(Sametová revoluce)'에 의해 40여 년 동안 지탱해 온 공산주의 정권이 일시에 무너지게 된 데에는 여러 가지 원인들을 들 수 있다. 첫째, 사회주의 통제 경제의 역기능과 기능의 정지로 인한 경제적 파탄을 들 수 있겠고, 둘째, 공산주의 종주국인 소련에서 고르바초프가 등장하여 개혁과 개방을 추진함으로써 일기 시작한 개혁 운동의 물결이 헝가리와 폴란드의 혁명으로 이어지면서, 마침내 동서 냉전의 상징인 베를린 장벽을 무너뜨리고 체코슬로바키아에서도 벨벳 혁명의 성공을 가져오게 하는 동유럽 혁명의 도미노 현상을 꼽을 수 있으며, 셋째, 자유와 인권을 함부로 짓밟고 개인과 집단의 극단적인 이기주의를 불러일으켜 인간의 윤리적, 정신적 타락을 조장하며, 생존을 위협하는 환경오염과 생태계의 파괴를 방치한 공산주의 정치 체제에 대한 젊은 세대들의 불만과 불신의 고조도 빼놓을 수 없는 원인이 될 것이다. 사실은 좀 더 정확하게 말한다면, 이러한 원인들이 모여서 체제의 붕괴를 가져왔다고 해야 옳을 것이다.

동유럽과 중부 유럽의 공산주의 정권의 붕괴는 가령 냉전의 상대방인 서방으로부터의 공격과 같은 무력에 의한 붕괴가 아니었다. 외부로부터의 물리적 압력에 의해 무너진 것이 아니고 스스로 무너진 것이다. 이처럼 내부로부터 스스로 무너지는 체제의 배경에는 그 체제에 속한 인민들의 정신적 타락이 도사리고 있기 마련인데, 공존과 공생이라는 공산주의 이상은 사라져버리고, 서로가 서로를 감시하고 서로가 서로를 훔쳐야 하는 인간성의 파괴라는 현실만이 만연한 곳에서 체제의 유지를 기대하는 것은 무망한 일이었다.

인민들의 하루하루 생활이 겉으로 드러나 보이는 것처럼 당과 국가의 지시와 구호대로만 움직이는 것은 아니었다. 공산주의 이데올로기에 따른 구호대로 이른바 노동에 영광을 더 많이 주는 정직한 노동일수록 그 대가는 더 적었다. 따라서 인민들 속에서는 '훔치지 않는 자는 자신의 가정을 훔친다(kdo nekrade, okrádá vlastní rodinu)'라는 또 다른 구호가 공공연한 비밀로 회자되고 있었다. 모두가 훔치지 않고서는 살아갈 수가 없다는 뜻의 이 말은 사회 윤리뿐만 아니라 노동 윤리에도 적용되었다. 국영 기업에서 일을 하든 협동 농장에서 일을 하든, 모두가 건성으로 하는 노동과 적당주의 노동으로 비축한 힘을 퇴근 후의 사적인 부업이나 별장의 경작지를 위한 주말 노동에 투여함으로써 국가와 공공에 돌아갈 노동을 훔치는 것이었다. 인민들의 크고 작은 별장들과 당 간부들의 대규모 별장들이 한때 아름답던 국토의 구석구석을 잠식하였고, 시골 주민들도 주말 별장이나 텃밭의 건물들을 짓기 시작하였다. 이리하여 금요일이 되면 자신만의 작은 식민지인 별장이나 텃밭으로 떠나는 도시민들의 차량 행렬이 줄을 잇고 도시는 텅 비게 되었다. 자신의 별장을 개축하거나 별장 내의 텃밭을 일구는 일은 신명이 나지만 자신의 직장 일은 그렇지 못하였다. 자신과 자신의 가족의 안식처는 소중하면서도 공공 주택단지의 복도와 거리가 더러워져도 남의 일로 방치해 버렸다. 공산주의 사회에서의 공중 의식의 황폐화라는 기현상이 일어나고 있었던 것이다.

평등의 공산주의 사회라고 하지만 모두가 적당주의 노동으로만 월급을 받는 것도, 모두가 똑같은 월급을 받는 것도 아니었다. 노멘클라투라와 같은 특수 계층을 포함하여 최소의 노동으로 최대의 임금을 받는 계층이 존재하는 반면에, 광부, 화부, 방직 공장의 여성 근로자들처럼 고된 노동을 감당하는 계층도 있었다. 물론 노동의 위험도에 따라 임금의 높이가 다른 경우도 있었다. 그리고 일상에 유용한 기술, 상점에서 구입하기 어려운 소비재, 상부로부터의 영향력 행사, 의료 기술의 제공 등을 제공해 줄 수 있는 사람들은 자신들만의 특수한 그룹을 형성하여 상부상조하였다. 이러한 행위가 바로 자신의 직장을 훔치고 국가 경제를 훔치는 이른바 지하 경제였다. '진열대 위에는 없어도 진열대 아래에는 있다'라는 말이 시사하듯이 훔치기는 만연되어 있었고, 지하 경제는 모든 것을 가질 정도로 그 규모가 엄청난 것이었다. 정치적 탄압이라는 채찍의 대가로 제공하는 인간성의 파괴와 환경의 파괴라는 당근은 당근이 아니라 결국 종말을 재촉하는 죽음의 독 뿌리였다. 이리하여 경제와 체제의 파탄은 단지 시간상의 문제일 뿐이었다.

1985년에 시작된 고르바초프의 개혁과 개방 정책의 물결이 1989년의 동유럽 혁명으로 이어지면서 중부 유럽 공산주의의 마지막 보루였던 체코슬로바키아에서도 혁명의 기운이 감돌기 시작하였다. 1989년 11월 17일 체코 대학생들의 나치 독일에 대한 항거를 기념하는 50주년 기념행사에서 일련의 대학생들이 후사크 정권에 반대하는 시위에 돌입하자 경찰이 이를 거칠게 진압하는 과정에서 부상자가 생기게 되었고, 경찰의 만행을 규탄하는 시위와 파업이 프라하뿐만 아니라 전국으로 확산되자 후사크 정권은 물러나지 않을 수 없었다. 이리하여 1989년 12월 29일 마침

[그림 95] 벨벳 혁명 기간 중 국기를 들고 시위하는 군중들 (프라하 구시 광장, 1989년 11월 17일 직후)

내 그동안 반체제 활동을 주도해 온 하벨(Havel, Václav, 1936~2011)이 대통령에 선출됨으로써 40년간 지속되어 온 공산주의 정권은 이제 종지부를 찍게 되었고, 체코슬로바키아는 새로운 전기를 맞게 되었다. 이웃한 다른 나라들의 경우와는 다르게 단 한사람의 희생자도 없이 벨벳처럼 부드럽고 유연하게 이루어졌다 하여 벨벳 혁명(Sametová revoluce)이라는 명칭을 얻게 된 이 혁명으로 체코슬로바키아는 오랜 전체주의 체제를 청산하고 민주주의 체제로 전환하였으며, 1990년 3월 29일을 기점으로 나라 이름도 기존의 체코슬로바키아 사회주의 공화국(Československá socialistická republika-ČSSR)을 버리고 체코슬로바키아 연방 공화국[Československá federativní republika, 슬로바키아에서는 체코-슬로바키아 연방 공화국(Česko-Slovenská federativní republika)]으로 바꾸었으며, 4월 20일자로 다시 체코와 슬로바키아 연방 공화국(Česká a Slovenská Federativní Republika-ČSFR)으로 변경하였다.

1948년 이후 40여년 만에 찾아온 민주화는 우선 선거를 통해 시작되었다. 수십 개의 정당과 정치 연합들이 참여한 1990년 6월의 총선에서 체코 지역에서는 벨벳 혁명을 주도한 시민 광장(Občanské fórum-OF)이 약 50%의 압도적인 지지를 얻었고, 슬로바키아 지역에서도 시민 광장의 슬로바키아 측 파트너로서 역시 벨벳 혁명의 주역인 폭력에 반대하는 시민 단체(Verejnosť proti násiliu-VPN)가 승리를 거둠으로써 민주 세력의 승리와 민주주의의 출발이 확실해졌다. 이에 반해 체코슬로바키아 공산당은 약 13%의 지지에 그침으로써 군소 정당으로 전락하고 말았다. 이리하여 새롭게 구성된 국회가 1990년 7월 5일 새로운 이름으로 탄생된 체코와 슬로바키아 연방 공화국의 대통령으로 하벨을 선출함으로써 1989년 11월에 시작된 벨벳 혁명은 사실상 종결을 보게 되었다.

그러나 40년간이나 지속되어 온 전체주의 체제를 일시에 청산하고 민주주의 체제를 정착시키며, 뿌리 깊은 중앙 통제 경제를 버리고 자유 시장 경제로 전환한다는 것이 그리 쉬운 일이 아니었다. 구체제의 청산에 따른 많은 정치적 문제들과 국가 경제의 사유화에 따른 생산성의 저하, 고율의 인플레이션, 실업의 증대 등이 체코와 슬로바키아 인들 간의 민족 문제와 맞물려 상승 작용을 일으켰다. 체코의 시민 광장이(OF)나 슬로바키아의 폭력에 반대하는 시민 단체(VPN)는 이러한 문제들을 풀어 갈만한 능력을 갖추지 못하고 있었다. 이들은 공산주의 정권에 대항하기 위해 잠정적으로 힘을 합하여 만든 다양한 집단들의 복합체로서 정치적 견해와 지향하는 노선이 달랐다. 우선 1990년 6월의 선거를 기점으로 체코의 시민 광장(OF)이 점차 와해되기 시작하면서 세 개의 정당으로 갈라졌다.

[그림 96] 벨벳 혁명 기간 중 총파업에 참가한 군중들 (바츨라프 광장, 1989년 11월 25일)

서로 노선과 정파가 다른 시민 광장의 와해가 확실해진 상태에서 제일 먼저 갈라 나선 그룹이 시민 민주 동맹(Občanská demokratická aliance-ODA)으로서, 이 동맹은 전통적인 보수주의적 가치관을 바탕으로 하여 체코 지역의 이익의 대변을 표방하였다. 그 다음 분파된 그룹이 재무 장관인 클라우스(Klaus, Václav, 1941~)가 이끄는 시민 민주당(Občanská demokratická strana-ODS)으로서, 이는 가장 많은 당원수와 잘 정비된 조직, 가장 강력한 지도력을 보유한 우파적 보수주의 정당이었다. 1968년 프라하의 봄 운동을 전후한 어려운 시기에 미국 시카고 대학교에서 2년간 수학한 바 있는 전형적인 실용적 경제 관료 출신인 클라우스는 기회 있을 때마다 급속한 사유화와 경제에 대한 최대한의 국가 간섭 배제라는 당시로는 급진적인 경제 개혁을 제창하면서 지지 기반을 넓혀 갔다. 세 번째 그룹인 시민운동(Obcanské hnutí-OH)은 자유주의적 가치관을 표방한 중도적 정당으로서, 정당과 정파를 초월한 하벨 대통령의 심정적인 지지를 받고 있었지만 규모와 세력 면에서 클라우스의 시민 민주당에 훨씬 미치지 못하였다.

격변기의 체코 민주화 운동을 주도한 시민 광장의 해체와 때를 같이하여 슬로바키아의 폭력에 반대하는 시민단체(VPN)도 붕괴되고 말았으며,

[그림 97] 벨벳 혁명 기념 명판 (프라하 나로드니트르지다 거리)

곧이어 생겨난 메치아르(Mečiar, Vladimír, 1942~)의 민주 슬로바키아 운동(Hnutie za demokratické Slovensko-HZDS)이 슬로바키아 정국을 주도해 나갔다. 그런데 벨벳 혁명 이후 급속하게 추진된 경제 개혁은 경제 수준이 체코 지역에 비해 상대적으로 후진된 슬로바키아 지역에 훨씬 많은 충격을 안겨다 주었다. 이를테면 냉전의 종식으로 이미 사양길에 접어든 군수 산업이 집중되어 있는 슬로바키아 지역이 체코 지역보다 3배 이상 높은 실업률을 유지하였는데, 이와 같은 불균형적인 개혁의 부작용이 슬로바키아 인들의 불만을 고조시키고 메치아르와 그의 정당에 대한 지지율을 급격하게 높여 주었다. 그는 특히 슬로바키아 민족주의를 지지하는 세력들의 전폭적인 지지를 받으면서 카리스마를 누렸는데, 이는 프라하 중심의 중앙 집권적인 연방 정부에 강한 반발을 보이고 있는 슬로바키아 인들의 민족 감정을 어느 누구보다도 자신과 자신의 정당을 위해 효율적으로 활용할 수 있었던 그의 뛰어난 정치적 능력과 수완의 결과이기도 하였다. 그러나 보다 빠른 개혁을 추진하려는 체코 측과 이를 저지하려는 슬로바키아 측 사이의 대립으로 1991년 봄 메치아르는 결국 슬로바키아 공화국의 수상 직에서 물러나지 않을 수 없게 되었고, 이런 와중에서 연방 의회에서는 슬로바키아 대표들의 반대로 새로운 연방 헌법의 채택이 무산됨으로써 연방 공화국의 앞날에는 어두운 그림자가 드리워졌다.

개혁과 민주화의 추진을 둘러싼 체코 측과 슬로바키아 측의 2년간에 걸친 알력과 반목은 1992년 6월의 선거에서 절정에 달했다. 체코 공화국에서는 급진적 개혁파인 클라우스의 시민 민주당(ODS)이, 슬로바키아 공화국에서는 이에 반대하는 메치아르의 민주 슬로바키아 운동(HZDS)이 각기 30% 가량의 지지율을 확보하면서 제1당이 되었고, 그 결과 두 당이 각 공화국의 여당이 되면서 두 사람은 각 공화국의 수상이 되었다. 서로간의 정치적, 경제적 노선과 방향이 판이하게 다른 두 정당이 연방 정부와 연방 의회를 이끌어 갈 수 없다는 것은 불을 보듯 뻔한 일이었다. 곧이어 실시된 연방 의회에서의 대통령 선거에서 슬로바키아 측 대표들은 체코 측이 내세운 하벨에 대한 지지를 거부하였고, 1992년 7월 20일 하벨은 대통령직을 사임하였으며, 클라우스의 시민 민주당과 메치아르의 민주 슬로바키아 운동은 수차례의 회담으로 체코슬로바키아 연방의 해체에 합의하였다.

이에 앞서 이미 1992년 7월 17일 슬로바키아 국민 회의(Slovenská národná rada)는 슬로바키아가 주권국임을 선언하는 주권 선언을 채택하였고, 9월 1일에는 그 후속 조치로 슬로바키아 공화국의 헌법을 승인하였다. 이에 따라 1992년 11월 25일 연방 의회는 1992년 12월 31일을 끝으로 체코슬로바키아(Československo)의 소멸을 의결하였고, 1992년 12월 16일에는 체코 국민 회의(Česká národní rada)도 독립 체코 국가의 헌법을 승인하였다. 이리하여 1993년 1월 1일자로 유럽의 지도에는 새로운 두개의 독립 국가가 탄생하였다. 체코 공화국(Česká republika-ČR)과 슬로바키아 공화국(Slovenská republika-SR)이 그것이었다.

그런데 체코와 슬로바키아의 역사를 거슬러 올라가 보면 두 민족이 분리와 통합을 거듭해 왔다는 사실을 쉽게 알 수가 있다. 체코 인들과 슬로바키아 인들은 일찍이 자신들의 역사의 초기인 9세기에 대(大)모라비아 제국 아래에서 한 세기에 가까운 세월 동안 역사를 함께해 오다가 10세기 초 동쪽에서 이동해 온 헝가리 민족에 의해 강제적으로 분리될 때까지 통합의 역사를 가졌고, 두 민족이 이후 1천년 동안 국가를 달리하면서도 상호 교류와 연대를 유지해 오다가 1918년 오스트리아-헝가리 제국의 붕괴로 체코슬로바키아 공화국이 건국됨으로써 통일 국가를 누려왔으며, 1939년 나치 독일의 침공으로 보헤미아-모라비아 보호령과 슬로바키아 위성국으로 다시 분리되었다가 1945년 전쟁의 종식과 더불어 다시 통합하였고, 1989년 동유럽 대혁명으로 공산주의 체제가 붕괴된 지 3년만인 1993년 1월 1일부터 다시 분리의 길을 걷게 되었다.

그러나 1993년의 분리가 비록 종전과 같은 외세의 개입에 의한 분리가 아니고 자의에 의한 분리라 하더라도 이것이 두 민족의 영원한 분리가 될 것이라고 단정할 수는 없다. 왜냐하면 두 민족 간에는 두 민족을 묶어 줄 공통의 요소가 충분히 많고, 또한 두 민족이 분리와 통합을 거듭해 온 역사적인 전통이 있기 때문이다. 두 민족은 고대에서 근세에 이르기까지 공통의 문화적 유산이 있고, 상호간의 의사소통에 전혀 지장이 없는 언어의 현저한 유사성이 있고, 연대와 통합의 전통이 있고, 유럽이 하나 되는 유럽 국가 연합이라는 국제적 추세가 있는 한 1993년의 분리가 영원한 분리가 되리라는 보장은 없다. 실제로 체코 공화국과 슬로바키아 공화국은 2004년 나란히 유럽 연합(Evropská unie-EU)의 회원국이 되었다.

Czech and
Slovak History

Czech and Slovak History

부록

- 체코·슬로바키아사 연표
- 체코·슬로바키아 역대 왕조 및 대통령 연표
- 참고 문헌
- 찾아보기

Czech and Slovak History

■ 체코·슬로바키아사 연표

년도	내용
B.C. 200만~8천	중부 유럽의 구석기 시대
187만	프라하 서남쪽 베로운(Beroun)에서의 최초의 직립 원인(Homo habilis) 추정 유적 발견
100만~30만	프라하 근교의 프르제즐레티체(Přezletice), 모스트 인근의 베초프(Bečov) 등지에서의 직립 원인(Homo erectus) 유적 발견
30만~4만	모라비아의 시프카(Šipka) 동굴과 쿨나(Kůlna) 동굴, 슬로바키아의 포프라트 근교의 가노프체(Gánovce) 등지에서의 네안데르탈 인(Homo sapiens neanderthalensis) 유물 발굴
28000	돌니베스토니체(Dolní Věstonice)의 대규모 사냥인 야영지 발굴
8000~5500	중부 유럽 중석기 시대
5500~3800	중부 유럽 신석기 시대
3800~2100	중부 유럽 동석기 시대(신석기와 청동기 사이의 과도기)
2100~700	중부 유럽 청동기 시대

년도	내용
700~0	중부 유럽 철기 시대
450~0	후기 철기 시대의 켈트 인들의 라텐 문화(laténská kultura) 시대
2~1세기	체코슬로바키아 땅의 켈트 족 지배, 이 종족 중의 하나인 보이(Boii) 족의 이름으로부터 보헤미아(Bohemia)라는 이름 유래, 슬로바키아 지역 켈트 족의 하나인 코틴(Kotin) 족 정착
A.D. 1~4세기	마르코만(Markoman)과 콰드(Kvád)의 게르만 족 지배
179	트렌친(Trenčín)에 로마 군대 주둔
4세기 말	훈 족의 다뉴브 강 유역 침입, 로마 제국의 붕괴
5~6세기	민족의 대이동
6세기	슬라브 인들의 도래
567~595	아바르 족의 침입
623?~659	사모 제국(Sámova říse)
805	프랑크 제국의 체코 땅 원정
830?~906	대(大)모라비아 제국
832~833	프리비나 공(公), 니트라에 최초의 교회 건설
833~836	모이미르 1세의 니트라 병합
845	바바리아의 르제즈노(Řezno; 오늘날의 Regensburg)에서 14명의 체코 공들에 대한 세례
863	비잔틴 제국으로부터 시릴과 메토데이 형제 모라비아 도착
871~894	스바토플루크 치하의 대모라비아 제국 전성기 구가
880?	체코 프르제미슬 왕조의 최초의 군주인 보르지보이 1세, 메토데이로부터 세례 받음, 자신의 공국에 대한 대모라비아 제국의 관할권 인정, 공국의 수도를 레비흐라데츠에서 프라하 성으로 옮김
895	체코의 스피티흐네프 공, 동프랑크 제국의 아르눌프(Arnulf) 왕에게 항복, 890년부터 지속된 대모라비아 제국의 관할로부터 독립
907~908	대모라비아 제국, 마자르 족의 헝가리에 의해 멸망

년도	내용
10세기 전반	슬로바키아 남부와 동부 일부에 대한 마자르 인들의 지배
915~921	프라하 성의 성 이르지 바실리카 교회당 건설
921~935	바츨라프 공, 체코 국가의 토대를 닦음
935	볼레슬라프, 자신의 스타라볼레슬라프 성에서 바츨라프 공 살해
936~950	볼레슬라프 1세의 로마 독일 제국 황제 오타 1세에 대한 저항
10세기 후반	프르제미슬 왕조의 서부 슬로바키아에 대한 일시적 지배
973	프라하에 주교좌 설립
995	프르제미슬 왕조, 슬라브니크 부족 정벌과 체코 땅의 통합
1018	슬로바키아, 영속적으로 헝가리 땅의 일부가 됨
1029	브르제티슬라프 1세의 모라비아 지배
1063	올로모우츠에 주교좌 설립
1083년경	니트라의 주교좌 회복
1085	브라티슬라바 2세, 자신의 당대에 국한해 왕위 타이틀 획득
12세기 중반	슬로바키아의 반스케슈티아브니체, 겔니체, 포프라트 등지에 독일인 이민들 이주
1158	블라디슬라프 2세, 로마 독일 제국의 프리드리히 1세 바르바로사 황제로부터 왕위 획득
1212	프르제미슬 오타카르 1세, 로마 왕이자 시칠리아 왕인 프리드리히 2세로부터 시칠리아 황금칙서 하교 받음, 이로써 세습 왕위 획득
13세기 중반	대귀족과 도시 부르주아지 대두, 전기 고딕기의 도래, 체코 국경 지역과 도시 지역에 대한 독일인 이민들의 대거 유입 시작
1241~1242	슬로바키아와 모라비아 지방에 대한 타타르 인들의 침입
1251~1278	프르제미슬 오타카르 2세의 해외 원정, 오스트리아, 카르니올라, 스티리아 병합, 프러시아 원정
1266	헤프 지방 병합
1289~1292	바츨라프 2세의 폴란드 원정, 클라트스코 지방과 테신 지

년도	내용
	방 획득
1300	프라하 그로시(pražský groš) 주조, 쿠트나호라 은광 개발, 바츨라프 2세의 폴란드 왕위 등극
14세기 전반	고딕 건축과 고딕 회화의 융성
1301	바츨라프 2세, 헝가리 왕위 등극
1306	바츨라프 3세, 폴란드 원정 중 올로모우츠에서 피살, 이로써 남성계에서의 프르제미슬 왕조 종결
1310	룩셈부르크 왕조의 얀 루쳄부르스키, 체코 왕위 등극
1319~1335	얀 루쳄부르스키의 체코 영토 확장, 고지 루사티아, 헤프, 실레지아 병합
1344	프라하 대주교좌 설립
1346~1378	카렐 4세 통치
1348	중부 유럽 최초의 대학인 프라하 대학 설립, 프라하의 노베메스토, 즉 신시 건설
1349	룩셈부르크 왕조의 방계가 모라비아 후작국 통치
1355	카렐 4세, 신성 로마 제국 황제 등극
1355~1356	카렐 4세의 황금칙서 교부
1378~1419	바츨라프 4세 통치
1400	바츨라프 4세의 로마 왕위 퇴위
1402	얀 후스, 프라하 베들레헴 교회에서 대중을 상대로 설교, 후스주의 개혁 운동 시작
1409	바츨라프 4세, 쿠트나호라 칙서 교부, 후스의 프라하 대학 총장 취임
1411	모라비아, 체코 왕국의 직속령으로 회복
1415.7.6.	얀 후스, 콘스탄츠 종교 재판에서 화형에 처함
1416	후스의 동료 예로님, 콘스탄츠에서 화형에 처함
1419	프라하 신시 청사에서의 제1차 프라하 창문 밖 투척 사건 발생과 후스주의 전쟁의 발발
1420	얀 지슈카 장군이 이끄는 후스주의 군대, 신성 로마 제국 황제의 제1차 십자군을 프라하 비트코프에서 격퇴

년도	내용
1428~1431	후스주의 군대의 슬로바키아 원정
1436	이흘라바 협약의 체결로 후스주의 전쟁 종결되고 후주의 종교에 대한 적법성 부여, 지크문트 루첸부르스키의 체코 왕으로서의 실질적 권리 행사
1437	지크문트의 죽음으로 룩셈부르크 왕조 종결
1453~1467	후스주의 전사들, 슬로바키아 지역에서 활약
1457	체코 형제 교단 설립
1458	포데브라디의 이르지, 체코 왕으로 선출됨
1462	로마 교황 피우스, 이흘라바 협약 파기 선언
1467	브라티슬라바에 헝가리 왕국 최초의 대학 설립
1468	플젠에서 체코 최초의 인쇄 시작
1471	야기에오 왕조의 블라디슬라프 야겔론스키, 체코 왕위 등극
1483	체코 땅에, 특히 프라하에 전염병 창궐, 프라하 구시 청사에서 제2차 프라하 창문 밖 투척 사건 발생
1485	쿠트나호라 강화 조약 체결, 이흘라바 협약의 준수를 확인함으로써 체코 땅에서의 종교의 자유 보장
1490	블라디슬라프 2세가 헝가리 왕국의 왕위에 오름으로써 체코와 헝가리의 공동 군주국 형성
1515	체코 왕 블라디슬라프 2세와 막스밀리안 1세 황제 간에 상호 왕위 승계와 자녀들의 통혼을 규정하는 비엔나 협정 체결
1517	귀족 계급과 도시간의 스바토바츨라프 협정 체결, 이로써 귀족들은 종래 왕실 도시들의 특권에 속했던 맥주의 양조와 같은 기업권을 부여받고 도시 공민들은 의회에 진출할 권리 부여받음
1526	루드비크 야겔론스키의 모하치 전투에서의 전사로 야기에오 왕조 종결, 터키의 위협에 직면한 체코 귀족들이 오스트리아의 페르디난트 1세를 체코 왕으로 선출함으로써 이후 1918년까지 합스부르크 왕조 지속, 헝가리 귀족들도 페르디난트 1세를 헝가리 왕으로 추대함으로써 오스트리아-체코-헝가리의 중부 유럽 군주국 탄생
1529	헝가리와 남부 슬로바키아에 대한 터키의 침입, 헝가리 왕국의 수도를 브라티슬라바로 옮김

년도	내용
1546~1547	페르디난트 1세에 대한 체코 귀족들의 저항
1547	페르디난트 1세와 오스만 터키간의 평화 조약 체결, 그 결과 헝가리 땅은 부다페스트를 포함한 중부와 남부 지역의 오스만 터키 제국 관할 령, 동부의 트란실바니아 공국, 그리고 슬로바키아, 서부 헝가리, 크로아티아를 포함하는 합스부르크 령 헝가리로 분할됨
16세기 후반	휴머니즘 문학과 인쇄술의 만개
1556	체코 땅에 예수회 도입
1567	도시 공민들에 대한 주택세 도입, 그러나 귀족들의 재산에 대한 면세는 여전히 지속됨
1569	모라비아의 올로모우츠에 대학 설립(1788년 폐교되었다가 1946년 팔라츠키 대학으로 회복)
1575	막스밀리안 2세, 체코 컨페션에 대한 구두 승인
1579~1594	『크랄리체 성서』 출간
1609	루돌프 2세의 루돌프 칙령 교부로 체코 땅에서의 종교의 자유를 규정하는 1575년의 체코 컨페션에 대한 법률적 토대 제공
1611	체코 지방 의회, 체코 귀족들의 고유 권리 회복 요구
1618	체코 귀족들의 봉기와 프라하 성에서의 제3차 프라하 창문밖 투척 사건 발생, 이로써 30년 종교 전쟁 발발
1619	팔츠의 프리드리히를 체코 왕으로 선출
1620.11.8.	빌라호라 전투에서 체코 저항군 패배, 이로써 체코 국가의 독립 상실
1621.6.21.	프라하 구시 광장에서 체코 저항군 지도자 27명 사형집행
12.13.	반(反)종교 개혁 칙령 교부
1624	재(再)가톨릭화의 착수와 예수회에 의한 프라하 대학 접수
1627	새로운 행정 개혁의 도입으로 비엔나의 합스부르크 군주에게 권력이 집중되는 중앙 집권적인 절대주의 체제 확립, 성직 신분의 신분 의회 복귀와 입지 강화, 도시 신분의 입지 약화
1635	프라하 강화 조약에 의거 고지 루사티아와 저지 루사티아

년도	내용
	의 색소니에의 할양
1648.7.28.	스웨덴군, 프라하 성과 말라스트라나 등 프라하 시 일부 점령
10.24.	베스트팔렌 평화 조약 서명, 체코와 헝가리는 합스부르크 군주국의 일원으로 존속
1657	얀 아모스 코멘스키, 암스테르담에서 『대교수법』 출간
1663~1683	오스만 터키와의 전쟁
1672~1673	보후슬라프 발빈, 『체코 어의 옹호』 저술(1775년 출간)
1678~1687	헝가리와 슬로바키아 지역에서의 퇴퀼리 반군 봉기
1680	새로운 강제 노역제의 도입에 따른 체코 땅에서의 대규모 농민 반란
1695	호트 지방의 반도 두목 얀 슬라트키-코진 처형
1703~1711	헝가리 땅에서의 라코치의 난 발발
1713	슬로바키아의 반도 두목 야노시크 처형
1713~1714	체코 땅에서의 역병 창궐
1741~1748	오스트리아 왕위 계승 전쟁
1741~1742	바바리아와 프랑스 연합군의 프라하 점령
1742	브라티슬라프 강화 조약 체결, 실레지아의 대부분과 클라트스코 프러시아에 할양
1748~1752	절대주의적 계몽주의에 입각한 중앙 집권적 행정 개혁 단행
1749	체코 궁중 행정원 폐지
1756~1763	7년 전쟁
1773~1774	예수회 폐지
1774	계몽주의의 새 교육 제도에 의한 6~12세 아동의 의무 교육제 도입
1775.1~8.	보헤미아와 모라비아 지역의 대규모 농민 반란
8.13.	절대주의적 계몽 군주 마리아 테레지아 여제, 강제 노역의 조정에 관한 칙서 교부
1781.10.13.	절대주의적 계몽 군주 요세프 2세, 종교의 자유에 관한 칙서 교부

년도	내용
11.1.	요세프 2세, 체코 땅에서의 농노 해방에 관한 칙서 교부
1784	브라티슬라바 세미나리 설립과 더불어 슬로바키아 문어 창제에 대한 동기 부여
1785	요세프 2세, 헝가리 땅에서의 농노 해방에 관한 칙서 교부
1789	크라메리우스, 체코 민족 부흥 운동을 위한 최초의 애국 신문 발행
1790	크라메리우스의 체스카 엑스페디체 출판사, 체코 민중의 교육과 계몽을 위한 출판 사업 전개
1790	슬로바키아의 신부 베르놀라크, 최초의 『슬로바키아 어 문법』 출간
1792	프라하 대학의 체코 어문학 강좌 개설
1799	프라하에 조형 미술 아카데미(AVU) 설립
1814	체코 땅에서의 최초의 증기 기계 도입
1814~1815	비엔나 회의, 나폴레옹 전쟁의 종결
1818	프라하에 민족 박물관(Národní muzeum) 건립
1825~1832	체스케부뎨요비체-린츠 간의 최초의 말이 끄는 기차선로 건설
1831	마치체 체스카(Matice česká), 즉 체코 협회 창립
1832~1846	브라티슬라바-트르나바 간의 말이 끄는 기차선로 건설
1836~1847	비엔나-보후민 철로 건설
1842~1845	프라하-올로모우츠 철로 건설
1843	슈투르, 중부 슬로바키아 방언에 입각한 슬로바키아 어 창제
1848~1849	민주주의 혁명, 정치, 경제, 사회, 문화 전반에 걸친 자율권 요구
1848.3.11.	체코 리필을 중심으로 황제에게 보내는 체코 민족의 청원 채택
5.10.	리토프스키 성(聖) 미쿨라시에서 슬로바키아 민족의 청원 채택
6.2~12.	프라하에서 슬라브 회의(Slovanský sjezd) 개최
6.12~17.	프라하 봉기

년도	내용
12.2.	프란츠 요제프 1세 등극, 절대주의 체제로 전환
1849	칙령 헌법 선포
1849~1859	바흐 절대주의
1851	칙령 헌법 폐지
1861.2.26.	2월 헌법 선포, 이로써 입헌 정치 회복, 팔라츠키, 리게르 등에 의한 민족당, 즉 구체코당(staročeši) 창당
1861.6.6~7.	슬로바키아 민족의 자율권 보장을 요구하는 슬로바키아 민족 각서 채택
1862	티르시의 애국 체육 조직인 소콜(Sokol) 창설
1863.3.4	마티차 슬로벤스카(Matica slovenská), 즉 슬로바키아 협회 창립
3.18.	체코 의원들, 소극 정치의 일환으로 비엔나 제국 의회에의 불참 선언
1866	오스트리아-프러시아 전쟁, 사도바 전투에서의 오스트리아 패배
1867.12.21.	이른바 12월 헌법에 의한 오스트리아-헝가리의 이원 군주제 출범
1868	프라하에서 민족 극장(Národní divadlo) 정초식 거행
1868~1871	체코 국가의 권리 인정을 위한 투쟁의 일환으로 민족 성지 순례를 비롯한 대중 집회 운동 전개
1871	체코 지방 의회, 체코-독일 타협을 담고 있는 이른바 기본 조항 채택
1874	민족 자유당, 즉 신체코당(mladočeši) 창당
1875	헝가리 정부의 헝가리화 정책에 의한 슬로바키아 협회 활동 금지
1878	체코슬로바키아 사회 민주 노동당 창당
1879	소극 정치 청산과 동시에 비엔나 제국 의회 등원, 능동 정치 시작
1880	관공서 행정 언어에 있어서의 독일어와 체코 어의 동등한 권리 부여
1882	프라하 대학의 독일 대학과 체코 대학으로의 분리

년도	내용
1883	프라하의 민족 극장 개원
1891	제국 의회 선거에서 신체코당이 구체코당을 누르고 승리
1895	예술인들의 체코 모더니즘 선언서 채택
1896	체코 민족과 슬로바키아 민족의 정치적, 문화적 연대를 위한 목적의 체코슬로바키아 연맹(Československá jednota) 창설
1897	관공서 내부에서의 체코 어의 독일어와의 동등한 권리 보장을 위한 목적의 바데니 언어 정책 발표, 그러나 독일인들의 반대로 무산
1898.4.	체코 민족 사회주의당 창당
6.	슬로바키아의 스칼리차에서 체코슬로바키아 연대를 위한 목적의 월간지 '흘라스(*Hlas*)' 출간
1899	체코 농민당 창당
1900	토마시 가리그 마사리크, 체코 현실주의 정당 창당
1905	보통 선거 쟁취를 위한 투쟁 운동 전개
1907	보통 선거에 의한 최초의 선거에서 농민당이 사회 민주당과 신체코당을 누르고 승리
1914.6.28.	보스니아의 사라예보에서 페르디난트 황태자 부부 저격 피살
7.28.	오스트리아-헝가리 제국의 세르비아에 대한 선전 포고, 이로써 제1차 세계 대전 발발
1915.7.6.	마사리크, 스위스의 제네바에서 독립 체코슬로바키아 창건을 위한 목적의 대(對)오스트리아 저항 운동 시작
1916.2.	파리에 본부를 둔 체코슬로바키아 민족 회의 창설
1917.5.	체코 작가들, 체코 민족의 권리 보장을 촉구하는 성명서 채택
1918.5.24.	마르틴에서 슬로바키아 민족당, 체코슬로바키아 국가 창건에 대한 지지 선언 채택
5.30.	체코와 슬로바키아 대표들 간의 피츠버그 협정 체결
7.13.	프라하에서 민족 위원회 재조직
7.14.	마사리크를 대통령으로 하는 임시 정부 구성, 체코 각 지역에서 전면 파업 돌입과 독립 선언

년도	내용
10.28.	프라하에서 독립 체코슬로바키아 국가 선언
10.30.	마르틴에서 슬로바키아 민족 회의, 슬로바키아와 체코의 공동 국가 창건에 관한 슬로바키아 민족 선언 채택
11.14.	국민 의회, 마사리크를 체코슬로바키아 공화국 초대 대통령으로 선출
1919.5.8.	서브카르파티아 루테니아, 체코슬로바키아 공화국에로의 편입 결정
1920.2.	국민 의회, 체코슬로바키아 공화국 헌법 채택
1921.4.	체코슬로바키아와 루마니아간의 동맹 조약 체결
5.	체코슬바키아 공산당 창당
6.	루마니아와 유고슬라비아간의 동맹 협정 체결로 체코-루마니아-유고의 소(小)삼국 협정 결성
1924.1.	체코슬로바키아-프랑스 조약 체결
1933.2.	제네바에서 소삼국 협정의 조직에 관한 협약에 서명, 이에 따른 소삼국 협정 상설 위원회 설립
10.	수데텐란트 독일인들의 헨라인당 창당
1934.6.	체코슬로바키아, 소련에 대한 법률상의 인정
1935.5.	체코슬로바키아-소련 동맹 조약 체결
12.14.	마사리크 대통령 사임
12.18.	에드바르트 베네시를 대통령으로 선출
1938.3.12~13.	나치 독일의 오스트리아 점령
9.29.	히틀러, 체임벌린, 무솔리니, 달라디에 뮌헨에서 회동, 체코슬로바키아 국경 지역의 나치 독일에의 할양에 관한 협정에 서명
9.30.	체코슬로바키아 정부 뮌헨 협정 수용
10.1~11.	체코 국경 지역 독일군 점령
10.1.	톄신 지방을 폴란드가 합병
10.5.	베네시 대통령 사임
11.2.	비엔나 조정 회의를 통해 남부 슬로바키아 헝가리에 할양
11.22.	슬로바키아와 서브카르파티아 루테니아에 대한 자치법 통과

년도	내용
11.30.	에밀 하하를 체코슬로바키아 제2공화국 대통령으로 선출
1939.3.14.	슬로바키아 의회의 슬로바키아 공화국 독립 선언, 헝가리의 서브카르파티아 루테니아 점령
3.14~15.	독일군에 의한 체코 땅 점령, 보헤미아-모라비아 보호령으로 독일 제국에 편입
1939.7.21.	슬로바키아 의회, 슬로바키아 공화국 헌법 채택
9.1.	독일군의 폴란드 침공으로 제2차 세계 대전 돌입, 보헤미아-모라비아 보호령의 정치, 문화계 대표들 중 수천 명을 전쟁 포로로 체포하여 집단 수용소로 보냄
9.3.	폴란드에서 체코슬로바키아 군단 창설
9.29.	프랑스에서 체코슬로바키아 제1 보병 대대 창설
11.17.	나치 독일에 의한 체코의 대학교 폐쇄
1940.7.	런던에 본부를 두며 베네시를 수반으로 하는 체코슬로바키아 임시 정부 수립
1941.7.	체코슬로바키아와 소련간의 상호 원조 조약 체결, 소련과 영국 등의 열강에 의한 체코슬로바키아 임시 정부 승인
1942.5.	프라하에서 영국으로부터 공수된 체코 낙하산 대원들에 의한 보호령 총통 하이드리히 살해
6.	하이드리히 살해에 대한 보복책의 일환으로 리디체 마을 파괴
1944.8~10.	슬로바키아 민족 봉기
1945.4.5.	코시체 프로그램 선언
5~9.	체코 민족의 프라하 봉기
5.9.	소련군에 의한 프라하 해방
5.12.	유럽에서의 제2차 세계 대전 종결
5.19.	독일인, 헝가리인, 반역자, 협력자들의 재산 몰수, 나치 범죄자와 나치 협력자들의 처벌 및 특별 인민 재판소 설치에 관한 법률 제정
6.	자포토츠키, 전국 노동조합 중앙 위원회 의장 피선
10.14.	임시 국민 의회 개원

년도	내용
10.24.	베네시 대통령, 광산, 철강, 중공업, 금융에 대한 국유화 법안에 서명
1945~1946	체코슬로바키아로부터의 독일인들의 추방
1946.5.	국민 의회 선거
6.	베네시, 대통령에 재선
7.	체코슬로바키아 공산당 의장 고트발트, 새 정부의 수상에 임명
1947.7.	체코슬로바키아의 마샬 플랜 참여 결정 소련의 압력으로 번복
1948.2.20.	비(非)공산 계열 3개 정당 12명의 각료들, 공산당 출신 각료들의 전횡에 대한 항의 수단으로 베네시 대통령에게 사표 제출
2.21.	공산당의 주도에 의한 프라하 구시 광장에서의 대규모 군중집회, 비공산 계열 각료들에 대한 규탄과 이들의 사표 수리 촉구
2.22.	프라하에서의 대규모 노동자 대의원 대회, 2월 24일의 전국적인 전면 파업 돌입 의결
2.24.	전국적인 전면 파업 돌입
2.25.	비공산 계열 각료들에 대한 베네시 대통령의 사표 수리와 공산당에 의해 사전에 조각된 새 정부 승인
2.28.	프라하 바츨라프 광장에서의 대규모 농민 대회 개최, 고트발트의 공산당 중앙 위원회 이름으로의 이른바 '2월의 승리' 선포
1948.4.28.	산업의 국유화에 관한 법률 승인
5.9.	새 헌법 승인
6.7.	베네시 대통령 사임
6.14.	클레멘트 고트발트, 대통령 피선
10.27.	제1차 5개년 계획(1949~1953) 승인
1949.1.	동유럽 상호 경제 원조 회의(COMECON) 창설에 관한 조약에 서명
2.	집단 농장에 관한 법률 승인

년도	내용
10.	교회에 관한 법률 제정
1952.10.	슬란스키 등에 대한 정치 재판을 통한 숙청
1953.3.	고트발트의 사망과 안토닌 자포토츠키의 대통령직 승계
1954.2.	체코슬로바키아 정규 텔레비전 방송 시작
1955.5.	바르샤바 조약 기구 서명
1956.4.	제2차 작가 대회에서 정치적 탄압에 대한 공개적인 비판 제기
1957.11.	자포토츠키의 사망과 안토닌 노보트니의 대통령직 승계
1960.4.	새로운 지방 행정 구역에 대한 법안 통과(전국을 10개의 크라이와 108개의 오크레스로 나눔)
7.11.	새로운 사회주의 헌법 채택, 나라 이름을 체코슬로바키아 공화국(ČSR)에서 체코슬로바키아 사회주의 공화국(ČSSR)으로 변경
1963.4.	공산당 중앙 위원회, 1950년대 위법 사항들에 대한 원상회복 논의
8.	1949~1954년의 정치 재판에 대한 원상회복과 복권 결과 공포
12.	오타 시크, 계획 경제와 시장 경제의 혼합형인 신경제 모델 제시
1965	공산당 중앙 위원회, 시크의 신경제 모델 승인
1967.10.	프라하 스트라호프 기숙사에서 대학생들 반정부 시위
12.21.	공산당 중앙 위원회 전체 회의 개최
1968.1.3~5.	노보트니, 당 중앙 위원회 제1 서기직에서 해임되고 알렉산드르 두프체크 선임
3.22.	노보트니, 대통령직에서 사임
3.30.	루드비크 스보보다를 대통령으로 선출
4.	다원주의 정치 체제에 기초한 액션 프로그램 승인
6.25.	복권에 관한 법안 승인
6.27.	일련의 지식인들, 지속적인 개혁을 촉구하는 2000어 선언 채택
7.14~15.	바르샤바 조약 5개국 대표들의 바르샤바 회동, 이른바 체

년도	내용
	코슬로바키아의 위기적 사태에 대해 논의
8.21.	소련이 주도하는 바르샤바 조약 기구 5개국의 체코슬로바키아 침공
10.27.	국민 의회, 체코슬로바키아의 연방화에 관한 법안 승인
1969.1.1.	체코슬로바키아의 연방화에 관한 법률 효력 발생, 연방 정부 구성
1.16.	프라하의 카렐 대학 학생 얀 팔라흐 분신
4.17.	두프체크, 공산당 제1 서기직에서 해임, 구스타프 후사크 선임, 이른바 '정상화' 정책의 출범
9.25~29.	공산당 중앙 위원회, 두프체크, 스므르코프스키 등을 당 중앙 위원으로부터 축출, 대규모 숙청 시작, 1968년의 사태에 대한 비판과 더불어 일련의 개혁적이고 반(反)소련적인 결정 취소
1970.5.6.	체코-소련 상호 원조 협력 조약 체결, 소련군의 체코슬로바키아 주둔에 관한 조항 포함
12.10~11.	공산당 중앙 위원회, '제13차 체코슬로바키아 공산당 대회 후 당과 사회의 위기적 사태로부터의 교훈'이라는 지침서를 채택함과 동시에 1968~1969년 사태를 '반(反)혁명'으로 규정
1975.5.29.	구스타프 후사크, 대통령직 승계
8.1.	체코슬로바키아, 헬싱키 인권 선언에 서명
1977.1.1.	바츨라프 하벨을 주축으로 하는 일련의 반체제 인사들, 체코슬로바키아 내에서의 인권 보장을 촉구하는 77헌장 출범
1987.12.	후사크의 공산당 서기장 사임과 밀로시 야케시의 당 서기장 승계
1988.10.	라디슬라프 아다메치를 수상으로 하는 새 정부의 개혁 정치 시도
1989.1.	프라하에서 하벨을 중심으로 한 일련의 인사들에 의한 반정부 시위
1989.10.28.	독립 기념일을 기한 대규모 반정부 시위
11.17.	체코 대학생들의 나치 독일에 대한 항거 50주년 기념행사에서의 반정부 시위를 시작으로 전국적으로 시위 확산, '벨벳 혁명' 시작

년도	내용
12.10	후사크 대통령 사임
12.28.	알렉산드르 두프체크를 연방 의회 의장으로 선출
12.29.	연방 의회, 시민 광장(OF) 지도자 바츨라프 하벨을 대통령으로 선출
1990.4.20.	나라 이름을 체코슬로바키아 사회주의 공화국(ČSSR)에서 체코와 슬로바키아 연방 공화국(ČSFR)으로 변경
6.8.	44년만의 자유 총선에서 체코의 시민 광장(OF)과 슬로바키아의 폭력에 반대하는 시민단체(VPN)가 각각 제1당이 됨
1991.6.28.	체코슬로바키아 주둔 소련군 철수 완료
12.16.	체코와 슬로바키아 연방 공화국의 향후 유럽 공동체 가입에 대한 조약에 서명
1992.6.6.	총선에서 바츨라프 클라우스의 시민 민주당(ODS)과 블라디미르 메치아르의 민주 슬로바키아 운동(HZDS)이 각기 체코와 슬로바키아에서 제1 당이 됨으로써 체코와 슬로바키아의 분리에 박차를 가함
7.17.	슬로바키아 국민 회의, 슬로바키아가 주권국임을 선언하는 주권 선언 채택
7.20.	하벨, 연방 공화국 대통령 사임
9.1.	슬로바키아 국민 회의, 슬로바키아 공화국 헌법 승인
11.25.	연방 의회, 1992년 12월 31일을 끝으로 체코와 슬로바키아 연방 공화국의 소멸을 규정하는 법안 승인
1992.12.16.	체코 국민 회의, 체코 공화국 헌법 승인
1993.1.1.	체코와 슬로바키아 연방 공화국(ČSFR) 소멸되고 독립 체코 공화국(ČR)과 독립 슬로바키아 공화국(SR) 탄생
1993.1.19.	체코 공화국과 슬로바키아 공화국 각기 유엔에 가입
1.26.	체코 공화국 의회, 바츨라프 하벨(Havel, Václav)을 체코 공화국 초대 대통령으로 선출
2.15.	슬로바키아 공화국 의회, 미할 코바치(Kováč, Michal)를 슬로바키아 공화국 초대 대통령으로 선출
7.22.	하벨 대통령, 공산 정권하의 범죄 행위에 대한 처벌 법안에 서명

년도	내용
1994.3.	메치아르, 슬로바키아 공화국 총리직에서 해임되고 모라프치크(Moravčík, J.) 취임
10.	메치아르의 민주 슬로바키아 운동(HZDS)을 중심으로 한 연립 정부 출범, 총리에 메치아르 피선
1995.2.1.	체코 공화국 유럽 연합(EU) 준회원국으로 가입
3.19.	슬로바키아-헝가리 우호 조약 체결
11.28.	체코 공화국 OECD 회원국으로 가입
1998.1.2.	체코 공화국 과도 내각 총리에 토쇼프스키(Tošovský, J.) 지명
3.2.	블라디미르 메치아르(Mečiar, Vladimír) 슬로바키아 대통령 취임
7.22.	체코 사회 민주당(ČSSD)의 제만(Zeman, M.) 정부 출범
11.	슬로바키아 민주 연합(SDK)의 주린다(Dzurinda, M.) 정부 출범
1999.3.12.	체코 공화국, 나토(NATO) 회원국으로 가입
5.	루돌프 스후스테르(Schuster, Rudolf), 슬로바키아 공화국 대통령 당선
2002.7.15.	체코 사회 민주당(ČSSD)의 슈피들라(Špidla, V.) 정부 출범
8.	체코 공화국을 포함한 중부 유럽 대홍수
2003.3	바츨라프 클라우스(Klaus, Václav), 체코 공화국 제2대 대통령 취임
2004.3.	슬로바키아 공화국, 나토(NATO) 회원국으로 가입
5.1.	체코 공화국과 슬로바키아 공화국, 유럽 연합(EU) 회원국으로 가입
2004.8.4.	체코 사회 민주당(ČSSD)의 그로스(Gross, S.) 정부 출범
2005.1.	체코 공화국 136년 만에 의무 병역제 폐지하고 직업군인제 채택
4.25.	체코 사회 민주당(ČSSD)의 파로우베크(Paroubek, J.) 정부 출범
6.15.	이반 가슈파로비치(Gašparovič, Ivan), 슬로바키아 대통령 취임
2006.7.4.	스메르(Smer-SD)당의 피초(Fico, R.), 슬로바키아 총리에 지명

년도	내용
8.16.	시민 민주당(ODS)의 토폴라네크(Topolánek, M.), 체코 총리에 지명
2009.1.1.	슬로바키아 공화국, 자국 통화로 유로화(Euro-EUR) 채택
2009.1.1~6.30	체코 공화국, 유럽 연합(EU) 의장국
2009.4.6.	비당파의 피셰르(Fischer, J.), 체코 공화국 총리에 지명
2010	슬로바키아 기독교 연합(SDKÚ)의 라디초바(Radičová, I.) 정부 출범
2010.6.28.	체코 시민 민주당(ODS)의 네차스(Nečas, P.) 정부 출범
2011.12.18.	체코 공화국 초대 대통령 바츨라프 하벨 사망
2012.4.	스메르(Smer-SD)당의 피초(Fico, R.) 정부 출범
2013.3.7.	밀로시 제만(Zeman, Miloš), 체코 공화국 제3대 대통령 취임
2013.6.25.	무당파의 루스노크(Rusnok, J.) 정부출범
2014.1.29.	체코 사회 민주당(ČSSD)의 소보트카(Sobotka, B.) 정부출범
2014.6.15.	안드레이 키스카(Kiska, Andrej), 슬로바키아 공화국 제4대 대통령 취임

■ 체코·슬로바키아 역대 왕조 및 대통령 연표

대(大)모라비아 제국(830?~906년)	
830?~846	모이미르 1세
846~870	라스티슬라프
870?~894	스바토플루크
894~906	모이미르 2세

프르제미슬 왕조(868?~1306년)	
867?~889?	보르지보이 1세
889?~894	스바토플루크 모라프스키(대모라비아 제국의 모이미르 왕가)
894~915	스피티흐네프 1세
915~921	브라티슬라프 1세
922~935	바츨라프 1세
935~972	볼레슬라프 1세
972~999	볼레슬라프 2세
999~1002	볼레슬라프 3세
1002~1003	블라디보이
1003	야로미르
1003	볼레슬라프 3세
1003~1004	볼레슬라프 흐라브리
1004~1012	야로미르
1012~1033	올드르지흐
1033~1034	야로미르
1034	올드르지흐
1034~1055	브르제티슬라프 1세
1055~1061	스피티흐네프 2세
1061~1092	브라티슬라프 2세

프르제미슬 왕조(868?~1306년)	
1092	콘라트 1세 브르넨스키
1092~1100	브르제티슬라프 2세
1101~1107	보르지보이 2세
1107~1109	스바토플루크
1109~1117	블라디슬라프 1세
1117~1120	보르지보이 2세
1120~1125	블라디슬라프 1세
1125~1140	소베슬라프 1세
1140~1172	블라디슬라프 2세
1172~1173	베드르지흐
1173~1178	소베슬라프 2세
1178~1189	베드르지흐
1189~1191	콘라트 2세 오타
1191	바츨라프 2세
1192~1193	프르제미슬 1세
1193~1197	인드르지흐 브르제티슬라프
1197	인드르지흐 블라디슬라프
1197~1230	프르제미슬 오타카르 1세
1230~1253	바츨라프 1세
1253~1278	프르제미슬 오타카르 2세
1278~1305	바츨라프 2세
1305~1306	바츨라프 3세
1306	인드르지흐 코루탄스키(커린시아 공국)
1306~1307	루돌프 1세 합스부르스키(합스부르크 왕가)
1307~1310	인드르지흐 코루탄스키(커린시아 공국)

룩셈부르크 왕조(1310~1437년)	
1310~1346	얀 루쳄부르스키
1346~1378	카렐 4세
1378~1419	바츨라프 4세
1420~1437	지크문트 루쳄부르스키
1437~1439	알브레흐트 2세 합스부르스키(합스부르크 왕가)
1453~1457	라디슬라프 포흐로베크(합스부르크 왕가)
1458~1471	포데브라디의 이르지(후스주의 왕)
1471~1516	블라디슬라프 2세 야겔론스키(야기에오 왕가)
1516~1526	루드비크 야겔론스키(야기에오 왕가)

합스부르크 왕조(1526~1918년)	
1526~1564	페르디난트 1세 합스부르스키
1564~1576	막스밀리안 2세
1576~1611	루돌프 2세
1611~1619	마티아시
1619	페르디난트 2세
1619~1620	프리드리히 5세 팔츠키(팔츠 공국)
1620~1637	페르디난트 2세
1637~1646	페르디난트 3세
1646~1654	페르디난트 4세
1654~1657	페르디난트 3세
1657~1705	레오폴트 1세
1705~1711	요세프 1세
1711~1740	카렐 6세
1740~1780	마리아 테레지아
1780~1790	요세프 2세
1790~1792	레오폴트 2세

합스부르크 왕조(1526~1918년)	
1792~1835	프란티셰크 2세
1835~1848	페르디난트 5세
1848~1916	프란츠 요제프 1세
1916~1918	카렐 1세

체코슬로바키아 공화국(1918~1960년)	
1918~1935	마사리크, T. G.
1935~1938	베네시, E.
1938~1939	하하, E.
1940~1945	베네시, E.(망명 정부 대통령)
1939~1945	하하, E.(보헤미아-모라비아 보호령 대통령)
1939~1945	티소, J.(슬로바키아 공화국 대통령)
1945~1948	베네시, E.
1948~1953	고트발트, K.
1953~1957	자포토츠키, A.
1957~1960	노보트니, A.

체코슬로바키아 사회주의 공화국(1960~1990년)	
1960~1968	노보트니, A.
1968~1975	스보보다, L.
1975~1989	후사크, G.
1989~1990	하벨, V.

체코와 슬로바키아 연방 공화국(1990~1992년)	
1990-1992	하벨, V.

체코 공화국(1993~)	
1993~2003	하벨, V.
2003~2013	클라우스, V.
2013~	제만, M.

슬로바키아 공화국(1993~)	
1993~1998	코바치, M.
1998	메치아르, V.
1999~2004	스후스테르, R.
2004~2014	가슈파로비치, I.
2014~	키스카, A.

[체코 어로 된 역사 관계 문헌]

Barták, J. a kolektiv. *Encyklopedický slovník*. Praha: Odeon, 1993.

______. *Ilustrovaná encyklopedie I, II, III*. Praha: Encyklopedický dům, 1995.

Bělina, P. *Kronika Českých zemí*. Praha: Fortuna Libri, 2012.

Bělina, P. a kol. *Dějiny zemí koruny české II.: od nástupu osvícenství po naši dobu*. Praha: Paseka, 1992.

Buchvaldek, M. a kol. *Československé dějiny v datech*. Praha: Svoboda, 1987.

Čornej, P. *Vše podstatné z českých dějin*. Praha: Práh, 1992.

______. *České dějiny: Výpravná historie českých zemí*. Brno: Jota, 2012.

Čornej, P. a kol. *Dějiny zemí koruny české I.: od příchodu slovanů do roku 1740*. Praha: Paseka, 1992.

Efmertová, M. C. *České země v letech 1848-1918*. Praha: Libri, 1998.

Hájek, M. a kol. *Svět a Československo ve 20. století*. Praha: Horizont, 1990.

Harna, J. *České a československé dějiny III*. Praha, 1992.

Harna, J. a Fišer, R. *Dějiny českých zemí I, II*. Praha: Fortuna, 1998.

Honzák, F. *Dějiny Slovenska v datech*. Praha: Libri, 2008.

Husa, V. *Dějiny Československa*. Praha, 1961.

Jedermann, F. *Ztracené dějiny*. Mnichov: ISE & Ackermann Gemeinde, 1990.

Kárník, Z. *České země v éře První republiky (1918-1938) I, II.* Praha: Libri, 2003.

Kašpar, O. a Kašpar, Z. *Stručné dějiny českých zemí a Slovenska.* Pardubice: Kora, 1993.

Kipke, R. a kol. *Rozloučení s Československem: příčiny a důsledky československého rozchodu.* Praha: Český spisovatel, 1993.

Kosatík, P. a kol. *Největší Čech - 100 nejvýznamnějších osobností Čech, Moravy a Slezska.* Praha: Výběr, 2005.

Koudelková, J. *Naše dějiny v datech.* Praha: Albatros, 1989.

Kováč, D. *Dějiny Slovenska.* Praha: Lidové noviny, 2002.

Křen, J. *Bílá místa v našich dějinách?* Praha: Lidové noviny, 1990.

Kučerová, S. *Československství-středoevropanství-evropanství.* Brno: Konvoj, 1998.

Kutnar, F. a kol. *Přehledné dějiny českého a slovenského dějepisectví.* Praha: Lidové noviny, 1977.

Kvaček, R. a kol. *Dějiny Československa II (1648-1918).* Praha: SPN, 1990.

Malátková, J. a kol. *Ottova encyklopedie.* Praha: Ottovo nakladatelství, 2004.

Marek, J. a kol. *České a československé dějiny I.: od počátku do roku 1790; II.: od roku 1790 do současnosti; III.: dokumenty a materiály.* Praha: Fortuna, 1991-1992.

Mencl, V. a kol. *Křižovatky 20. století: světlo na bílá místa v nejnovějších dějinách.* Praha: Naše vojsko, 1990.

Mika, A. *Československé dějiny v obrazech.* Praha: SPN, 1971.

Olivová, V. *Dějiny Československa.* Praha: Univerzita Karlova, 1967.

______. *Dějiny Československa 1918-1938, I, II.* Praha: Univerzita Karlova, 1992.

Palacký, F. *Dějiny národu českého v Čechách a v Moravě.* 1848; Praha: B. Kočí, 1908.

Pekař, J. *O smyslu českých dějin.* Praha: Rozmluvy, 1990.

______. *Dějiny československé.* Praha: Akropolis Agentura Tip, 1991.

Petráň, J. a kol. *Dějiny Československa I: do roku 1648.* Praha: SPN, 1990.

Pfaff, I. *Historické kořeny reformního hnutí v české společnosti.* Köln: Index, 1988.

Pithart, P. *Dějiny a politika.* Praha: Prostor, 1990.

Randák, J. a kol. *Dějiny českých zemí.* Praha: Euromedia Group k.s. - Knižní klub, 2011.

Seibt, F. *Německo a Češi - dějiny jednoho sousedství uprostřed Evropy*. Praha: Academia, 1996.

Štěpánek, M. a kol. *Malá československá encyklopedie I, II, III, IV, V, VI*. Praha: Academia, 1984-1987.

Švejnar, J. *Strategie ekonomické přeměny Československa*. Praha: Lidové noviny, 1990.

Třeštík, D. *Počátky Přemyslovců: vstup Čechů do dějin (530-935)*. Praha: Lidové noviny, 1997.

Turek, R. *Čechy na úsvitě dějin*. Praha: Orbis, 1963.

______. *Čechy v raném středověku*. Praha: Vyšehrad, 1982.

______. *Slavníkovci a jejich panství*. Hradec Králové: Kruh, 1982.

Urban, O. *Česká společnost, 1848-1918*. Praha: Svoboda, 1982.

______. *České a slovenské dějiny do roku 1918*. Praha: Svoboda, 1991; Aleš Skřivan ml., 2000.

Veselý, Z. *Dějiny českého státu v dokumentech*. Praha, 1994.

Vykoupil, L. *Slovník českých dějin*. Brno: Georgetown, 1994; Julius Zirkus, 2000.

Zieleniec, J. a kol. *Československo na rozcestí*. Praha: Archy, 1990.

[영어로 된 역사관계 문헌]

Agnew, H. L. *Origins of the Czech National Renascence*. Pittsburgh: University of Pittsburgh Press, 1993.

______. *The Czechs and the Lands of the Bohemian Crown*. Stanford: Hoover Institution Press, 2004.

Bender, P. *East Europe in Search of Security*. Baltimore: Johns Hopkins University Press, 1971.

Bowle, J. *A History of Europe*. London: Secker & Warburg Heinemann, 1979.

Bradley, J. F. N. *Czechoslovakia: A Short History*. Edinburgh: Edinburgh University Press, 1971.

Brisch, H. and Volgyes, I. eds. *Czechoslovakia, the Heritage of Ages Past*. New

York: Boulder, 1979.

Brock, P. *The Slovak National Awakening: An Essay in the Intellectual History of East Central Europe.* Toronto: University of Toronto Press, 1976.

Brock, P. and Skilling, G. eds. *The Czech Renascence of the Nineteenth Century.* Toronto and Buffalo: University of Toronto Press, 1970.

Busek, V. and Spulber, N. eds. *Czechoslovakia.* New York: F. A. Praeger, 1957.

Campbell, F. G. *Confrontation in Central Europe: Weimar Germany and Czechoslovakia.* Chicago & London: University of Chicago Press, 1975.

Chropovský, B. *The Slavs: Their Significance; Political and Cultural History.* Prague: Orbis, 1989.

Crankshaw, E. *The Habsburgs.* London: Corgi, 1971.

Čornej, P. and Pokorný, J. *A Brief History of the Czech Lands to 2000.* Praha: Práh, 2000.

Dornberg, J. *Eastern Europe: A Communist Kaleidoscope.* New York: Dial Press, 1980.

Dowling, M. *Czechoslovakia.* London: Arnold, 2002.

Dvornik, F. *The Slavs in European History and Civilization*, New Brunswick: Rutgers University Press, 1962.

______. *The Slavs: Their Early History and Civilization.* Boston: American Academy of Arts and Sciences, 1959.

Fischer-Galati, S. ed. *Man, State, and Society in East European History.* London: Pall Mall Press, 1970.

Gawdiak, I. ed. *Czechoslovakia: A country study.* Washington, D.C.: Library of Congress, 1989.

Golan, G. *The Czechoslovak Reform Movement: Communism in Crisis 1962-1968.* Cambridge: Cambridge University Press, 1971.

Gruber, J. ed. *Czechoslovakia: A Survey of Economic and Social Conditions.* New York: Arno Press & The New York Times, 1971.

Hermann, A. H. *A History of the Czechs.* London: Allen Lane, 1975.

Holý, L. *The Little Czech and the Great Czech Nation: National Identity and the Post-Communist Social Transformation.* Cambridge: Cambridge University Press, 1996.

Johnson, O. V. *Slovakia, 1918-1938: Education and the Making of a Nation.* Boulder: East European Monographs, 1985.

Kaminsky, H. *A History of the Hussite Revolution.* Berkeley: University of California Press, 1967.

Kann, R. A. *A History of the Habsburg Empire, 1526-1918.* Berkeley: University of California Press, 1974.

Kavka, F. *An Outline of Czechoslovak History.* Prague: Orbis, 1963.

Kerner, R. J. *Bohemia in the Eighteenth Century.* New York: The Macmillan Company, 1932.

Korbel, J. *The Communist Subversion of Czechoslovakia, 1938-1948.* Princeton, N.J.: Princeton University Press, 1959.

______. *Twentieth-Century Czechoslovakia: The Meanings of Its History.* New York: Columbia University Press, 1977.

Krejčí, J. *Czechoslovakia at the Crossroads of European History.* London and New York: I. Brno Tauris, 1990.

Krejčí, J. and Machonin, P. *Czechoslovakia, 1918-1992: A Laboratory for Social Change.* New York: St. Martin's Press, 1996.

Krofta, K. *A Short History of Czechoslovakia.* London: Williams & Norgate Ltd., 1935.

Kusin, V. V. *From Dubček to Charter 77: A Study of 'Normalization' in Czechoslovakia, 1968-1978.* New York: St. Martin's Press, 1978.

Leff, C. S. *National Conflict in Czechoslovakia: the Making and Remaking of a State, 1918-1987.* Princeton: Princeton University Press, 1988.

______. *The Czech and Slovak Republics: Nation Versus State.* Boulder: Westview Press, 1997.

Lettrich, J. *History of Modern Slovakia.* Toronto: Slovak Research and Studies Center, 1985.

Luža, R. *The Transfer of the Sudeten Germans: A Study of Czech-German Relations, 1933-1962.* New York: New York University Press, 1964.

Macartney, C. A. *The House of Austria.* Edinburgh: Edinburgh University Press, 1978.

Magocsi, P. R. *The Shaping of a National Identity: Subcarpathian Rus, 1848-1948.* Cambridge, Mass.: Harvard University Press, 1978.

Mamatey, V. S. and Luža, R. eds, *A History of the Czechoslovak Republic, 1918-1948*. Princeton, N.J.: Princeton University Press, 1973.

Mannová, E. *A Concise History of Slovakia*. Praha: AEP-Academic Electronic Press, 2000.

Mikus, J. *Slovakia and the Slovaks*. Washington D.C.: Three Continents Press, 1977.

Morison, J. ed. *The Czech and Slovak Experience*. London and New York: Macmillan, 1992.

Musil, J. ed. *The End of Czechoslovakia*. Budapest: Central European University Press, 2000.

Novák, V. *A Short History of Czechoslovakia*. Prague: Orbis, 1982.

Page, B. B. *The Czechoslovak Reform Movement, 1963-1968: A Study in the Theory of Socialism*. Amsterdam: B. R. Gruner, B. V., 1973.

Paul, D. W. *Czechoslovakia, Profile of a Socialist Republic at the Crossroads of Europe*. Boulder: Westview Press, 1982.

Polišenský, J. V. *History of Czechoslovakia in Outline*. Praha: Bohemia International, 1991.

Pynsent, R. B. *Questions of Identity: Czech and Slovak Ideas of Nationality and Personality*. Budapest: Central European University Press, 1994.

Rechcígl, M., Jr. ed. *Czechoslovakia Past and Present*. The Hague: Mouton & Co., 1968.

Renner, H. *A History of Czechoslovakia since 1945*. Trans. Hurst-Buist, E., London & New York: Routledge, 1989.

Rothschild, J. and Wingfield, N. M. *Return to Diversity: A Political History of East Central Europe Since World War II*. New York and Oxford: Oxford University Press, 2000.

Seton-Watson, R. W. *A History of the Czechs and Slovaks*. London: Hutchinson, 1943; Hamden, Conn.: Archon Books, 1965.

Shepherd, R. H. E. *Czechoslovakia: The Velvet Revolution and Beyond*. London and New York: Macmillan and St. Martin's Press, 2000.

Skilling, H. G. *Czechoslovakia's Interrupted Revolution*. Princeton: Princeton University Press, 1976.

______. *Communism: National and International*. Toronto & Buffalo: University of Toronto Press, 1966.

______. *Czechoslovakia 1918-1988, Seventy Years from Independence.* New York: St. Martin's Press, 1991.

Steiner, E. *The Slovak Dilemma.* Cambridge: Cambridge University Press, 1973.

Stevens, J. N. *Czechoslovakia at the Crossroads.* Boulder: East European Monographs, 1985.

Stokes, G. *The Walls Came Tumbling Down: The Collapse of Communism in Eastern Europe.* New York: Oxford University Press, 1993.

Stone, N. and Strouhal, E. *Czechoslovakia: Crossroads and Crises, 1918-1988.* New York: St. Martin's Press, 1989.

Suda, Z. *The Czechoslovak Socialist Republic.* Baltimore: Johns Hopkins University Press, 1969.

Sviták, I. *The Unbearable Burden of History, Volume 1: From Munich to Yalta; Volume 2: Prague Spring Revisited; Volume 3: The Era of Abnormalization.* Praha: Academia, 1990.

Szulc, T. *Czechoslovakia since World War II.* New York: Viking Press, 1971.

Šik, O. *Czechoslovakia: The Bureaucratic Economy.* White Plains: International Arts and Sciences Press, 1972.

Šimečka, M. *The Restoration of Order: The Normalization of Czechoslovakia.* Trans. Brain, A. G., London: Verso, 1984.

Taylor, A. J. P. *The Habsburg Monarchy, 1809-1918.* Chicago and London: University of Chicago Press, 1976.

Teich, M. ed. *Bohemia in History.* Cambridge: Cambridge University Press, 1998.

Thomson, S. H. *Czechoslovakia in European History.* Princeton: Princeton University Press, 1953.

Wallace, W. V. *Czechoslovakia.* London & Tonbridge: Ernest Benn Ltd., 1976.

Wiskermann, E. *Czechs and Germans: A Study of the Struggle in the Historic Provinces of Bohemia and Moravia.* London: Macmillan, 1967.

Zinner, P. E. *Communist Strategy and Tactics in Czechoslovakia, 1918-48.* New York & London: F. A. Praeger, 1963.

[체코 어로 된 문화관계 문헌]

Balajka, B. *Přehledné dějiny literatury I.* Praha: Fortuna/SPN, 1995.

Balajka, B. a kol. *Přehledné dějiny literatury II.* Praha: Fortuna/SPN, 1995.

Bauer, A. *Dějiny výtvarného umění.* Olomouc: Rubico, 1998.

Blažíček a kol. *Dějiny české literatury IV - Literatura od konce 19. století do roku 1945.* Praha: Victoria, 1995.

Blažke, J. *Kouzelné zrcadlo literatury - Písemnictví 19. věku*, Praha: Velryba, 1999.

______. *Kouzelné zrcadlo literatury - Sny a realita moderního světa*, Praha: Velryba, 2003.

______. *Kouzelné zrcadlo literatury - Od železné opony k postmoderně*, Praha: Velryba, 2005.

Brabec, J. a kol. *Slovník českých spisovatelů.* Toronto: Sixty-Eight Publishers, 1982.

Černý, J. a kol. *Hudba v českých dějinách od středověku do nové doby.* Praha, 1983.

Černý, V. *O povaze naší kultury.* Ostrava: Ostravské tiskárny, 1991.

Čulík, J. *Knihy za ohradou: Česká literatura v exilových nakladatelstvích 1971-1989.* Praha: Trizonia, 1991.

Dokoupil, B. a kol. *Slovník české prózy 1945-1994.* Ostrava: Sfinga, 1994.

Forst, V. a kol. *Lexikon české literatury - Osobnosti, díla, instituce, 1, 2, 3, 4.* Praha: Academia, 1985-2008.

Haman, A. *Česká literatura po roce 1945 z ptačí perspektivy.* Praha: Fortuna, 1990.

Hrabák, J. a kol. *Průvodce po dějinách české literatury.* Praha: Panorama, 1984.

Chaloupka, O. *Příruční slovník české literatury od počátku do současnosti.* Brno: Centa, 2005.

Chvatík, K. a kol. *Od avantgardy k druhé moderně - Cestami filozofie a literatury.* Praha: Torst, 2004.

Janoušek, P. a kol. *Přehledné dějiny české literatury 1945-1989.* Praha: Academia, 2012.

Jedová, H. V. *Dějiny české literatury.* Praha: H+H, 2005.

Karpatský, D. *Malý labyrint literatury.* Praha: Albatros, 2001.

Kašpar, O. *Stručný přehled dějin a kultury českých zemí a Slovenska.* Pardubice:

Kora, 1997.

Lehár, J. a kol. *Česká literatura od počátků k dnešku.* Praha: Lidové noviny, 1998.

Marek, J. *Česká moderní kultura.* Praha: Mladá fronta, 1998.

Menclová, V. a kol. *Slovník českých spisovatelů.* Praha: Libri, 2000.

Měšťan, A. *Česká literatura 1785-1985.* Toronto: Sixty-Eight Publishers, 1987.

Mocná, D. a kol. *Encyklopedie literárních žánrů.* Praha: Paseka, 2004.

Mráz, B. *Dějiny výtvarné kultury 1.* Praha: Idea Servis, 1995.

______. *Dějiny výtvarné kultury 2.* Praha: Idea Servis, 1997.

Mukařovský, J. a kol. *Dějiny české literatury I, II, III.* Praha: ČSAV, 1959-1961.

Novák, A. *Přehledné dějiny literatury české: od nejstarších dob až po naše dny.* Brno: Atlantis, 1995.

______. *Dějiny českého písemnictví.* Praha: Brána, 1994.

Nünning, A. ed. *Lexikon teorie literatury a kultury,* Trans. Urválek, A. a kol. Praha: Host, 2006.

Odehnalová, A. *Vybrané kapitoly z dějin kultury XX. století.* Brno: CRM, 2001.

Pavelka, J. a Pospíšil, I. *Slovník epoch, směrů, skupin a manifestů.* Brno: Georgetown, 1993.

Pavel, J. *Dějiny umění v Československu.* Praha: Práce, 1971.

Pistorius, V. *Stárnoucí literatura: česká literatura 1969-1989.* Praha: SPN, 1991.

Polák, J. *Česká literatura 19. století.* Praha: SPN, 1990.

Soldan, L. a kol. *Přehledné dějiny literatury III.* Praha: SPN, 1997.

Šalda, F. X. *Studie z české literatury.* Praha: Československý spisovatel, 1961.

Václavek, B. *Česká literatura XX. století.* Praha: Ve. Orel, 1935.

Vlašín, Š. a kol. *Slovník literárních směrů a skupin.* Praha: Orbis, 1976.

______. *Slovník literární teorie.* Praha: Československý spisovatel, 1984.

Vlček, J. *Z dějin české literatury.* Praha: Státní nakladatelství krásné literatury, hudby a umění, 1960.

[영어로 된 문화관계 문헌]

Bydžovská, L. a kol. eds. *Czech Modern Art 1900-1960.* Prague: The National

Gallery, 1995.

Chudoba, F. *A Short Survey of Czech Literature.* New York: Kraus Reprint, 1969.

French, A. *Czech Writers and Politics.* New York: Boulder, 1982.

Goetz-Stankiewicz, M. *Good-bye, Samizdat: Twenty Years of Czechoslovak Underground Writing.* Evanston: Northwestern University Press, 1992.

Hames, P. *The Czechoslovak New Wave.* Berkeley and Los Angels: University of California Press, 1985.

Hamšík, D. *Writers against Rulers.* London: Hutchinson & Co.; New York: Vintage Books, 1971.

Harkins, W. E. ed. *Anthology of Czech Literature.* New York: King's Crown Press, Columbia University, 1953.

______. *Czech Prose: An Anthology.* Ann Arbor: Michigan Slavic Publications, The University of Michigan, 1983.

Kovtun, G. J. ed. *Czech and Slovak Literature in English: A Bibliography.* Washington, D.C.: Library of Congress, 1988.

Lamač, M. *Contemporary Art in Czechoslovakia.* Prague: Orbis, 1958.

Liehm, A. J. *The Politics of Culture.* New York: Grove Press, 1973.

Lutzow, F. *A History of Bohemian Literature.* Port Washington, N.Y. and London: Kennikat Press, 1899, 1970.

Matejka, L. ed. *Czech Poetry: A Bilingual Anthology Vol. 1.* Ann Arbor: Michigan Slavic Publications, The University of Michigan, 1979.

Morkesová, E. *Czech Life and Institutions.* Ostrava: Impex, 1995.

Novák, A. *Czech Literature.* Ann Arbor: Michigan Slavic Publications, The University of Michigan, 1986.

Otruba, M. and Pešat, Z. eds. *The Linden Tree: An Anthology of Czech and Slovak Literature 1890-1960.* Prague: Artia, 1962.

Pynsent, R. *Czech Prose and Verse.* London: Athlone Press, 1977.

Ramet, P. *Religion and Nationalism in Soviet and East European Politics.* Durham N.C.: Duke University Press, 1984.

Rechcígl, M., Jr. ed. *The Czechoslovak Contribution to World Culture.* The Hague: Mouton & Co., 1964.

Selver, P. *Czechoslovak Literature: An Outline.* London: Allen & Unwin, 1942.

Součková, M. *Baroque in Bohemia.* Ann Arbor: Michigan Slavic Publications, The University of Michigan, 1980.

Stankiewicz, M. G. *The Silenced Theatre.* Toronto: University of Toronto Press, 1979.

Šíp, L. and Milner, M. *An Outline of Czech and Slovak Music.* Prague: Orbis, 1960.

Thoma, Z. and Thomová, S. *Czechia.* Prague: Slovart, 2002.

Trensky, P. I. *Czech Drama Since World War II.* New York: M. E. Sharpe, Inc., 1978.

Wellek, R. *Essays on Czech Literature.* The Hague: Mouton & Co., 1963.

ㄱ

ㄴ

ㄷ

ㄹ

ㅁ

ㅂ

ㅅ

ㅇ

ㅈ

ㅊ

ㅋ

ㅌ

ㅍ

ㅎ